कृषि अर्थशास्त्र
एवं
उद्यमिता विकास

लेखक परिचय

डॉ. एस. के. बड़ोदिया ने जवाहरलाल नेहरू कृषि विश्वविद्यालय ग्वालियर से कृषि स्नातक व इंदिरा गांधी कृषि विश्वविद्यालय रायपुर से कृषि प्रसार मे स्नातकोत्तर की उपाधि प्राप्त की है तथा जीवाजी विश्वविद्यालय ग्वालियर से पी.एच.डी. की उपाधि प्राप्त की है। आप वर्ष 2003 में जवाहरलाल नेहरू कृषि विश्वविद्यालय में सहायक प्राध्यापक पद नियुक्त हुए एवं वर्तमान मे राजमाता विजयाराजे सिंधिया कृषि विश्वविद्याालय ग्वालियर मे वरिष्ठ वैज्ञानिक के पद पर कार्यरत है ।

आप 50 से अधिक छात्रों के स्नातकोत्तर स्तर पर शोध हेतु मुख्य मार्गदर्शक रहे है, एवं आप पी.एच.ड़ी उपाधि हेतु पांच छात्रों के सफल मुख्य शोध मार्गदर्शक रहे है। आपके द्वारा रचित 50 से अधिक शोध पत्रों का प्रकाशन राष्ट्रीय एवं अन्तराष्ट्रीय स्तर की विभिन्न शोध पत्रिकाओं मे हुआ है, इसके साथ ही आपकी तीन पुस्तकों का प्रकाशन भी हुआ है जो कि कृषि स्नातक एवं स्नातकोत्तर पाठ्यक्रम हेतु बहुत ही उपयोगी सिद्ध हो रही है ।

डॉ. ए. एम जाऊलकर ने जवाहरलाल नेहरू कृषि विश्वविद्यालय ग्वालियर से वर्ष 1979 कृषि स्नातक व वर्ष 1981 में स्नातकोत्तर की उपाधि कृषि अर्थशास्त्र एवं प्रक्षेत्र प्रबंधन विषय में प्राप्त की है तथा आपने जीवाजी विश्वविद्यालय ग्वालियर से सन् 1991 में पी. एच.डी. की उपाधि प्राप्त की है। आप वर्ष 1985 मे जवाहरलाल नेहरू कृषि विश्वविद्यालय में सहायक पद नियुक्त हुए एवं आप वर्ष 1998 से 2006 तक सह प्राध्यापक रहे। वर्तमान मे आप कृषि महाविद्यालय ग्वालियर मे प्राध्यापक पद पर कार्यरत है।

आप 10 से अधिक छात्रों के स्नातकोत्तर स्तर पर शोध हेतु मार्गदर्शक रहे है, एवं आप पी.एच.ड़ी उपाधि हेतु दो छात्रो के मुख्य शोध मार्गदर्शक रहे है। आपके द्वारा रचित 30 से अधिक शोध पत्रो का प्रकाशन राष्ट्रीय एवं अन्तराष्ट्रीय स्तर की विभिन्न शोध पत्रिकाओं में हुआ है।

डॉ. ए. पी. द्विवेदी, भारतीय कृषि अनुसंधान परिषद–कृषि तकनीक अनुप्रयोग अनुसंधान संस्थान, क्षेत्र–7, जबलपुर म.प्र. में वरिष्ठ वैज्ञानिक के रूप में कार्यरत है। इन्होंने बी.एस.सी. (कृषि), एम.एस.सी. (कृषि) एवं पी.एच.डी. की उपाधि न. दे. कृषि एवं प्रौद्योगिकी विश्वविद्यालय, फैजाबाद (उ.प्र.) से प्राप्त किया है। विगत 15 वर्षों से इन्होंने कृषि विज्ञान केन्द्र, गाजीपुर (उ.प्र.) में विषय वस्तु विशेषज्ञ के रूप में, कृषि अधिकारी के रूप में उ.प्र. सरकार व वर्तमान में कृषि प्रसार अनुभाग के अन्तर्गत वरिष्ठ वैज्ञानिक के रूप में, भारतीय कृषि अनुसंधान परिषद, कृषि तकनीक अनुप्रयोग अनुसंधान संस्थान, क्षेत्र–7, जबलपुर, म.प्र. में कार्यरत है। इनके 38 शोध पत्र, 20 पापुलर लेख, 2 रेडियोवार्ता, 15 टी.वी. कार्यक्रम प्रसारित हो चुके है। डॉ. द्विवेदी विभिन्न सोसाइटी से यंग साईटिस्ट व आउट स्टैण्डिंग एचिवमेंट अवार्ड से सम्मानित हो चुके।

विषय सूची

प्रो. अनिल कुमार सिंह
कुलपति
Prof. A.K. Singh
Vice-Chancellor

राजमाता विजयाराजे सिंधिया कृषि विश्वविद्यालय
रेस कोर्स रोड, ग्वालियर (म.प्र.) – 474002
Rajmata Vijayaraje Scindia Krishi Vishwa Vidyalaya,
Race Course Road, Gwalior (M.P.) – 474 002
(An ISO Certified: 9001:2008)
Tel: 0751 – 2467673, Fax: 0751 – 2464141, E-mail: vcrvsaugwa@mp.gov.in

क्रं. / कुल. / 2015–16 / 2152
दिनांक: 04/10/2016

संदेश

अत्यन्त प्रसन्नता का विषय है कि कृषि अर्थशास्त्र एवं उद्यमिता के विभिन्न आयामो का वर्णन लेखको द्वारा बहुत ही सरलता पूर्वक अपनी मातृ भाष हिन्दी मे रचित कृति ''कृषि अर्थशास्त्र एवं उद्यमिता विकास'' मे किया गया है ।

हमारे देश में स्वतन्त्रता के बाद से कृषि शिक्षा, अनुसंधान एवं विस्तार के क्षेत्र मे उल्लेखनीय सफलताऍं प्राप्त की है इसके अन्तर्गत खाद्यान्न उत्पादन के क्षेत्र मे हासिल चौगुनी वृद्धि का श्रेय देश मे कृषको, वैज्ञानिको एवं मैदानी कार्यकताओ के जाता है इसके साथ ही अभी भी भविष्य मे इस क्षेत्र काफी संभावनाए है जिन्हे विकसित करने कि आवश्यकता है।

जीवन के किसी भी क्षेत्र में सफलता हेतु गहरी लगन, दृढ़ निश्चय, कठोर परिश्रम एवं जागरूकता की आवश्यकता होती है । प्रतियोगी परिक्षाओं में भी श्रेष्ठतम सफलता के लिये उपरोक्त बातें उतनी ही आवश्यक है। किसी भी विषय की सम्पूर्ण जानकारी हेतु उसके मूलभूत आधार का स्पष्ट होना एवं क्रमबद्ध ज्ञान होना जरूरी है ।

मुझे पूर्ण विश्वास है कि इस पुस्तक के माध्यम से दि जाने वाली जानकारी कृषि क्षेत्र मे अग्रणी बनाने वाले मैदानी कार्यकतायो, कृषको एवं भारत वर्ष के भविष्य हमारे कृषि विद्यार्थियो के लिए बहुत उपयोगी सिद्ध होगी ।

अतः उक्त आशय के सन्दर्भ मे इस पुस्तक के प्रकाशन हेतु मै लेखकगणों को बहुत बहुत बधाई प्रेषित करता हूँ ।

(अनिल कुमार सिंह)

प्रस्तावना

कृषि सदा से ही भारतीय अर्थव्यवस्था की रीढ रही है। भारत की कुल आबादी 70 फीसदी हिस्सा गावों मे रहता है। जाहिर सी बात है यह ज्यादा से ज्यादा लोगो को रोजगार प्रदान करती है। बदलते दौर में कृषि ने भी अपना स्वरूप बदला है एवं हम पारंपरिक खेती को बहुत पीछे छोड़ इंड़स्ट्रीयल फार्मिंग को अपना रहे है। नवीनतम कृषि प्रणाली में खाद्यान्न उत्पादन के बदले उदयोगो के लिए कच्चे माल का उत्पादन किया जा रहा है ।

देश कि सम्पूर्ण व्यवस्थाओं का आधार अर्थशास्त्र या उस देश कि अर्थव्यव्स्था होती है। माना जाता है कि मुद्रा एक धुरी होती है, जिसके आसपास सारी व्यवस्थायें घुमती रहती है। वास्तव में अर्थशास्त्र एक ऐसा विषय है, जो किसी भी देश के विभिन्न साधनों और सेवाओ के उत्पादन, वितरण, उपभोग का अध्ययन करता है । देश की अर्थव्यवस्था संबंधी गतिविधियॉ उसके आर्थिक तंत्र पर निर्भर होती है और तंत्र मे पूंजीपति, साम्यवादी तथा समाजवादी लोग सम्मिलित होते है । अर्थव्यवस्था संबंधी ज्ञान का उपयोग करके व्यापारी, सरकार उनके विभाग उन्नति कर सकते है। इसी विकास के कारण अर्थशास्त्र की आवश्यकता कृषि, व्यापार और उद्योग सहित कई क्षेत्रों मे महसूस की जाती है

इसके अन्तर्गत कृषि व्यवसाय से सम्बन्धित विभिन्न आर्थिक समस्याओं एवं सिद्धान्तों का अध्ययन किया जाता है कृषि एक उत्पादक कार्य है। इसलिए कृषि अर्थशास्त्र उत्पादन की समस्याओं पर अपेक्षाकृत अधिक विस्तार के साथ विचार किया जाता है । कृषि व्यवसाय की विविध समस्याऍ जैसे कृषि उत्पादन हेतु विभिन्न साधनो की व्यवस्थाए प्रति हैक्येटर उत्पति मे वृद्धि, कृषि भुमि पर जनसंख्या का दबाव, आर्थिक जोत, भुमि स्वामित्व प्रणाली, कृषि उपज का विपणन,

सहकारी कृषि आदि पर कृषि अर्थशास्त्र के अन्तर्गत विचार किया जाता है। परन्तु इस संबंध मे यह स्मरणीय है कि कृषि अर्थशास्त्र में न केवल कृषि संबंधी विभिन्न समस्याओं पर विचार किया जाता है। अपितु अर्थशास्त्र के विभिन्न महत्वपूर्ण नियमों जैसे हासमान प्रतिफल, मॉग का नियम, पूर्ति का नियम आदि की कृषि क्षेत्र में क्रियाशीलता की जॉच की जाती है ।

भारत की जनसंख्या दिन–प्रतिदिन बढती जा रही है। फलस्वरूप, खाद्यान की समस्या और बढ़ती मंहगाई के कारण बड़े परिवारों का सुचारू रूप से पालन पोषण करना एक आम आदमी के बस की बात नही रह गई है। अत : हमें आने वाले समय मे उद्यमिता को और अधिक बढ़ावा देना होगा, व्यक्ति को उद्यमी बनने के लिए प्रेरणा की जरूरत होती है उसे यह प्रेरणा बचपन से ही दी जानी चाहिए। सामाजिक आर्थिक कारक व्यक्ति की उद्यमिता भावना को बहुत अधिक प्रभावित करते है । उद्यमिता विकास के लिए आवश्यक है कि हम अपने अंदर उद्यमिता को विकसित करे । उद्यमी एक क्रियाशील प्राणी है, जो विशेष कार्य, खासतौर से उद्यम संबंधित कार्य को क्रियान्वित करने की पहल करता है । उद्यमी बनना एक व्यकितगत कौशल है । जिसका संबंध न जाति, न धर्म, न समुदाय से रहता है। उद्यमी बनने में स्वयं व्यक्ति की अहम भूमिका होती है। अभिभावकों को अपने बच्चो में बचपन से ही उद्यमी बनने की इच्छाशक्ति पैदा करना होगा। इसके लिए अभिभावको के सोच को बदलना होगा। अभिभावको को यह समझना होगा आज के बदले परिवेश में अपने बच्चो के लिए नौकरी नही वरण सफल उद्यमी बनने के सपने संजोने होगे, उद्यमिता विकास के लिए यह आवश्यक है कि हम अपने युवाओं तक उद्यमों से संबंधित नया ज्ञान, नई सूचनाऐ एवं आवयश्यक जानकारियॉ पहुॅचायें ताकि वे आय परक बातों को सोच सकें एवं उद्यमिता विकास के लिए युवाओ में उद्यमी बनने के गुणो का विकास हो सके ।

हमारा उद्‌देश्य इस पुस्तक के माध्यम से कृषि अर्थशास्त्र के ज्ञान के साथ उद्यमिता की भावना बढाने के लिए युवाओं को संगठित कर उन्हे उद्यमिता की प्रेरणा देना है इसके महत्व एवं आवश्यकता से उन्हें परिचित कराना है साथ ही कृषि छात्रो एवं उद्‌यमियों को उद्यमिता के अर्थ, महत्व, भुमिका गुणो के साथ –साथ इसके सिद्धान्तो को सरलता पूर्वक समझाना है, ताकि वे इसके विभिन्न प्रकार के आयामो को समझकर कृषि उद्यमो की आधारशीला रख सके एवं इसकी जिसकी सहायता से कोई भी व्यक्ति उद्यमी बनकर सफलता के पथ पर अग्रसर हो सके ।

कृषि अर्थशास्त्र एवं उद्यमिता विकास पुस्तक का प्रथम संस्करण विद्यार्थियों, व्यवसायिओं, तकनीकी परामर्शदाताओं एंव प्राध्यापकों के समक्ष प्रस्तुत करतें हुए हम अत्यधिक प्रसन्नता हो रही है। प्रस्तुत पुस्तक में समाहित पाठ्यक्रम सामग्री का उद्देश्य कृषि विज्ञान के विद्यार्थियों के लिंए कृषि अर्थशास्त्र एवं उद्यमिता विकास के मूल भूत सिद्धान्तों के सभी पहलुओं पर एक अध्ययन प्रस्तुत करती है। यह पुस्तक कृषि छात्रो, कृषि उद्यमियों, व्यवसायिओं, तकनीकी परामर्शदाताओं आदि के लिए अमूल्य मार्गदर्शक सिद्ध होगी ।

हमें आशा ही नहीं बल्कि पूर्ण विश्वास है कि प्रस्तुत गागर में सागर साबित होगी फिर भी आप से अनुरोध है कि इसमें रह गई त्रुटियों हेतु क्षमा करें एवं अपने सुझावों से अवगत कराने की कृपा करेंगे ।

अध्याय 1

कृषि अर्थ
Agricultural Economics

वर्तमान में कृषि एक प्रमुख व्यवसाय है। इसके अंतर्गत वे सभी उद्योग धंधे सम्मिलित होते हैं, जो प्रत्यक्ष एवं अप्रत्यक्ष रूप से कृषि की उन्नति तथा विकास में योगदान प्रदान करते हैं तथा कृषि उपजों को परिष्करण (Processing) के द्वारा रूपान्तरण कर पदार्थों का स्वरुप परिवर्तित करते हैं। कृषि अर्थशास्त्र, कृषि से संबंधित सभी क्रियाओं के आर्थिक पहलुओं का अध्ययन करता है जिससे विकास की दर में वृद्धि को मापा जा सकता है, साथ–साथ कृषि अर्थशास्त्र में नई–नई शाखाओं का निर्माण हुआ हैं। जिसमें प्रक्षेत्र प्रबंध (Farm Management), उत्पादन अर्थशास्त्र (Production Economics), कृषि विपणन (Agriculture Marketing), तथा कृषि वित्त (Agriculture Finance), आदि प्रमुख शाखाएँ जुड़ी हैं। वर्तमान में अंतराष्ट्रीय व्यापार तथा आयात निर्यात, कृषि अर्थशास्त्र की एक महत्वपूर्ण शाखा हो गयी है।

कृषि अर्थशास्त्र की परिभाषायें (Definition ofAgriculture Economics):-

वर्तमान में कृषि अर्थशास्त्र की अनेक परिभाषायें दी गयी है। उनमें से प्रमुख अर्थशास्त्रियों की परिभाषायें निम्नांकित है।

(1) एच. सी. टेलर (H.C. Taylor) के अनुसार कृषि अर्थशास्त्र में प्रक्षेत्र के लिये भूमि, श्रम साधनों का चयन, उद्यमों का चुनाव और विभिन्न साधनों एवं उद्यमों का उत्तम संयोजन का अध्ययन किया जाता है।

(2) जौजियर (Jouzier) के शब्दों में कृषि अर्थशास्त्र कृषि विज्ञान की वह शाखा है जो कृषकों के यहाँ उपलब्ध विभिन्न उत्पादन साधनों के पारस्परिक एवं मानवगत संबंधों को नियमित करने की विधि का विचार करती है, जिससे उद्यमों से अधिकतम समृद्धि प्राप्त की जा सके।

(3) एल. सी. ग्रे (L.C. Gray) के अनुसार कृषि अर्थशास्त्र वह विज्ञान है जिसमें कृषि उद्योग की विशेष परिस्थितियों में अर्थशास्त्र के सिद्धांतों एवं विधियों का अध्ययन किया जाता है।

(4) फिलिप टेलर (Philip Taylor) के अनुसार कृषि अर्थशास्त्र, अर्थशास्त्र की वह शाखा है जिसमें कृषि पदार्थों का उत्पादन एवं वितरण की क्रियाओं और कृषि उद्योग से संबंधित संस्थाओं का अध्ययन किया जाता है।

(5) आर. सी. रोस (R.C. Ross) के शब्दों में कृषि अर्थशास्त्र के अंतर्गत कृषि का अन्य व्यवसायों से संबंध एवं एकल प्रक्षेत्र इकाईयों के प्रबंध एवं संचालन का अध्ययन किया जाता है। कृषि अर्थशास्त्र में सभी कृषि व्यवसायों और उत्पादन का अध्ययन किया जाता है। जिसमें उत्पादन उपभोग, विनिमय एवं वितरण के अध्ययन का समावेश होता है। कृषि अर्थशास्त्र में उत्पादन से संबंधित सभी निर्णयों जैसे कौन से उद्यमों का उत्पादन करना चाहिये ? कितना? कब? कैसे? और कौन–सी विधियों द्वारा करना चाहिये? का विस्तृत दृष्टिकोण से अध्ययन किया जाता हैं, उसी प्रकार कृषि से संबंधित समस्याओं का निराकरण कैसे किया जाये जिससे अधिकतम संतुष्टि प्राप्त हो सके का अध्ययन किया जाता हैं वर्तमान में कृषि व्यवसाय की आधुनिक व्यवसायों में गिनती हो रही है इसका व्यापक रुप होता जा रहा हैं साथ ही इसका क्षेत्र दिनों–दिन बढ़ता जा रहा है। जिसमें सभी आर्थिक एवं सामाजिक समस्याओं का मानव कल्याण हेतु विवेचना की जाने लगी है। कृषि का विषय राष्ट्रीय विकास में वृद्धि हेतु अनेक क्रियाओं व विधियों की खोज है परन्तु इसमें सबसे अच्छी विधि कौन–सी है? जिससे सर्वाधिक लाभ प्राप्त हो सकता हैं जो कृषि उपयोगी हैं जिससे मानव कल्याण हो सके। इसका

समाधान केवल उत्पादन अर्थशास्त्र एवं प्रक्षेत्र प्रबंध की विषय वस्तु हैं और वास्तविकता में इस पर ही कृषि व्यवसाय का भविष्य निर्भर हैं।

प्रक्षेत्र का अर्थ (Meaning of Farm):-

भूमि का वह टुकड़ा जिसका संबंध कृषि व्यवसाय से है एवं जिस पर कृषि उद्यम निर्भर रहते हैं प्रक्षेत्र कहलाता है। प्रायः सभी उद्यम भूमि पर ही निर्भर रहते हैं। कृषि व्यवसाय में सभी साधनों के साथ–साथ भूमि का होना अत्यंत आवश्यक है अर्थात् भूमि कृषि व्यवसाय का एक अभिन्न अंग है। कृषि उद्यम में भूमि की निश्चित इकाई को ही प्रक्षेत्र कहते हैं। फसल उत्पादन के संबंध में प्रयोग की जाने वाली भूमि के लिये प्रायः प्रक्षेत्र (Farm), कृषि जोत (Land Holding Size) शब्दों का उपयोग किया जाता है। इस प्रकार, भारतीय किसान भूमि के एक निश्चित मात्रा के टुकड़े पर अपना कृषि व्यवसाय का संचालन करता है जिसे हम प्रक्षेत्र कहते हैं।

परिभाषायें (Definition):-

प्रक्षेत्र का संबंध उस भूमि के टुकड़े से होता है जिस पर कृषि से संबंधित व्यवसाय जैसे– पशुपालन, मुर्गीपालन, मधुमक्खी पालन आदि व्यवसाय किये जाते हैं और जिस पर कृषक का भू स्वामित्व होता है। प्रक्षेत्र की विभिन्न अर्थशास्त्रियों द्वारा की गई परिभाषाएँ निम्नांकित हैं –

(1) भूमि के एक या अनेक टुकड़े जो कृषि उद्यम के लिये एक प्रबंध व्यवस्था में प्रयोग किये जाते हैं, प्रक्षेत्र कहलाते हैं। – डी. एस. चौहान

(2) वह स्थान जहाँ कुछ भूमि में कृषि फसलें उगायी जाती हैं या पशु पाले जाते हैं। प्रक्षेत्र कहलाता है – जोन्हसन

(3) विश्व के सभी अधिकतर खाद्य पदार्थ भूमि के छोटे–छोटे टुकड़ों पर उगाये जाते हैं, जिन्हें प्रक्षेत्र कहा जाता है – एफ. ए. ओ.

(4) स्थानीय दशाओं व तथा तकनीकी वर्तमान परिस्थितियों के अंतर्गत कृषि कार्यो मे परम्परागत उपलब्ध सहायता सहित कार्य करते हुए एक औसत आकार वाले परिवार के लिये एक हल इकाई या एक कार्य इकाई को पारिवारिक जोत कहते है। योजना आयोग

इस प्रकार भिन्न–2 अर्थशास्त्रियों के विचारो से स्पष्ट होता हैं कि प्रक्षेत्र का अर्थ भूमि के एक या अनेक टुकड़े जिसपर कृषि उपज या कृषि से सम्बन्धित

अन्य व्यवसाय जिन्हें एक अथवा कई कृषकों का समूह खेती के लिये उपयोग में लाता हैं।

प्रक्षेत्र प्रबंध (Farm Management):-

प्रक्षेत्र प्रबंध का अर्थ (Meaning of Farm Management):-

प्रायः सभी प्रकार के उद्यमों का संबंध प्रक्षेत्र से होता है। यह एक प्रकार से आर्थिक, सामाजिक व पारिवारिक इकाई है। जिसका प्रयोग फसल उत्पादन, पशुपालन, मत्स्य पालन, मधुमक्खी पालन के लिये किया जाता है। इस प्रकार के उत्पादन में उन सभी कारकों का समावेश होता जो उत्पादन में सहायक होते हैं जैसे – भूमि, श्रम, पूँजी तथा इनका चयन, संगठन, निर्णय करना प्रक्षेत्र प्रबंध का अध्ययन विषय वस्तु प्रक्षेत्र है। इन नीमित कारकों का संबंध प्रबंध से है, तो हम कह सकते हैं कि दो शब्दों से प्रक्षेत्र + प्रबंध शब्दों से मिलकर प्रक्षेत्र प्रबंध बना है। जिसका मुख्य उद्देश्य सिर्फ अधिकतम लाभ पहुँचना है। किसान का मुख्य उद्देश्य सिर्फ अधिकतम उत्पादन करना न होकर उत्पादन में उपयोग आने वाले सीमित साधनों पर होने वाला व्यय कैसे कम करना भी होना चाहिये, तभी निश्चित रूप से कृषि लाभदायक होगी। इस प्रकार प्रक्षेत्रप्रबंध का संबंध उन सभी कारकों से है जो प्रत्यक्ष या परोक्ष रूप से उत्पादन में सहायक होते हैं और इन्हीं कारकों का अध्ययन प्रक्षेत्र या प्रक्षेत्र प्रबंध में किया जाता है इस प्रकार प्रक्षेत्र तथा प्रबंध के समायोजन से प्रक्षेत्र प्रबंध को भिन्न–भिन्न वैज्ञानिकों ने परिभाषित किया है। किसान को फसल उत्पादन हेतु विभिन्न प्रकार के निर्णय लेने पड़ते हैं। जैसे कौन–सी फसलें उगाई जावे ? कब ? और कहाँ ? कितने मात्रा में ली जाये ? कितने व किस प्रकार के दुधारु पशु रखे जायें ? कृषि विपणन एवं वितरण की समस्याओं का निराकरण कैसे किया जायें ? कितनी मात्रा में ऋण लिया जाये और कहाँ से ऋण प्राप्त किया जाये ? इन सभी प्रश्नों का उत्तर प्रक्षेत्र का उचित प्रबंध करने से प्राप्त होता है तथा इन सभी प्रश्नों का संबंध उत्पादन अर्थशास्त्र एवं प्रक्षेत्र प्रबंध अध्ययन की विषय वस्तु है। साधारणतः प्रक्षेत्र प्रबंध का अर्थ उस टुकड़े से हैं जिसमें किसान उपलब्ध सीमित साधनों का फसल उत्पादन एवं पशुपालन उत्पादन में इस प्रकार से उपयोग करें, जिससे उसे अधिकतम लाभ प्राप्त हो सके। सारांश में कृषि व्यवसाय एवं कृषि से संबंधित अन्य व्यवसाय मे विकास हेतु निर्णय लेने के विज्ञान को ही प्रक्षेत्र प्रबंध कहते हैं। प्रक्षेत्र प्रबंध की परिभाषायें निम्नलिखित हैं।

परिभाषायें (Definition):-

(1) ग्रे के अनुसार–''प्रक्षेत्र प्रबंध एक कला है जिसे लाभ द्वारा मापा जा सकता है, प्रक्षेत्र प्रबंध कहते हैं''

(2) हड़लसन–''कृषि व्यवसाय या कृषि से संबंधित अन्य व्यवसाय में सही समय पर उचित निर्णय लेना एवं उसे क्रियान्वित करना ही प्रक्षेत्र प्रबंध है।''

(3) एफर्सन–''साधनों की अधिकतम कार्यक्षमता एवं उससे प्राप्त निरंतर लाभ प्राप्त करने के उद्देश्य से प्रक्षेत्र का संगठन एवं संचालन का विज्ञान प्रक्षेत्रप्रबंध कहलाता है।''

(4) ब्रेडफोर्ड एवं जोन्हसन–''प्रक्षेत्र प्रबंध में मुख्यतः पाँच कार्यों जैसे–निरीक्षण, विश्लेषण, निर्णय लेना, क्रियान्वित करना एवं उनका संचालन का अध्ययन ही प्रक्षेत्र–प्रबंध है।''

(5) हेडी एवं जोन्हसन–''प्रक्षेत्र प्रबंध जिसमें प्रक्षेत्र पर सीमित साधनों का उचित दोहन करने पर विचार किया जाता है एवं साधनों का सही चयन कर उन्हें कार्यान्वित किया जाता है तथा इस प्रकार एक ऐसा क्षेत्र जिसमें विज्ञान आधारित निर्णय की आवश्यकता होती है।''

(6) एडम–''प्रक्षेत्र प्रबंध का संबंध आर्थिक सिद्धांतों के आधार पर सही निर्णय लेने से है जिससे कृषि व्यवसाय से अधिकतम लाभ प्राप्ति के लिये प्रक्षेत्र पर उद्यमों के चुनाव, संगठन तथा संचालन में ठोस सिद्धांतों के प्रयोग की विधि है। जिससे अधिकतम लाभ प्राप्त हो सके।

(7) टंडन एवं ढोड़ियाल–''प्रक्षेत्र प्रबंध कृषि अर्थशास्त्र कि वह शाखा है, जो एक कृषक द्वारा धन को व्यय करने तथा धनोपार्जन करने की विधि और भूमि की उर्वराशक्ति बनाये रखना एवं साधनों का संगठन, संचालन, ठोस निर्णय तथा विपणन की सभी क्रियाओं के कार्यों का अध्ययन से अधिकतम लाभ कैसे प्राप्त किया जाये का अध्ययन करती है।

1. "Art of managing a farm successfully, as measured by the test profitableness is called farm management" – Gary, L.C.
2. "Management informing or any other business consist chieply in making correct Dicision at the right time and then seeing that these decisions are carried to successfully completion."- Huelson.
3. "As the science which considers the organization and operation of the farm from the point of view of efficiency and continuous profit"- Efferson.

4. Defined management, in fuctional terms, as the performance of five tasks-observation, analysis, decision making, action an acceptance or responsibility Bradford and Jhonson.
5. "Farm Management as the sub-division of Economics which considers the allocation of limited resources within the individual farm is a science of choice and decision making and thus is a field requiring studid judgment"- Heady and Jensen.
6. "Farm Management is a branch of Agriculture Economics which deals wealth earning and wealth-spending activities of a farmer in reations to the organization an operation of the individual farm unit including some or all the functions of marketing for securing th maximum protitable net income consistence with the maintenance of soil fertility"- Tandon and Dhondyal.

सभी परिभाषाओं का अध्ययन करने के पश्चात् हम कह सकते हैं कि, प्रक्षेत्र प्रबंध एक ऐसा आधुनिक विचारधारा का विज्ञान है, जो किसानों को कृषि संबंधित समस्याओं का ठोस समाधान प्राप्त करने तथा सही समय पर सही निर्णय लेने में सहायता प्रदान करता है। प्रायः सभी अर्थशास्त्रियों ने अपनी परिभाषाओं में उत्पादन संसाधन एवं कारकों का चयन, संगठन एवं संचालन पर जोर दिया है। जिसका सही समय पर निर्णय लेकर कृषि व्यवसाय से अधिकतम लाभ प्राप्त करने के लिये प्रयोग किया जाता हैं इसमें कोई शक् नहीं कि प्रक्षेत्र प्रबंध की सफलता प्रक्षेत्र प्रबन्धक (Farm Manager) की व्यक्तिगत क्षमता, कुशलता, कृषि से संबंधित आधुनिक कृषि का ज्ञान, पूँजी की उपलब्धता एवं अनुभव पर निर्भर करती है क्योंकि उसे ही प्रत्येक समस्याओं का निराकरण करना होता है इसीलिये प्रक्षेत्र प्रबंधक को कृषि से संबंधित सम्पूर्ण ज्ञान होना अत्यंत आवश्यक है, उसे व्यावहारिक उपयोग के साथ प्रक्षेत्रप्रबंध के सिद्धांतों का ज्ञान होना अत्यंत आवश्यक है जिससे उसे व उसके परिवार को मानव कल्याण के दृष्टिकोण से अधिकतम संतुष्टि प्राप्त हो सके। कृषि वैज्ञानिक नेलसन के शब्दों में एक कुशल प्रक्षेत्र व्यवस्थापक में आठ गुणों का होना आवश्यक होता है।

1. प्रक्षेत्र के उद्देश्य निर्धारण की क्षमता।
2. प्रक्षेत्र समस्याओं को जानना तथा उसका निराकरण करने की क्षमता।
3. प्रक्षेत्र एवं खेती संबंधित आधुनिक जानकारी होना।

4. प्रक्षेत्र एवं खेती की विभिन्न समस्याओं के भिन्न–भिन्न तरीकों, विधियों का ज्ञान होना।
5. सही समय पर उचित निर्णय एवं समय के अनुसार निर्णयों में योग्य समय पर परिवर्तन करना।
6. कृषि कार्य का संचालन एवं संपादन की क्षमता।
7. सकारात्मक तथा नकारात्मक परिणामों का दायित्व लेने की क्षमता। (जोखिम एवं अनिश्चितता वहन करने की क्षमता)।
8. कृषि व्यवसाय मे प्राप्त परिणामों का मूल्यांकन करने की क्षमता एवं मूल्यांकन पश्चात् वर्तमान ऋणी को उचित प्रबंधन के द्वारा दूर करने की क्षमता।

इस प्रकार प्रक्षेत्र प्रबंध में मानव कल्याण हेतु उसके सभी पहलुओं का जैसे–आर्थिक, सामाजिक, पारिवारिक मनोवैज्ञानिक एवं शैक्षणिक क्रियाओं का अध्ययन किया जाता है अर्थात् प्रक्षेत्र प्रबंध के द्वारा किसानों का विकास ही राष्ट्र का विकास है जो राष्ट्रीय आय बढ़ाने के अनेक तरीकों का मुख्य स्त्रोत है।

प्रक्षेत्र प्रबंध का महत्व (Importance of Farm Management):-

कृषि हमारा प्रमुख व्यवसाय है हमारे देश की जनसंख्या का 70 प्रतिशत भाग आज भी कृषि व्यवसाय पर निर्भर है। यह आज से ही नहीं पुरातनकाल से कृषि व्यवसाय हमारे देश का प्रमुख उद्यम रहा है। मात्र अंतर इतना है कि पुराने समय में खेती किसान अपने उदर निर्वाह के लिये करता था अर्थात् उसे जिस वस्तु की चाहत जितनी मात्रा में होती थी उतना ही मात्रा में वह खेती से उत्पादन करता था। उस समय उसकी आवश्यकतायें सीमित थी। परन्तु आज के वर्तमान युग में कृषि का व्यापक रूप है अब खेती किसान के लिये एक व्यवसाय हो गया है, जिसमें कृषि पदार्थों का वितरण, विपणन, क्रय–विक्रय होने लगा है। किसान अब आधुनिक पद्धति के द्वारा खेती करने लगा है, उसमें सभी प्रकार के उन्नतशील बीज, खाद–उर्वरक, सिंचाई, कीटनाशक दवाईयाँ खरपतवार नाशी आदि का बहुत रूप में उपयोग करने लगा है जिससे किसान सीमित साधनों का सही मात्रा में दोहन कर अधिकतम लाभ प्राप्त करता है अर्थात् किसान उत्पादन में वृद्धि के साथ–साथ उत्पादन व्यय भी कम करना चाहता है और यह आय–व्यय एक कुशल प्रक्षेत्रप्रबंध पर निर्भर करती है। इसी उद्देश्य को प्राप्त करने के लिये प्रक्षेत्र प्रबंधक विभिन्न आर्थिक सिद्धांतों का प्रयोग करके प्रक्षेत्र आय की वृद्धि के साथ–2 उत्पादन लागत को कम करने का सतत् प्रयास करता है। कृषि

के क्षेत्र में नयी–नयी आधुनिक तकनीकी की खोज हुई, नये अविष्कार होने के साथ–साथ उत्पादन में सहायक साधनों का भी मूल्य बढ़ गया, जिसके कारण लागत व्यय में भी वृद्धि होने से प्रक्षेत्र प्रबंध का महत्व बहुत बढ़ गया है। जो किसान सम्पूर्ण आधुनिक कृषि तकनीकी का ज्ञान रखेगा उसे ही अधिकतम लाभ प्राप्त होगा परन्तु उसके लिये किसान को आधुनिक कृषि प्रणाली का ज्ञान होना आवश्यक है अन्यथा किसानों को नुकसान उठाना पड़ेगा। उसे आज के वर्तमान परिस्थितियों के अनुसार अपने आप में बदलाव लाना होगा। उसे कृषि से संबंधित सारी जानकारी प्राप्त करना चाहिये जैसे–

What to produce? क्या उत्पन्न करें ?

How to produce? कैसे उत्पादन करें ?

How to produce more ? उत्पादन कैसे बढ़ायें ?

How much to produce and where to buy, sell ? कितना उत्पादन करें एवं कहाँ पर खरीदा एवं बेचा जाये ?

प्रक्षेत्र प्रबंध का उद्देश्य ही सभी आवश्यक जानकारी किसानों को पहुँचाना है। कृषि के साथ–साथ अन्य क्षेत्र का भी समावेश करना चाहिये जैसे, पशुपालन, शस्य विज्ञान, कृषि रसायन विज्ञान, बागवानी, उद्यानशास्त्र, पौध प्रजनन, कृषि अर्थशास्त्र, कीटशास्त्र, पौध संरक्षण विज्ञान आदि का अध्ययन कर सहायता लेनी चाहिये।

जैसे–जैसे भारतीय खेती का व्यवसाय व्यापक होता जा रहा है और व्यापारिक रूप लेता जा रहा है वैसे–वैसे किसान नये अविष्कार के साथ नये–नये साधनों का प्रयोग करते जा रहे हैं और बाजार में नये–2 उत्पाद लगा रहे हैं। इन सबके लिये किसानों को पूँजी की आवश्यकता होती है, कृषि उपज मूल्यों की जानकारी, विपणन की सुविधाओं की जानकारी की आवश्यकता होती है। इन सभी जानकारी का निराकरण करने के लिये उसे पूँजी की अत्यंत आवश्यकता है और उसे प्राप्त करने के लिये उसे ज्ञात होना चाहिये कि पूँजी सरलता से कहाँ से प्राप्त हो सकती है, कितनी मात्रा में प्राप्त हो सकती है, उसकी ब्याज दर क्या होगी तथा बैंकों की व्यवस्था किस प्रकार की है यह सब जानकारी प्राप्त करनी होगी। उसी प्रकार, कृषि उपज को बेचने के लिये कृषि विपणन प्रणाली क्या है, उत्पाद को कहाँ बेचे, कितनी मात्रा में बेचें व किस प्रकार बेचें ताकि किसान को उनके उत्पाद का उचित मूल्य प्राप्त हो सके। इन सभी आवश्यकताओं की पूर्ति हेतु प्रक्षेत्र–प्रबंध के सभी साधन जैसे प्रक्षेत्र नियोजन, बजट इत्यादि सहायक होते हैं। इस प्रकार

प्रक्षेत्र प्रबंध किसानों को अनुसंधान, आधुनिक शिक्षा प्रणाली, प्रशिक्षण के द्वारा निर्णय लेने की कार्य कुशलता का विकास करने में सहायक होता है।

प्रक्षेत्र प्रबंध के उद्देश्य (Objectives of Farm Management):–

प्रक्षेत्र प्रबंध का मुख्य उद्देश्य यह है कि कम से कम लागत में अधिकतम लाभ अर्जित करना। यह तभी संभव है जब किसान विभिन्न उद्यमों के संयोजन एवं संचालन को व्यवस्थित प्रकार से क्रियान्वित करे। मात्र एक ही उद्यम से किसी प्रक्षेत्र से अधिकतम लाभ प्राप्त नहीं हो सकता अतः आवश्यक है कि किसान प्रक्षेत्र पर उपस्थित सुविधाओं के अनुसार विभिन्न प्रकार के ऐसे उद्यमों का चयन, संयोजन तथा संचालन करे जिससे अधिकतम लाभ प्राप्त हो सके। कृषि उपजों का उत्पादन विभिन्न कारकों के संयोजन से प्राप्त होता है। इसके अंतर्गत दो तथ्यों का समावेश होता है, एक तो उत्पादन लागत, दूसरा उत्पादन से प्राप्त होने वाली आय। उत्पादन लागत में मुख्यतः व्यय को कम करना (Minimization costs, losses & Damage) नुकसान को कम करना तथा साधनों की कार्य क्षमता बढ़ाना आदि का समावेश होता है उसी प्रकार अधिकतम लाभ (Profit) प्राप्त करना उत्पादकता (Productivity) को बढ़ानाए साधनों की कार्य क्षमता (Effciency) को बढ़ाना और रोजगार (Employment) के अवसर को बढ़ाना इनका संबंध अधिकतम लाभ से रहा है। उपरोक्त तथ्यों के आधार पर प्रक्षेत्र प्रबंध में मुख्य रूप से निम्नलिखित उद्देश्यों का समावेश किया जाता है।

(1) कृषि उत्पादन में आय–व्यय का ब्यौरा ज्ञात करना।

(2) विभिन्न साधनों का एवं उद्यमों का उत्तम संयोजन व क्षमता में वृद्धि करने का अध्ययन करना।

(3) कृषि व्यवसाय हेतु लाभदायक फसल उत्पादन तथा पशुपालन विधियों का उत्तम संयोग ज्ञात करना।

(4) प्रति ईकाई उत्पादन लागत तथा प्रति क्विंटल उत्पादन लागत ज्ञात करना।

(5) कृषि प्रक्षेत्र की उत्पादन क्षमता एवं श्रमिकों की कार्य कुशलता बढ़ाने के उपायों को खोजना।

(6) साधनों का उचित दोहन व भूमि का सही उपयोग का अध्ययन करना।

(7) प्रक्षेत्र के विभिन्न उद्यमों की आय–व्यय का तुलनात्मक अध्ययन करना।

(8) प्रक्षेत्र के आकार, भूमि उपयोग, फसलचक्र, पूँजी व्यय, श्रम उपयोग आदि पर पड़ने वाले प्रभावों तथा प्रभावित करने वाले कारकों का अध्ययन करना।

(9) लाभ एवं उत्पादन क्षमता बढ़ाने की विभिन्न पद्धतियों की खोज करना।

(10) आधुनिक कृषि कार्य प्रणाली को प्रभावित करने वाले कारकों का अध्ययन करना।

कृषि उत्पादन से अधिक लाभ हेतु सारांश में कह सकते हैं कि अधिक उत्पादन कैसे प्राप्त करें, कृषि उपजों का अधिक मूल्य कैसे प्राप्त करें, तथा उत्पादन लागत को कैसे कम करें। अर्थात् प्रक्षेत्र प्रबंध का संबंध कृषि व्यवसाय में किसी एक विशेष पहलू से न होकर सम्पूर्ण पहलुओं से होता है।

प्रक्षेत्र प्रबंध का क्षेत्र व विषय सामग्री (Scope and subject matter of Farm Management):-

प्रक्षेत्र प्रबंध के अंतर्गत सूक्ष्म अर्थशास्त्र (Micro Economics) का समावेश होता है। प्रक्षेत्र प्रबंध का संबंध उत्पादन साधनों की कार्य कुशलता, संख्या एवं उनकी दक्षता और उनकी समस्याओं से संबंध है। यद्यपि इसका संबंध प्रत्यक्ष रूप से प्रक्षेत्र विशेष से रहता है। जहाँ तक प्रक्षेत्र प्रबंध क्षेत्र का संबंध एक निश्चित ईकाई मात्रा है जिसके अंतर्गत कृषि उद्यमों के उन पहलुओं का समावेश किया जाता है जिसका प्रभाव प्रक्षेत्र उत्पादन एवं प्रक्षेत्र की आर्थिक दक्षता पर पड़ता है। प्रक्षेत्र प्रबंध में सही समय पर उचित निर्णय लेना जैसे– साधनों का एवं उद्यमों का इष्टतम संयोजन, साथ ही यह भी निर्णय लेना है कि कौन–सी विधि का प्रयोग किया जाये, कितने श्रमिकों की आवश्यकता होगी, यंत्रीकरण का क्या स्तर हो, किस प्रकार के पशुओं का चयन किया जाये एवं कितने पशु रखे जाये आदि समस्याओं का संबंध सीधे प्रक्षेत्र प्रबंध के निर्णय क्षेत्र की विषय वस्तु है, प्रक्षेत्र प्रशिक्षण व प्रबंध संबंधी समस्याओं के निर्धारण हेतु प्रचार व प्रसार कार्य यह सब प्रक्षेत्र प्रबंध विषय वस्तु के मुख्य भाग है।

प्रक्षेत्र प्रबंध की विषय सामग्री को मुख्यतः चार भागों में विभाजित किया जाता है जैसे– साधनों एवं उद्यमों का चुनाव, संगठन, संचालन एवं प्रबंध। कृषि व्यवसाय को प्रारम्भ करने से पूर्व कृषि संबंधित उद्यमों एवं साधनों की आधुनिक कृषि प्रणाली के अंतर्गत भूमि की तैयारी से लेकर फसल कटाई एवं फसल उत्पाद विपणन तक का ज्ञान होना जरूरी है। जिसकी विषय सामग्री निम्नानुसार है –

1. कृषि का चुनाव औद्यौगिक दृष्टिकोण से होना चाहिये।
2. फसल उत्पादन एवं उनके चयन हेतु भूमि, श्रम, पूँजी, साहस व प्रबंध का अध्ययन आवश्यक है।
3. जोखिम एवं अनिश्चिता वहन करने की क्षमता का ज्ञान होना चाहिये।
4. कृषि प्रक्षेत्र का चुनाव ऐसा होना चाहिये जिसमें फसल के लिये जलवायु, अनुकूल एवं सिंचाई के साधन उपलब्ध हो।
5. प्रक्षेत्र पूँजी उपलब्ध हो जिसमें दोनों प्रकार की पूँजी का समावेश होता है। (1) नकद (2) वस्तु
6. कृषि वैज्ञानिक पद्धति से उत्पादन एवं संचालन होना चाहिये।
7. प्रक्षेत्र का फसल उत्पादन प्रति वर्ष का आय–व्यय का लेखा–जोखा होना चाहिये।
8. उपज भण्डारण हेतु प्रक्षेत्र, इमारत, गोदाम एवं यंत्रों को रखने की व्यवस्था उचित होना चाहिये।
9. फसलों एवं पशु उद्यमों का उत्तम संयोजन एवं कुशल प्रबंध होना चाहिये।
10. यंत्रीकरण द्वारा श्रम लागत कम व श्रम क्षमता में वृद्धि करने का उपाय व प्रबंध होना चाहिये।
11. प्रक्षेत्र के अभिलेख के आधार पर फसलों का एवं अन्य उद्यमों का तुलनात्मक आय–व्यय का ब्यौरा ज्ञात होना चाहिये।
12. कृषि विपणन की समस्याओं का निराकरण करना चाहिये।
13. कृषि व्यवसाय में आधुनिक फसल उत्पादन तकनीकी एवं आधुनिक विपणन पद्धति का समावेश होना चाहिये। इसका उद्देश्य यह होता हैं कि फसल उत्पादन का मूल्य कैसे अधिक प्राप्त हो यह विषय सामग्री का क्षेत्र हैं।

प्रक्षेत्र प्रबंध की प्रकृति या स्वभाव (Nature of Farm Management):-

प्रक्षेत्र प्रबंध का संबंध मानव कल्याण के व्यावहारिक विज्ञान के रूप में स्थापित हुआ है क्योंकि यह शास्त्र विज्ञान व्यवहारिकता के साथ–साथ भौतिक लाभदायकता से भी जुड़ा हुआ है। प्रक्षेत्र प्रबंध का उद्देश्य कम से कम लागत में अधिकतम लाभ प्राप्त करना है अर्थात् लागत को कम करके प्रति ईकाई अधिकतम लाभ प्राप्त करना होता है। जिसका समावेश सूक्ष्म अर्थशास्त्र (Micro Economics)

के अंतर्गत होता है। इसलिये प्रक्षेत्र प्रबंध का स्वभाव है कि इसका संबंध कृषि व्यवसाय के साथ–साथ कृषि से संबंधित अन्य सम्पूर्ण पहलुओं से भी होता है।

प्रक्षेत्र प्रबंध का अन्य विषयों से संबंध (Relationship of Farm Management with other subject) :-

किसी भी वस्तु का उत्पादन करने के लिये एक या दो से अधिक साधनों की आवश्यकता होती है अर्थात् अनेक उत्पादन साधनों के समूह से किसी एक फसल का उत्पादन होता है। जिसमें भूमि, श्रम, पूँजी,
साहस तथा प्रबंध का समावेश होता है। इसी दृष्टिकोण के कारण प्रक्षेत्र प्रबंध का संबंध सभी विषयों से होता है जो कृषि व्यवसाय को प्रभावित करते है।

(1) मृदा विज्ञान (Soil Science) – सर्वप्रथम मृदा की उत्पादकता फसल उत्पादन को प्रभावित करती है। जिसमें मृदा के प्रकार, संरचना तथा प्राकृतिक दशा देखी जाती है। मृदा तथा सिंचाई का आपस में गहरा संबंध है, जो सिंचाई तथा उसकी निकासी से संबंधित है। मृदा परीक्षण (Soil Testing) पर उर्वरक की मात्रा निर्भर करती हैं जो विभिन्न फसलों को उगाने में सहायक होती है जो कि बिना मृदा परीक्षण के असंभव है। इस प्रकार मृदा–विज्ञान और प्रक्षेत्र प्रबंध का आपस में गहरा संबंध है।

(2) शस्य विज्ञान (Agronomy) – शस्य विज्ञान के अंतर्गत फसल उत्पादन के लिये अपनाई गयी आधुनिक तकनीकी का समावेश होता है। जिसका सीधा प्रभाव उत्पादन की मात्रा पर पड़ता है। इसके अंतर्गत विभिन्न फसलों के लिये जुताई की मात्रा निश्चित की गयी है। अधिक उत्पादन हेतु बुवाई की गहराई, पौधों के बीच की दूरी एवं दो पंक्तियों में अंतर कितना हो, पौधों की वृद्धि कैसे हो इन सभी प्रश्नों को समावेश में करते हुये शस्य विज्ञान प्रक्षेत्र प्रबंध संबंध दर्शाता है।

(3) कीटशास्त्र (Entomology) – कृषि व्यवसाय में कीटों के प्रकोप से उत्पादन में कमी आती है। प्रक्षेत्र प्रबंध एवं कीटों के रोकथाम के द्वारा उत्पादन की कमी को रोका जा सकता है। इस प्रकार, प्रक्षेत्र प्रबंध एवं कीटशास्त्र का आपस में गहरा संबंध है।

(4) पशुपालन एवं दुग्ध उप्पादन (Dairy Management) – पशुपालन व्यवसाय कृषक के द्वारा पूरक, अनुपूरक एवं प्रतियोगी उद्यम के रूप में अपनाया जाता है। प्रायः किसानों के पास एक या एक से अधिक पशुधन होते हैं। यह कृषक

की आय बढ़ाने में सहायक होता है एवं परिवार को आर्थिक दृष्टिकोण से सशक्त करते हैं अर्थात् पशुधन एवं उनका प्रबंध, प्रक्षेत्र प्रबंध से घनिष्ट संबंध रखता है।

(5) उद्यान विज्ञान (Horticulture) – इसके अंतर्गत सब्जियों व फलों की खेती के प्रबंध से अधिक उत्पादन प्राप्त करना है। हमारे देश में सब्जियों एवं फलों का काफी मात्रा में उत्पादन होता है परन्तु व्यवस्थित उत्पादन कटाई उपरान्त तकनीकी एवं मूल्य प्रबंध न होने के कारण किसानों को उसका उचित मूल्य नहीं मिल पाता। जबकि, सब्जी एवं फल प्रक्षेत्र की आय का मुख्य स्त्रोत है एवं इसके औद्योगिक उपयोग, औषधी महत्व तथा नियति हेतु महत्वपूर्ण स्थान है। क्योकि खनिज पदार्थ नमक विटामिन्स तथा रसायनिक पदार्थों का बहूमूल्य स्त्रोत हैं, प्रति ईकाइ पैदावार अधिक होती है प्रक्षेत्र पद्वतियों का समूचित उपयोग, औधोगिक उपयोग, औषधिक महत्व तथा सब्जियों का बहुमुखी खेती में विशेष स्थान है, उपरोक्त अध्ययन से ज्ञात होता हैं कि उद्यान विज्ञान की प्रक्षेत्र प्रबंधन से गहरा संबंध हैं।

(6) पौध प्रजनन (Plant Breeding) – फसल उत्पादन के लिये नयी–नयी उन्नतशील बीज अपनाकर किसान अपनी आय में वृद्धि कर सकता है, पौध प्रजनन द्वारा उन्नत अधिक उत्पादन देने वाली प्रजातियों का विकास किया जाता है। जो कि प्रति इकाई लागत उपयोग पर अधिक उपज देकर लागतों की उत्पादकता बढ़ाने की मदद करता है। अतः उचित प्रक्षेत्र प्रबंध हेतु कृषि की इस शाखा का आर्थिक स्थान है।

(7) कृषि अभियंत्रीकरण (Agriculture Engineering) – प्रक्षेत्र पर विभिन्न प्रकार की क्रियायें एवं प्रक्षेत्र प्रसंसकरण कार्य नये–नये यंत्रों द्वारा ही सम्पन्न होते हैं। आज के आधुनिक युग में आय बढ़ाने में इनका बहुत योगदान है। बिना कृषि औजारों, यंत्रों के किसान अधिकतम लाभ प्राप्त नहीं कर सकता। साथ ही यंत्रीकरण से श्रम मजदूरी में होने वाली व्यय में कमी आती है एवं समय पर कृषि कार्यों के संपादन से कृषि की अधिक उत्पादक एवं लाभदायक बनाने में योगदान भी रहता है।

(8) कृषि विस्तार (Agriculture Extension) – कृषि के क्षेत्र में आधुनिक तकनीकी का प्रसार एवं प्रचार करने कृषि विस्तार शाखा एक महत्वपूर्ण कड़ी है। इसके द्वारा नये–नये कृषि से संबंधित तकनीकियों को किसानों के खेतों तक पहुँचाया जाता है एवं अनुसंधान एवं खेती के बीच एक पुल (Bridge) का कार्य करता है। फसल उत्पादन क लिये आवश्यक उत्पादन जैसे – बीज की मात्रा,

उर्वरक की मात्रा, कीटनाशक दवाईयाँ, सिंचाई की मात्रा आदि का प्रचार किसानों तक पहुँचाने का दायित्व इस विभाग का मुख्य कार्य है। अतः एक कुशल प्रक्षेत्र प्रबंधक को कृषि विस्तार महत्वपूर्ण जानकारी प्रदान करता है। एवं कृषक ज्ञान प्रबंधन के योगदान प्रदान करता है।

(9) पादप रोग विज्ञान (Plant Pathology) – किसान का मुख्य उद्देश्य अधिकतम लाभ प्राप्त करना होता है लेकिन यह तभी संभव है जब फसलों को विभिन्न प्रकार की बीमारियों से बचाया जायें। यह विज्ञान किसानों को फसलों की हानि पहुँचाने वाली विभिन्न बीमारियों के बारे में विस्तृत जानकारी प्रदान करता है एवं उन बीमारियों को कैसे दूर किया जाये इस समस्या का निवारण भी करता है। इसके अतिरिक्त यह एक कृषि विज्ञान है जिसका कार्य समस्त पादप रोगों की रोकथाम की विभिन्न विधियों का शोध करना है, जिससे नष्ट होने वाले अनाज को बचाया जा सकता है और अधिकतम लाभ प्राप्त किया जा सकता है। अतः प्रक्षेत्र प्रबंध को कृषि उत्पादन बढ़ाने के लिये पादप रोग विज्ञान की समय–समय पर आवश्यकता होती है।

उपरोक्त सारांश में हम कह सकते हैं कि सभी कृषि विज्ञान के विभागों का प्रक्षेत्र प्रबंध से एक ठोस एवं गहरा संबंध है।

कृषि अर्थशास्त्र एवं प्रक्षेत्र प्रबंध में अंतर
(Difference between Agriculture Economics & Farm Management)

कृषि अर्थशास्त्र

1. यह एक सम्पूर्ण विज्ञान है। इसका क्षेत्र व्यापक है।
2. इसके अंतर्गत समाज एवं राष्ट्रहित में सैद्धांतिक ज्ञान का अध्ययन किया जाता है।
3. कृषि अर्थशास्त्र में सम्पूर्ण कृषकों का आर्थिक पहलू का अध्ययन किया जाता है।
4. इसमें आय संबंधित विभिन्न समस्याओं का अध्ययन किया जाता है।
5. कृषि व्यवसाय संबंधित सभी दृष्टिकोण का अध्ययन किया जाता है।
6. कृषि अर्थशास्त्र में सभी पहलू पर अध्ययन किया जाता है।
7. इसके अंतर्गत आय–व्यय एवं रोजगार से संबंधित अध्ययन किया जाता है।

प्रक्षेत्र प्रबंध

1. यह कृषि अर्थशास्त्र की प्रमुख शाखा है। अतः इसका क्षेत्र सीमित है।
2. यह कृषि के रूप में समूह का अध्ययन करता है।
3. प्रक्षेत्र प्रबंध में एक कृषक की आर्थिक स्थिति का अध्ययन किया जाता है।
4. प्रक्षेत्र प्रबंध का मुख्य उद्देश्य अधिकतम लाभ प्राप्त करना होता है।
5. इसमें प्रक्षेत्र से संबंधित चयन, संगठन, संचालन एवं प्रबंध को अधिक महत्व दिया जाता है।
6. प्रक्षेत्र प्रबंध में व्यक्तिगत प्रक्षेत्र से संबंधित अध्ययन किया जाता है।
7. इसमें मात्र व्यापारिक दृष्टिकोण से अध्ययन किया जाता है।

प्रक्षेत्र प्रबंध के सिद्धांत (Principles of Farm Management)

भारतीय किसानों के लिये खेती में आगत (साधन) एवं फसलों का उत्तम चयन एवं उनका संयोजन कर अधिकतम लाभ प्राप्त करना एक जटिल समस्या है क्योंकि सीमित साधनों की क्षमता में लगातार उपयोग से कमी हो सकती है। इसका निराकरण मात्र प्रक्षेत्र प्रबंध के सिद्धांतों द्वारा ही संभव है। जब तक कृषकों को प्रक्षेत्र प्रबंध सिद्धांतों का ज्ञान नहीं होगा, तब तक किसान अनुकूलतम अथवा इष्टतम लाभ (Optimum Profit) तक पहुँच नहीं सकता। प्रक्षेत्र प्रबंध के ज्ञान के बिना फसल उत्पादन संबंधित लिये गये निर्णय लाभदायक एवं टिकाऊ खेती के उपयोगी नहीं हो सकते। किसानों की विभिन्न प्रकार की समस्याओं का निराकरण करने हेतु प्रक्षेत्र प्रबंध एक मजबूत आधार स्तम्भ हैं। किसान प्रक्षेत्र प्रबंध के आधार पर कम लागत में अधिकतम लाभ प्राप्त करता है एवं अनुभव के आधार पर कृषि व्यवसाय संबंधी निर्णय लेने की क्षमता में वृद्धि होती है तथा लिये गये निर्णय सही होते हैं। मुख्यतः निम्न प्रकार के निर्णय किसानों द्वारा लिये जाते हैं जिसका हल मात्र प्रक्षेत्र प्रबंध का आधार बिन्दु है। उदाहरणार्थ– प्रक्षेत्र पर कौन–कौन सी फसलें लेनी चाहिये, कितनी मात्रा में लेनी चाहिये। खरीफ एवं रबी फसलों का चुनाव तथा अनुपात कितना होना चाहिए, साधनों का सही चुनाव कैसे करें उत्तम बीजों का चयन एवं उर्वरक खाद की मात्रा निर्धारण कैसे करें। विभिन्न उत्पादन साधनों को किस अनुपात में कितनी ईकाईया क्रय करें उपलब्ध साधनों का उत्तम दोहन कैसे होगा? आगत एवं उत्पाद का चयन एवं उत्पादन कौन सा होना चाहिये? जिससे कृषि से लगातार लाभ प्राप्त हो सके। आगत एवं उद्यमों का उत्तम चयन एवं संयोजन कैसे करें ? उपरोक्त सभी निर्णयों व समस्याओं का

समाधान प्रबंध के सिद्धांतों के द्वारा ही प्राप्त किया जा सकता है क्योंकि किसान का उद्देश्य अपने प्रक्षेत्र से अधिक उत्पादन प्राप्त करना ही नहीं होता, बल्कि उत्पादन व्यय कम करके आय में वृद्धि करना भी होता है। इसी उद्देश्य की पूर्ति के लिये प्रक्षेत्र प्रबंधक विभिन्न आर्थिक सिद्धांतों का उपयोग करके प्रक्षेत्र आय में वृद्धि के साथ उत्पादन लागत को कम करने का प्रयास करता है। प्रक्षेत्र प्रबंध के मुख्य सिद्धांत निम्न प्रकार है।

1. उत्पत्ति ह्रासमान प्रतिफल का नियम (Law of diminishing return or law of variable proportion)
2. सम–सीमांत प्रतिफल का सिद्धांत (Law of equi marginal returns)
3. अवसर लागत का सिद्धांत (Law of opportunity cost)
4. उद्यमों के प्रतिस्थापन का सिद्धांत (आगत उत्पाद दोनों में) (Law of substitution in both input/output)
5. तुलनात्मक लाभ का सिद्धांत (Law of comperative advantage)

अर्थशास्त्रियों ने आगत–उत्पाद संबंध को केवल कृषि क्षेत्र में ही लागू किया था। यह सभी जानते हैं कि किसी भी वस्तु या पदार्थ का उत्पादन अनेक साधनों के संयोजन से होता है अर्थात् साधनों की मात्रा में वृद्धि करने पर उत्पादन की मात्रा में भी वृद्धि होती है, परन्तु कौन–सा साधन इसमें ज्यादा प्रभावशील है या फिर किस मात्रा के अनुपात में वृद्धि होगी, इसे प्रक्षेत्र प्रबंध के नियमों द्वारा समझा जा सकता है। कृषि के क्षेत्र में उत्पादन के तीन नियम होते हैं।

1. उत्पत्ति वृद्धि नियम (Law of Increasing return)
2. उत्पत्ति स्थिरांक नियम (Law of constant return)
3. उत्पत्ति ह्रास नियम (Law of decreasing return)

इसलिये नियमों को समझने से पहले हमें यह जानना जरूरी है कि आगत–उत्पाद का आपस में किस प्रकार से संबंध स्थापित हो सकता है।

आगत उत्पाद संबंध (Factor Product Relationship) :–

इस अध्याय के अंतर्गत कृषि उत्पादन में वृद्धि करने वाले विभिन्न साधनों का आपस में संबंध का विश्लेषण किया जाता है। कृषि उत्पादन एवं उसमें प्रयुक्त होने वाले साधनों का भिन्न–भिन्न प्रकार से आपस में संबधं हो सकता है। हमें यहाँ यह समझना बहुत जरूरी है कि किस प्रकार का आगत उत्पाद में संबंध हो सकता है

और कौन–कौन सी उनकी समस्याएँ हैं एवं कैसे उसका निराकरण हो सकता है। उत्पाद आगत के मुख्य संबंधो जो निम्नानुसार समझा जा सकता हैं –

1. आगत–उत्पाद संबंध (Factor-Product relationship)
2. आगत–आगत संबंध (Factor-factor relationship)
3. उत्पाद–उत्पाद संबंध (Product-Product relationship)

आगत–उत्पाद संबंध (Factor product relationship) :-

उत्पादन की दृष्टिकोण से हम सब जानते हैं कि किसी वस्तु का उत्पादन अनेक साधनों को संयोजन मात्र से होता है। यही सिद्धांत सभी उद्यमों में लागू होता है परन्तु उत्पादन प्रक्रियाओं में हमें यह देखना है कि, कौन से साधन द्वारा उत्पादन का इष्टतम बिंदु प्राप्त होता है इसके लिये हमें दोनों प्रकार के– जैसे भौतिक एवं तकनीकी संबंधो का अध्ययन करना होगा। इस उद्देश्य की प्राप्ति के लिये सर्वप्रथम किसी एक साधन का उत्पादन के साथ कैसा संबंध हो सकता है इसे हम तीन प्रकार से व्यक्त कर सकते हैं। वह है, सारणी, रेखाचित्र एवं बीजगणितीय रूप के द्वारा।

आगत उत्पाद का संबंध निम्नानुसार सारणी के द्वारा स्पष्ट कर सकते हैं।

नत्रजन (x) किग्रा / हैक्टर	उत्पादक (क्विंटल) / हैक्टर
0	04
10	**06**
20	**09**
30	**15**
40	**20**
50	**22**

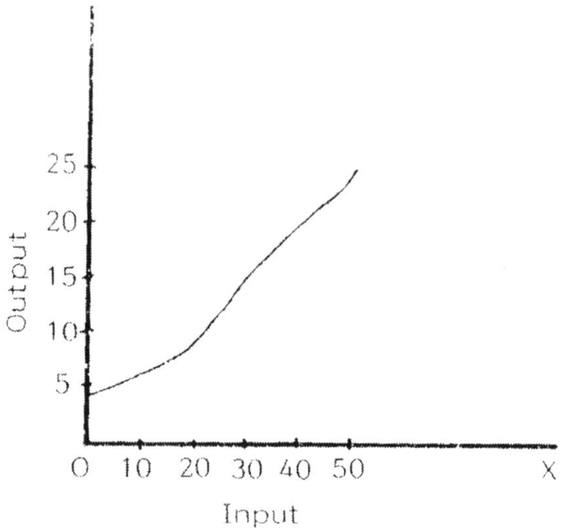

Figure 1

ग्राफ–रेखाचित्र के आगत–उप्पाद संबंध

सारणी के द्वारा –रासायनिक खाद का (X) गेंहू के उत्पादन पर प्रभाव (Y) जबकी, अन्य साधन स्थिर मात्रा में प्रयुक्त हैं, बीजगणितीय स्वरूप में आगत–उत्पाद संबंध किसी वस्तु को प्राप्त करने के लिये बहुत से चल और अचल (स्थिर) साधन प्रयुक्त किये जाते हैं अर्थात् संबंधित कृषि उत्पादन विभिन्न प्रकार के चल एवं अचल साधनों का प्रतिफल है।

इस संबंध को हम साधारण उत्पादन फलन (Production Funtion) द्वारा भी व्यक्त कर सकते हैं।

$Y= f(x)$ जहाँ पर Y उत्पादन से संबंधित है एवं X उत्पादन के लिये उपयोग में लाया गया साधन है। "f", X एवं Y का फलन है जो X का उत्पादन में (Y) पर प्रभाव व्यक्त करता है। यहाँ पर X स्वतंत्र आगत है और Y परतंत्र उत्पाद है। एक से अधिक साधनों का उत्पादन में प्रयोग हो तब निम्न प्रकार से उत्पादन फलन प्राप्त होगा।

$Y = f(X_1/ X_2 \ldots\ldots X_n)$ हम इसे इस प्रकार भी कह सकते हैं कि Y फलन में X_1 ls X_n साधनों का प्रभाव प्रदर्शित करता है। इस फलन में X_1 स्वतंत्र चल साधन है एवं X_2 से X_n स्थिर साधन माने जाते हैं। इसे हम इस प्रकार भी कह सकते हैं (Y is the function of X_1 to X_n) निरीक्षण रेखा (/) यह व्यक्त करती है कि साधन X_1 के दाहिनी ओर के समस्त साधन स्थिर स्वभाव के हैं और उनका उपयोग उत्पादन में स्थिर मात्रा में है। (Fixed Value)

यद्यपि किसी वस्तु के उत्पादन में एक ही साधन का शत–प्रतिशत योगदान और अन्य साधनों का कोई योगदान नहीं होता ऐसा मानना उचित नहीं है क्योंकि उत्पादन एक जटिल प्रक्रिया है और वह कई महत्वपूर्ण उत्पादन के साधनों पर आधारित रहती है, परन्तु सुविधा की दृष्टि से हम मान लेते हैं कि उस वस्तु के उत्पादन में साधन X जैसे– उर्वरक, सिंचाई, बीज की मात्रा, कीटनाशक दवायें या पशु आहार आदि के सहयोग से वह उगायी जा सकती है। अतः यह स्वभाविक है कि साधन X_1 एक स्वतंत्र साधन है और प्राप्त होने वाली संबंधित वस्तु की उपज X_1 साधन पर आधारित होती है अतः इसे हम परतंत्र साधन (Independent Variable) कहते हैं।

किसी विशिष्ट कृषि उपज की उत्पादकता की प्रक्रिया में लगने वाले चल साधनों से जो संबंध होता है। उसे हम आगत–उत्पादन संबंध कहते हैं। यह सुनिश्चित है कि साधनों की उत्पादकता निम्न तीन श्रेणियों में किसी एक श्रेणी में हो सकती है

(1) उत्पादकता बढ़ते क्रम में होना।

(2) उत्पादकता स्थिर क्रम में होना।

(3) उत्पादकता का घटते क्रम में होना।

(1) बढ़ते प्रतिफल का नियम–यह नियम उस समय लागू होता है जब वस्तु के उत्पादन में होने वाली वृद्धि साधनों की वृद्धि के अनुपात से अधिक होती है अर्थात् कुल उत्पादन व सीमान्त उत्पादन बढ़ते क्रम में होता है और औसत उत्पादन भी लगातार बढ़ता है। यह नियम प्रारम्भ में थोड़े समय के लिये लागू रहता है। इस नियम को सारणी एवं ग्राफ द्वारा समझ सकते है।

सारणी 1.1 उत्पत्ति वृद्धि नियम

नत्रजन (X) किलोग्राम	उत्पादन (Y) क्विंटल	अतिरिक्त आगत में बढ़ता ΔX	उत्पाद में अतिरिक्त बढ़त ΔY	सीमांत उत्पादन (MPP) दर $\Delta Y/\Delta X$
5	2 . 0	5	2	2.0 / 5 = 0.40
10	4.4	5	2.4	2.4 / 5 = 0.48
15	7.5	5	3.1	3.1 / 5 = 0.62
20	11.3	5	3.8	3.8 / 5 = 0.76
25	18.0	5	6.7	6.7 / 5 = 1.34

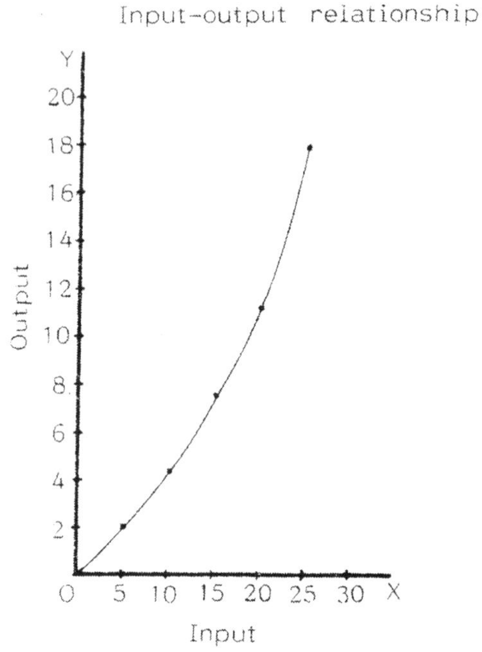

Increasing returns to input use.

ग्राफ–1.1

बढ़ते प्रतिफल के नियम से स्पष्ट होता है कि सीमांत उत्पादन दर ΔY/Δ X बढ़ते क्रम में होती है। जैसे 0.40, 0.48, 0.62, 0.76, से 1.34 अर्थात् सीमांत उत्पादन दर बढ़ते क्रम में यह दर्शाता है कि जैसे–जैसे साधनों की मात्रा में वृद्धि करते जायेंगें वैसे–वैसे साधनों के अनुपात से अधिक मात्रा में उत्पादन वृद्धि होगी अर्थात् ΔY/Δ X बढ़ते क्रम में रहेगा। इस परिस्थिति में X और Y का संबंध निम्न प्रकार से दर्शाया जा सकता है।

साधनों में लगातार वृद्धि होने पर आगत उत्पाद संबंध निम्न प्रकार से हो सकता है।

$$\frac{\Delta Y_1}{\Delta X_1} < \frac{\Delta Y_2}{\Delta X_2} < \frac{\Delta Y_3}{\Delta X_3} < \frac{\Delta Y_4}{\Delta X_4} < \dots\dots\dots < \frac{\Delta Y_n}{\Delta X_n}$$

(2) प्रतिफल स्थिरांक का नियम (Law of constant Return)–इस नियम के अंतर्गत साधन एवं उत्पादन के बढ़ोत्तरी का स्तर समान बना रहता है अर्थात् उत्पाद के ईकाई उत्पादन में होने वाली वृद्धि साधनों की ईकाई वृद्धि एक

अनुपातक में वृद्धि होती हैं जिसे प्रतिफल स्थिरांक का नियम कहते हैं। इस स्थिति को सारणी एवं ग्राफ द्वारा दर्शाया जा सकता है।

सारणी 1.2 स्थिरांक सीमांत उत्पादन

नत्रजन (X) किलोग्राम/हे	उत्पादन (Y) क्विंटल/हे	अतिरिक्त साधन ΔX	अतिरिक्त उत्पादन ΔY	सीमांत उत्पादन दर $\Delta Y/\Delta X$
5	2	5	2	2/5 = 0.4
10	4	5	2	2/5 = 0.4
15	6	5	2	2/5 = 0.4
20	8	5	2	2/5 = 0.4
25	10	5	2	2/5 = 0.4

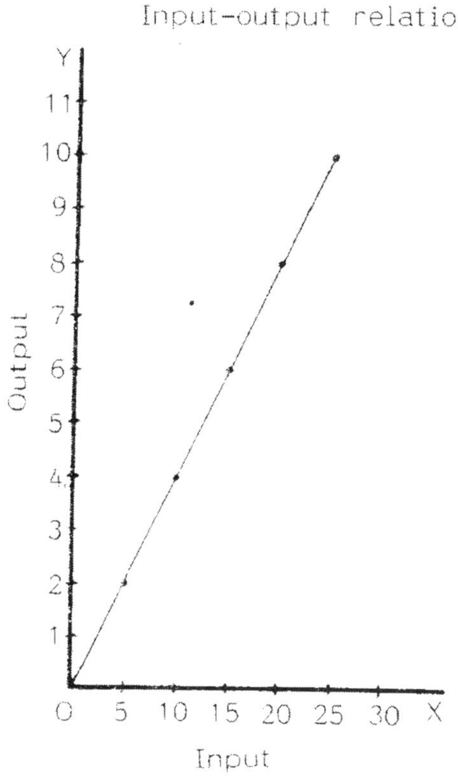

Constant returns to input use.

ग्राफ–1.2

इस नियम में X और Y का सरल फलन (Linear function) दर्शाता है और इस प्रकार का साधन व उत्पादन में प्रायः कृषि के क्षेत्र में देखने को नहीं मिलेगा। यह सरल रैखिक समीकरण ही है सारणी के अनुसार साधन व उत्पादन का झुकाव अनुपात समान है जैसे– $\Delta Y/\Delta X = 2/5 = 0.4$ अर्थात् प्रत्येक 5 किलोग्राम नत्रजन की वृद्धि करने पर 2 कि.ग्रा. उत्पादन में वृद्धि होती है।

आगत उत्पादन स्थिर प्रतिफल संबंध को निम्न प्रकार दर्शाया जा सकता है।

$$\frac{\Delta Y_1}{\Delta X_1} = \frac{\Delta Y_2}{\Delta X_2} = \frac{\Delta Y_3}{\Delta X_3} = \cdots\cdots\cdots = \frac{\Delta Y_n}{\Delta X_n}$$

(3) घटते प्रतिफल का नियम (law of Decreasing return).

इस नियम के अंतर्गत वस्तु (Y) उत्पादन में (X_1) की ईकाई मात्रा में निरंतर वृद्धि करने पर प्राप्त होने वाले अतिरिक्त उत्पादन ईकाई (Y) में निरंतर गिरावट आती जाती है। फलस्वरूप कुल उत्पादन एक सीमा तक घटते क्रम में तो बढ़ता है। लेकिन (X_1) की इकाई मात्रा में निरंतर वृद्धि करने पर यह कुल उपज अधीकतम स्तर प्राप्त करने के बाद घटती जाती है। यह गिरावट जहॉ से प्रारम्भ होती है वहॉ कुल उत्पादन अधिकतम होता है और सीमान्त उपज शून्य स्तर से नीचे ऋणात्मक होने लगती है।

उत्पादन में प्रयुक्त होने वाले साधनों की तुलना में वस्तु का उत्पादन कम अनुपात में बढ़ता हैं। यह नियम उत्पादन के हर क्षेत्र में लागू होता हैं। अर्थात उत्पादन में होने वाली वृद्धि साधनों की वृद्धि के अनुपात से कम होती हैं। इस प्रकार के उत्पादन क्रम में, कुल उत्पादन बढ़ते परन्तु घटते क्रम में होता हैं (increasing but decreasing order) औसत उत्पादन भी बढ़ता हैं परन्तु सीमांत उत्पादन घटते क्रम में प्रदर्शित होता हैं। आधुनिक अर्थशास्त्री उपरोक्त तीनों अवस्थाओं की सम्मिलित रुप से उत्पत्ति हास नियम (law of diminishing return) अथवा परिवर्तनशील अनुपातो का नियम कहते हैं। उनका कहना है कि उत्पत्ति हास नियम के अंतर्गत ही उत्पत्ति वृद्धि नियम एवं उत्पत्ति स्थिरांक नियम सम्मिलित है। इसलिऐ अर्थशास्त्री उत्पत्ति हास नियम पर अधिक जोर देते हैं। कृषि उत्पादन के क्षेत्र में यह नियम वास्तविक रुप से प्रयोगात्मक रुप से सत्य हैं। इस नियम को सारणी एवं ग्राफ से समझाया जा सकता हैं।

सारणी: घटते प्रतिफल का नियम (Law of Decreasing return)

बीज की मात्रा	उत्पादन	अतिरिक्त आगत	अतिरिक्त उत्पादन	सीमान्त दर की वापसी
(x) kg	(y) Qt.	(Δx)	(Δy)	(Δy/Δx)
5	2.0	5	2.0	2.0 / 5 = 0.40
10	3.8	5	1.8	1.8 / 36 = 0.36
15	5.2	5	1.4	1.4 / 5 = 0.25
20	6.3	5	1.1	1.1 / 5 = 0.22
25	6.9	5	0.6	0.6 / 5 = 0.12

1.3 Law of Decreasing return

इस नियम को ग्राफ के द्वारा स्पष्ट करने पर ज्ञात होता है कि सीमांत उत्पादन दर $\Delta Y/\Delta X$ घटते क्रम में होगी जैसे 0.40, 0.36, 0.25, 0.22 व 0.12 (सारणी 1.3) इसमें आगत–उत्पाद संबंध

$$\frac{\Delta Y_1}{\Delta X_1} > \frac{\Delta Y_2}{\Delta X_2} > \frac{\Delta Y_3}{\Delta X_3} > \ldots\ldots\ldots\ldots > \frac{\Delta Y_n}{\Delta X_n}$$

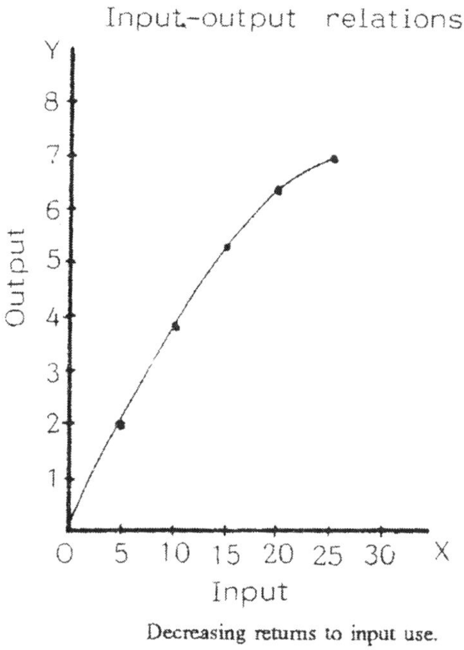

Decreasing returns to input use.

उत्पत्ति ह्रास नियम की परिभाषाएँ (Definition of Law of diminishing Return):-

प्रतिष्ठित अर्थशास्त्रियों की परिभाषाए निम्नानुसार हैं–

(1) प्रो. मार्शल की परिभाषा भूमि पर पूँजी तथा श्रम की मात्रा में क्रमशः वृद्धि करने पर उत्पादन प्रायः पहले की अपेक्षा बढ़ता चला जाता है, जब तक कि कृषि प्रणाली में सुधार न किया जाय।

(2) रोबिन्स के मतानुसार ''यदि किसी एक उत्पत्ति के साधन की मात्रा में वृद्धि की जाय तथा अन्य साधनों की मात्रा को स्थिर रखा जाये तो एक निश्चित बिंदु के पश्चात् क्रमशः उत्पादन घटने लगता है।

(3) प्रो. बेन्हम के शब्दों में ''उत्पादन के साधनों के संयोग में एक साधन का प्रयोग ज्यों–ज्यों बढ़ाया जाता है। त्यों–त्यों एक निश्चित बिंदु के बाद उस साधन का सीमांत तथा औसत उत्पादन घटता जाता है।

(4) प्रो. स्टिगलर के अनुसार ''जैसे–जैसे किसी एक साधन की मात्रा समान अंश तक बढ़ायी जाती है, जबकि अन्य साधनों की सेवाएं स्थिर रखी जाती है, तो एक निश्चित बिंदु के बाद परिणामस्वरूप उत्पादन की वृद्धि का अंश कम हो जायेगा अर्थात् सीमांत उत्पादन घट जायेगा।

(5) प्रो. वाटसन के शब्दों में ''जब एक परिवर्तनशील साधन की अतिरिक्त इकाई के उपयोग से कुल उत्पादन अथवा वस्तु के उत्पादन में वृद्धि होती है, जबकि अन्य साधनों की मात्राओं को यथास्थिर रखा जाये तो कुल उत्पादन में वृद्धि एक बिंदु के बाद कम होती जायेगी।''

(6) प्रो. सेमुअलसन के अनुसार ''एक या कुछ साधनों को स्थिर रखकर अन्य साधनों को परिवर्तित करने पर अतिरिक्त उत्पादन क्रमशः घटते जाते हैं।

(7) प्रो. बोल्डिंग के अनुसार ''जैसे ही हम किसी साधन की मात्रा को अन्य साधनों की स्थिर मात्रा के साथ वृद्धि करते हैं, तो परिवर्तित साधन की सीमांत भौतिक उत्पादकता अंततः अवश्य ही कम हो जानी चाहिये।

उत्पत्ति हृासमान नियम की मान्यतायें अथवा सीमायें (Limitation of law of diminishing return):-

(1) सिर्फ एक कारक को परिवर्तनशील व अन्य को स्थिर रखा जाये तभी यह नियम लागू होगा।

(2) परिवर्तनशील साधन को सभी इकाईयों की मात्रा समान होना चाहिये।

(3) उत्पादन के तरीके एवं तकनीकी में किसी भी प्रकार का परिवर्तन नहीं होना चाहिये।

(4) इस नियम का संबंध वस्तु की भौतिक मात्रा से है न कि उनके मूल्य से।

(5) यह नियम कृषि एवं भूमि पर ही लागू होता है।

(6) इस नियम के आधार पर कारक एवं उपज के मूल्य ज्ञात होने पर हम किसी परिवर्तन कारक ही सर्वाधिक लाभप्रद मात्रा का निर्धारण कर सकतें है।

(7) यह नियम तभी लागू होता हैं जब परिवर्तन साधनों की मात्राएँ प्रचुर मात्रा में उपलब्ध रहती है।

उत्पति ह्रासमान नियम के कृषि में लागू होने के कारण (Reason's for applying Law of Diminishing Return Agriculture):–

(1) कृषि उत्पादन में सदैव जोखिम व अनिश्चितायें बनी रहती हैं अतः यह नियम शीघ्र लागू हो जाता है।

(2) कृषि कार्यो के विस्तृत व अनिश्चित होने के कारण प्रक्षेत्र प्रंबंध व नियंत्रण की कमी रहती हैं कारणवश प्रति इकाई उत्पादन घटने लगता है।।

(3) कृषि व्यवसाय में अपेक्षाकृत विशिष्टकरण, श्रम व लागते कम करने वाले यंत्र तथा श्रम विभाजन की क्षमता कम रहती हैं अतः प्रति इकाई उत्पादन पर लागत शीघ्र ही बढ़ने लगती है।

(4) कृषि उपजों की मॉग बेलोचदार होने के कारण इसके उत्पादन साधनों की मॉग भी बेलोचदार रहती हैं अतः परिणामस्वरूप मॉग स्थिर व मूल्य अधिक होने के कारण उत्पादन कारकों का मूल्य अधिक देना पड़ता हैं और प्रति इकाई उत्पादन लागत अधिक आती है।

(5) कृषि उत्पादन के सभी कारक प्रायः सीमित हैं, अतः न तो उत्पादन को समान दर से बढ़ाया जा सकता हैं, और न उत्पादन कारकों की समान दर से वृद्धि की जा सकती है।

कुल उत्पादन, औसत उत्पादन एवं सीमांत उत्पादन अवधारणाऐ (Concepts of Total physical product (TPP) Average physical product (APP) Marginal Physical Product (MPP):-

ह्रासमान प्रतिफल सिद्धांत एक भौतिक हैं जो आगत उत्पाद (Input-output) संबंध में सर्वाधिक महत्वपूर्ण है। इस नियम को और स्पष्ट करने के लिये हमें कुल उत्पादन, औसत उत्पादन एवं सीमांत उत्पादन की व्याख्या करना अनिवार्य है।

(1) **कुल उत्पादन**–सभी साधनों के प्रयोग व संयोजन द्वारा प्राप्त होने वाले उत्पादन स्तर को कुल उत्पादन (TPP) कहते है। इसे 'Y' अंग्रेजी शब्द द्वारा प्रदर्शित करते हैं। उत्पादन साधन की विभिन्न मात्राओं के प्रयोग से कुल उत्पादन की मात्रा भी प्रभावित होती है।

(2) **औसत उत्पादन**–कुल उत्पादन को परिवर्तन साधनों के प्रयोग की गयी मात्रा X से भाग देने पर औसत उत्पादन (APP) ज्ञात किया जाता है। और यह प्रति इकाई साधन उत्पादन की मात्रा को प्रदर्शित करती है। औसत उत्पादन से तात्पर्य साधन की औसत उत्पादकता से है। इसे निम्न सूत्र के द्वारा निकाला जा सकता है।

$$\text{कुल उत्पाद} = \frac{\text{कुल उत्पादन की मात्रा (Y1)}}{\text{प्रयुक्त उपज के साधन (X1) की मात्रा}}$$

(3) **सीमांत उत्पादन**–प्रति इकाई साधन का प्रयोग करने से होने वाली अतिरिक्त उत्पादन वृद्धि को सीमांत उत्पादन (MPP) कहते है। सीमांत से तात्पर्य आगत का अतिरिक्त इकाई से है। कृषि व्यवसाय में यह आर्थिक दृष्टिकोण से बहुत महत्वपूर्ण होता है। यह परिवर्तन साधन के प्रत्येक स्तर पर उत्पादन में वृद्धि की दर प्रदर्शित करता है। सीमांत उत्पादन निम्न सूत्र द्वारा ज्ञात किया जाता है।

$$\text{सीमांत उत्पादन} = \frac{\text{कुल उत्पादन की मात्रा में परिवर्तन } (\Delta Y)}{\text{प्रयोग साधन की मात्रा में परिवर्तन } (\Delta X)}$$

कुल उत्पादन, औसत उत्पादन एवं सीमांत उत्पादन के बीच संबंध (Relationship between total production, average production and marginal production):-

जैसा कि हम जानते हैं कि साधनों की विभिन्न इकाई के प्रयोग से जो उत्पादन प्राप्त होता है। उसे कुल उत्पादन कहते हें कृषि उत्पादन में उपयोग की गयी परिवर्तित साधनों की एक अतिरिक्त इकाई में जो वृद्धि होती है। उसके परिणाम स्वरूप वस्तु की अतिरिक्त मात्रा में जो वृद्धि होती है। उसे सीमांत उत्पादन कहते हैं उसी प्रकार कुल उत्पादन मे परिवर्तित साधन की प्रयोग की जाने वाली इकाईयॉ से भाग देने पर औसत उत्पादन प्राप्त होता हैं। इस प्रकार के तीनों प्रकार के उत्पादन स्तर का आगत–उत्पाद संबंध में देखे जाते है।

और यह संबंध क्रमशः उत्पादन की प्रकृति पर निर्भर करते है। सीमान्त उत्पादन एवं औसत उत्पादन, कुल उत्पादन के ही अंश मात्र है। इसलिये यदि हमें कुल उत्पादन ज्ञात हैं तो सीमान्त उत्पादन व औसत उत्पादन भी प्राप्त कर सकते है। और तीनों उत्पादन में संबंध स्थापित कर सकते है। इसे हम सारणी एवं ग्राफ के द्वारा भी दिखा सकते है।

(1) सीमांत व कुल उत्पादनः–

(1) जब सीमांत उत्पादन बढ़ते क्रम में रहता है। कुल उत्पादन बिना रुके बढ़ते क्रम में रहता है।
When MPP. increases TPP increasing at increasing rate.

(2) यदि MPP. स्थिर हो तो TPP अधिक स्थिर दर में बढ़ता हैं
MPP. is constant TPP increases at constant rate.

(3) यदि MPP. घट रहा हो तब TPP बढ़ता और घटते क्रम में रहता है।
MPP increases TPP increases at decreasing.

(4) यदि MPP. 0 हो तब TPP अधिकतक रहता है।
MPP is zero TPP is maximum.

(5) यदि MPP. ऋणात्मक हो तब TPP निरंतर घटते बढ़ते क्रम में रहता है।
MPP is negative TPP is decreasing at increasing rate.

(6) यदि MPP. अधिकतम हो तब TPP परिवर्तन होता है।
MPP is maximum TPP inflection point on TPP

(2) APP और MPP का संबंध :–

(1) जब MPP, APP से अधिक हो तब APP बढ़ते क्रम में रहता है।
When MPP> APP APP is increasing.

(2) जब MPP, APP से कम हो तब APP घटते क्रम में होता है।
When MPP < APP APP is decreasing.

(3) जब MPP, APP से बराबर हो तब APP अधिकतक होता है।
When MPP equal APP, APP at is maximum.

(3) TPP और MPP का संबंध :–

(1) जब कुल उत्पादन में वृद्धि हो रही हो तब सीमांत उत्पादन धनात्मक रहता है।

(2) जब TPP अधिकतम रहता है वहॉ सीमांत उत्पादन शुन्य हो जाता है।

(3) यदि MPP लगातार ऊपर की ओर बढ़ता रहे तब TPP भी बढ़ते क्रम में रहता है।

(4) यदि MPP स्थिर हो तब, TPP भी स्थिर दर से बढ़ता है।

(5) यदि MPP घटतें क्रम में बढ़ता हें तो, TPP घटते क्रम में बढ़ता है।

(6) जब MPP ऋणत्मक होता हें तब TPP घटते क्रम में होता है।

उत्पादन की लोच (Elasticity of production):–

आगत उत्पादन संबंध के विश्लेषण में उत्पादन लोच का बहुत महत्व है। यह आगत का उत्पादन वृद्धि पर प्रभाव दर्शाता है। उत्पादन की लोच का अर्थ उत्पादन के साधनों में एक इकाई प्रतिशत परिवर्तन करने से उत्पादन में होने वाले परिवर्तन को उत्पादन की लोच द्वारा मापा जा सकता हें इसके द्वारा उत्पादन की प्रतिक्रिया को ज्ञात किया जाता है उत्पादन लोच सांकेतिक भाषा के द्वारा दर्शायी जाती है।

परिभाषाः उत्पादन कि लोच का अर्थ, चल साधन की इकाई मात्रा में अतिसूक्ष्म वुद्धि या कमी करने पर उत्पादन की इकाई मात्रा में होने वाले पविर्तन से संबंध है, जबकि उत्पादन के अन्य कारक एवं तकनीकि को स्थिर माना जाता है।

इसे निम्न उदाहरण द्वारा ज्ञात किया जात सकता है।

$$Ep = \frac{\text{Percentage change in output}}{\text{Percentage change in input}} = \frac{\Delta Y}{Y} \text{ X } 100 / \frac{\Delta X}{X} \text{ X } 100$$

$$Ep = \frac{\text{उत्पादन में \% अंतर}}{\text{आगत में \% अंतर}} = \frac{\Delta Y}{Y} \text{ X } 100 / \frac{\Delta X}{X} \text{ X } 100$$

$$\frac{\text{उत्पादन में अंतर}}{\text{उत्पादन का पूर्व स्तर}} \div \frac{\text{कारक में परिवर्तन}}{\text{कारक की मात्रा}}$$

$$= \frac{\Delta Y}{Y} \div \frac{\Delta X}{X} = \frac{\Delta Y}{Y} \times \frac{\Delta X}{X}$$

$$= \frac{\Delta Y}{X} \times \frac{\Delta X}{Y}$$ क्योंकि $MPP = \frac{\Delta Y}{X}$ एवं $APP = \times \frac{Y}{X}$ होता है।

$$\text{चूंकि } Ep = \frac{MPP}{1} \times \frac{1}{APP} = \frac{MPP}{APP}$$

उदाहरणः– धान उत्पादन के लिये यदि 8 इकाई साधनों से 50 इकाई मात्रा उत्पादन होता है और यदि मात्र 4 ईकाइ से 10 ईकाइ उत्पादन की मात्रा में वृद्धि हो तो, निम्न परिवर्तन देखे जा सकते है।

1. आगत के सम्बन्ध में परिवर्तन = 4/8=50%
2. उत्पादन के सम्बन्ध में परिवर्तन = 10/50=20%

इसलिये, उत्पादन की लोच = 20/50=0.4% होगी।

उत्पत्ति हृासमान का सिद्धांत (Law of diministing return):-
इस नियम को उत्पत्ति प्रतिफल के नियम से भी जाना जाता हैं। उत्पत्ति ह्रासमान नियम में तीनों उत्पादन वक्र का विस्तृत अध्ययन उदाहरण के साथ किया जा सकता है। जिसे सीमान्त उत्पादन, औसत एवं कुल उत्पादन क रूप में भी व्यक्त किया जा सकता है। सभी अर्थशास्त्री ने भिन्न–भिन्न प्रकार से इस नियम की व्याख्या की है, मूलतः सभी का एक अर्थ निकलता है। इसका कारण यह है कि प्रत्येक परिस्थिति में साधनों का आपस में अनुपात अवश्य ही परिवर्तित होगा। कुछ साधन स्थिर रखकर एक साधन को परिवर्तित करने पर अतिरिक्त उत्पादन क्रमशः कम होता जाता है। इस तथ्य को हम एक उदाहरण द्वारा स्पष्ट कर सकते है।

मान लीजिये गेहूँ उत्पादन में भूमि, पूँजी, श्रम व अन्य साधनों का स्थिर मात्रा में प्रयोग किया जाता है। एवं मात्र एक साधन उर्वरक खाद परिवर्तित साधन का लगातार प्रयोग करने से जो उत्पादन प्राप्त होता है वह क्रमशः घटते क्रम में (नत्रजन) होगा इसे सारणी के द्वारा दर्शाया गया है। सारणी के द्वारा स्पष्ट होता है कि उर्वरक की प्रथम तीन इकाई तक उत्पादन लगातार बढ़ती हुई दर से बढ़ता हें जबकि उर्वरक की चौथी व पाचॅवी इकाई के द्वारा उत्पादन स्थिर रहता है। इसके पश्चात् छठवी, और सातवी इकाई का प्रयोग करने में घटती हुई दर से वृद्धि होती है। उर्वरक की नौवी इकाई का प्रयोग करने से कुल उत्पादन अधिकतम हो जाता है। अब यदि उर्वरक की नवीं दसवी एवं ग्यारवी इकाई का प्रयोग किया जाता है तो कुल उत्पादन में क्रमशः कमी होती है। कुल उत्पादन में होने वाली अतिरिक्त वृद्धि को सीमांत उत्पादन कहते है। सीमांत उत्पादन प्रथम तीन इकाई तक बढ़ते क्रम में रहता है। इसके बाद उर्वरक की चौथी इकाई से आठवीं इकाई तक सीमांत उत्पादन में कमी होने लगती है तथा उर्वरक की दसवी

इकाई प्रयोग करने पर सीमातं उत्पादन शून्य हो जाता है पुनः ग्यारवी इकाई से प्रयोग करने पर सीमांत उत्पादन ऋणात्मक हो जाता है, इस प्रकार, उर्वरक की विभिन्न इकाई के प्रयोग करने पर प्रांरभ में औसत उत्पादन बढ़ता है, परंतु कुछ समय के पश्चात यह धीरे–धीरे घटने लगता है। जब औसत उत्पादन अधिकतम होता है, तो सीमांत उत्पादन औसत उत्पादन के MPP = APP बराबर होता है, जबकि सीमांत उत्पादन ऋणात्मक होने पर भी औसत उत्पादन धनात्मक ही बना रहता है।

साधनों की ईकाइयॉ (नत्रजन)	कुल उत्पादन (टी.पी.पी)	औसत उत्पादन (ए.पी.पी)	सीमान्त उत्पादन (एम.पी.पी)	उत्पादन अवस्था स्टेज ऑफ प्रोडक्सन)
1	2	1	2	प्रथम अवस्था बढ़ते और घटते क्रम में
2	6	3	4	
3	11	3.60	5	
4	17	4.25	6	समान मात्रा में बढ़ते हुये
5	23	4.60	6	
6	27	4.50	4	द्बितीय अवस्था बढ़ते परन्तु घटते क्रम में
7	30	4.28	3	
8	32	4.00	2	
9	34	3.66	1	
10	33	3.30	0	
11	32	2.91	.1	तृतीय अवस्था घटते और बढ़ते क्रम में
12	29	2.41	13	

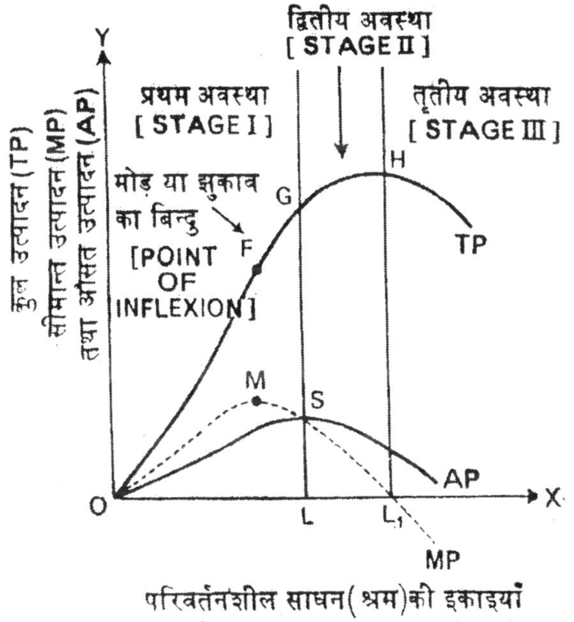

रेखाचित्र

सीमांत, औसत एवं कुल उत्पादन का हम रेखाचित्र द्वारा भी स्पष्ट कर सकते है। रेखाचित्र में x अक्ष पर उर्वरक की विभिन्न इकाईयों को लिया गया है। इसी प्रकार Y अक्ष पर उत्पादन दर्शाया गया है। रेखाचित्र में TP, MP तथा AP वक्र क्रमशः कुल उत्पादन वक्र, सीमांत उत्पादन वक्र और औसत उत्पादन वक्र को दर्शाया गया हैं। रेखाचित्र में इन वक्रों की आकृति द्वारा ही स्पष्ट होता है कि किसी साधन अनुपात में परिवर्तित होने पर तथा अन्य साधनों को स्थिर रखने पर, एक साधन इकाई में निरतंर वृद्धि करने पर कुल उत्पादन, सीमांत उत्पादन एवं औसत उत्पादन में भी क्रमशः वृद्धि और कमी होती है। कुल उत्पादन वक्र उत्पादन H बिंदु तक बढ़ता हैं तथा इसके बाद कम होता जाता है। सीमांत उत्पादन वक्र M बिन्दु तक बढ़ता है तथा इसके बाद कम होता जाता है। LI बिन्दु पर शून्य हो जाता है और उसके बाद ऋणात्मक हो जाता है उसी प्रकार, औसत उत्पादन S बिन्दु तक बढ़ता है जहॉ अधिकतम होता है और उसके बाद घटना शुरू कर देता है परन्तु यह धनात्मक रहता है। रेखाचित्र से स्पष्ट होता है कि जब सीमांत उत्पादन भी बढ़ती हैं तो कुल उत्पादन भी बढ़ती हुई दर से बढ़ता है तथा सीमांत उत्पादन घटती हुई दर बढ़ता है। कुल उत्पादन जहॉ अधिकतम होता है वहॉ सीमांत उत्पादन शून्य हो जाता है।

इस रेखाचित्र में उत्पादन की तीन अवस्थायें स्पष्ट रूप से बतायी जा सकती है प्रथम व तृतीय उत्पादन अवस्था का अविवेकपूर्ण उत्पादन अवस्था कहते है। जबकि द्वितीय उत्पादन अवस्था को विवेकपूर्ण उत्पादन (Rational stage of production) अवस्था कहते हैं।

उत्पादन की अवस्था (Stage of Production):-

1 प्रथम अवस्थाः– प्रथम अवस्था में कुल उत्पादन बढ़ती ड्डुई दर से बढता है तथा उस बिन्दू को जहॉ कुल उत्पादन बढ़ता है उच्चावन विन्दु (Inflection point) कहते हैं। इसके पश्चात् कुल उत्पादन में वृद्धि घटती हुई दर से होती है। उच्चावन बिन्दु पर सीमांत उत्पादन दर सबसे अधिक रहती है। प्रथम अवस्था का अंतिम बिन्दु वहॉ पर होता है जहॉ औसत उत्पादन वक्र (AP) अधिकतम होता और इस अवस्था में सीमांत उत्पादन वक्र (MPP) औसत उत्पादन वक्र के ऊपर होता है। अतः उत्पादन की लोच एक से अधिक (Ep>1) होती है। यह उत्पादन की अविवेकपूर्ण अवस्था होती है। चल और अचल साधनों की कार्यक्षमता का under utilization होता है। इस अवस्था में स्थिर साधनों की मात्रा का पूर्ण दोहन नहीं हो पाता हैं इस अवस्था में स्थिर साधनों की मात्रा परिवर्तनशील साधन (उर्वरक) की मात्रा की तुलना में अत्याधिक होती है। जिसके परिणामस्वरूप औसत उत्पादन में वृद्धि होती रहती है और अंत में अधिकतम हो जाता हैं अर्थात इस अवस्था में औसत उत्पादन में निरन्तर वृद्धि होती हैं यही कारण है कि इस अवस्था का बढ़ते प्रतिफल की अवस्था (stage of increasing return) कहते है।

2 द्वितीय अवस्था – इस अवस्था में भी कुल उत्पादन घटती हुई दर से बढ़ता है तथा अधिकतम बिंदु पर पहुँचने के पश्चात् घटने लगता है। जहॉ सीमांत उत्पादन व औसत उत्पादन बराबर होते है, वहॉ से उत्पादन की द्वितीय अवस्था प्रारम्भ होती है। उसी प्रकार जहॉ कुल उत्पादन अधिकतम एवं सीमांत उत्पादन शून्य हो जाता है। वहॉ पर उत्पादन की द्वितीय अवस्था समाप्त हो जाती है। इस अवस्था में सीमांत उत्पादन शून्य हो जा जाता है। वहॉ पर उत्पादन की द्वितीय अवस्था समाप्त हो जाती है। इस अवस्था में सीमांत उत्पादन और औसत उत्पादन दोनों क्रमशः घटती हुई दर से घटते रहते है। परंतु दोनो धनात्मक होते है। औसत उत्पादन का मान सीमांत उत्पादन के मान से कुछ अधिक होने के कारण **(Ep<1)** की लोच एक से कम होती है। इस अवस्था को उत्पादन की विवेकपूर्ण अवस्था कहते है। क्योंकि इसी अवस्था में सर्वाधिक लाभदायक उत्पादन प्राप्त होता है एवं साधनों का उपयोग ज्ञात किया जा सकता है। इस अवस्था को घटते हुए प्रतिफल

के नियम (Law of Diminishing Return) की संज्ञा दी जाती है। जिस बिन्दु पर सीमांत लागत सीमांत आय के बराबर होती है उसी बिन्दु पर शुद्ध आय (Net Return) सर्वाधिक होता हैं।

3. तृतीय अवस्थाः—इस अवस्था को ऋणात्मक प्रतिफल की संज्ञा दी जा सकती है क्योंकि इस अवस्था में कुल उत्पादन घटने लगता है एवं सीमांत उत्पादन ऋणात्मक होता है। इसे उत्पादन की अविवेकपूर्ण अवस्था भी कहते हैं क्योंकि स्थिर साधनों का पूर्ण दोहन होने के कारण अस्थिर साधनों का (परिवर्तनशील साधन Variable resources) का केवल अपव्यय होता है। इस अवस्था में यदि किसी किसान को निशुल्क साधनों का प्रयोग करने हेतु देता हो तो भी उसे दिये हुये उस साधन का उपयोग नहीं करना चाहिये क्योंकि चल साधन की सीमांत उत्पादन क्षमता ऋणात्मक रहती है। तृतीय अवस्था में सीमांत उत्पादन ऋणात्मक होने के कारण उत्पादन की लोच शून्य से कम **($E_p < 0$)** हो जाती है। इस अवस्था का अर्थशास्त्र में कोई भी महत्व नहीं है। कोई भी कृषक इस अवस्था में उत्पादन करना पसंद नहीं करेगा।

उत्पादन साधनों का इष्टतम उपयोग स्तर ज्ञात करना (आदर्श स्तर) (Optimum use of Resources)

उपरोक्त विभिन्न अवस्थाओं से स्पष्ट होता है कि उत्पादनकर्ता प्रथम अवस्था तक ही उत्पादन नहीं करना चाहेगा क्योकि इसमें स्थिर साधनों का उत्पादन स्तर ऋणात्मक होता हैं दूसरे शब्दों में हम यह भी कह सकते हैं, कि वस्तु की उत्पादन क्रिया में स्थिर साधनों का अनुपात तुलनात्मक स्तर पर परिवर्तनशील साधनों की अपेक्षा ज्यादा होती है अर्थात् स्थिर साधनों का पूर्णतया दोहन नहीं हो पाता है। इस परिस्थिति में यदि उत्पादक परिवर्तनशील साधनों की वृद्धि इकाई मात्रा में बढ़ोत्तरी करता है तो वह अधिक उत्पादन करके अपने लाभ को बढ़ा सकता है। उसी प्रकार, कोई भी कृषि उत्पादन की तीसरी अवस्था में भी उत्पादन नहीं करना चाहेगा, क्योंकि तीसरी अवस्था में परिवर्तनशील साधन की सीमांत उत्पादकता ऋणात्मक हो जाती है। इस परिस्थिति में उत्पादनकर्ता चाहेगा कि परिवर्तनशील साधनों की इकाई मात्रा में कमी करके होने वाली अनावश्यक उत्पादन लागत पर रोक लगाये। परिणाम स्वरुप उत्पादन में वृद्धि करेगा।

प्रक्षेत्र प्रबन्धक तीनों अवस्थाओं का अध्ययन करने के बाद अब प्रश्न उठता है कि वह कौन–सी अवस्था में अनुकूलतम उत्पादन प्राप्त करेगा। हम देख चुके हैं कि वह प्रथम व तीसरी अवस्था में बिल्कुल ही उत्पादन करना पसंद नहीं करेगा

अब मात्र द्वितीय अवस्था में वह विवेकपूर्ण उत्पादन करना चाहेगॉ। दूसरी अवस्था में किसी निश्चित बिंदु स्तर पर उत्पादन करने का प्रयास करेगा। दूसरी अवस्था में सीमांत व औसत उत्पादन दोनो घटते दर से होता हैं और कुल उत्पादन बढ़ते परन्तु घटते दर से होता है। दूसरी अवस्था का प्रारंभ उस बिंदु से होता है जहाँ परिवर्तनशील साधनों का औसत उत्पादन स्तर अधिकतम हो एवं स्थिर साधन का सीमांत उत्पादन स्तर शून्य हो अर्थात उत्पादक अपने स्थिर साधनों का दोहन अधिकतम कर चुका होता है इसलिये उत्पादक इस विन्दु पर अपना उत्पादन बंद नहीं करेगा, इसके विपरित, जहॉ पर द्वितीय अवस्था समाप्त होती है वहॉ पर परिवर्तनशील साधन का सीमांत उत्पादन शून्य होने के कारण कोई भी उत्पादक इस स्थान पर उत्पादन करना नहीं चाहेगा क्योकि, जो भी साधन इकाई प्रस्तुत करेगा उसका मूल्य, उत्पादन मूल्य से अधिक होगा कारण इस स्तर पर अतिरिक्त इकाई से प्राप्त उत्पादन शून्य होगा।

सारांश में कोई भी उत्पादक द्वितीय अवस्था के प्रारंभ एवं अंतिम छोर के बीच उत्पादन लेना चाहेगा यह स्तर चल साधनों के मूल्य और उपज के इकाई मूल्यों पर निर्भर करेगा। दूसरी अवस्था में कारक (चल साधन) की उत्तम इकाई मात्रा (लाभ दायक) ज्ञात करने के लिये भौतिक उत्पादन एवं कारक की इकाई मात्रा को मूल्यों में परिवर्तित करना आवश्यक होता है अतः अधिकतम आर्थिक लाभ के लिये सीमांत लागत बराबर सीमांत आय होनी चाहिए (MC=MR) यहाँ पर P_{Y1} P_{X1} क्रमशः Y_1 का मूल्य एवं X_1 का मूल्य दर्शाता है। इसलिये $PX_1\ \Delta X_1 = PY_1\ \Delta Y_1$ के बराबर होना चाहिये या फिर

$$\frac{PX_1}{PY_1} = \frac{\Delta X_1}{\Delta Y_1} \quad \text{या} \quad \frac{PX_1}{PY_1} = \text{MPP}\ (\Delta Y/\Delta X)$$

अथवा PX_1 = (MPP) PY_1 जबकि (MPP) PY_1 = MVP होता है। यहाँ MVP (Marginal value of product) का मतलब सीमांत उत्पादन मूल्य से है। इसलिये अधिकतम लाभ के लिये अतिरिक्त साधन की लागत उससे प्राप्त अतिरिक्त उत्पादन इकाई मूल्य के बराबर होना चाहिये।

चूँकि MC = MVP के बराबर होना इष्टतम स्तर को व्यक्त करता है। अतः जब (i) MVP = MC तब साधन का इष्टतम (Optimum) उपयोग किया जा रहा है। (ii) MVP > MC तब साधन की और अधिक इकाई मात्रा बढ़ाना लाभदायक होता है। (iii) MVP < MC हो तब साधन की इकाई मात्रा को कम करके हानि में कमी की जा सकती है।

उत्पत्ति का परिवर्तनशील अनुपातों का नियम एवं लागतें (Law of variable proportions and costs):–

कृषि उत्पादन में यदि परिवर्तित साधनों का मूल्य में परिवर्तन कर लागत परिवर्तनशील अनुपातों में परिभाषित कर सकते है। उत्पत्ति हृास नियम के अनुसार, परिवर्तित साधन की मात्रा में वृद्धि कर जबकि स्थिर साधन यथावत हो तो उत्पादन में बढ़ते क्रम में होती है। उसी के साथ–साथ सीमान्त एवं औसत उत्पादन में भी क्रमशः वृद्धि होती हैं, लागत के दृष्टिकोण से यदि परिवर्तित साधन व उत्पादित वस्तु की लागत स्थिर रहने पर सीमांत एवं औसत लागतें कम हो जाती हैं। परन्तु जब परिवर्तनशील साधन की और अधिक इकाई मात्रा में वृद्धि की जाये तो सीमांत लागत औसत लागते बढ़ने लगती हैं चूँकी, परिवर्तनशील साधन में वृद्धि होने के फलस्वरूप उस वस्तु की उत्पादन लागत में भी बढ़ोत्तरी होती है।

रेखाचित्र के द्वारा स्पष्ट होता है कि यदि परिवर्तनशील साधन की मात्रा में वृद्धि करने पर सीमांत एवं औसत लागत में कमी होने लगती है। A बिन्दु पर सीमांत लागत न्यूनतम हो जाती है उसी प्रकार B बिन्दु पर औसत लागत भी न्यूनतम हो जाती है परन्तु यदि परिवर्तनशील साधन का और उपयोग करने पर सीमांत लागत, औसत लागत के बराबर हो जाती है। यदि B बिन्दु के पश्चात् परिवर्तनशील साधन में वृद्धि करने पर सीमांत और औसत लागत में भी वृद्धि होने लगती है। इस नियम के विश्लेषण में ध्यान देने योग्य बात यह है कि, उत्पादन के लिये उपयोग किये गये साधनों का मूल्य एवं उत्पादन का मूल्य दोनों पर विशेष ध्यान देना होगा। चूँकि मूल्यों में परिवर्तन होने पर सीमांत एवं औसत लागत में भी परिवर्तन होगा।

सम–सीमान्त उत्पत्ति नियम (Law of Equi-marginal Returns):-

हृासमान प्रतिक्षण का सिद्धांत में अधिकत्तम व्यय प्राति हेतु असिमित साधनों का प्रयोग करना पड़ता है एवं प्रक्षेत्र की उपज की मात्रा में निर्धारण में यह सिद्धांत प्रभाव डालता है। अर्थात यह सिद्धांत अतिरिक्त लागत = अतिरिक्त आय, सिद्धांत पर लागू होता है।

परन्तु किसान के सीमित साधन होते है। उन साधनों का उपयोग सभी विभिन्न उत्पादनो करना कहलाता है किन्तु कितनी माँग में किया जावे कौन–से उत्पादो पर किया जावे जिससे प्रत्येक इकाई से समान माग मे साथ प्राप्त हो यह सभी प्रश्न किसानो के लिये विचार्णिय है। इस परिस्थितियों मे सम–सीमान्त उत्पत्ति नियम अधिक प्रभावशाली है और इस प्रश्न को हल करने के लिये सम–सीमान्त

प्रतिफलों के सिद्धांत को प्रयोग में लाना होगा, जिससे किसान के सीमित साधनों का समुचित उपयोग होगा।

किसान के पास भूमी पूँजी श्रम आदि सीमित होते है। अतः उसे विभिन्न प्रयोग व्यवसायों मे इस प्रकार विभाजित अथवा व्यय करना चाहिये कि प्रत्येक व्यवसाय (उत्पादो) से अधिकतम लाभ प्राप्त हो सके। यही कारण है। कि प्रक्षेत्र पर दो से अधिक व्यवसायों या उत्पादको का चयन और उनका उत्तम संयोजन करते समय समान लागत के बाद उनसे प्राप्त सीमांत आय की जानकारी प्राप्त करनी पड़ती है। अतः इस नियम के अनुसार भूमि श्रम पूंजी एवं अन्य साधनो को हमें विभिन्न फसलो या व्यवसाय मे इसप्रकार व्यय करना चाहिए कि प्रत्येक साधनो की इकाई से प्राप्त सीमांत आय अधिकतम हों या फिर सीमांत आय बराबर हो तो भी लाभ की स्थिति होती है।

इस सिद्धांत को हम एक उदाहरण के द्वारा स्पष्ट कर सकते है। उदाहरण – मान लीजिए की एक किसान के पास 3000/– रूपये हो जिसने वह गेहूँ (y_1), गन्ना (y_2), कपास (y_3) फसलो पर लगाना या पूँजी व्यय करना चाहता है। मान लीजिए कि वह सम्पूर्ण पूंजी y_1 पर व्यय करता है। तो उसे 1025/– रूपये शुद्ध लाभ मिलता है। यदि वह y_2 पर सम्पूर्ण पूंजी व्यय करने के पश्चात् मात्र 550/– रूपये व उसी प्रकार y_3 पर पूंजी लगाने पर उसे मात्र 275/– रूपये शुद्ध लाभ मिलता है। सीमित पूंजी होने के कारण यदि किसान तीनों फसलों पर किस प्रकार पूंजी को वितरित करें की सर्वाधिक लाभ प्राप्त हों इसे हम निम्न सारणी के द्वारा समझा सकते है।

व्यय की गई धन की राशि	**गेहूं** y_1	**गन्ना** y_2	**कपास** y_3
500	800	750	650
1000	700	650	560
1500	650	580	550
2000	640	540	510
2500	630	520	505
3000	605	510	500
कुल प्राप्ति	4025	3550	2375
शुद्ध लाभ	1025	550	275
300 रू. पर प्रति रूपया औसत प्राप्ति	1.34	1.18	1.09

उपरोक्त सारणी से ज्ञात होता है कि व्यय किए गये रूपये पर प्रति रूपया औसत प्राप्ती, गेहूँ, गन्ना तथा कपास पर क्रंमशः 1.34, 1.48, 1.09 रू. वापसी होती है। उसी प्रकार कुल लाभ प्राप्ती क्रंमशः 4025, 3550, 2375 रू. प्राप्त होते है। सारणी से हमें ज्ञात हो रहा है। कि प्रथम फसल पर व्यय करने पर हम अधिक लाभ प्राप्त नही होता, यदि हम इसी सीमित पूंजी 3000 रू. को तीनों फसलों पर अलग–अलग इकाईयों में प्रयुक्त करने पर किसान को अधिकतम प्रति 4000 रू. प्राप्त करने के लिए किसान को 1500 रू. गेहूँ पर, 1000 रू. गन्ने पर और कपास पर 500 रू. व्यय करना चाहिये जहां पर के प्रति रूपया वापसी 1.40 प्राप्त होती है। जो कि सर्वोतम/अधिकतम लाभ को दर्शाती है।

अतः सीमित साधनों को इस प्रकार प्रयोग करना चाहिए की उनकी प्रत्येक इकाइयों से विभिन्न फसलों पर सीमांत आय/अतिरिक्त लाभ बराबर हो यह सिद्धांत एक किसान को फसल उत्पादन के लिए या फिर आय व्यय का ब्यौरा बनाने के लिए अथवा फसल की पैदावार की व्यवस्था को पशु उद्योग के अनुरूप बनानें मे मार्गदर्शन करता है। साथ ही साथ एक प्रक्षेत्र को अत्यधिक लाभ पर संचालन करने हेतु विभिन्न उद्योगो के संबंध में एवं निर्धारण में भी यह सिद्धांत सहायता करता है।

विकल्प लागत का सिद्धांत

समय सीमांत प्रतिफल सिद्धांत में निहित विकल्प लागत सिद्धांत है। प्रत्यावर्ती लागत सिद्धांत भी कहते है। विकल्प लागत का तात्यर्प यह है कि उपलब्ध पूंजी पर एक फसल पैदा करने पर जो प्राप्त होता है। वह शुद्ध आय समझी जाती है। जबकि जिसे हम दूसरी फसल जो त्याग दी गई है से प्राप्त करते है।

उदाहरणः– एक हैक्ट. गेहूं से 800 रू. शुद्ध आय प्राप्त होती है। जबकि इसी पूंजी पर एक हैक्ट. आलू से 1200/– रू. शुद्ध आय प्राप्त होती है। क्योंकि किसान नें आलू की खेती त्याग कर गेहूं की फसल ली तो गेहूँ की विकल्प त्यागत 1200/– रू. हुई अब किसान के लिए विचारवीय प्रश्न उठता है। कि उसने गेहूं के बदले आलू क्यो नही बोया/लगाया क्योकि यदि वह और अन्य किसान भी आलू करते तो आलू की पैदावार अधिक होने पर बाजार/मण्डी में भाव गिरते और सभी को हानि उठानी पड़ती इस प्रकार की परिस्थति को विकल्प लागत का सिद्धांत कहते है।

तुलनात्मक लाभ का सिद्धांत

इस सिद्धांत के अनुसार विभिन्न फसलों और पशुधन उधयों को ऐसे क्षेत्रों मे अपनाया जाता है जहां की प्राकृतिक और आर्थिक परिस्थितियां उनके लिए उपयुक्त है यह सिद्धांत प्रक्षेत्र के लिए विशिष्ट कृषि या बहुफसलीय कृषि करने के लिए अधिक सहायक होता है। इसी सिद्धांत के आधार पर हम प्रायः देखते है। कि शहरों के समीप विभिन्न प्रकार के सब्जियों की खेती, फूलो की खेती, गन्ने की खेती (शुगर मिलो के पास) वा अन्य क्षेत्रो में बहुफसलीय खेती क्यों होती है। क्योंकि शहरों के आस–पास सरलता से बाजार उपलब्ध रहते है। और उत्पादन का उचित भाव प्राप्त होता है। इसके विपरीत अन्य क्षेत्रों मे बहुफसलीय खेती जोखिम बाहम करने के लिए की जाती है। किस परिस्थति मे तुलनात्मक लाभ का सिद्धांत किसान को प्रदर्शित करता है। कि उन फसलो एवं पशुधन का चुनाव कर सके जिनके पैदा करने मे प्राप्त साधनो से अधिक तुलनात्मक लाभ हो। अधिकतम लाभ तब मिलेगा जब वह अधिक से अधिक क्षेत्रफल पर उपयुक्त उत्पादन उत्पादकों का उत्पादन करें

आगत–आगत संबंध (Factor-Factor Relationship)

आगत–आगत संबंध का कृषि उत्पादकों के लिये बहुत बड़ा महत्व है जब एक ही समय में किसी दिये गये उत्पादन स्तर को प्राप्त करने के लिये एक से अधिक सीमित चल साधन जैसे X_1, X_2, X_3 ----- X_n आदि उपलब्ध हों तो उत्पादक के लिये यह समस्या बन जाती है कि वह उपरोक्त संसाधनों के संयोजन विकल्प किस प्रकार से करे जिससे उत्पादन लागत न्यूनतम हो।

जैसेः–

(1) केवल X_1 का उपयोग करे और X_2 को 0 स्तर पर रखे।

(2) केवल X_2 का उपयोग करे और X_1 को 0 स्तर पर रखे या फिर

(3) कुछ इकाईयाँ X_1 की और कुछ इकाईयाँ X_2 की प्रयोग में लायी जायें।

उपरोक्त विकल्पों में (1) और (2) महत्वहीन है क्योंकि आगत–आगत संबंध में इस समय दोनों साधनों X_1 व X_2 का संयोजन विकल्प क्रमांक तीन से ही संभव है। जबकि यदि इसके लिये पहले से ही परिस्कृत संबंधित आकड़े उपलब्ध हो तो वैज्ञानिक दृष्टि से हम इस समस्या का समाधान कर सकते हैं।

किसी भी वक्र या सारणी द्वारा हम केवल दो साधनों का संयोजन फलन व्यक्त कर सकते हैं चूँकि इन दोनों साधनों के माध्यम से इनके विभिन्न संयोजनों

द्वारा हम दी गई वस्तु का उत्पादन स्तर सरलता से व्यक्त कर सकते हैं ग्राफ प्रदर्शन हेतु दिशा को साधन X_1 व दूसरी दिशा को साधन X_2 व्यक्त करता हैं और उनके संबंधित उत्पादन को जिसे हम बराबर उपज (ISO-Product) कहते है, व्यक्त कर सकते हैं।

आगत–आगत संबंध के उद्देश्य (Objectives of Factor-Factor Relationship) -

आगत–आगत संबंध के उद्देश्य को निम्न प्रकार से व्यक्त किया गया है।

(1) किसी दिये गये उत्पादन स्तर पर लागत को न्यूनतम करना।

(2) साधन संयोजनों के विकल्पों द्वारा (alternatives) सुलभ करना स्थिर साधनों के सहयोग से उत्पादन स्तर को अधिकतम करना। अभी तक हम उत्पादन फलन में केवल एक परिवर्तित साधन की ही वृद्धि या कमी करते थे या फिर, $Y = f(X_1 X_2 X_3 \ldots\ldots\ldots\ldots\ldots X_N)$ का ही अध्ययन करते थे। परन्तु इस संबंध के अंतर्गत हमें दो परिवर्तित साधन का प्रयोग करेंगे और इस जगह जिस उत्पादन फलन का प्रयोग कर रहे हैं $Y = f(X_1 X_2 X_3 X_4 \text{--------------------} X_N)$ यहाँ पर X1 व X2 चल परिवर्तित साधन एवं X3, X4 X_N स्थिर साधन है। दूसरे शब्दों में 'Y' यह X1, X2 का फलन है। (Y is the function of X1 & X2) इसे हम इस प्रकार भी कह सकते हैं कि 'Y', X1 और X2 के विभिन्न संयोजनों का परिणाम है तथा यह (Y) साधन X1 और X2 के पारस्परिक प्रतिस्थापन दर पर निर्भर करता है।

साधन प्रतिस्थापन के नियम की परिभाषा (Law of substitution factor)

उत्पादन के क्षेत्र में किसी निर्धारित कार्य करने या किसी उत्पाद की निर्धारित मात्रा का उत्पादन करने के लिये एक से अधिक विकल्पों का चल साधन स्थापना (factor substitution) की सहायता से किया जाता है। इस नियम के अनुसार दो सीमित चल साधनों का न्यूनतम लागत पर संयोजन उस दशा में प्राप्त होगा जब उनके सीमांत प्रतिस्थापन की दर उन चल साधनों के इकाई मूल्यों के उलटे क्रम (व्युत्क्रमानुपाती) से समानुपाती हो।

परिभाषाः–दो प्रतिस्पर्धी चल साधनों का न्यूनतम लागत पर तब संयोजित होते हैं जब उनकी सीमांत प्रतिस्थापन की दर चल साधनों के ($\Delta X2/\Delta X1$) इकाई मूल्यों के अनुपात (PX1/PX) के उल्टे क्रम में समानुपाती होगी।

समान उत्पाद या समान उत्पाद वक्र (Iso-product or Iso-product curve):-

समान उत्पाद से तात्पर्य यह है कि विभिन्न चल साधनों के विभिन्न संयोजनों से किस उद्यम विशेष की समान मात्रा में उत्पादन इकाई प्राप्त करना है। ISO का अर्थ समान एवं quat (Quantity) का अर्थ उत्पाद या फिर इसे उत्पाद वक्र भी कहते हैं। (Iso product curve) दूसरे शब्दों में, जब किसी दी गई निश्चित उपज इकाई को प्राप्त करने के लिये दो प्रयुक्त किये गये चल साधनों (X_1 & X_2) की विभिन्न इकाईयों का संयोजन किया जाता है तो ऐसी अवस्था में प्राप्त उपज को "समान उत्पाद" (Iso product) कहते हैं। इसी प्रकार Iso-product संबंधित चल साधनों के उन विभिन्न स्तरों को व्यक्त करता है जो दिये गये उपज के लक्ष्य को प्राप्त करने के लिये उपयोग में लाये जाते हैं। यदि ग्राफ के माध्यम से ऐसे चल साधनों (X_1 X_2) के विभिन्न संयोजनो को पेन्सिल के माध्यम से अंकित करें तो वक्र (curve) प्राप्त होता है उसे हम समान उत्पाद वक्र (Iso-product curve) कहते है। जो यह दर्शाता है कि विभिन्न चल साधनो के संयोजन से विभिन्न स्तर पर प्राप्त उत्पाद बिन्दुओ को जोड़ता है।

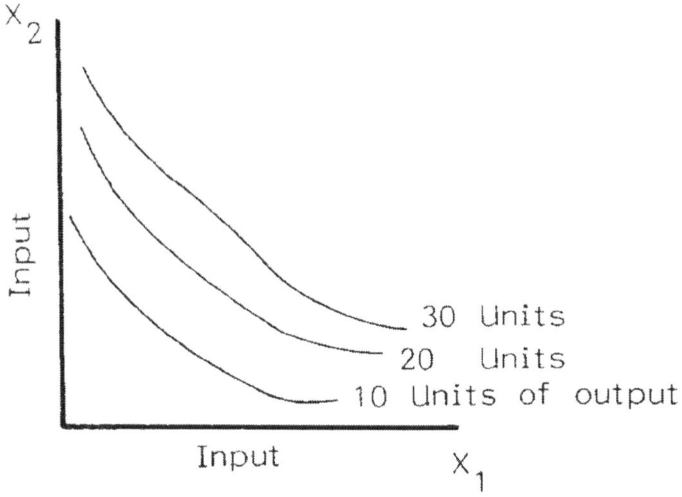

समान उत्पाद वक्र की विशेषतायें (Characterstics of Iso-product curve)

(1) यह तीन आयामी प्रक्रिया (Three Dimentional Process) को दो आयामी (Two Dimentional) में व्यक्त करता है।

(2) सामान्य रूप से सम उत्पाद वक्र (Iso-product curve) बाएँ से दायें गिरते क्रम में होते हैं।

(3) दो सम उत्पाद वक्र एक दूसरे को कभी नहीं काटते।

(4) किसी भी सम वक्र का झुकाव (Slope) संबंधित चल साधनों (X_1, X_2) के प्रतिस्थापन दरों पर निर्भर करता है।

(5) उत्पादन का पैमाना बढ़ा देने पर विभिन्न सम उत्पाद वक्र के बीच की दूरी यदि अधिक हो तो इसका अर्थ यह माना जाता है कि चल साधन X1 और X2 की उत्पादकता बढ़ रही है।

(6) सामान्यता कृषि के क्षेत्र में इस प्रकार के सम उत्पाद वक्र आधार (origin) के प्रति कानवेक्स (convex) होते हैं।

सीमांत प्रतिस्थापन दर (Marginal Rate of Substitution)

जब एक चल साधन की इकाई मात्रा दूसरे चल साधन के इकाई मात्रा से विस्थापित की जाती है तो इस प्रक्रिया दर को साधन प्रतिस्थापन दर कहते हैं। यह प्रतिस्थापन सीमांत प्रतिस्थापन दर को व्यक्त करता है जिसे हम निम्नानुसार परिभाषित कर सकते हैं।

"किसी एक चल साधन की इकाई मात्रा में होने वाली वृद्धि के फलस्वरूप दूसरे चल साधन की इकाई मात्रा में जो कमी आती है उनकी सापेक्षिक दर को सीमांत प्रतिस्थापन दर (Marginal Rate of substitution) कहते हैं। सारांश में अंग्रेजी में इसे MRS द्वारा भी दर्शाया जाता है इसलिये $MRS = \Delta X2/\Delta X1$ होता है।"

दूसरे शब्दों में दी गई एक निश्चित मात्रा उपज को प्राप्त करने के लिये दो प्रतिस्पर्धी साधनों के पहले साधन की इकाई मात्रा कम करने के परिणामस्वरूप दूसरे चल साधन की इकाई मात्रा में जो वृद्धि होती है उसे हम सीमांत प्रतिस्थापन दर (MRS) कहते हैं। जैसे, साधन X2 का साधन X1 के लिये MRS का तात्पर्य यह है कि साधन X1 की इकाई मात्रा में वृद्धि, जिसमें वृद्धि की जाती है वहाँ "of" लगाया जाता है और जहाँ कमी की जाती है वहाँ "for" लगाया जाता है उदाहरण MRS of X2 for X1 यहाँ X1 विस्थापित साधन (replaced resources) है और X2 साधन प्रतिस्थापित (Added resources) है इसे सारांश में MRS द्वारा व्यक्त किया जाता है। पूरक (supplementary) या स्थिर (constant) अनुपात वाले संबंधित साधनों की MRS हमेशा किसी एक विशेष अनुपात में होती है जबकि दो सीमांत प्रतिस्पर्धी (complementary) की MRS हमेशा घटते क्रम में होती है। सीमान्त प्रतिस्थापन दर (MRS) जब हम इसे एक सूत्र के रूप में व्यक्त करते हो तो उस समय प्रतिस्थापन दर को हमेशा ऋणात्मक (-Ve) चिन्ह् द्वारा व्यक्त करते हैं यदि चिन्ह् न भी लगा हो तो भी इसका अर्थ -ve ही होता है।

प्रतिस्थापन की अवस्था में निर्णय लेने के नियम (Principle of decision taking at the stage of substitution)

प्रतिस्थापन का मुख्य उद्देश्य यह है कि प्रक्षेत्र पर किसी विशिष्ठ उत्पाद स्तर को प्राप्त करने के लिए उपलब्ध चल साधनों के उस विशिष्ठ संयोजन स्तर की खोज है जिससे उत्पादन व्यय न्यूनतम लागत पर हो।

प्रतिस्थापन की अवस्था में निर्णय लेने के मुख्य रूप से तीन विकल्प निम्नानुसार है।

1. $\frac{\Delta X_2}{\Delta Y_1} > \frac{\Delta X_1}{\Delta X_2}$ > अर्थात प्रतिस्थापन करने से लागत में कमी होती है। यह तब तक करनी चाहिये जब तक X_1 एवं X_2 अनुपात बराबर नहीं होते है।

2. $\frac{\Delta X_2}{\Delta X_1} < \frac{\Delta X_1}{\Delta X_2}$ इस विकल्पों में यह स्पष्ट होता है। कि प्रतिस्थापन करने से लागत ज्यादा होती है। इस अवस्था में साधनों X_1 व X_2 का प्रतिस्थापन नहीं करना चाहिये।

3. $\frac{\Delta X_2}{\Delta X_1} = \frac{\Delta X_1}{\Delta X_2}$ यह विकल्प सर्वोतम हैं क्योंकि यह प्रतिस्पर्धी चल साधनो (X_1 व X_2) का न्यूनतम लागत स्तर कहलाता हैं।

न्यूनतम लागत संयोजन स्तर प्राप्त करने की शर्ते (Condition for least cost combination)

दो प्रतिस्पर्धी चल साधनों की संयोजन लागत एक निश्चित दी गई उपज को प्राप्त करने के लिये न्यूनतम लागत तब होती है, जब निम्नलिखित शर्तो को ध्यान रखा जायें।

1. $\frac{-\Delta X_2}{\Delta X_1}$ अर्थात प्रतिस्पर्धी चल साधन X_1 और X_2 दोनो घटते क्रम में प्रतिस्थापित होते है।

2. $\frac{PX_2}{PX_1} < \frac{\Delta X_1}{\Delta X_2}$ अर्थात संबंधित चल साधनों X_1 और X_2 और के प्रति इकाई मूल्य के अनुपात का ज्ञान हो या जानकारी होना चाहिये।

3. $\frac{-\Delta X_2}{\Delta X_1} < \frac{PX_1}{PX_2}$ इस सूत्र से अर्थ स्पष्ट है कि, प्रतिस्पर्धी चल साधन X_2 और X_1 के लिये सीमांत प्रतिस्थापन दर और मूल्यों का अनुपात उल्टेक्रम में समानुपाती हो या व्युत्क्रमानुपाती हो।

4. उत्पादन तकनीकी में कोई परिवर्तन नहीं किया जाय आरै ना ही मूल्य अनुपात में परिवर्तित किया जाये।

बराबर लागत रेखा (ISO cost lines) या समान लागत रेखाः–

जिस प्रकार बराबर उपज (ISO quant) यह स्पष्ट करती है। कि किसी नियत उत्पादन स्तर पर उपज की प्राप्ति के लिये विभिन्न आगत संयोजन कौन–कौन से है, उसी प्रकार एक निश्चित मात्रा की पूँजी से दो आगत (Input) के कौन–कौन से संयोजन न्यूनतम दर पर खरीदे जा सकते है यह बराबर लागत रेखा (ISO cost) रेखा से पता चलता है। प्रत्येक संयोग एक निश्चित लागत को व्यक्त करता हैं यह लागत उस संयोग में शामिल x_1 व x_2 इकाईयो की संयुक्त लागत होती है अतः संयुक्त चल साधनो x_1 व x_2 के संयोजन से ही निश्चित मात्रा में एक उपज प्राप्त होती हैं। इस प्रकार के उत्पादन स्तर को वक्र के द्वारा दर्शाया जा सकता है। जिस प्रकार उत्पादन स्तर (Prouction surface) को बराबर उपज (ISO quant) के द्वारा दर्शाया जा सकता है। उसी प्रकार पूंजी के स्तर को x_1 व x_2 बराबर लागत रेखा (ISO cost lines) द्वारा दर्शाते हैं।

माना एक कृषक के पास मात्र सीमित पूंजी रु. 108 हैं, जिसमे से वह x_1 व x_2 दो चल साधनो को खरीदना चाहता है। x_1 की प्रत्येक इकाई का मूल्य रु. 9 है और x_2 इकाई का मूल्य रु. 6 हैं। वह x_1 की 12 इकाईयों या फिर x_2 की 18 इकाईयों खरीद सकता हैं। इसे हम वक्र पर दर्शा सकते हैं। x_1 अक्ष पर 12 इकाईयॉ एवं x_2 अक्ष पर 18 इकाईयॉ दर्शाई गयी हैं। यदि इन बिन्दुओ को एक सरल रेखा द्वारा जोड़ दिया जाये तो वह रेखा बराबर लागत रेखा (Iso cost line) होगी। इस रेखा पर स्थित x_1 और x_2 के समस्त संयोजन (Combination) का मूल्य रु. 108 होगा।

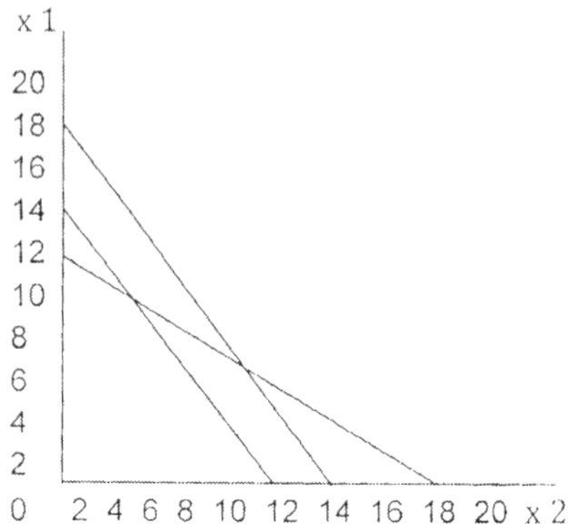

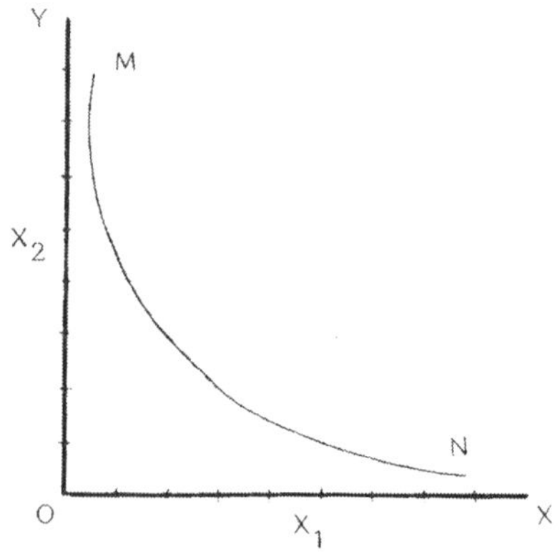

परिसीमा रेखा (Boundary line or ridge line):–

प्रत्येक चल साधनों के संयोजन से प्राप्त आगत उत्पादन के अंतिम विन्दुओं को जबकि अन्य साधन स्थिर हैं, रेखा द्वारा दर्शाया जा सकता हैं उस रेखा को हम परिसीमा रेखा कहते है। परिसीमा रेखा स्पष्ट करती है कि ऐसे चल साधन जो परस्पर एक दूसरे को किसी इकाई स्तर विशेष दर प्रतिस्थापित करना बंद कर दे उस इकाई स्तर पर पहला साधन x_1 और साधन x_2 के लिए पूरक (Complementary) हो जाता हैं और जब की अन्य साधनों की सीमान्त प्रतिस्थापन दर (MRS½ शून्य हो जाती हैं। यदि इस प्रकार कई उत्पादन पैमाने लिये जाये तो प्रत्येक उत्पादन पैमाने की स्थिति में यह सम्बन्ध देखने को मिलेगा यदि वक्र (Graph) द्वारा इनका प्रदर्शन करे तो हम देखेंगे की ऐसे समस्त बराबर उपज वक्र (Iso product curve) जहॉ एक साधन दूसरे साधन के लिये प्रतिस्थापित करना बंद कर देता हैं तो ऐसे समस्त Iso product curve से प्राप्त होने वाले शून्य प्रतिस्थापन स्तर को यदि उद्गम से कोई रेखा खीचकर मिला दिया जाये तो उस रेखा को परिसीमा रेखा (Boundary line or ridge line) कहते हैं।

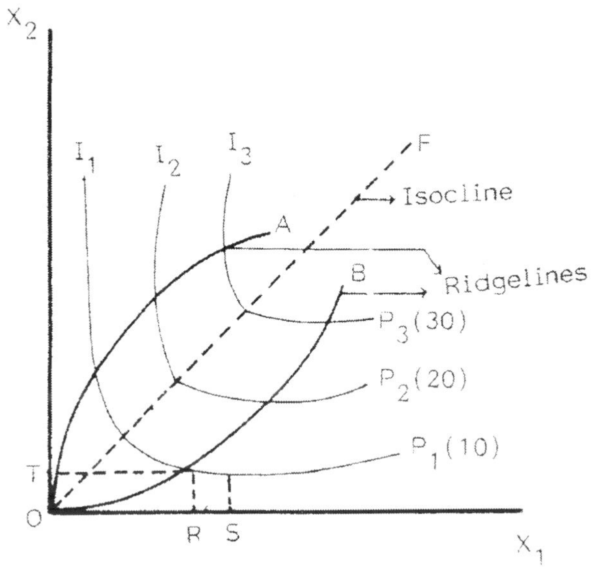

प्रसार–पथ (Expansion Path):–

प्रत्येक उत्पादन स्तर या समान उत्पादन वक्र का न्यूनतम संयोजन स्तर अलग–अलग होगा। यहाँ पर विभिन्न सम्भावित लागत संयोजन स्तर पर अलग–अलग समान लागत वक्र को दर्शाया जा सकता हैं। फार्म प्रबन्ध एक निश्चित उत्पादन प्राप्त करने के लिए इसमे से एक उपयुक्त आगत संयोजन का चयन करता हैं समान लागत वक्र (Iso cline) उत्पादन के लिए प्रयुक्त साधनों के मूल्य पर निर्भर करते हैं। इसे हम प्रसार–पथ (Expansion Path) कहते हैं, अथवा दूसरे शब्दो में सभी न्यूनतम लागत संयोजन स्तर को एक दूसरे से जोड़ दिया जाये तो वह प्रसार–पथ बनता हैं। एक विशेष समय में एक ही Expansion Path सम्भव हैं।

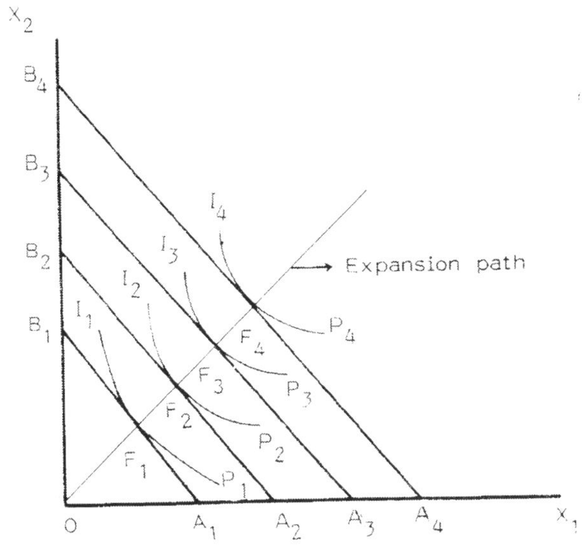

कारक–कारक सम्बन्धों के प्रकार (Type of factor-factor relationship):–

विभिन्न प्रकार के सम्भावित उत्पादन स्तर, उत्पादन फलन पर निर्भर करते हैं। उसी प्रकार विभिन्न समान उत्पादक वक्र और उत्पादन स्तर पर निर्भर करता है कि किस प्रकार के अलग–अलग स्तर पर संयुक्त रुप से कारको का प्रयोग एक निश्चित उत्पादन प्राप्त करने के लिए किया गया है। तीन प्रकार के संयुक्त संयोजन आगत का वर्गीकृत किया गया हैं।

1. स्थिर अनुपातो में आगतो का संयोजन (Fixed proportion combination of input)
2. स्थिरांक दर पर प्रतिस्थापन (Constant rate of subsitution)
3. विभिन्न दर पर प्रतिस्थापन (Varying rate of subsitution)

1. स्थिर अनुपातो में आगतो का संयोजन (Fixed proportion combination of input):–

दो साधनो का वह सम्बन्ध जो किसी एक विशिष्ट अनुपात में होता है तो उसे हम साधनो का स्थिर अनुपात द्वारा व्यक्त करते है इस प्रकार के साधन संयोजन में समान उत्पाद वक्र 'L' आकृति का होता हैं। उदाहरण के लिए ट्रेक्टर और उसे चलाने के लिये चालक चाहिए ट्रेक्टर एक हो या एक से अधिक हों परन्तु उसे चलाने के लिए कम से कम उतने समय तक एक चालक की आवश्यकता पड़ती है चित्र द्वारा इसका निम्न प्रकार से चित्रण किया जा सकता हैं।

उपरोक्त वक्र में साधन संयोजन में समान उत्पाद वक्र (Iso product curve) स्पष्ट रुप से 'L' आकृति में दिखता है। और विभिन्न वक्र में AC, A1 C1 ऐसे समान उत्पाद वक्र है जिनमें क्रमशः साधन x_1 और x_2 का केवल B,B1 व B2 बिन्दुओं पर ही संयोजन होता है सभी समान उत्पादन वक्र पर इन बिन्दुओ के अलावा और कही भी संयोजन संभव नही हैं। साधनों के ऐसे संयोजन को हम पूरक साधन संयोजन (Complementary Subsitution) कहते हैं।

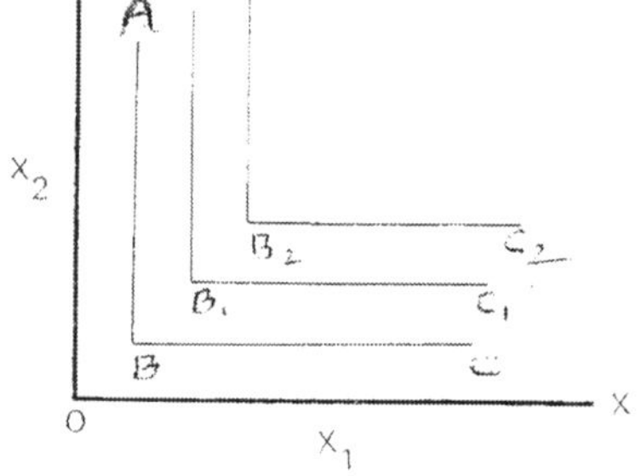

2. स्थिरांक दर पर प्रतिस्थापन (Constant rate of subsitution):–

जब दो विशिष्ट साधन परस्पर एक दूसरे के किसी निश्चित अनुपात में प्रतिस्थापन हो रहे हो तो साधनो के ऐसे संयोजन को हम निश्चित अनुपात में संयोजन द्वारा व्यक्त करते हैं चूँकि इस प्रकार के साधन हमेशा किसी निश्चित दर से प्रतिस्थापित करते हैं अतः इससे सम्बंधित समान उत्पाद वक्र हमेशा सरल (Linear) होता हैं।

सारणीः–

(X1) महिला मजदूर	(X2) पुरुष मजदूर	(ΔX2) अतिरिक्त इकाई	(ΔX1) अतिरिक्त इकाई	(ΔX2/ΔX1) सीमांत प्रतिस्थापन
10	1	2	1	2/1 = 2
8	2	2	1	2/1 = 2
6	3	2	1	2/1 = 2
4	4	2	1	2/1 = 2
2	5	2	1	2/1 = 2

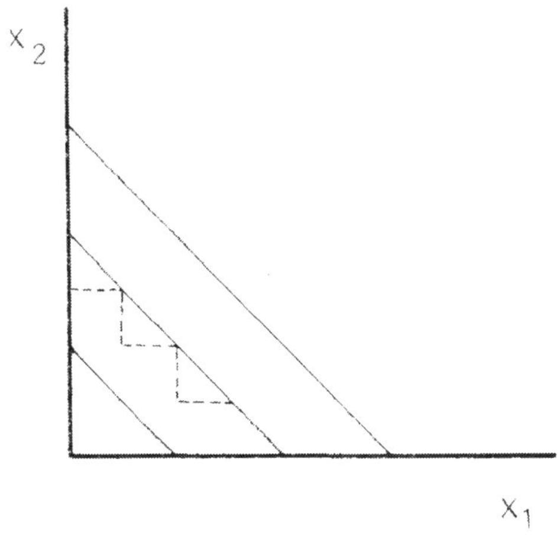

सीमांत दर प्रतिस्थानप में समान उत्पाद वक्र का झुकाव सूत्र निम्न प्रकार से प्राप्त होगा।

$$\Delta X_2/\Delta X_1 = \Delta 2x2/\Delta 2x1 = \Delta 3x2/\Delta 3x1 = \text{-------} \ \Delta nx2/\Delta nx1$$

यहाॅ पर Δ चिन्ह साधनो की इकाईयों में परिवर्तन दर्शाता हैं (Change in input)

उपरोक्त वक्र में साधन X_2 साधन X_1 द्वारा सिी निश्चित अनुपात में प्रतिस्थापित हो रहा है और ab, a, b, a2, b2 ऐसे कुछ समान उत्पाद वक्र (Iso product curve) हैं जो X_2 का X_1 से सीधे निश्चित अनुपात में प्रतिस्थापन व्यक्त करता है, इस प्रकार के सम्बन्ध में समान उत्पाद वक्र का फैला होना (Flatter) या खड़ा होना यह इनके सापेक्षिक सीमा प्रतिस्थापन पर निर्भर करता हैं परन्तु सम्पूर्ण समान उत्पाद (Iso-product) पर प्रारम्भ से लेकर अंत तक सीमांत प्रतिस्थापन की दर निश्चित या Constant बनी रहती हैं।

उदाहरणः– एक ही समान स्वभाव वाले उर्वरक के विभिन्न रुप जैसे यूरिया और नैटिक सल्फेट ($(NH_4)2\ So_4$) दोनो में नत्रजन उपस्थित रहता है तथा एक ही फसल की स्वभाव वाली फसले (किस्में) जैसे बरसीम व लूसन अथवा एक ही स्वभाव वाले दो पशु आहार, तिल की खली और मूंगफली की खली आदि।

3. विभिन्न दर पर प्रतिस्थापन (Varying rate of subsitution):–

इसके अंतर्गत बढ़ते या घटते दर पर प्रतिस्थापन होता है (Either increasing or decreasing rate of substitution) इसमें सामान्यतः इस प्रकार के उदाहरण अधिक पाये जाते हैं। ऐसे दो पूरक साधन (Competitive resources) जो अधिकांशतः घटते क्रम में एक दूसरे को प्रतिस्थापित करते है (MRS at decreasing rate) इस प्रकार के साधनो के इस सम्बन्ध को हम विभिन्न दर पर प्रतिस्थापन कहते हैं (Varying rate of subsitution) उदाहरण है जो परस्पर आपस में बढ़ते क्रम में प्रतिस्थापित होते हैं अतः ऐसे साधनो का फलन (Function) जिसे हम समान उत्पाद वक्र (Iso product curve) द्वारा व्यक्त करते है हमेशा Origin के प्रति Convex करते है (Convex to the origin) इसे हम वक्र द्वारा प्रदर्शित करते हैं।

विभिन्न दर पर प्रतिस्थापन के अंतर्गत साधनो का प्रतिस्थापन परिवर्तन निम्न प्रकार से होगा।

$$\Delta X_2/\Delta X_1 > \Delta 2x2/\Delta 2x1 > \Delta 3x2/\Delta 3x1 > \ldots\ldots\ldots\ldots > \Delta nx2/\Delta nx1$$

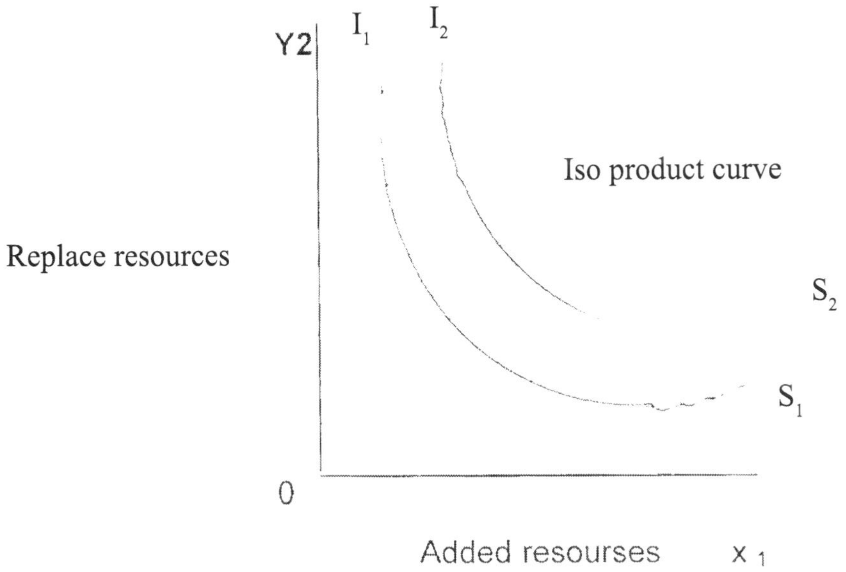

उपरोक्त चित्र में $I_1 S_1$ द्वारा तथा $I_2 S_2$ ऐसे समान उत्पाद वक्र हैं जो साधन X_2 का साधन X_1 के लिए प्रतिस्थापन संबंध घटते क्रम में होता हैं।

प्रायः कृषि के क्षेत्र में घटते क्रम में प्रतिस्थापन देखा जा सकता है परन्तु सामान्यतः बढ़ते क्रम में नहीं देखा जाता हैं।

साधन प्रतिस्थापन की उत्पादन लोच (Elasticity of resourses subsitution) (Es):–

किसी साधन की इकाई मात्रा में होने वाले प्रतिशत परिवर्तन को किसी दूसरे साधन में होने वाले प्रतिशत परिवर्तन से यदि विभक्त करने पर जो राशि प्राप्त होती हैं उसे हम साधन प्रतिस्थापन की लोच कहते है। इसे हम सूत्र द्वारा दर्शा सकते हैं।

$$E = \Delta x1/x1 \div \Delta x2/x2 \text{ or } (\Delta x1/x1) \div \Delta x2/x2 \text{ or}$$
$$= (\Delta x/x1)(x2/\Delta x2) \text{ or}$$
$$= (\Delta x1/\Delta x2)(x2/\Delta x2)$$

यहॉ पर $\Delta x1$ और $\Delta x2$ दोनो प्रतिशत परिवर्तन की दर को व्यक्त करती है जब की x1 व x2 उनकी मूल इकाई का भाग में व्यक्त करते हैं। Allen G.R.D. के अनुसार दो साधनों के इकाई भाग में सापेक्षिक परिवर्तन का अनुपात और उनके दो साधनो के इकाई भाग में जो संबंध होता है उसे हम साधन प्रतिस्थापन की

लोच कहते हैं। कौन सा साधन कितनी भाग में विस्थापित किया जाय या लगाया जाय इसकी पुष्टि, साधन प्रतिस्थापन की लोच द्वारा आकी जाती हैं।

साधनों का पूरक एवं प्रतिस्पर्धी संबंध (Irratiional combination of resoucures or limitation resoucures):–

साधनों का पूरक एवं प्रतिस्पर्धी संबंध के अंतर्गत ऐसे साधन जो इकाई संयोजन तक संयोजन करने के बाद प्रतिस्थापन की क्रिया बंद कर दें उस अवस्था में वह साधन, जो दूसरे साधन के साथ प्रतिस्थापन बंद करता है वह मात्र पूरक साधन माना जाता हैं। यह क्रिया तब देखने को मिलती है जब साधन स्थिर अनुपात में संयोजित होते हैं। सामान्यतः देखने को मिलती है कि कच्चे माल जो किसी वस्तु के उत्पादन में परिवर्तित हो जाते है उन्हें हम पूरक उद्यम कहते है इनकी MRS शून्य या धनात्मक होती हैं। वक्र के माध्यम से हम चल साधनो x1 और x2 का पूरक और प्रतिस्थापन क्षेत्र आकृति के द्वारा स्पष्ट कर सकते हैं।

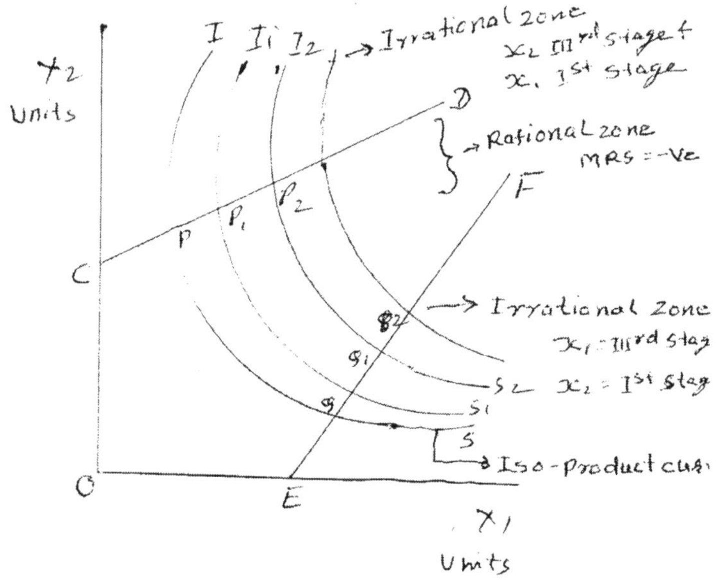

रेखाचित्र समान उत्पाद वक्र

उपरोक्त रेखाचित्र में $IS, I_1 S_1$ o $I_2 S_2$ समान उत्पाद वक्र दर्शाये गये है जो P, P1 व P2 बिन्दुओं पर साधन ग1 साधन ग2 के द्वारा प्रतिस्थापित होना बंद कर देता है अतः इन बिन्दुओं पर (P, P1, P2) MRS साधन x1 साधन x2 के लिये पूरक होता है इन बिन्दुओं से होती हुई कोई भी रेखा जो उर्ध्व अक्ष से मिलती

है व जिसे हम CD रेखा द्वारा व्यक्त करते है यह पूरक एवं प्रतिस्थापन क्षेत्र को पृथक करने वाली रेखा है इस रेखा के उपर की और साधन x1 साधन x2 का पूरक है अतः साधन x1 यहॉ सीमित साधन भी कहलाता है इस रेखा CD से उपर की और साधन x2 उत्पादन की तृतीय अवस्था में और x1mRiknu की प्रथम अवस्था में माना जाता है चूंकि प्रथम अवस्था तृतीय अवस्था दोनो ही अवस्थायें अविवेकपूर्ण होती है अतः हम कह सकते है कि CD रेखा से उपर का समस्त क्षेत्र अविवेकपूर्ण क्षेत्र हैं इसके विपरीत बिन्दु Q, Q1, Q2 पर जहॉ साधन X2 X1 के साथ प्रतिस्थापित होना बंद कर देता हैं वहॉ x2 की x1 के लिये MRS=0 होती है, यदि Q, Q1, Q2 को क्षैतिज अक्ष से मिलाया जाय तो निर्मित रेखा EF भी CD के समान एक ऐसी रेखा होगी जो साधन के प्रतिस्थापना और पूरक क्षेत्र को पृथक करती हैं। रेखा EF भी CD के समान एक ऐसी रेखा होगी जो साधन के प्रतिस्थापन और पूरक क्षेत्र को पृथक करती हैं। रेखा EF के दाहिनी ओर का सम्पूर्ण क्षेत्र अविवेकपूर्ण क्षेत्र माना जाता है इस सम्पूर्ण क्षेत्र में साधन x2 साधन x1 का पूरक माना जाता हैं। इस क्षेत्र में साधन x1 उत्पादन की तृतीय अवस्था व x2 प्रथम अवस्था में माना जाता है जो कि एक अविवेकपूर्ण क्षेत्र है रेखा CD एवं EF के बीचवाला ही क्षेत्र वह क्षेत्र है जहॉ दो–दो साधन परस्पर एक दूसरे को घटते क्रम में प्रतिस्थापित करते है अतः इस सम्पूर्ण क्षेत्र को हम विवेकपूर्ण क्षेत्र मानते है दो प्रतिस्पर्धी चल साधनो का आर्थिक संयोजन न्यूनतम लागत पर इसी क्षेत्र में सम्पन्न होता है।

न्यूनतम लागत पर साधन संयोजन या न्यूनतम लागत का नियम (Least cost combination):–

दो प्रतिस्पर्धी चल साधन न्यूनतम लागत पर संयोजित होते है जब उनकी सीमांत प्रतिस्थापना दर (MRS) उन्हीं के सम्बंधित इकाई मूल्यों के उल्टे क्रम में समानुपाती होते है तब न्यूनतम लागत पर उत्तम संयोजन प्राप्त होता हैं।

दो प्रतिस्पर्धी साधनों x1 व x2 का न्यूनतम लागत पर संयोजन करने के लिए निम्न शर्तों का पूर्ण होना आवश्यक हैं।

1. दो प्रतिस्पर्धी साधनों x1 व x2 की (MRS) ज्ञात होनी चाहिए तथा यदि सम्भव हो तो वह दर घटते क्रम में हो $\Delta x2/\Delta x1$ और $\Delta x1/\Delta x2$ होना चाहिए
2. दो प्रतिस्पर्धी साधनों x1 व x2 के प्रति इकाई लागत मूल्य ज्ञात होनी चाहिए

3. न्यूनतम लागत पर साधनो की प्रतिस्थापना दर (MRS) उनके इकाई मूल्यों के अनुपात के बराबर होता है। $\Delta x2/\Delta x1=px1/px2$
4. साधनों के इकाई मूल्यों में किसी समय विशेष पर परिवर्तन नही होना चाहिए अन्यथा यह न्यूनतम लागत संयोजन बदल जाता हैं।

ऊपर वर्णित विश्लेषण अर्थात समान लागत रेखा और समान उत्पाद वक्र (Iso cost lin/Iso quant) के आधार पर किसी निश्चित उत्पादन प्राप्ति के लिए प्रयुक्त विभिन्न आगत संयोजन में न्यूनतम लागत वाले आगत संयोजन का चुनाव कर सकते हैं निर्गत के निश्चित स्तर को आगतो के अनेक संयोगो से प्राप्त किया जा सकता हैं, यहॉ इन विभिन्न संयोगो में से न्यूनतम लागत का संयोग चुनने की समस्या हैं। न्यूनतम लागत का संयोग ज्ञात करने की तीन विधियॉ हैं।

1. सरल गणितीय विधि (Simple Arthmatic calculations)
2. रेखाचित्र पद्धति (Graphic Method)
3. बीज गणितीय पद्धति (Algebric Arthematic Method)

(1) सरल गणितीय विधि (Simple Arthmatic calculations):–

इसमें प्रतिस्थापित साधनो को व्यवस्थित ढंग से सारणी बनाकर लिख लेते है स्थापना प्राप्ति साधनो (Replaced resources) को उल्टे क्रम में और प्रतिस्थापित साधनो (Added resources) को सीधे क्रम में लिखते है फिर उनके इकाई मूल्यों का सम्बंधित साधन इकाईयों से गुणा करके साधन x1 व x2 की लागत अलग–अलग निकालते है अंत में दोनों लागतो को जोड़ लेते हैं। इसके बाद इन लागतो से उन लागत स्तरो तक पहुँचाते है जो तुलनात्मक दृष्टि से सबसे कम हो इस लागत के सामने साधन x1 व x2 की इकाईयॉ संयोजित होती है, उन पर संयोजन लागत न्यूनतम होती हैं।

उदाहरण– दी गई सारणी में 80 इकाईयॉ उपज की प्राप्त करने के लिए साधन x1 व x2 की न्यूनतम लागत संयोजन ज्ञात करना।

X1 की इकाईयॉ	X2 की इकाईयॉ	X1 की इकाई की लागत प्रति इकाई रु. 3/–	X2 की इकाई की लागत प्रति इकाई रु. 4/–	X1 की X2 की कुल लागत
I	II	III	IV	V
8.0	2	24	8	32
6.0	3	18	12	30
5.0	4	15	16	31
4.5	5	13.50	20	33.50
3.5	7	10.50	28	38.50

उपरोक्त सारणी में कॉलम 'V' का अवलोकन करने पर ज्ञात होता है कि न्यूनतम लागत 30.00 उस स्तर पर जब X1 की 6 इकाईयॉ एवं X2 की 3 इकाईयॉ संयोजित होती है अतः रु. 30 वह समान लागत (Iso cost on budget line) है जिस पर हम इकाईयॉ उत्पाद (Y) की न्यूनतम लागत पर प्राप्त कर सकते हैं।

विशेषताये:–

यह विधि बहुत आसान है इसमें अधिक सोचने विचारने की आवश्यकता नही पड़ती।

कमियॉ:–

1. यह विधि विशुद्ध रुप से न्यूनतम लागत नहीं प्रदर्शित करती क्योकि यदि न्यूनतम लागत दिये गये इकाई संयोजनो के अलावा किसी और अंश पर आती है तो यह विधि विशेष प्रभावकारी नही होती हैं।
2. यदि मूल्यों के अनुपात को बढ़ाया जाय तो फिर नये सिरे से गणना करनी पड़ती है अतः इस विधि से श्रम व समय अधिक लगता हैं।

(2) रेखाचित्र पद्धति (Graphic Method):–

इस विधि में हम सम्बन्धित साधनो के संयोजन स्तरो को रेखाचित्र पर बिन्दुओं द्वारा अंकित करते हैं, उर्ध्व अक्ष पर हटाये जाने वाले साधन (Replaced resources) और क्षैतिज अक्ष पर लगाये जाने वाले साधनो (Added resources)

को दर्शाते है सम्बन्धित साधन संयोजनो के मिलाने के बाद जो वक्र प्राप्त होता है वह दी गई Y (उत्पाद) के स्तर का समान उत्पाद वक्र (Iso-product curve) होता है इसी प्रकार दोनो साधनो X1 और X2 के इकाई मूल्यों के अनुपात में ऐसी समानुपाती रेखा खिचते है जो दोनो अक्षो को मिला देती है इस रेखा के समान्तर अब हम तब तक उपर की ओर बढ़ते है जब कोई एक विशिष्ट रेखा समान उत्पाद वक्र को स्पर्श करती है यही स्पर्श बिन्दु जहॉ पर सापेक्षित मूल्यो के अनुपात की रेखा जिसे (Iso cost line) कहते है, स्पर्श करती है उस बिन्दु से उर्घ्व एवं क्षैतिज अक्षो पर खीची जाने वाली रेखाए जिस इकाई पर पड़ेगी उन्हीं इकाई पर न्यूनतम लागत पर वस्तु का उत्पादन न्यूनतम लागत स्तर होगा।

समान लागत रेखा वक्र (Iso cost line) का झुकाव साधनो के मूल्यो का अनुपात (Rates of factor prices) बताता है जबकि समान उत्पाद (Iso quant) MRS को बताता है अतः इन रेखाओं की प्रवृति (Tendency) के द्वारा हम न्यूनतम लागत का संयोग प्राप्त कर सकते है अर्थात जिस बिन्दु पर रेखाए एक दूसरे को काटती है वही पर न्यूनतम लागत संयोजन (Least cost combination) होगा।

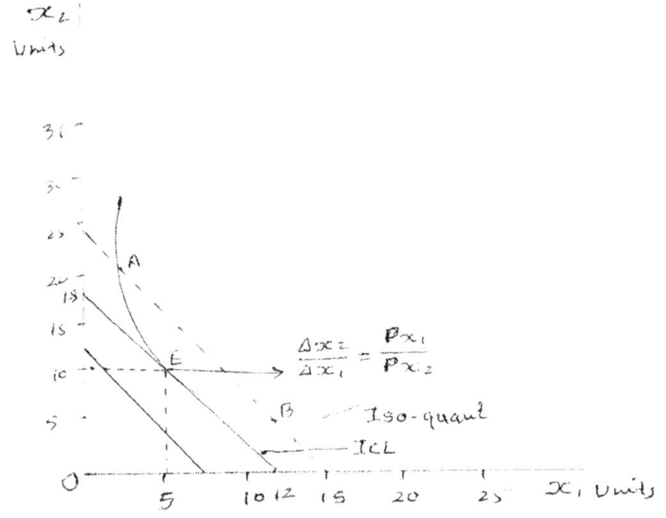

चित्र के अनुसार समान उत्पाद (Iso quant) का स्वरुप उद्गम के प्रति Convex होता है, न्यूनतम लागत का संयोजन वह होता है जहॉ समान लागत रेखा (Iso cost line) समान उत्पाद वक्र (Iso-product curve) की स्पर्श रेखा होगी, इस विधि का परिणाम गणितीय विधि (Arthmetic calculation) की अपेक्षा अधिक शुद्ध होती हैं।

(3) बीज गणितीय पद्धति (Algebric Arthematic Method):–

इस विधि में न तो अधिक परिश्रम की आवश्यकता होती है न ही साधन संयोजनो की कुल लागत को अलग दर्शाना पड़ता है यह विधि साधनो की इकाई लागत मूल्यो के केवल अनुपात देखकर ही हम न्यूनतम लागत संयोजनो को देख सकते हैं।

नियमः–न्यूनतम लागत पर दो प्रतिस्पर्धी साधन परस्पर एक दूसरे से तब संयोजित होते है जबकि उनकी MRS उन्हीं साधनो के इकाई लागत मूल्यों के उल्टे क्रम में समानुपाती है जैसा कि इस सूत्र में दिखाया गया है।

सूत्र $=\Delta x2/\Delta x1 = px1/px2$ or $px1/px2 = \Delta x2/\Delta x1$

यदि साधन X1 एवं X2 के मूल्यो में अन्तर हो जाए तब नये दर के अनुसार न्यूनतम साधन स्तर प्रथम स्थिति के दायी या बायी ओर खिसक सकती हैं।

विशेषतायेः–

यह कई कारणो से अधिक उपयोगी है जैसे, जब

1. साधनो इकाई मूल्यो में परिवर्तन हो रहा हो।
2. दी गई वस्तु के उत्पादन स्तर को प्राप्त करने के लिए दो से अधिक प्रतिस्पर्धी साधन उपलब्ध हैं।

कमियॉः–

समय व श्रम को देखते हुए यह बहुत उपयुक्त विधि है फिर भी एक साधारण व्यक्ति आसानी से इसकी गणना नही कर सकता।

विशिष्ट बातेः–

1. यदि $\Delta x2/\Delta x1 > px1/px2$ हो तो इस स्थिति में न्यूनतम लागत प्राप्त करने के लिए X1 की उत्तरीतर इकाई में वृद्धि करना चाहिए।
2. इसके विपरीत, यदि $\Delta x2/\Delta x1 < px1/px2$ हो तो इस स्थिति में न्यूनतम लागत बनाये रखने के लिए साधन X1 के स्थान पर साधन X2 की इकाईयॉ अधिक प्रयोग करना चाहिए।
3. यदि, $\Delta x2/\Delta x1 = px1/px2$ न्यूनतम लागत (Least cost) हो तो X1 व X2 का वह संयोजन स्तर चलने देना चाहिए जिससे न्यूनतम लागत बनी रहे।

4. किसी दिये गये उत्पादन स्तर को प्राप्त करने के लिये न्यूनतम लागत पर दो या अधिक प्रतिस्पर्धी साधनों का संयोजन उस अवस्था में न तो गणितिय विधि (Arthmatic Method) और न ही रेखा चित्र विधि (Graphic Method) का प्रयोग कर सकते है क्योकि रेखाचित्र पर केवल two dimensional degree आ सकती है और इसके लिए केवल बीजगणितीय विधि का Algebric Method प्रयोग करते हैं। इसके लिए निम्न सूत्र का प्रयोग किया जाता हैं।

$$px1(\Delta x1) = px2(\Delta x2) = px3(\Delta x3) \ldots\ldots\ldots\ldots\ldots\ldots pxn(\Delta xn)$$

अध्याय 2

उत्पादन अर्थशास्त्र
(Production Economics)

कृषि अर्थशास्त्र का क्षेत्र काफी व्यापक है इसकी विभिन्न शाखाएं है जिनमे से अर्थशास्त्र एक प्रमुख शाखा है। कृषि एक आधुनिक व्यवसाय है इसमे सभी उद्यम का समावेश होता है जो कृषि के उन्नति के लिए उत्पादन – साधनो को निर्मित करते है कृषि अर्थशास्त्र का वैज्ञानिक अध्ययन प्रक्षेत्र प्रबंध एवं उत्पादन अर्थशास्त्र के माध्यम से प्रारम्भ हुआ है ।

उत्पादन आर्थिक विकास/ उन्नति का मुख्य स्त्रोत है किसी भी देश का आर्थिक विकास/उन्नति उस देश की उत्पादन पद्वति /विद्यि /तकनीक उत्पादन की मात्रा एवं उत्पादन बढने की दर पर निर्भर करती है उत्पादन की मात्रा प्राकृतिक संसाधन मानव श्रम, कार्य कुशलता तकनीकी विद्यि तथा पूजी की पर्याप्ता पर निर्भर करती है।

उत्पादन का अर्थ
(MEANING OF PRODUCTION)

उत्पादन से तात्पर्य यह है कि आवाश्यकता पूर्ति हेतु किसी वस्तु की उपयोगिता में वृद्वि करने के कार्य से है। उत्पादन में हम इस बात का अध्ययन करते है कि धन के द्वारा किसी वस्तु का उत्पादन कैसे होता है और किन किन साधनो के सहयोग एवं संयोजन से होता है। विभिन्न प्रतिष्ठित अर्थशास्त्रीयो के अनुसार उत्पादन का

अर्थ भौतिक साधनो को निर्माण करना है। प्रायः भौतिक वस्तुओ के निर्माण को ही उत्पादन कहा जाता है परन्तु यहा विडम्बना यह कि मनुष्य न ही किसी वस्तु का सृजन कर सकता है और न ही उसे नष्ट कर सकता है। मनुष्य केवल अपनी सुविधाओ के लिए तथा आवश्यकता की पूर्ति करने के लिए वस्तुओ का स्वरूप बदल सकता है अर्थात् मनुष्य किसी पदार्थ का निर्माण नही कर सकता। अर्थात मनुष्य साध्य नही है अपितु यह साधन मात्र का माध्यम है जिसकी सहायता से उत्पादन में वृद्धि की जा सकती है मनुष्य जब किसी वस्तु की उपयोगिता मे वृद्धि करता है तो उसे अर्थशास्त्र में उत्पादन कहते है अतः उत्पादन से तात्पर्य यह है कि उपयोगी पदार्थो की उपलब्धता बढना है। उत्पादन की विभिन्न प्रतिष्ठित अर्थशास्त्रीयो अनुसार अलग अलग व्याख्या की गई है।

1. मार्शल के अनुसार, ''मनुष्य भौतिक वस्तुओ का निर्माण नही कर सकता मानसिक तथा नैतिक क्षेत्र में वह नये नये विचारो को भले ही जन्म दे सकता है परन्तु जब भौतिक वस्तुओ के निर्माण की बात आती है तो वह केवल उपयोगिता का ही सृजन या र्निमाण कर सकता है''
2. डॉ. फेयरचाइल्ड के अनुसार ''धन में उपोगिता का सृजन ही उत्पादन है''
3. ऐली के शब्दो में ''उत्पादन का अर्थ आर्थिक उपयोगिता का सृजन करना है''
4. फेजर के अनुसार ''यदि उपयोगिता का अर्थ किसी वस्तु से उपयोगिता प्राप्त करना है तो उत्पादन का अर्थ उसमे उपयोगिता का सृजन करना है''

उपयुक्त परिभाषाओ को एक उदाहरण के माध्यम से स्पष्ट किया जा सकता है। जैसे एक जोहरी हीरे को काट छांट कर एक विशेष आकार देता है और सोने तथा चॉदी में जड़ित करता है। तो वह किसी नई वस्तु का निर्माण नही करता वल्कि हीरे को काट छांट कर उसे एक विशेष आकार देकर उपभोगता की पसंद की अंगूठी में परिवर्तित कर देता है इस प्रकार इस हीरे की उपयोगिता बढ जाती है।

जोहरी द्वारा उत्पन्न की गई इस उपयोगिता को अर्थशास्त्र में उत्पादन कहा जाता है। इस प्रकार उत्पादन के अनेक उदाहरण दिये जा सकते है।

परन्तु कुछ अर्थशास्त्री उत्पादन के लिए, ''उपयोगिता में वृद्धि'' के साथ साथ ''विनिमय–मूल्य''का होना भी आवश्यक मानते है। प्रो. टामस के अनुसार केवल

ऐसी उपयोगिता वृद्धि को उत्पत्ति का जा सकता है। जिसके फलस्वरूप मूल्य की वृद्धि या विनिमय सहायता की वृद्धि हो जाये अर्थात इस वस्तु के बदले में पहले से अधिक वस्तुए मिल सके।

"मूल्य–वृद्धि" या "विनिमय–सहायता" यह आर्थिक वस्तु में पायी जाती है और यह मनुष्य की आवाश्यकताओ को संतुष्ट करने की क्षमता रखती है। अर्थात उत्पादन के संबंध में दो बाते विशेष ध्यान रखना जरूरी है।

1. उत्पादन का सबंध केवल मनुष्य से है क्योकि मनुष्य द्वारा उत्पादन किया जा सकता है तथा
2. कोई भी कार्य जो वस्तु की उपयोगिता अथवा उसके मूल्य में वृद्धि करने हेतु किया जायें, "उत्पत्ति कार्य" कहलायेगा।

उत्पादन अर्थशास्त्र

उत्पादन अर्थशास्त्र कृषि अर्थशास्त्र की एक विशिष्ट शाखा है जिसके अर्न्तगत संबंधित कृषि उपजो को प्राप्त करने के लिए नीति निधार्रित करना और साधनो को इस प्रकार समायोजित करना जिससे उत्पाद को, उसके परिवार के सदस्यो, संबंधित समाज तथा राष्ट्र का उतने ही सीमित साधनो के माध्यम से पूर्ण समाधान प्राप्त हो सके। अर्थात उत्पादन अर्थशास्त्र के अर्न्तगत पूजी, श्रम, भूमि तथा प्रबंध आदि का अनुकूल तथा उपयोगी चयन तथा निर्णयो के सिद्वांतो को कृषि व्यवसाय मे अपनाया जाता है।

दूसरे शब्दो में उत्पादन अर्थशास्त्र प्रमुख उददेश्य विभिन्न साधनो एवं उददेश्यो के अर्न्तगत अनुकूल उपयोगी चयन तथा निर्णय करना है। यदि यह निर्णय उत्पादन के अर्न्तगत किया जाता है तो इसे उत्पादन अर्थशास्त्र कहते है।

उत्पादन अर्थशास्त्र की दो श्रेणीया होती है।

1. वह श्रेणी जिसमें साधनो को इस प्रकार व्यवस्थित किया जाता है कि जिसमे संबंधित वस्तु अधिकतम उत्पादन हो सकें अर्थात सीमित साधनो के विभिन्न उपयोग की जानकारी प्रदर्शित करना।
2. इसी प्रकार विभिन्न कृषि उपजो/उद्यमो का उत्पादन संयोजन कैसा हो जिससे अधिकतम लाभ प्राप्त हो इसकी जानकारी देना।

अतः हम कह सकते है कि न्यूनतम लागत पर साधनो का उत्तम संयोजन अर्थात साधनो को किस प्रकार संगठित किया जायें। और अधिकतम लाभ हेतु विभिन्न कृषि उद्यमो के उत्पादन संयोजन किस प्रकार किये जाये। संयोजन ही

उत्पादन अर्थशास्त्र का स्वभाव है और इसका अध्ययन ही इनका अध्ययन क्षेत्र है।

उत्पादन अर्थशास्त्र के उददेश्यः– उत्पादन अर्थशास्त्र के नियम उन दशाओ को परिभाषित करते है जिनके अर्न्तगत कृषक व उसके परिवार के लिए महत्वपूर्ण उददेश्यो व राष्ट्रीय उत्पादन क्षमता की पूर्ति हेतु सीमित साधनो के उपयोग की विभिन्न अवस्थाओ व प्रणालियों आदि खोज निकालना है। इन सभी उददेश्यो को निम्न भागो में विभाजित किया जा सकता है।

(अ) ऐसी स्थिति का र्निधारण करना जिसमें भूमि, श्रम, पूजी एवं प्रबंध के सदउपयोग एवं समुचित संयोग के लिए विभिन्न अवस्थाऐ निधार्रित करना।

(ब) उत्पत्ति के विभिन्न साधनो के सद्उपयोग व दुरूउपयोग की सीमांए निधार्रित करना जो उत्पादन प्रक्रियाओ को प्रभावित करते है।

(स) प्रक्षेत्र व्यवसायो के प्रकार/विधियां तथा साधनो के उपयोग को नियंत्रित करने वाले विभिन्न कारको का विश्लेषण करना क्रियाओ की जानकारी प्रदान करना।

(द) उत्पत्ति साधनो के सदउपयोग की विभिन्न विधियों को खोजना तथा कृषक और विषय विशेषज्ञो को उसके उददेश्यों की पूर्ति हेतु सहयोग देना।

(न) कृषि साधनो का क्षमता पूर्वक दोहन करना।

अतः जब पसंद के सिद्वांत का उपयोग व्यापक स्तर पर होता है तो उस समय अध्ययन के इस विषय का नाम कृषि अर्थशास्त्र होता है। अध्ययन की विधियां (1) आगम और (2) निर्गम, दोनो प्रकार की विधियो से उत्पादन अर्थशास्त्र की उपलब्ध समस्याओं का अध्ययन करता है अर्थात कितना होना चाहिये या क्या है। इन दोनो समस्याओ का समाधान इस विषय के अर्न्तगत होता है।

विषय सामुग्री एवं अध्ययन क्षेत्रः–

किसानों के व्यक्तिगत स्तर पर साधनों के आदर्श उपयोग हेतु तथा राष्ट्रीय स्तर पर साधनो के क्षमतापूर्ण उपयोग के लिए उत्पादन अर्थशास्त्र, संबंधो का विश्लेषण तथा विवके पूर्ण निर्णयो को लागू करने के लिए विषय सामग्री प्रस्तुत करता है। उत्पादन अर्थशास्त्र उन सभी प्रकार के विषयो सामग्री से संबंधित है जिसका की उददेश्य उत्पत्ति के विभिन्न साधनो को उचित उपयोग करना है।

1. इसका प्रमुख विषय भूमि, श्रम, पूजी, व प्रबंध की उत्पादकता उपयोग व आय का समुचित ज्ञान प्राप्त करना है।
2. जोखिम व अनिश्चितता की दशा में उचित निर्णय से संबंधित है।
3. उत्पादन क्रियाये एवं साधनो के समय समय पर उचित निर्णय से संबंधित है।
4. इसी विषय के अन्तर्गत लगान, मजदूरी, ब्याज व लाभ का निर्धारण किया जाता है।
5. उत्पती के साधनो का संयोजन एवं उत्पादन का आकार निर्धारित करना उत्पादन अर्थशास्त्र का एक प्रमुख विषय है सारांश में हम कह सकते है। कि वह कोई भी कृषि समस्या जो साधनो के उपयोग तथा सीमांत उत्पादकता विश्लेषण से संबंधित होती है, समस्त बाते कृषि उत्पादन अर्थशास्त्र, कृषि अर्थशास्त्र की विषय सामग्री के अन्र्तगत आती है।

1. कृषि उत्पादन अर्थशास्त्र एक व्यवहारिक विज्ञान है जिसमें उत्पत्ति के विभिन्न साधनो के उर्न्तगत चयन सिद्वांत का प्रयोग किया जाता है।
2. परिवारिक स्तर को उंचा उठाने का प्रमुख स्त्रोत, अधिक लाभ होने के कारण उत्पादन अर्थशास्त्र अधिकतम परिवारिक संतोष की समस्याओ की ओर अधिक ध्यान देता है।
3. कृषक परिवारो को अधिकतम लाभ की दृष्टि से साधनो एवं समय का उपयोग करने में यह विषय सहयोग करता है।

उपयोगिता एवं महत्वः–

उत्पादन अर्थशास्त्र का महत्व निम्न प्रकार से दिया गया है।

1. उत्पादन अर्थशास्त्र के अध्ययन से हमें बहुत से कृषि से संबंधित समस्याओ का समाधान करने में सहयोग मिलता है। जैसेः– गेहूॅ फसल में नत्रजन उर्वरक की मात्रा 120 किलो देना वैज्ञानिको द्वारा निर्धारित किया गया है। लेकिन क्या यह मात्रा अधिकतम लाभ प्रदान कर सकती है या नही ?
2. उत्पाद तथा साधनो की मांग एवं पूर्ति का अंकलन उत्पादन अर्थशास्त्र के ज्ञान के बिना करना असंभव है।
3. उत्पादन अर्थशास्त्र, जोखिम एवं अनिश्चिताओं की दशाओं में लाभ को बनाये रखने में मदद करता है।

4. उत्पादन प्रतिरूप का निर्धारण इसी विषय के अध्ययन से संबंध है।
5. इष्टतम आय वितरण के लिये यही विषय उपयोगी है।
6. सीमित साधनो का अधिकमत लाभ एवं न्यूनतम लागत कि दृष्टि से प्रयोग उत्पादन अर्थशास्त्र के बगैर संम्भव नही है।
7. सीमित साधनो का विभिन्न उत्पादन क्रियाओं में प्रयोग इसी विषय के अर्न्तगत आता है।

उत्पादन अर्थशास्त्र की सीमाये–

1. अध्ययन यह कृषि के व्यवसाय का पूर्ण अध्ययन है।
2. यह किसी फार्म या व्यक्ति का व्यक्तिगत आर्थिक समस्याओ का अध्ययन नही करता।
3. इसके निर्णय स्थिर होते है अतः गतिशीलता की दृष्टि से इसके अर्न्तगत अध्ययन संभव नही ।
4. इस विषय के अर्न्तगत अनुमोदित बाते पूरे वर्ग द्वारा समानरूप से मान्य नही होती क्योकि विभिन्न्न क्षेत्रो में अलग अलग बदलाव हुआ करती है।
5. यह कृषि व्यवसाय को एक पूर्ण इकाई मान कर एक विशेष परिस्थिती को दर्शाता है।
6. इसके प्राप्त तथ्य स्थिर होते है समय समय पर परिवर्तित तथ्यो को प्राप्त करना आवश्यक होता है।

प्रक्षेत्र प्रबंध एवं उत्पादन अर्थशास्त्र में अन्तर

उत्पादन अर्थशास्त्र	प्रक्षेत्र प्रबंध
कृषि कार्यो में निर्णयो के सिद्वांतो को बडे पैमाने पर अपनाया जाता है।	प्रक्षेत्र प्रबंध में निर्णयों को छोटे पैमाने पर अपनाया जाता है।
इसके अर्न्तगत प्रक्षेत्र का आकार या जनसंख्या को को अल्प समय में परिर्तित करना असम्भव माना जाता है।	इसके अर्न्तगत प्रक्षेत्र आय मुख्यतः प्रक्षेत्र के आकार एवं परिवारिक श्रम की मात्रा पर निर्भर करता है।
उत्पादन अर्थशास्त्र विषय ईष्टम संयोजन एवं संगठन तकनीको से संबंधित है।	प्रक्षेत्र प्रबंध के विषय में परिवारिक कल्याण एवं अधिकतम सुख/सुतुष्टी की बाते की जाती है।
यह विषय विश्लेषणात्मक एवं गणतीय होता है।	यह विषय वर्णनात्मक एवं सिद्वांत रूप में होता है।

उत्पादन फलन

वस्तु उत्पादन प्रक्रिया में अनेक साधनो को विभिन्न अनुपातों में लगाया जाता है। अर्थात कोई भी वस्तु उत्पादन करने के लिए उत्पादन के अनेक साधनो की आवश्यकता होती है। विभिन्न साधनो के अनुपात में परिवर्तन हो सकता है। इसका तात्पर्य यह हुआ कि किसी वस्तु का उत्पादन उसे प्रयुक्त किये गये साधनो की गुणवक्ता, दक्षता तथा मात्रा पर निर्भर करती है। यहां पर वस्तु उत्पादन एवं साधनो का आपस में भौतिक संबंध दर्शाता है। जिसे अर्थशास्त्र की भाषा में उत्पादन फलन कहते है। जिस वस्तु का उत्पादन हो रहा है। उसे उत्पाद या आउटपुट कहते हैं एवं जिन साधनो के संयोजन से वस्तु उत्पादन हो रहा है। उसे आगत या इन्पुट कहते है। सारांश में आगत उत्पादन का पारस्परिक भातिक संबंध ही उत्पादन फलन कहलाता है। क्योकि साधनो के संयोग पर ही उत्पादन निर्भर करता है। यह साधन दो प्रकार के हो सकते है।

(1) स्थिर साधन (Fixed input)

(2) अस्थिर साधन (Variable input)

स्थिर साधन एवं अस्थिर साध नही एक विशेष समय पर उत्पादन की मात्रा को प्रभावित करते है।

उत्पादन फलन का अर्थ (Meaning of Production function)

परिभाषाः– उत्पादन फलन किसी उद्यम में उत्पादन साधनो के उपयोग एवं उससे प्राप्त उत्पादन के किसी निश्चित समय पर भौतिक संबंध दर्शाता है।

सी.ई. बीशाप के अनुसार उत्पादन फलन एक गणतीय संबंध है जिससे यह ज्ञात किया जाता है कि कितने उत्पादन के साधन प्रयोग करने पर कितनी उपज प्राप्त होती है। फलन शब्द यह गणित से संबंधित है यह दो अलग अलग चल, अचल साधनो के संबंध को दर्शाता है या फलन दो तथ्यो के मध्य के संबंध को दर्शाताहै। ये तत्व परिवर्तनशील होते है एक तत्व दूसरे तत्व पर निर्भर रहता है। जब एक चल तत्व Y दूसरे चल तत्व X का फलन करता है। अर्थात Y चल तत्व X चल तत्व पर निर्भर करता है। यदि X चल तत्व में परिर्वतन होने पर Y चल तत्व पर उसका प्रभाव पड़ता है। माने परिर्वतन होता है इसे हम यह कह सकते है कि X चल तत्व स्वतंत्र है Y चल तत्व परतंत्र है अर्थात X में परिवर्तन होने पर Y में परिवर्तन होता है। तो हम यह मानते है कि Y चल तत्व X चल तत्व पर निर्भर रहता है इसी लिए उत्पादन फलन तकनीकी दृष्टि से यह उत्पादन

तकनीकी ज्ञान का सारांश मात्र हैं तथा सांख्यिकीय दृष्टिकोण से यह रीग्रेशन विश्लेषण है गणितीय रूप में इस संबंध को निम्न रूप में व्यक्त किया जाता है।

$$Y = f(X_i) + u$$

जहां Y = उपज

X_i = उत्पादन कारक (आगत)

f = फलन क्रिया

U = त्रुटि

अर्थात Y (उपज) कि मात्रा X का प्रकार तथा गुण (जैसे भूमि, नम, बीज, उर्वरक तथा सिचाई की मात्रा आदि) की मात्रा, रचना और उसके प्रयोग करने का ढंग पर निर्भर है।

इसी तरह एक से अधिक कारको के लिये उत्पादन – फलन निम्नलिखित तरीके से लिखा जा सकता है।

$$Y = f(x1, x2, x3 \ldots\ldots\ldots\ldots xk\text{-}1, xk) + u$$

अर्थात उत्पादन Y की मात्रा x1,x2,x3 की मात्रा पर निर्भर करती है उसी प्रकार यदि उत्पादन फलन निम्नानुसार प्राप्त होते है।

$Y = f(x1, x2/x3, x4)$ तब यह फलन प्रदशित करता है कि Y की मात्रा X, एवं X2 की मात्रा पर निर्भर करती है। जबकि अन्य साधन x3,x4 को स्थिर रखा जाये। यहां x1,x2 को परिवर्तित साधन (Variable inputs) एवं x3,x4 को स्थिर साधन करते है।

उत्पादन फलन का महत्वः–

1. उत्पादक फलन का स्वरूप राष्ट्रीय उत्पादन बढ़ाने की दृष्टि से अधिक उन्नति के लिये सीमित साधनो का उचित उपयोग करने के लिये सहायक होता है।
2. अंतरराष्ट्रीय व्यापार में उत्पादन फलन स्थिरांक के मान अनुकूलतम व्यापार के लिये एक मुख्य आधार होता है।
3. कार्यकारी अगर वितरन के लिए उत्पादन फलन एक प्रमुख आधार होता है।
4. प्रक्षेत्र आय बढ़ाने के लिए उत्पादन फलन आकडो का संकलन करता हैं जिससे उत्पादन साधनो का उचित तथा अनुकूलतम उपयोग की जानकारी प्राप्त होती है।

5. पूर्ति प्रतिक्रिया का बीजगणितीय स्वरूप मुख्यतः उत्पादन फलन पर निर्भर करता है।
6. आय वितरण व उत्पादन साधनो का आवंटन मुख्यतः उत्पादन फलन पर निर्भर करता है।
7. उत्पादन साधनो की उत्पादकता ज्ञात करने के लिये फलन एक प्रमुख साधन है।

उत्पादन फलन के प्रकार

उत्पादन फलन को मुख्यतः उनके उपयोग के आधार पर दो भागो में विभक्त किया गया है।

(अ) जैविक उत्पादन फलनः– (ब) भौतिक या प्रक्षेत्रीय उत्पादन फलन

(अ) जैविक उत्पादन फलनः– इस प्रकार के उत्पादन फलन प्रयोगो के आधार पर एकत्रित किये गये आंकडो पर आधारित होते है एवं आंकडो को नियंत्रित परिस्थितियों में एकत्रित किया जाता है इस प्रकार के उत्पादन फलन के गुणांक काफी शुद्व होते है। इनको आसानी से प्राप्त किया जा सकता है एवं इनका उपयोग योजनाये बनाने के लिए किया किया (अनुसंधान योजना) जाता है।

$B = f(T,H)$

B = बैक्टीरिया की वृद्वि

T = तापमान

H = आद्रता की (f) क्रिया है।

(ब) भौतिक या प्रक्षेत्रीय उत्पादन फलनः– यह किसानो से या प्रक्षेत्रो से एकत्रित किये गये आकडो पर आधारित होते है तथा यहां पर उत्पादन परिस्थितीयां नियंत्रित न होकर वातावरण पर निर्भर करती है।

जैसेः–

$B = f(X_1, X_2, X_3, X_4) + u$

I = किसान की आय

X_1 = प्रक्षेत्र का आकार

X_2 = परीवार का आकार

X_3 = स्थिर पूजी की मात्रा

X_4 = अस्थिर पूजी की मात्रा की मात्रा की क्रिया है।

यहां पर जोखिम तथा तथा अनिश्चिताये विद्यमान होती है जिसे u के द्वारा प्रदर्शित किया जाता है किया जाता है।

उपारोक्त प्रकारो को स्थिरांक की उपस्थिती या अनुपस्थिती के आधार पर दो भागो में बाटा जा सकता है।

(अ) पूर्ण फलनः– जब स्थिरांक का मान उत्पादन फलन में होता है। तब उसे पूर्ण फलन कहते है।

जैसेः– $Y = a + bX$

यहां a स्थिरांक को प्रदर्शित करता है और यह दर्शाता है कि जब x (काराको) की मात्रा शून्य हो तब y का मान क्या होगा चित्र द्वारा इसे इस तरह प्रदर्शित किया जा सकता है।

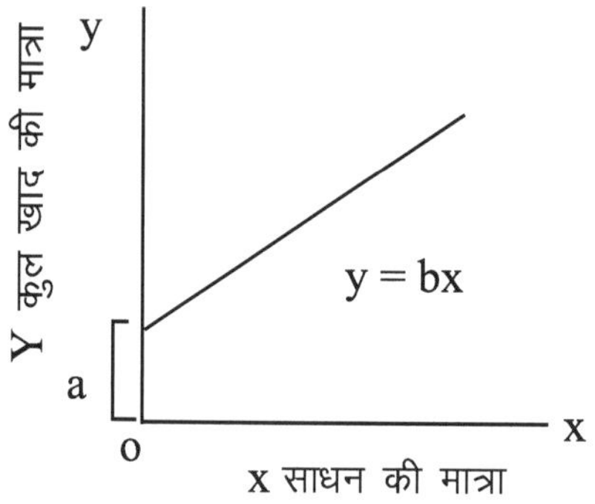

प्रतिक्रियात्मक फलन
(Responsive function)

(ब) प्रतिक्रियात्मक फलनः– जब उत्पादन फलन में स्थिरांक (a) का मान नही होता है तब से प्रतिक्रियात्मक फलन कहते है। जैसेः– $Y = bx$ चित्र द्वारा इसे इस तरह प्रदर्शित किया जा सकता है।

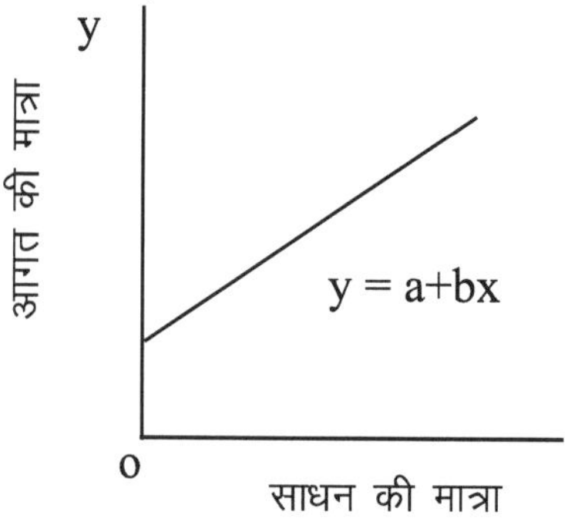

पूर्ण फलन (Total function)

सामान्यतः इस प्रतिक्रियात्मक फलन का ही उपयोग करते है। क्योकि कृषि में ऐसे बहुत से कारक है जिसके उपयोग के बगैर उत्पादन संभव नही जैसेः– बीज आदि और आर्थिक विश्लेषण की दृष्टि से ही प्रतिक्रियात्मक फलन ही आधार माना गया है क्योकि अस्थिरता में हम हमेशा सीमांत की बात करते है सीमांत उत्पादन सीमांत राजस्व, सीमांत लागत आदि और सीमांत विशलेषण में स्थिरांक का कोई महत्व नही रह जाता है।

उत्पादन फलन के रूप

उत्पादन फलन उनके बीजगणितीय रूप के आधार पर निम्नलिखित होते है।

1. रैखिक उत्पादन फलन (Linear function):– यह विशलेषण कि दृष्टि से सबसे सरल उत्पादन फलन है एवं इसका उपयोग वृद्वि दर ज्ञात करने में एवं प्रकृति विशलेषण के लिए किया जाता है।

(अ) धनात्मक रैखिक उत्पादन फलनः– $Y = a + bX$

जब सिर्फ एक कारक हो (X)

जब एक से अधिक कारक हो तब इसका रूप $Y = a + b_1X_1 + b_2X_2 + b_3X_3 + \text{--------} bkXk$ होता है, यहां X_1से Xkतक कारक है।

y उत्पादन

b_1 से bk समाश्रयन गुणांक (Refression co-efficiant) एवं a = स्थिरांक है।

(ब) ऋणात्मक रैखिक उत्पादन फलनः– $Y = a - bX$

एक से अधिक कारक में bX के मान धनात्मक और ऋणात्मक दोनो भी हो सकते है। जैसेः– $Y = a + b_1X_1 + b_2X_2 - b_3X_3 + b_4X_4 - b_5X_5$

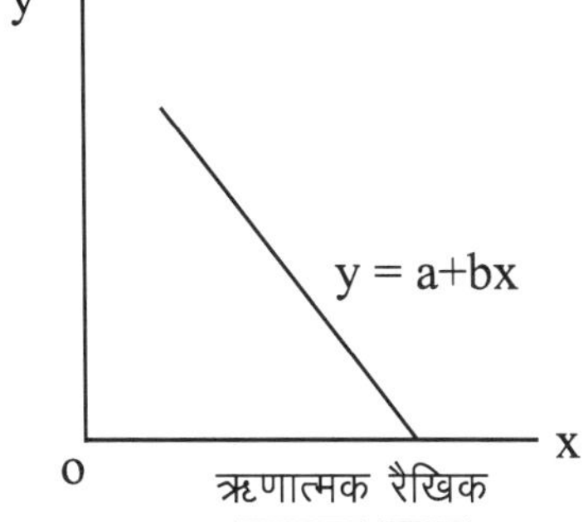

ऋणात्मक रैखिक
उत्पादन फलन

विशेषतायें:– 1. यह विशलेषण में सरल है एवं गुणांक के मान आसानी से प्राप्त किये जा सकते है

1. यह दो चरो के बीच सरल रैखिक संबंध दर्शाता है।
2. इसके द्वारा वृद्धि दर ज्ञात की जा सकती है जैसे जनसंख्या वृद्धि दर, उत्पादक वृद्धि दर आदि
3. उत्पादकता की लोच स्थिर होती है क्याकि MPP = APP

$$MPP = \Delta Y/\Delta X \text{ और } APP = Y/X$$

जब $Y = a + bx$ हो तब

$MPP = \Delta Y/\Delta X = b$ और $APP = Y/X = a + bx/x = b$ क्याकि a का महत्व न्यून हो जाता है। इसलिए उत्पादन की रेंज स्थिर हो जाती है।

1. इसका उपयोग फसलो के रकवा उत्पादकता के पूर्वानुमान ज्ञात करने के लिए भी किया जाता है।
2. इसमें प्रतिफल की दर स्थिर होती है।

सीमांये:– 1. इसका उपयोग ऐसे आंकडो के लिए नही किया जा सकता जहां पर उत्पादकता हांस नियम शीघ्र लागू होता है।

1. इस फसल के द्वारा उच्चतम बिन्दु ज्ञात नही किया जा सकता है।
2. इसके द्वारा उत्पादन की कोई भी एक अवस्था को ही प्रदर्शित किया जा सकता है। उत्पादन की तीनो अव्स्थाओ को एक साथ प्रदर्शित करने में यह फलन उपयोगी नही है।

गणितीय विशलेषण:– इसका गणितीय विशलेषण निम्नलिखत सूत्रो का उपयोग करके किया जा सकता है।

उदाहरण:– वर्ष :– 2001, 2002, 2003, 2004, 2005, 2006, 2007, 2008

उत्पादकता:– 1220, 1350, 1460, 1530, 1640, 1710, 1810, 1950, की है।

सरसो की वृद्धि दा ज्ञात करने की दृष्टि से वर्षो को हम 1980 = 1 से 1987= 8 मानकर विशलेषण करगे। जिसे X कारक माना जाता है एवं उत्पादकता को Y कारक माना जायेगा। हमें $Y = a \pm bx$ का माना ज्ञात करना है।

X	Y	X.Y	सूत्र
1	1220	1220	$b = \frac{\Sigma XY - (\Sigma X)(\Sigma Y)/N}{\Sigma X^2 - (\Sigma X)^2/N}$
2	1350	2700	
3	1460	4380	$a = y - bx$
4	1530	6120	वृद्धि दर = b/y x 100
5	1640	8200	जहां b = समाश्रयन गुणांक
6	1710	10260	a = स्थिरांक
7	1810	12670	x = कारक (वर्षो में)
8	1950	15600	y = उत्पादकता
Σ X=			Σ = योग का चिन्ह
36			$Y = \Sigma y/N = y$ = उत्पादकता का औसत
			$X = \Sigma x/N = x$ = वर्षो का औसत
			N = वर्षो की कुछ संख्या जैसे यहां पर 8 वर्ष

$\Sigma X^2 = 204$ सभी X संख्या का वर्ग $1^2+2^2+3^2+$-----------------------$+8^2$

$\Sigma X = 36$ सभी X संख्या का योग 1+2+3+-----------------------+8

$\Sigma Y = 12670$ सभी Y संख्या का योग 1220+1350+---------------------+1950

$\Sigma XY = 61150$ सभी XY संख्या का योग (1220×1)+ (1350×2)+-------------------------- + (1950×8)

$\bar{X} = \Sigma X/N = 36/8 = 4.5$

$\bar{Y} = 12670/8 = \Sigma Y/N = 1583.75$

सूत्र में मान रखने पर $b = \frac{\Sigma XY - (\Sigma X)(\Sigma Y)/N}{\Sigma X^2 - (\Sigma X)^2/N}$

$$b = \frac{61150-(36)(12670)/8}{204-(36)^2/8} = \frac{61150-57015}{204-162}$$

$$b = \frac{4135}{42} = 98.45$$

b = 98.45

$a = \bar{y} - b\bar{x} = 1583.75 - (98.45 \times 4.5)$

$a = 1140.725$

Trend equation $y = a + bx$

$Y = 1140.72 + 98.45\,x$

वृद्वि दर $= b/y \times 100 = (98.45/1583.75) \times 100$

$\mathbf{= 6.21\%}$

पूर्वानुमानः– उदा. ज्ञात कीजिये की सन् 2016 में सरसो की उत्पादकता कितनी हो सकती है। यह ज्ञात करने के लिए हमे 2016 को 2001 = 1 मानकर मान ज्ञात करना आवश्यक है 2008 = 8, 2009 = 9, 2010 = 10, 2011 = 11, 2012 = 12, 2013 =13, 2014 =14, 2015 = 15 और 2016 = 16

इसलिये Trend equation में $X = 16$ मान रखने पर $y = 1140.72+98.45(16)$

= 2715.92 kg/ha.

2. द्वीघातीय उत्पादन फलनः– (Quadratic Production function) इसका गणितीय रूप

$Y = a+bx-CX^2$ है दूसरे रूप में $Y = a+b_1X-b_2X^2$ भी लिखा जा सकता है।

इसका उपयोग मुख्यता उर्वरको की इष्टतम मात्रा ज्ञात करने के लिए किया जाता है। इस फलन को विभिन्न उर्वरक उपयोग के आधार पर निम्नलिखित तरीको से लिखा जा सकता है।

(a) नत्रजन (N) = y a+bN-CN²

(b) नत्रजन एवं फास्फोरस (N2PO5):-

$$Y = a+b_1N-b_2N^2+b_3P-b_4P^2\pm b^5NP$$

(c) नत्रजन, फास्फोरस एवं पोटाश (N,P_2O5, K_2O)

$Y = a + b_1N - b_2N^2 + b_3P - b_4P^2 + b_5k - b_6k2 \pm b_7NP \pm b_8NK \pm b_9PK \pm b_{10}NPK$

विशेषताये:–

(1) यह उर्वरक प्रयोगो के अनुकूलतम एवं अधिकतम मात्रा ज्ञात करने के लिए उपयुक्त है।

(2) ± निशान पारस्पारिक संबंध को दर्शाते है। जब यह + हो तब सुपूरक संबंध को प्रदर्शित करता है एवं प्रतियोगी संबंध को प्रदर्शित करता है।

(3) यह उत्पादन फलन सिचाई एवं पौध संरक्षण आंकडो में भी उपयोगी होता है।

(4) यह कारक का सही प्रतिकाष्ठ दर्शाता है।

(5) सीमांत भौतिक उत्पादन की गिरती हुई स्तर का भी प्रदर्शित करता है।
(6) इस उत्पादन फलन में सीमांत भौतिक उत्पादन स्थिर नही होती है।
(7) इसलिए उत्पादन की लोच भी स्थिर नही होती है।
(8) उद्यमो के वितरण में संबंधो को ज्ञात करने के लिए भी इस उत्पादन फलन का उपयोग किया जाता है।
(9) यह उत्पादन फलन उत्पादकता ह्रास द्वारा नियम लागु होने की स्थिती में सर्वोत्तम माना गया है।

सीमांये:– (1) यह ह्रांसमान या ऋणात्मक सीमांत उत्पादन को प्रदर्शित कर सकता है लेकिन बढ़ती हुई एवं गिरती हुई सीमांत उत्पादकता को प्रदर्शित नही करता है।
(2) इस उत्पादन फलन में गुणांक की संख्या अधिक होने के कारण विशलेषण की दष्टि से कठिन होता है एवं आकडो की आवश्यकता अधिक होती है।

प्रायोगिक उपयोग:– इस उत्पादन फलन द्वारा कारको की मात्रा की इष्टतम मात्रा ज्ञात करने में सहायता मिलती है। **उदा**.:– द्विघातीय फलन

$$Y = 10.37+5x-0.04x^2$$
$$Px = 4.5$$
$$Py = 2.00$$

(a) अधिकतम उपज के लिये x की मात्रा ज्ञात कीजिये:–

$$TPP = 10.37+5x-0.04x^2$$
$$MPP = dy/dx=5\times1\ x^{1-1}-0.04\times2\ x^{2-1}$$
$$= 5\ x^0-0.08x^1 \text{.................. क्योकि } X^0 = 1$$

इसलिएये $MPP = 5-0.08x$

हमे पता है कि अधिकतम (TPP) उपज वहा पर होती है जहां $MPP = 0$ $=5-0.08x$

$$= 5 = 0.08X$$
$$5/0.08 = X\ 62.50$$

अधिकतम उपज के लिये X की मात्रा 62.50 किलो होगी एवं अधिकतम उपज

$$Y = 10.37+5(62.50)-0.04(62.50)^2$$

X = 62.50 का मान रखकर

$$Y = 10.37+312.50-156.25$$
$$= 166.62$$

(b) X कारक की सबसे लाभदायक मात्रा ज्ञात कीजिये एव इस मात्रा पर उत्पादन का स्तर क्या होगा। (इष्टतम मात्रा)

हम पता है कि इष्टतम मात्रा वहां पर होती है जहां MC = MR बराबर दो या

$$MPP = PX/PY \text{ या } (MPP)\ PY = PX \text{ हो}$$

इसलिये ज्ञात की हुई MPP = 5-0.08X में PX एवं PY का मान रखने पर PY = 2, PX = 4.5

$$(5-0.08X)2 = 4.50$$
$$10-0.16X = 4.50$$
$$10-4.50 = 0.16X$$
$$5.50 = 0.16X$$
$$5.50/0.16 = X$$
$$X = 34.37 \text{ Kg}$$

इसलिये इष्टतम उत्पादन $= Y = 10.37+5(34.37)-0.04(34.37)^2$

$= 10.37+171.85-47.25$

$= 134.97$

(3) कोब डगल्स उत्पादन फलन (Cobb-Douglas Production function):– इस उत्पादन फलन का नाम दो प्रसिद्व अमेरिकन अर्थशास्त्री पाउल एवं डगलस एवं सी डब्लू कोब के नाम से संबंधित है इस उत्पादन फलन का सामान्य रूप

$$Y= aX^b$$

यहां पर b पावर में होता है इस लिये इसको पावर फलन भी कहते है। एक से अधिक कारक के लिये इसका रूप $Y= aX_1^{b1}, X_2^{b2}, X_3^{b3}$----------- X_k^{bk} होगा।

प्रश्नः– विभिन्न उत्पादन फलनो की सूची एवं उनके गणितीय रूप निम्न है।

(1) रैखिक उत्पादन फलन :–

गणितीय रूप धनात्मक उत्पादन फलन $Y= a+ bx$

ऋणत्मक रैखिक उत्पादन फलन $Y= a - bx$

(2) द्विघातीय उत्पादन फलन :–

दो कारको के लिये $Y= a +bx-CX^2$ $\qquad y = a+b1x-b_2X^2$

(3) कोब–डगलस उत्पादन फलन :– $y = ax^b$

(4) वर्गमूल उत्पादन फलन :– $y = a-b_1x_1+b_2\sqrt{X_2}$

(5) त्रिघातीय उत्पादन फलन :– $y = a+bx-CX^2+ X^3$

(6) घाताकी उत्पादन फलन :– $y = ab^x$ log के रूप में $\log Y= \log a+ \log b$

विशेषतायेः– (1) यह लॉग में रैखिक फलन जैसा होता है।

उदा.:– $Y= a\times 1^{b1} \times 2^{b2}\times 3^{b3}\times 4^{b4}$

लॉग में परिवर्तित करने पर :– $\log Y = \log a + b_1\log X_1 + b_2 \log X_2 + b_3 \log X_3 + b_4 \log X4$

अगर हम log = ^ लिखे तों

$y = a + b_1X_1 + b_2X_2 + b_3X_3 + b_4X_4$

रैखिक फलन जैसा ही प्रदर्शित होता है।

(2) इस उत्पादन फलन से उत्पादन की लोच प्राप्त की जा सकती है। क्योकि $\eta p = MPP/APP$ = जो b रीग्रेशन गुणांक के बराबर होती है।

कैसे $y = a X^b = TPP$

इसलिये $MPP = \Delta y/\Delta X = baX^{b-1} = baX^{b/X}$

$APP = y/X = axb/X$

अतः $\eta p = MPP/APP = baX^b/X \times X/aXb = b$

(3) यह फलन घटती, बढ़ती या स्थिर सीमांत उत्पादकता प्रदर्शित कर सकती है इसलिये उत्पादन की तीनो अवस्थाओ को एक साथ प्रदर्शित नही किया जा सकता है।

(4) सभी उत्पादन की लोच का योग प्रतिफल का पैमाना दर्शाता है। जो कि यह प्रदर्शित करता है कि उत्पादन में कितने प्रतिशत बढ़ोत्तरी /कमी आयेगी अगर सभी कारको को 1 % से बढ़ाया या घटाया जायें।

उदा.:– $b_1+b_2+b_3+b_4+$-------------------$+bk = 1$

यह प्रदर्शित करता है कि अगर सभी कारको को 1 प्रतिशत से बढ़ाया जाये तो उत्पादन में वृद्वि भी 1 प्रतिशत के बराबर होगी प्रतिकाष्ठ मुख्यतः चार प्रकार का हो सकता है।

अगरः– (i) b_1+b_2+-------------------$+bk < 1$ घटता हुआ प्रतिफल

(ii) b_1+b_2+-------------------$+bk > 1$ बढ़ता हुआ प्रतिफल

(iii) b_1+b_2+-------------------$+bk = 1$ स्थिर प्रतिफल

(iv) b_1+b_2+-------------------$+bk < 0$ ऋणात्मक प्रतिफल

(5) प्रत्येक कारक का गुणांक उससे प्राप्त प्रतिफल को प्रदर्शित करता है जबकि अन्य कारक स्थिर रखे जायें।

सीमांयेः– (1) उत्पादन की लोच स्थिर होती है। जो की कारको की कोई भी मात्रा के लिए bके बराबर होती है।

(2) किसी भी कारक का मान किसी भी स्तर पर शून्य होने पर उत्पादन भी शून्य हो जाता है। जोकि सत्य नही है।

(3) इसका ग्राफ एक निश्चित सीमा के बाद अन्नत स्पर्शी हो जाता है जिसके कारण अधिकतम उपज परिभाषित नही की जा सकती अतः उत्पादकता द्वारा नियम नही होता है।

(4) वर्गमूल फलन (Squre root function):–

$y = a - b_1X_1 + b_2 \sqrt{X_2}$ या $y = a - b_1X_1 + b_2 X^{0.50}$

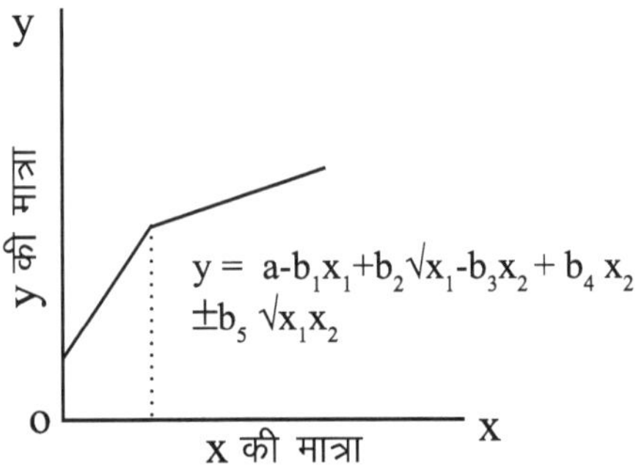

वर्गमूल फलन
(Squre root function)

दो कारको के लियेः– $y = a - b_1X_1 + b_2 \sqrt{X_2} - b_3X_2 + b_{24} \sqrt{X_2} \pm b_{25} \sqrt{X_1 X_2}$

विशेषतायेः– (1) इसका उपयोग जब उत्पादन कम कारक की मात्रा से ही उत्पादन बहुत अधिक बढ़ता है। तब किया जाता है।

(2) यह घटती हुई सीमांत प्रतिफलन प्रदर्शित करता है।

(5) त्रिघाटी उत्पादन फलन (Cubic Production function):–

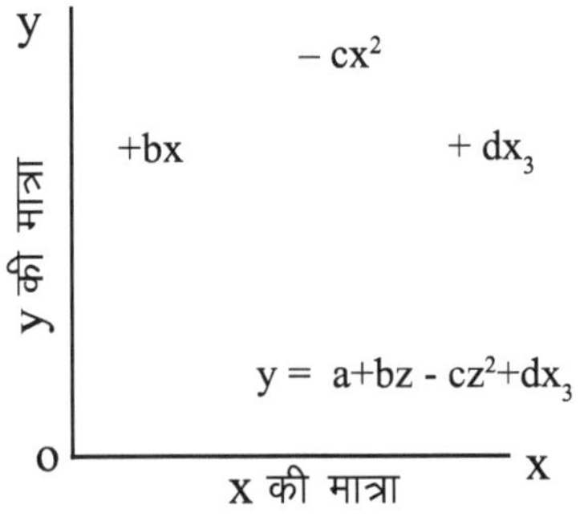

त्रिघाती उत्पादन फलन
(Cubic Production Function)

विशेषतायेः– (1) यह उत्पादन फलन उत्पादन की तीनो अवस्थाओ को प्रदर्शित करता है।

(2) उपादन की लोच कारको की मात्रा के साथ बदलती है।

(6) घातांकी उत्पादन फलन (Exponential Production function):–

$y = a\,b^{x}$ $\log y = \log a + x \log b$

इसका मुख्य उपयोग संयुक्त वृद्घि दर ज्ञात करने के लिये किया जाता है। जो कि संयुक्त वृद्घि दर = (Anti log of b-1)× 100 के बराबर होता है।

अध्याय 3

उत्पाद-उत्पाद संबंध
(Product-Product Relationship)

उत्पादन प्रक्रिया में अभी तक हमने मात्र साधनों के विशेष प्रयोग पर बल दिया यद्यपि, हम जानते है कि बिना साधनों के सहयोग व संयोजन से उत्पादन प्राप्त नहीं हो सकता, परंतु प्रक्षेत्र प्रबंध को चाहिये कि और अधिकतम लाभ प्राप्त करने हेतु उसे उत्पाद–उत्पाद संबंध के बारे में जानना चाहिये। इस अध्याय में पहले हमने सर्वप्रथम आगत–उत्पाद संबंध (Factor product relationship) का अध्ययन किया इसके पश्चात आगत–आगत संबंध (Factor-Factor relationship) का अध्ययन किया अर्थात् दो या दो से अधिक चल साधनो को प्रतिस्पर्धी स्वभाव का अध्ययन किया। यहॉ पर अब उद्यम या उद्यमों के लिये साधनों का वितरण न करके हम यह अध्ययन करेगे, कि फार्म पर स्थित विभिन्न उद्यमों को किस अनुपात में संयोजन करे कि प्रक्षेत्र पर अधिकतम लाभ प्राप्त हो। अतः इस अध्याय में किसी प्रक्षेत्र के विभिन्न उद्यमों के (उपजों के) चयन तथा उद्यमों के पारस्परिक सम्बंध का अध्ययन करते है। किसानो को हर समय यह समस्या बनी रहती है, कि उपलब्ध सीमित साधनो की सहायता से किस प्रकार से विभिन्न उद्यमों कें दक्षतापूर्वक प्रयोग करे, इसका निराकरण हम आगत–आगत संबंध में देख चुके है परंतु उत्पाद–उत्पाद संबंध में प्रक्षेत्र प्रबंधक की समस्या बनी रहती है, जैसे–
(1) कितना एवं कौन सी उपज उत्पन्न किया जावे? (How much and what to

produce?) (2) विभिन्न उद्यमों में किस प्रकार से साधनों को विभाजित किया जावे? (How should input allocate) (3) किस प्रकार के उद्यमो का संयोजन कर अधिकतम उत्पादन लिया जावे? इन सब प्रश्नो का अध्ययन हम इस अध्याय में करेगे।

उत्पाद–उत्पाद संबंध के उद्देश्य (Object of Product-Product Relationship)

(1) सीमित साधनो का उत्तम संयोजन एवं साधनो का वितरण की सहायता से दो या दो से अधिक फसलों के उत्पादन से अधिकतम लाभ प्राप्त करना।

(2) उपलब्ध साधनों के प्रयोग से उद्यमों का उत्तम संयोजन (Best combination) ज्ञात करना।

कृषक के पास एक सीमित कृषि का रकबा होता है और वह विभिन्न फसलों जैसे गेहूं, चना, सरसों, गन्ना, चाय, जौ, आदि के साथ अन्य उद्यम भी जैसे–पशुपालन, मुर्गीपालन या अन्य व्यवसाय करना चाहते है। अतः कृषक के सामने मुख्य प्रश्न आता है कि क्या उत्पादन किया जाय, कितना उत्पादन किया जाय, कौन–सी तकनीकी अपनाई जाय ताकि उपलब्ध उतने ही साधनों की समिति राशी का क्षमतापूर्ण उपयोग हो सके।

इस प्रकार के उद्यमों को और उनके आपस में सम्बंधों को बीज गणितीय सूत्र के द्वारा व्यक्त किया जा सकता है।

$Y_1 = f(Y_2)$ यह एक उद्यम का सम्बंध दर्शाता है।

$Y_1 = (Y_2, Y_3, Y_4 \ldots\ldots\ldots\ldots\ldots\ldots\ldots\ldots\ldots Y_n)$ यह दो से अधिक उद्यमो का संबंध दर्शाता है अर्थात् उद्यम $Y_2, Y_3 Y_4 \ldots\ldots\ldots\ldots\ldots\ldots\ldots Y_n$ उद्यम का संयुक्त फलन है इसका तात्पर्य यह है कि अगर उतने ही सीमित साधनो या बजट/लागत पर यदि इनमें से किसी एक उद्यम की इकाई भाग में वृद्धि करे तो परिणामस्वरूप किसी अन्य उद्योग/उद्यम की इकाई उत्पादन मात्रा में कमी करनी पडेगी। अर्थात् इसे दूसरे शब्दों मे भी यह कह सकते है कि एक उद्यम दूसरे उद्यम की कुर्बानी का परिणाम है अतः साराशं में, किसी दिये गये साधन के सहयोग से किसी एक वस्तु को कितनी मात्रा में उत्पन्न करें, जिससे अधिक मात्रा में लाभ प्राप्त होगा।

उद्यमो के आपस में पारस्परिक भौतिक सम्बन्ध होते है इन सम्बन्धो को समझना अत्यंत आवश्यक है उद्यमों के स्वभाव निम्नानुसार वर्गीकृत कर समझा जा सकता है। जो इस प्रकार है–

उद्यम सम्बन्ध एवं उनके संयोजन (Enterprises relationship & their combination)

उद्यमों के आपस में भौतिक सम्बन्ध निम्न प्रकार के होते है।

(1) संयुक्त उद्यम (Joint products)
(2) पूरक उद्यम (Complementary enterprises)
(3) अनुपूरक उद्यम (Supplementary enterprises)
(4) प्रतिस्पर्धी उद्यम (Competative enterprises)

(1) संयुक्त उद्यम (Joint products)

इस प्रकार के उद्यम अलग–अलग नहीं होते, बल्कि किसी एक विशिष्ट उद्यम की उत्पादन प्रक्रिया में दूसरा उद्यम स्वतः किसी निश्चित अनुपात में प्राप्त होता है, दोनो उत्पादन संयुक्त होते है और किसी भी एक का दूसरे के बिना उत्पादन असंभव होता है उदाहरणार्थ, कपास–बिनोला, गेहूँ–भूसा, मास–ऊन, तेल–खली इत्यादि संयुक्त उद्यम उत्पादन के उदाहरण है। दूसरे शब्दों में यदि किसी कारणवश एक उद्यम नष्ट होता हो तो दूसरा उद्यम अपने आप नष्ट हो जायेगा। इसके अंतर्गत एक उत्पाद की मात्रा दूसरे उत्पाद की मात्रा का निर्धारण करती है, जैसे यदि गेहूँ का अधिक उत्पादन होगा तो भूसे का भी अधिक उत्पादन होगा। संयुक्त उद्यम में दोनो उद्यमों का पारस्परिक संयोजन एक निश्चित अनुपात मे होता है।

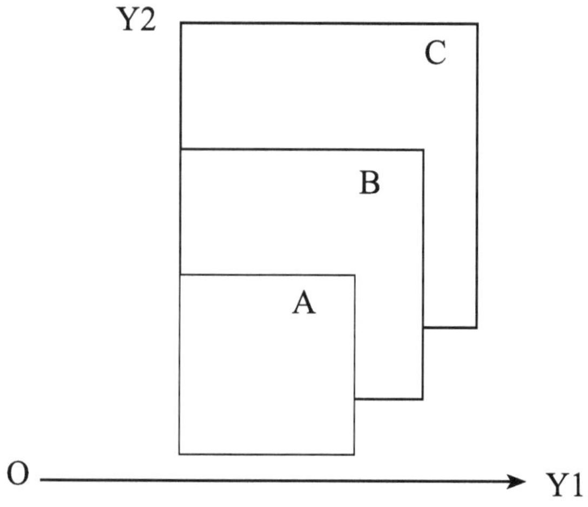

रेखाचित्र में Y_1 व Y_2 एक दूसरे के लिये संयुक्त उत्पाद उद्यम है तथा साधनों की विशेष आवांटित राशी के आधार पर Y_1 और Y_2 के उत्पादन स्तर विभिन्न बिंदु A, B, C है। उत्पादन निर्णय में संयुक्त उत्पादों को एक उत्पाद के

रूप में माना जाता है। इस प्रकार दोनो उत्पादो के मूल्य–अनुपात (Price-ratio) को स्थिर मानते है, यह संभव है कि लम्बे समय बाद किस्म या नस्ल में परिवर्तन होने पर यह अनुपात बदल जाय। उदाहरण के लिये लम्बे समय उनका संयुक्त अनुपात बदल जाय तो ऊन व मांस का मूल्य–अनुपात (P-R) बदल जायेगा तब यह आवश्यक होगा कि ऐसी नस्ल निकाली जाय जो ऊन ज्यादा दे जबकि थोड़े समय के लिये मूल्य–अनुपात स्थिर मानते है।

(2) पूरक उद्यम (Complementary enterprises)

ऐसे उद्यमों में MRS की दर धनात्मक अर्थात 'O' से (70) या अधिक होती है। यह वे उद्यम है, जिनमें से किसी एक उद्यम पर प्रक्षेत्र पर उपस्थित साधनों को लगाने से उस उद्यम में तो वृद्धि होती है साथ–साथ दूसरे उद्यम के स्तर मे भी वृद्धि होती है। दूसरे शब्दों मे जब तक पहले उद्यम में परिवर्तन या वृद्धि होने पर दूसरे उद्यम में भी उसी दिशा में परिवर्तन या वृद्वि होती है। एक निश्चित स्तर तक संबंधित उद्यमो में जब तक धनात्मक वृद्धि होती है तब यह अनुपात संबंधित उद्यमों के लिये पूरक माना जाता है अतः उत्पादक को उद्यमों के पूरक उद्यम का पूरा लाभ उठाना चाहिये।

उदाहरणार्थ, मक्का को बरसीम के साथ बोना/उगाना, परिणाम स्वरूप मक्के की उपज बढ़ जायेगी, क्योकि बरसीम मृदा से नत्रजन स्थिर करके मृदा उर्वरकता बढ़ाती है जो कि अगले फसल के काम आती है, फसल उत्पादन और नियंत्रित स्तर तक पशुपालन या पशुपालन के साथ–साथ मुर्गीपालन अथवा शुष्क खेती के क्षेत्र में मृदा संरक्षण भी अपनाया जाना भी पूरक उद्यम संबंध को सूचित करता है।

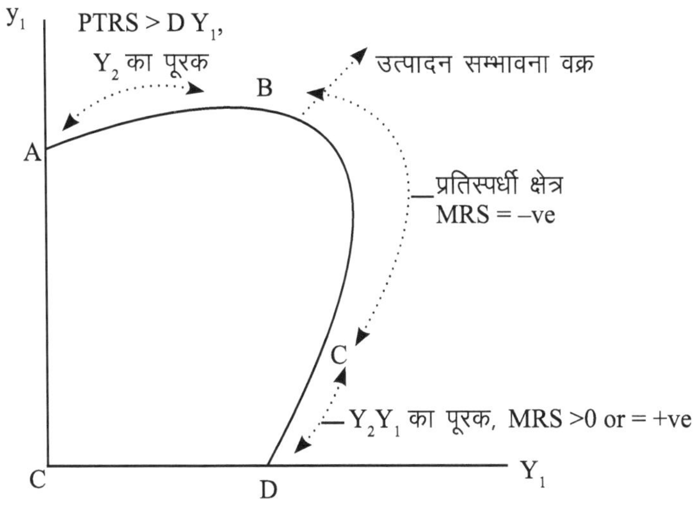

दिये गये वक्र में उद्यम Y_1 उद्यम Y_2 के लिये उत्पादन संभावना वक्र (Production Possibilities curves) पर बिंदु A से लेकर B तक पूरक है उसी प्रकार साधनो की उतनी ही इकाईयों के उपयोग में यहॉ Y_2 के उत्पादन वृद्धि के साथ–साथ Y_1 के उत्पादन स्तर में उसी दिशा में वृद्धि होती है। परंतु बिंदु B से C तक उद्यम Y_1 और Y_2 एक दूसरे के प्रतिस्पर्धी है, इसी प्रकार बिंदु D से C तक साधन की उन्ही सम्बंधित इकाइयों पर Y_1 की इकाई मात्रा में वृद्धि के साथ–साथ Y_2 की इकाई मात्रा में वृद्धि होती है अतः यहॉ पर Y_2 का C से लेकर D तक पूरक उद्यम है।

(3) अनुपूरक उद्यम (Supplementary enterprises)

अनुपूरक उद्यम का तात्पर्य यह है कि जब प्रमुख उद्यमों के साथ–साथ दूसरे उद्यम से भी लाभ प्राप्त होता है और ऐसे उद्यम स्वतंत्र होते है किसी प्रकार की आपस में प्रतिस्पर्धा नही करते। परंतु किसी सीमा तक वे परिवार के श्रम, पूॅजी एवं अन्य साधनो का प्रयोग करते है जो पहले से ही फार्म पर उपलब्ध है। अनुपूरक उद्यमों की MRS = 0 होती है। यह संबंध उद्यमों के पूरक एवं प्रति स्पर्धी उद्यमों मे भी देखा जा सकता है क्योकि प्रतिस्पर्धी उद्यम की MRS = -ve होती है एवं पूरक उद्यमों की MRS = +ve होती है अतः स्वभाविक है कि धन व ऋण के बीच MRS का स्तर शून्य होगा और यही शून्य स्तर पर एक उद्यम दूसरे उद्यम के लिये सहायता प्रदर्शित करता है। उदाहणार्थ– कुक्कुट पालन, मछली पालन, कुछ फल वृक्ष या फूलों का व्यवसाय अनेक फर्मो पर अन्य प्रमुख उद्यमों के अनुपूरक होते है अनुपूरक उद्यम का एक निश्चित सीमा तक या अधिक विस्तार कर देने पर वह प्रमुख उद्यमों का प्रतियोगी हो जाता है उदाहरण मुर्गी–पालन में पर्याप्त वृद्धि करने पर वह अंततः भूमि, श्रम और पूॅजी के लिए फसलों के साथ प्रतिस्पर्धा करना शुरू कर सकता है।

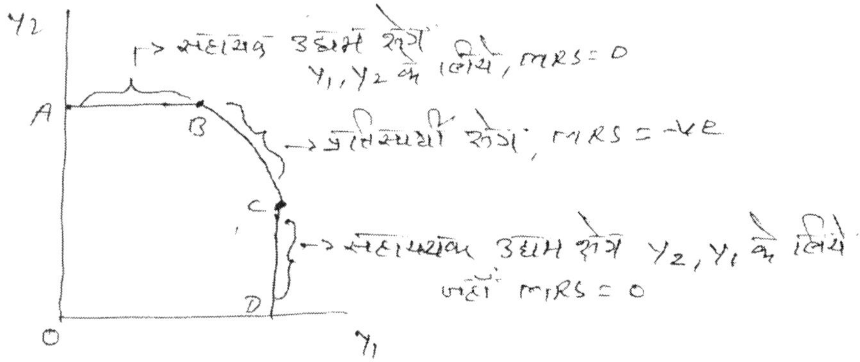

उदाहरण मशीन या श्रमिक या सब फसलो को लेने के बाद बचे हुए अतिरिक्त जल, भूमि, श्रम या अन्य साधनों की बची हुई मात्राका उपयोग किसी उद्यम विशेष के उत्पाद पर आबंटित करना।

उपयोग– यदि कोई उद्यम किसी दूसरे संबंधित उद्यम के साथ पूरक संबंध प्रदर्शित कर रहा हो तो उसे तब तक अपनाना चाहिये जब तक की दूसरा उद्यम प्रथम उद्यम के साथ या दूसरा उद्यम प्रथम उद्यम के साथ प्रतिस्पर्धा न करने लगें। जिससे फार्म की संपूर्ण आय में योगदान मिल सके बहुउद्धेश्यीय खेती (Diversitied Farming) के लिये यह संबंध विशेष उपयोगी हुआ करते है। उत्पादक को चाहिये कि दो उद्यमों में कोई एक उद्यम दूसरे के लिये सहायक हो तो उसे तब तक उगाना चाहिये। जब तक दो उद्यम आपस में प्रतिस्पर्धा न करने लगे।

उपरोक्त दिये गये रेखाचित्र के माध्यम से इस तथ्य को और अधिक स्पष्ट कर सकते है कि AD यह सम्भावित उत्पादन वक्र (Production possibility curve) पर बिंदु A से लेकर बिंदु B तक उद्यम $Y_{1,}$ Y_2 का सहायक उद्यम है और इस संपूर्ण क्षेत्र में MRS = 0 होती है जहॉ उद्यम Y उत्पादकता की दृष्टि से प्रथम अवस्था में और Y_2 तृतीया अवस्था में होती है, इसके प्रतिकूल बिंदु D से C तक जहॉ $Y_2 Y_1$ का सहायक उद्यम है वहॉ MRS = 0 है यहॉ उत्पादकता की दृष्टि से Y_1 तृतीया अवस्था में और Y_2 प्रथम अवस्था में होता है।

नियम– दो उद्यमों में से यदि किसी एक उद्यम की उत्पादन इकाई मात्रा में बिना प्रतिकूल प्रभाव डाले दूसरे उद्यम की इकाई मात्रा में उत्तरोत्तर वृद्धि करे तो विशिष्ट स्तर तक संबंधित उद्यमो का संयोजन सहायक हुआ करता है। किसी भी फसल योजना में अतिरिक्त लाभ के अर्जन हेतु ऐसे संबंधो का पूरा लाभ उठाना चाहिये। उपरोक्त चित्र मे से B से C बिंदु तक दोनो उद्यम $Y_{1,}$ Y_2 परस्पर एक दूसरे के प्रतिस्पर्धी है अतः यही कारण है कि इस क्षेत्र को संबंधित उद्यमों का प्रतिस्पर्धी क्षेत्र कहा जाता है।

(4) प्रतिस्पर्धी उद्यम (Competative enterprises)

दो उद्यम उस दशा में प्रतियोगी होते है। जब उद्यम में वृद्धि के कारण दूसरे उद्यम मे कमी हो जाती है। दूसरे शब्दो में, ऐसे दो उद्यम जो किसी विशिष्ट समय में या फिर विशिष्ट ऋतु में या एक ही वर्ष में उगाये जा रहे हो उनके इन विभिन्न संयोजनो हेतु साधनो या लागत का स्तर पूर्व से ही निर्धारित हो तो उस अवस्था मे यदि हम एक उद्यम की इकाई मात्रा में वृद्धि करते है तो उसके परिणामस्वरूप

दूसरे उद्यम की इकाई मात्रा में कमी करनी पड़ती है जिन उद्यमों में इस प्रकार का संबंध पाया जाता है उन्हे हम प्रतिस्पर्धी उद्यम कहते है ऐसे उद्यमो की MRS सदैव -ve होती है खेती के बहुउद्देश्यीय का सिद्धांत उद्यमों के इसी संबंधो पर आधारित है।

इस संबंध की पुष्टि विकल्प लागत का सिद्धांत (Principles of apportunity cost) द्वारा भी होती है जैसे गेहूँ–जौ, गेहूँ–सरसो, गेहूँ–चना एक ही ऋतु में उगाई जाने वाली दो दलहनी फसले एक ही पषु जैसे गाय और भैस (दूध देने वाली पशु) या एक ही फसल के किस्मे या दूध देने वाले एक ही समुदाय के दो विभिन्न नस्ले आदि इसके उदाहरण है।

दोनो उद्यमों Y_1 व Y_2 के लिये प्रयुक्त किया गया साधन 'X' लाभकारी होना चाहिये अर्थात् Y_1 के उत्पादन में साधन X तब सर्वाधिक लाभकारी ढंग से प्रयुक्त किया जाता है जब $MVPx\ (Y_1) = Px$ यहॉ पर MVP यानि सीमांत मूल्य उत्पाद (Marginal value of product) होगा। अथवा

$$\frac{MVPx\ (Y_1)}{Px} = 1$$

उसी प्रकार Y_2 के उत्पादन में साधन 'X' तब अधिकतम लाभदायक होगा जब $MVPx\ (Y_2) = Px$ अथवा

$$\frac{MVPx\ (Y2)}{Px} = 1$$

इसका अर्थ यह हुआकि $MVPx\ (Y_1) / Px = MVPx\ (Y_2)/ Px = 1$

यहॉ पर Px स्थिर है उस स्थिति में हम दोनो पदो को Px से गुणा कर सकते है तथा प्राप्त करते है।

$$MVPx\ (Y_1) = MVPx\ (Y_2)$$

उपर्युक्त पद से ज्ञात होता है कि एक स्थिर साधन से किसी उत्पाद के लिए वही सीमांत मूल्य उत्पाद (MVP) उत्पन्न होना चाहिए, जो अन्य उत्पाद के लिए हो यह स्मरण करते हुये कि $MVPx = MPPx\ .\ Py$ इसे निम्नलिखित रूप में व्यक्त किया जा सकता है।

$$MPPx\ (Y_1)\ .\ Py_1 = MPPx\ (Y_2)\ .\ Py_2$$

Note:- हटाये जाने वाले उद्यम की सीमांत इकाई उपर लिखी जाती है। अतः जोड़े जरने वाले उद्यमी सीमान्त इकाई के नीचे लिखी जरती है।

सारांश मे उद्यमो का संबंध (Summary of Enterprise Relationship)

सीमांत प्रतिस्थापण दर					उद्यमों का संबंध
(i)	$\frac{\Delta Y_1}{\Delta Y_2}$	or	$\frac{\Delta Y_2}{\Delta Y_1}$	< 0	स्पतिस्पर्धी संबंध Competitive
(ii)	$\frac{\Delta Y_1}{\Delta Y_2}$	or	$\frac{\Delta Y_2}{\Delta Y_1}$	$= 0$	अनुपूरक संबंध Supplementary
(iii)	$\frac{\Delta Y_1}{\Delta Y_2}$	or	$\frac{\Delta Y_2}{\Delta Y_1}$	> 0	पूरक संबंध Complementary

सीमांत उत्पाद प्रतिस्थापन दर यदि शून्य से कम हो तो, किसी एक उत्पाद स्तर में वृद्धि करने पर दूसरे उत्पाद के स्तर में कमी करनी पड़ती है, इस प्रकार का संबंध स्पतिस्पर्धी उद्यम संबंध होता है। उसी प्रकार यदि सीमांत उत्पाद प्रतिस्थापन दर शून्य के बराबर हो तो, एक उत्पाद में वृद्धि होती है जबकि अन्य उद्यम पर इसका कोई प्रभाव नहीं पड़ता यह अनुपूरक संबंध के अंतर्गत होता है यदि सीमांत उत्पाद प्रतिस्थापन दर शून्य से ज्यादा हो तो संकेत है कि दो मे से किसी एक उद्यम में वृद्धि या घटते क्रम में होगा इस प्रकार का संबंध पूरक संबंध के अंतर्गत देखा जा सकता है। सीमांत उत्पाद प्रतिस्थापन दर का मुख्य उद्देश्य यह है कि प्रक्षेत्र पर उपलब्ध साधनो से एवं उद्यम संयोजन से अधिकतमम लाभ प्राप्त करना होता है।

उत्पादन संभावना वक्र (Production possibility curves)

उत्पादन संभावन वक्र दर्शाता है कि किसी निश्चित आगतो की सहायता से सभी संभव संयोजन में से दो उत्पाद उद्यमों का संबंध ज्ञात किया जाता है। हम दो उत्पादन उद्यम में प्राप्त उत्पादन फलन रेखाचित्र द्वारा दर्शाया जा सकता है। उत्पादन संभावना वक्र को हम दो विधियो द्वारा ज्ञात कर सकते है।

(1) उत्पादन फलन (Production funtion)

(2) कुल लागत वक्र (Total cost curve)

उत्पादन संभावना वक्र का आकार उत्पादन संबंधो के प्रकार पर निर्भर रहता है (Types of product relationship) यदि दो उत्पाद स्थिर दर पर प्रतिस्थापित हो तो वक्र (PPC) सरलता मे होता है यदि दो उत्पाद जब घटते क्रम प्रतिस्थापित हो तो वक्र convex होता है और बढ़ते क्रम में प्रतिस्थापित हो तो वक्र concave आकार का होता है PPC वक्र दर्शाता है कि दो उत्पाद कौन से दर पर प्रतिस्थापित होते है।

सीमांत उत्पादन प्रतिस्थापन दर (Marginal Rate of Product substitution - MRPs)

सीमांत उत्पादन प्रतिस्थापी दर का तात्पर्य यहॉ यह है कि यदि किसि एक उत्पाद की मात्रा में परिवर्तन करने पर परिणामस्वरूप दूसरे उत्पाद की मात्रा में जो वृद्धि होती है जबकि प्रयोग किये गये साधन स्थिर रहते है।

सीमांत उत्पादन प्रतिस्थापन दर Y_1 का Y_2 के लिये $= \Delta Y_2 / \Delta Y_1$ होगा।

उसी प्रकार (MRPs) Y_2 का Y_1 के लिये $= \Delta Y_1 / \Delta Y_2$ होगा।

इसके अंतर्गत प्रायः देखा गया है कि यदि उत्पाद की मात्रा मे वृद्धि होने पर जबकि अन्य उत्पाद Y_2 अपनी कुर्बानी देता है। इसके विपरीत जब Y_1 उत्पाद कुर्बानी (Sacrificed) देता हो तो Y_2 की मात्रा में वृद्धि होती है। इसे हम सारण ी एवं रेखाचित्र द्वारा दर्शा सकते है।

उत्पाद प्रतिस्थापण कि लोच (Elastivity of product substitution)

EPs का तात्पर्य यहॉ पर यह है कि यदि अन्य साधनो को स्थिर रखा जाय तो किसी एक उद्यम के प्रतिशत उत्पादन में वृद्धि होती है (Y_2) जबकि उससे संबंध ि ात दूसरा उद्यम (Y_1) के उत्पादन में कमी होती है अर्थात किसी एक उद्यम के उत्पादन मे बढोत्तरी किया तो दूसरे उद्यम के उत्पादन में घटोत्तरी होती है।

इसलिए, सीमांत प्रतिस्थापण उत्पाद दर Y_1 का Y_2 के के लिये $=\Delta Y_1 / \Delta Y_1$ होगा।

अतः

EPs =	$\Delta Y_2 / Y_2$	or	ΔY_2	ΔY_1
	$\Delta Y_1 / Y_1$		ΔY_1	ΔY_2

समान राजस्व रेखा (Iso revenue line) मूल्य रेखा (Price line)

समान राजस्व रेखा यह संकेत करती है कि उत्पाद–उत्पाद संबंधो में स्थित मूल्य रेखा को दर्शाती है अर्थात दो प्रतिस्पर्धी उत्पाद का मूल्य दर स्पष्ट करती है। यह रेखा दो उद्यम सभी के संभव उत्पादन संयोजन के मूल्य रेखा को अलग–अलग व्यक्त करती है। इसे हम रेखाचित्र द्वारा स्पष्ट कर सकते है।

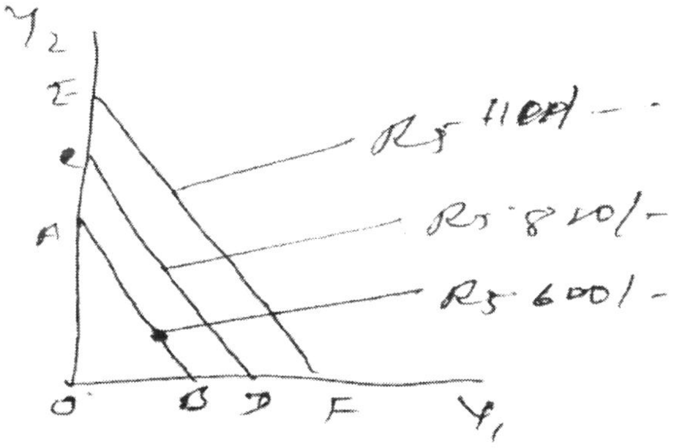

अध्याय 4

उत्पादन एवं उत्पादन लागत
(Production and Production costs)

प्रत्येक प्रक्षेत्र प्रबंधक का मुख्य उद्‌देश्य होता है कि कम से कम लागत में अधिकतम लाभ प्राप्त करना, क्योंकि प्रक्षेत्र प्रबंधक को कृषि से संबंधित निर्णय में उत्पादन लागत का बहुत महत्वपूर्ण योगदान होता है। सामान्यतः प्रक्षेत्र प्रबंधक दो प्रकार से प्रक्षेत्र की आय बढ़ा सकता है। वह उत्पादन में वृद्धि कर या फिर उत्पादन लागत को कम करके। प्रायः देखा गया है कि किसान फसल उत्पादन के तुरंत बाद कम मूल्य मे भी फसल को बेच देता है, क्योकि मूल्य नियंत्रण उसके हाथ में नही होता है और छोटी जोत होने के कारण वह फसल को भी रोक नही सकता एवं अन्य और भी कारण हो सकते है। अर्थात उत्पादन बढ़ाने के बावजूद उसे लाभ नहीं मिलता है। इस परिस्थिती मे कृषक को चाहिये कि फार्म पर उपयोग में लाये जाने वाले साधनों का अनुकूलतम, दक्षतापूर्वक प्रयोग करे, जिससे उत्पादन लागत में कमी की जा सके, परिणामस्वरूप कृषक की आय में वृद्धि हो सके।

उत्पादन लागत (Cost of Production) का संबंध फसल उत्पादन मे प्रयोग मे लाये गये साधनो के मूल्य/कीमत से संबंध होता है यहॉ पर उत्पादन लागत का संबंध प्रति इकाई उत्पादन पर किये गये व्यय से संबंधित है। उत्पादन लागत में दो प्रकार की लागतो का समावेश होता है, एक तो स्थिर लागत (Fixed Cost)

और दूसरी परिवर्तनशील लागत (Variable Cost) किसी भी प्रकार के फसल उत्पादन में उपरोक्त दोनो लागतो का समावेश होता है।

उत्पादन लागत का अर्थ (Meaning of production costs)

प्रत्येक किसान का लक्ष्य उत्पादन में वृद्धि के साथ–साथ उत्पाद न लागत मे कमी से होता है। क्योकि वह लागत को कम करके ही अपनी आय में वृद्धि करना चाहता है यदि ऐसा करता हो तो वह कुशल, प्रगतिशील किसान के लक्षण है। उत्पादन पर किये गये संपूर्ण व्यय को हम यहॉ पर लागत कहते है। फसल–उत्पादन यह एक से अधिक साधनों के प्रयोग का परिणाम होता है अर्थात् अनेक साधनो के सहयोग से किसी फसल का उत्पादन होता है। मुख्यतः उत्पादन में पॉच साधनो का उपयोग होता है। जैसे, भूमि, श्रम, पूॅजी, संगठन और साहस। दूसरे शब्दो में किसी भी फसल उत्पादन में उपरोक्त साधनो की जो मात्रा व सेवाये प्रयोग की जाती है और इन साधन की मात्रा और सेवाओं पर जो धन या पूॅजी व्यय की जाती है, उसको हम उत्पादन लागत (Production cost) कहते है।

सामान्यतः उत्पादन लागत का अर्थ यह लगाया जाता है कि उत्पादन करने के लिये लगाये गये रूपये से लिया जाता है। परंतु ऐसा कतही नही है। इसके अंतर्गत रूपयो–पैसो के अलावा दूसरी लागते जैसे किसान की भौतिक मेहनत, शारीरिक त्याग, थकावट इनका भी उत्पादन की क्रिया में बहुत योगदान होता है। अर्थात उत्पादन की क्रिया में नगदी लागत (Cash cost) और अप्रत्यक्ष लागत (Non cash cost) दोनो को सम्मिलित किया जाता है। नगदी लागत द्वारा कृषक बीज, खाद एवं उर्वरक को खरीदकर तुरंत उत्पादन प्रक्रिया मे उपयोग करता है। इन साधनो का उपयोग सिर्फ एक बार किसी फसल के उत्पादन में किया जाता है। अप्रत्यक्ष लागत में यांत्रिक साधनो की मरम्मत एवं घिसावट, पारिवारिक परिश्रम, प्रबंध एवं अन्य मदो का समावेश होता है।

लागतो के प्रकार (Kinds of Cost)

सामान्यतः हम जानते है कि उत्पादन प्रक्रिया में एक से अधिक साधनों की आवश्यकता होती है किसी एक साधन के उपयोग से उत्पादन नहीं होता अपितु अनेक साधनों के सहयोग से वस्तुओं का / फसलों का उत्पादन होता है। साधारण उत्पादन की क्रिया मे भी अनेक साधन सहभागी होते है मात्र उनका अनुपात उनके उपयोग के आधार पर अलग–अलग हो सकता है। मुख्यतः दो प्रकार की लागते होती है।

(1) स्थिर लागत (Fixed Cost) (2) अस्थिर लागत (Variable Cost)

स्थिर साधनों की कुल लागते ही स्थिर लागत कहलाती है। जोकि वर्षभर उत्पादन की प्रक्रिया में परिवर्तित नही होती अर्थात स्थिर रहती है एवं विभिन्न उत्पादन स्तर पर स्थिर लागत में किसी भी प्रकार की लागत में कोई परिवर्तन नही होता वह स्थिर होती है। (लागत) परंतु, इसके विपरीत अस्थिर लागते उत्पादन स्तर के अनुसार परिवर्तित होती रहती है। दूसरे शब्दों मे अस्थिर लागत में साधन का उपयोग/मात्रा परिवर्तित होती रहती है। सारांश मे जिन लागतो का संबंध स्थिर साधनो से है उनका समावेश स्थिर लागतो मे होता है। उसी प्रकार, जिन लागतो का संबंध अस्थिर साधनो से है, उनका समावेश अस्थिर लागतो मे होता है। अतः दोनो लागतो का विस्तृत अध्ययन करेगे।

(1) स्थिर लागत (Fixed cost)

स्थिर लागते वह लागते है जो उत्पादन की प्रक्रिया में लंबे समय तक कायम रहते है अर्थात नष्ट नहीं होते। इसके अंतर्गत वे लागते आती है जो उत्पादन के स्तर से प्रभावित नही होती या उत्पादन के थोड़े बहुत परिवर्तन से परिवर्तित नहीं होती। यदि उत्पादन नही होता है या कम होता है या बिल्कुल भी नही होता तो भी स्थिर लागतो में परिवर्तन नहीं होगा। इसलिये स्थिर साधनो की लागतो को स्थिर लागते कहते हे। यदि कुछ भी उत्पादन नही होता, तब भी इन लागतो का भुगतान करना पड़ता है। यदि उत्पादन में वृद्धि या कमी होगी तब भी ये लागते लगानी (चुकानी) पड़ेगी अर्थात् स्थिर रहेगी। इसलिए, स्थिर लागतो पर उत्पादन का वृद्धि या कमी का किसी भी प्रकार का प्रभाव नही पड़ेगा।

प्रायः एक कृषक के फार्म पर निम्नलिखित स्थिर लागते आती है जोकि कृषक को एक वर्ष में चुकानी पड़ती है।

1. कृषि भूमि का लगान या मालगुजारी।
2. फार्म, फार्म भवन, मवेशियो, उपकरणो (कृषि यंत्र) और पशुधन के निवेश पर ब्याज।
3. फार्म मशीनो या कृषि यंत्रों की घिसावट।
4. फार्म भवनों, कृषि यंत्रों, उपकरणो औ पशुधन का बीमा।
5. एक वर्ष लगातार कार्य करने वाले मजदूरो की मजदूरी।
6. फार्म पर कार्य करने वाले पारिवारिक सदस्यो के श्रम का मूल्य।
7. फार्म पर कार्य करने वाले पशुधन एवं कृषि उपकरणो की देखरेख का मूल्य।

8. ट्यूबबैल या नहर द्वारा सिंचित क्षेत्रफल पर सिंचाई शुल्क।
9. कृषि फार्म का प्रबंधन पर किया गया खर्च।

कुछ वैज्ञानिको ने निम्नानुसार स्थिर लागतो का परिभाषितित किया है।

मक्कोनल के अनुसार "स्थिर लागते वे लागते है जिनमे उत्पादन में परिवर्तन होने से कोई परिवर्तन नही होता"

रिनोल्ड के अनुसार "स्थिर लागते वे लागते है जिन पर फार्म के उत्पादन का प्रभाव नही पड़ता है वे स्थिर रहती है।"

(2) अस्थिर लागते या परिवर्तनशील लागते (Variable costs)

अस्थिर लागते या परिवर्तनशील लागतो का फार्म उत्पादन से धनात्मक संबंध है, यदि फार्म उत्पादन का स्तर अधिक होगा या फिर फार्म उत्पादन में वृद्धि होने पर अस्थिर लागतों मे भी वृद्धि होगी। उसी प्रकार उत्पादन में कमी होने पर अस्थिर लागतो में भी कमी आयेगी। अर्थात् अधिक फार्म उत्पादन प्राप्त करने हेतु कृषको को अस्थिर साधनो पर अधिक व्यय करना पड़ेगा। परिणामस्वरूप अस्थिर लागतो मे भी वृद्धि होगी। ये लागते उत्पादन के समय मे उत्पादन फार्म में खर्च होते है ये लागते उपयोग के पश्चात् नष्ट हो जाती है या फिर परिवर्तित हो जाती है इसलिये, इसे परिवर्ती या परिवर्तनशील लागते कहते है। अस्थिर लागते तब शून्य होती हे जब फार्म पर कुछ भी उत्पादन नही लिया गया हो अथवा फार्म पर कुछ भी बोया गया न हो।

डी. रास. वॉटसन ने अस्थिर लागतो को अपने शब्दों मे निम्नानुसार परिभाषित किया है। अस्थिर लागते उत्पादन की मात्रा में वृद्धि या कमी होने पर बढ़ते या घटते रहते है। कच्चे माल पर खर्च मजदूरी, मशीनो की मरम्मत, कर आदि मदो का अस्थिर लागतो में सम्मिलित किया जाता है।

एक कृषक के फार्म पर निम्नलिखित परिवर्तनशील लागतो का समावेश होता है।

1. उन्नतशील बीज, खाद, उर्वरक, कीटनाशक दवायें, खरपतवार नियंत्रक दवाये और सिंचाई पर किया गये खर्चे।
2. किराये के मजदूरो की मजदूरी।
3. किराये के कृषि उपकरण, यंत्र व मशीनो का उपयोग पर किया गया खर्च।
4. भवनों, यंत्रो एवं मशीनो की टूट–फूट या मरम्मत पर किया गया खर्च।

5. चालू पूंजी पर ब्याज।
6. अन्य सेवाओं पर किया गया खर्च।
7. बिजली का बिल, पेट्रोल, डीजल पर किया गया व्यय।

कुल लागत अथवा कुल उत्पादन लागत (Total cost or Total Production cost)

कुल उत्पादन लागत के अंतर्गत दोनो लागते अर्थात् स्थिर लागत और अस्थिर लागते आती है, इसलिये, कुल उत्पादन लागत बराबर है।

कुल स्थिर लागत = जमा कुल + अस्थिर लागत
(Total Production Costs = Fixed Costs + Variable Costs)

अधिक राजस्व या नगद लाभ ज्ञात करने के लिय हमे पहले कुल लागत का ज्ञान जरूरी होता है। उसी प्रकार, शुद्ध लाभ प्राप्त करने के लिये, कुल लाभ बराबर है कुल लाभ घटायी कुल लागते। (Net Income = Gross Income – Total costs) फार्म पर प्रति इकाई लाभ प्राप्त करने के लिये, प्रति इकाई लागत निकालना जरूरी होता है तभी वास्तविक प्रति इकाई शुद्ध लाभ प्राप्त किया जा सकता है। फार्म पर किसी भी वस्तु या फसल का उत्पादन करने में स्थिर एवं अस्थिर लागतो का समावेश होता है। यद्यपि फार्म पर निर्णय लेने की दृष्टि से स्थिर लागत और अस्थिर लागतो मे अंतर बहुत महत्वपूर्ण है। जैसे–जैसे उत्पादन में प्रति इकाई वृद्धि होती है वैसे–वैसे प्रति इकाई लागत में कमी होती है। परंतु यह तभी संभव है जब फार्म प्रबंधक द्वारा नई आधुनिक कृषि तकनीकी का प्रयोग किया गया है। यदि फार्म प्रबंधक किसी भी फसल का उत्पादन नहीं करने का निश्चय कर लेता है तो अस्थिर लागते नही आयेगी और यदि वह बड़े या छोटे स्तर पर उत्पादन करने का निश्चय करता है तो उसी अनुपात मे अस्थिर व स्थिर लागते आयेगी। यहॉ पर एक महत्वपूर्ण एक बात यह है कि यदि फार्म प्रबंधक किसी भी प्रकार का उत्पादन न करने का निश्चय कर लेता है या फिर किसी प्राकृतिक आपदाओं के कारण उत्पादन कम मात्रा में या पूरी फसल नष्ट हो जाती है तब भी स्थिर लागते तो आयेगी ही। क्योकि भू–स्वामी होने के कारण उसे भूमि का लगान या मालगुजारी, स्थिर धन पर ब्याज, मशीनो की मरम्मत देखरेख आदि पर खर्च तो करना ही पड़ता है।

वैकल्पिक लागत अथवा अवसर लागत (Alternative cost or Opportunity cost)

सामान्यतः लागत का संबंध उत्पादन से है परंतु लागत निर्भर करती वस्तुओं के या साधनो के मूल्य एवं वस्तुओ की विपणन प्रणाली क्योकि हम जानते है कि किसी भी वस्तुओं का उत्पादन एवं उनके मूल्य एक निश्चित समय काल में अलग–अलग होते है अर्थात् हर समय वस्तुओं के मूल्यो मे परिवर्तन होता रहता है जिससे उत्पादन–लागत में भी अंतर आता है। इसलिये कृषको को चाहिये कि वर्तमान बाजार मूल्य, विपणन प्रणाली एवं साधनों के मूल्यों को ध्यान में रखकर फसल उत्पादन का चयन करना चाहिये। साथ ही साथ वैकल्पिक लागत का भी अवलोकन कर विशेष अतिरिक्त लाभ वाली फसल का चुनाव करना चाहिये। अवसर लागत को निम्नानुसार परिभाषित किया है–

जॉन रॉबिन्स के शब्दों में "अवसर लागत वह मूल्य है जो एक निश्चित उद्योग मे दी हुई साधन इकाई को स्थापित करने में आवश्यक है"

"Apportunity cost is the price which is necessary to retain a given unit of a factor in a certain industry"- John Robinson

डूली के अनुसार "एक विकल्प को त्यागने क लागत को अवसर लागत कहा जाता है।"

"Opportunity cost is the cost of alternatives for gave"- Duolay

बैनहम के अनुसार "वह धनराशि जिसे कोई विशेष इकाई आपके सबसे उत्तम वैकल्पिक प्रयोग द्वारा उपार्जन करती है। अवसर लागत कहलाती है।"

"The amount of money which any particular unit could carv in its best paid alternative use is sometimes called its opportunity cost"- Benhan.

अवसर लागत का महत्व (Importance of Opportunity Cost)

अर्थशास्त्र में अवसर लागत का बहुत महत्व है इसलिये आधुनिक अर्थशास्त्री अवसर लागत के सिद्धांत को दूसरी लागतो की अपेक्षा ज्यादा महत्व देते है क्योकि अवसर लागत मूल्य प्रणाली का केन्द्र बिंदु है एवं अर्थशास्त्र में यह एक महत्वपूर्ण सिद्धांत है इसके निम्नलिखित कारण है।

1. किसी वस्तु का उत्पादन करने के लिये लगाये गये विभिन्न साधनों का अधिक उपयोग करने से वस्तु के उत्पादन मं कितनी लागत लगती है

और कितना परिवर्तन हो सकता है इसका ज्ञान हमें अवसर लागत के सिद्धांत से प्राप्त होता है।

2. उत्पादन में प्रयोग किये गये कोई निश्चित साधन किसी विशेष वस्तु के उत्पादन मं ही क्यो प्रयोग किया गया यह ज्ञान हमें अवसर लागत के सिद्धांत से प्राप्त होता है।
3. उत्पादन के विभिन्न साधनों में से एक निश्चित साधन को कम से कम कितना प्रतिफल प्राप्त होगा यह ज्ञान हमे अवसर लागत के सिद्धांत से ज्ञात हो सकता है।
4. कृषक का मुख्य उद्देश्य उत्पादन लागत को कम करने से है यह तभी संभव है जब उसे पता लग जाय कि कौन–सी लागत को घटाया जाय। कौन–सी लागत को कम या बढाया जाय। जिससे न्यूनतम औसत लागत पर अधिकतम लाभ प्राप्त हो सके। यह ज्ञान हमे अवसर लागत के सिद्धांत को प्राप्त होता है।
5. इसलिये अवसर लागत राष्ट्रीय आय के वितरण का आधार प्रस्तुत करती है।
6. उत्पादन के क्षेत्र में कृषकों का दृष्टिकोण व्यावसायिक हो गया है। अर्थात कृषक उन फसलो का चयन करता है।जिससे कम से कम लागत मे अधिकतम उत्पादन एवं लाभ प्राप्त हो सके। इसलिये कृषक सोच समझकर उन्ही फसलो का उत्पादन एवं साधनो का चयन करता है जिससे परिणामस्वरूप अधिकतम शुद्ध लाभ प्राप्त हो सके। इन सबका ज्ञान हेमें अवसर लागत क सिद्धांत से ही प्राप्त हो सकता है। इसलिये कृषि के क्षेत्र में अवसर लागत का बहुत ज्यादा महत्व है।

अवसर लागत की विशेषतायें (Characterstics of Opportunity Cost)

अर्थशास्त्रियों के दृष्टिकोण से कृषि के क्षेत्र में बहुतसारी विशेषताये निम्नानुसार है।

1. अवसर लागते मौद्रिक लागते होती है।
2. अवसर लागत मं अन्य लागतो का भी समावेश होता है।
3. अवसर लागत के सिद्धांत की धारणा सभी उत्पत्ति के साधनो पर लागू होती है।

वास्तविक लागत एवं द्रव्य लागत (Real Cost and Money Cost)

प्रत्येक कृषक की रूचि उत्पादन लागत में रहती है। कृषक लागत को कम करके अधिकतम लाभ प्राप्त करना चाहता है। चाहे वह प्रत्यक्ष या अप्रत्यक्ष लागत हो कम करना चाहता है। यद्यपि यह कुशल फार्म प्रबंध योजना पर निर्भर करती है। वास्तविक लागत का यहॉ अभिप्राय यह है कि किसी वस्तु या फसल उत्पादन को लगाये गये या उपयोग में लाये गये साधन की वास्तविक लागत से अभिप्राय उन साधनों तथा प्रतिक्षा से है जो उत्पादन क्रिया में उस साधन का विशेष प्रयोग करने से है। अलफ्रेड मार्शल ने अपने शब्दों मे वास्तविक लागत को निम्नानुसार परिभाषित किया है। ''वास्तविक लागत श्रम के विभिन्न प्रकार के उद्यमों को नापती है जो प्रत्यक्ष अथवा अप्रत्यक्ष रूप से किये गये त्याग अथवा उत्पादन के लिये पूॅजी की बचत के लिये की गई प्रतिक्षा के लिये किये गये हो।''

"The exertions of all the different kinds of labour that are directly or indirectly involved in making it together with the obstinences or rather the waiting required for saving the capital used in making it" All these afforts and sacrifices together will be called the reat cost of production of commodity.- Alfrod marhall.

वास्तविक लागत में दोनो प्रत्यक्ष एवं अप्रत्यक्ष लागतो का समावेश होता है। परंतु आधुनिक अर्थशास्त्री इस लागत का (वास्तविक) प्रयोग बहुत कम करते है वह हमेशा द्रव्य लागत (Money cost) शब्द का प्रयोग करते है द्रव्य लागत का अर्थ यह है कि, कृषक द्वारा किसी वस्तु या फसल का उत्पादन करने के लिये लगाये गये साधनो पर किया संपूर्ण खर्च का समावेश द्रव्य लागत के अंतर्गत होता है।

लागत के विभिन्न तत्व (Elements of differenct cost)

यद्यपि कुल उत्पादन लागत मुख्यतः दो लागतो में विभक्त किया गया (1) स्थिर लागत एवं अस्थिर लागत परंतु इसके अलावा प्रत्यक्ष या अप्रत्यक्ष रूप से अनेक लागतो का विचार उत्पादन से प्रापत किया जा सकता है। जिसका उपयोग अर्थशास्त्री आर्थिक विश्लेषण के लिये करते है।

विभिन्न प्रकार की लागते निम्नानुसार है और इन लागतो का आपस में क्या संबंध है इसे सारणी द्वारा दर्शाया जा सकता है।

(1) कुल लागत (Total Cost) TC

(2) कुल स्थिर लागत (Total Fixed Cost) TFC

(3) औसत स्थिर लागत (Average Fixed Cost) AFC
(4) कुल अस्थिर लागत (Total Variable Cost) TVC
(5) औसत कुल स्थिर लागत (Average Variable Cost) AVC
(6) औसत अस्थिर लागत (Average Variable Cost) AVC
(7) सीमांत लागत (Marginal Cost) MC

उपरोक्त विभिन्न लागतो को सारणी द्वारा उनका आपस में क्या संबंध दर्शाया गया है एवं संक्षिप्त मे एक–एक लागत का उल्लेख निम्नानुसार है।

(1) कुल लागत (Total Cost) TC

कुल लागत उत्पादन लागत का यह है कि इसके अंतर्गत कुल स्थिर एवं कुल अस्थिर लागत का समावेश होता है अर्थात् कुल स्थिर लागत और कुल अस्थिर लागत का जोड कुल उत्पादन लागत कहलाती है। फार्गूसन के शब्दों मे कुल लागत यह मुद्रा की वह मात्रा है जो वस्तु के उत्पादन के लिये आवश्यक सब सेवाओं और साधनों की लागत के रूप मे दी जाती है। किसी वस्तु या फसल के उत्पादन पर जो कुल द्रव्य व्यय किया जाता है उसे वस्तु की कुल लागत कहते है। इसका मूल्य निर्धारण में महत्वपूर्ण योगदान ह। इसे निम्न प्रकार से दर्शाया जा सकता है।

$$TC = TFC + TVC$$

कुल लागत = कुल स्थिर लागत + कुल अस्थिर लागत

(2) कुल स्थिर लागत (Total Fixed Cost) TFC

सभी अस्थिर साधनो पर किया संपूर्ण खर्च कुल स्थिर लागत कहलाती है। उत्पादन हो या न हो परंतु कृषको को अस्थिर लागत देनी ही होती है।

विभिन्न लागत तत्वों का आपस में संबंध

Units of output	Total variable cost (Rs)	Total fixe cost (Rs)	Total Cost (Rs)	Average cost (Rs.)	Average fixed cost (Rs.)	Average total cost	Marginal cost (Rs.)
(Y)	(TVC)	(TFC)	(TC)	(AVC)	(AFC)	(ATC)	(MC)
उत्पादन की इकाईयॉ	कुल अस्थिर लागत	कुल स्थिर लागत	कुल लागत	औसत अस्थिर लागत	औसत स्थिर लागत	औसत कुल लागत	सीमांत लागत
0	0	60	60	0	-	-	-
1	18	60	78	18.0	60	78.0	8.00
2	25	60	85	12.5	30	42.5	7.00
3	31	60	91	10.3	20	30.3	6.00
4	36	60	96	9.0	15	24.0	5.00
5	41	60	101	8.2	12	20.2	5.00
6	47	60	107	7.8	10	17.8	6.00
7	55	60	115	7.8	8.6	16.4	7.00
8	62	60	122	7.7	7.5	15.2	8.00
9	71	60	131	7.8	6.7	14.5	9.00
10	84	60	144	8.4	6.0	14.4	13.00

(3) औसत स्थिर लागत (Average Fixed Cost) AFC

वस्तुओं या फसलों का उत्पादन करने के लिये प्रयोग किये गये सभी साधनो की स्थिर लागतों को संबंधित उत्पादन की कुल इकाइयों से भाग देने पर औसत स्थिर लागत प्राप्त की जाती है।

औसत स्थिर लागत	=	कुल स्थिर लागत	
		संबंधित उत्पादन की कुल इकाइयॉ	
Average Fixed cost	=	Total Fixed cost	
		Total No. of units of farm output produced	
AFC	=	TFC	
		Y	

यहॉ पर Y = उत्पादन की कुल झाकईयॉ

(4) कुल अस्थिर लागत (Total Variable Cost) TVC

इसके अंतर्गत उन सभी साधनो का समावेश होता है जो कम समय के लिये प्रयोग किये जाते है, परिणामस्वरूप उत्पादन में परिवर्तित होते है।

(5) औसत अस्थिर लागत (Average Variable Cost) AVC

इसे ज्ञात करने के लिये किसी वस्तु या फसल उत्पादन में प्रयुक्त की गयी कुल अस्थिर लागत को उत्पादित इकाइयों की कुल संख्या से भाग दिया जाता है।

औसत अस्थिर लागत	=	कुल अस्थिर लागत	
		कुल उत्पादन की इकाइयाँ	
Average variable cost	=	Total Variable cost	
		Total No. of units of farm output produced	
AVC	=	TVC	
		Y	

एक निश्चित बिंदु तक औसत अस्थिर लागत गिरती है, इसके पश्चात बढ़ते क्रम में 3 पर उठने लगती है। क्योकि कुल उत्पादन एक सीमा तक ही बढ़ती है, परिणाम स्वरूप, अस्थिर लागत घटने की प्रवृत्ति रखती है और उसके पश्चात बढ़ने लगती है।

(6) औसत कुल लागत (Average Total Cost) ATC

औसत कुल लागत को ज्ञात करने के लिये किसी वस्तु या फसल की कुल लागत को उत्पदित इकाइयों की संख्या से भाग दिया जाता है।

औसत स्थिर लागत	=	कुल लागत					
		कुल उत्पादन वस्तु की इकाइयाँ					
Average Total cost	=	Total cost					
		Total No. of units of farm produced					
ATC	=	TC	, TC= TVC + TCF, ATC =				TVC + TFC
		Y					Y
			ATC =	TVC	+	TFC	; = AVC + AFC
				Y		Y	

(7) सीमांत लागत (Marginal Cost) MC

किसी वस्तु या फसल उत्पादन की प्रक्रिया में सीमांत लागत या फिर अतिरिक्त लागत का बहुत महत्व है। किसी वस्तु की एक अतिरिक्त इकाई का उत्पादन करने से कुल लागत में वृद्धि होती है। उसे सीमांत लागत कहते है। अर्थशास्त्र सीमांत शब्द का बहुत अधिक महत्व है। इसका कारण यह है कि, हमें ज्ञात होता है कि एक अतिरिक्त इकाई का प्रयोग करने पर कितनी उत्पादित इकाईयों में बढ़ोत्तरी होतीी है। कुछ अर्थशास्त्रियों ने इसे निम्नानुसार परिभाषित किया है।

सैम्यूलसन के विचार मे, "सीमांत लागत शब्द का प्रयोग कुल लागत में होने वाली उस वृद्धि के लिये किया जाता है जो उस वस्तु की एक इकाई अधिक उत्पन्न करने के कारण होती है"

रिनोल्डस के शब्दों मे "किसी वस्तु की एक और इकाई उत्पादित करने से कुल लागत में जो अंतर आता है, उसे सीमांत लागत कहते है।"

"The cost of production of one additional unit of production is known as marginal cost of that unit" – Renolds

इसे निम्न सूत्र द्वारा लिख सकते है।

सीमांत लागत	=	प्रयुक्त किये गये अंतिम साधन इकाई की लागत	
		उत्पादित अंतिम इकाई की लागत	
Marginal cost	=	Cost of cost unit of input	
		Cost of cost unit of additional produced unit	
MC	=	ΔTC	यहाँ पर ΔTC = अतिरिक्त लागत में वृद्धि
		ΔY	ΔTC = अतिरिक्त उत्पादित वस्तु की इकाई में वृद्धि

इस परिस्थिति में सीमांत स्थिर लागत हमेशा शून्य रहती है, क्योकि सीमांत लागतो का स्थिर लागतों से कोई संबंध नहीं होता, सीमांत लागतो का संबंध मात्र अस्थिर लागत अथवा परिवर्तनशील लागतों से होता है। इसका कारण यह है कि अधिक मात्रा में उत्पादन करने में स्थिर लागते न बढ़ती है और न घटती है वह स्थिर होती है। सीमांत लागत तथा सीमांत आय के बराबर होने पर ही उत्पादक

को फायदा होता है। सीमांत लागत कृषक को उत्पादन संबंधी निर्णय लेने मे मदद करता है कि किसी वस्तु का उत्पादन लगातार लेना है अथवा नहीं।

सीमांत लागत की विशेषतायें (Characteristics of Marginal Cost) MC

कुल लागत में एक अतिरिक्त लागत इकाई की मात्रा में वृद्धि करने पर कुल उत्पादन में अतिरिक्त उत्पादन वृद्धि होती है यह वृद्धि मात्र एक अतिरिक्त इकाई मात्रा में वृद्धि करने के कारण होती है। यह वृद्धि बढ़ते या घटते क्रम मे हो सकती है।

जब कुल उत्पादन में वृद्धि होती हो अर्थात सभी परिवर्तनशील साधनों का भरपूर उपयोग हो रहा है, जिससे सीमांत लागत घटते क्रम मे रहती है। परंतु कुछ समय पश्चात जब परिवर्तनशील साधनो का उपयोग कम हो रहा हो, तब मात्र सीमांत लागत बढ़ते क्रम में होती है। जिस प्रकार से सीमांत लागत का संबंध सीमांत उत्पादन से होता है उसी प्रकार औसत अस्थिर लागत का संबंध औसत उत्पादन से होता है इसे हमे निम्नानुसार बीजगणितीय रूप में समझ सकते है।

हम जानते है कि,

$$MC = \frac{\Delta TC}{\Delta Y}$$

अर्थात,

$$MC = \frac{\Delta Cost}{\Delta Y}$$

परंतु,

$$\Delta Cost = Px\ \Delta x$$

चूंकि

$$MC = Px \frac{\Delta TC}{\Delta Y}$$

अथवा,

$$MC = \frac{Px}{\Delta Y / \Delta X}$$

परंतु, हम जानते है कि, X = साधन की इकाई मात्रा

$\Delta Y/\Delta X = MP$ X = अतिरिक्त इकाई मात्रा

इसलिये, X = X का प्रति इकाई मूल्य

MP = सीमांत उत्पादन

$$MC = \frac{Px}{MP}$$

सीमांत लागत एवं सीमांत उत्पादन का संबंध (Relationship between MC and MP)

सीमांत उत्पादित द्वारा नियम में हमने देखा कि जैसे–जैसे साधन इकाई की मात्रा मे वृद्धि की जाती है वैसे–वैसे उत्पादन में प्रथम बढ़ते क्रम में, बढ़ते परंतु घटते क्रम में वृद्धि होती है। पश्चात घटते क्रम मे होती है।

परंतु सीमांत लागत एवं सीमांत उत्पादन का आपस में विपरीत संबंध दर्शाता है। जो निम्नानुसार है।

1. जब सीमांत उत्पादन अधिकतम होता है तब सीमांत लागत सबसे कम होती है।
2. जब सीमांत उत्पादन बढ़ते क्रम मे होता है तब सीमांत लागत घटते क्रम मे होती है।
3. जब सीमांत उत्पादन घटते क्रम मे हो तब सीमांत लागत बढ़ते क्रम मे रहता है।

आय–व्यय का ब्यौरा एवं विभिन्न लागते (Cost profit analysisand different cost)

प्रत्येक कृषक को चाहिये कि उसके खेत पर होने वाली वर्षभर की कृषि प्रणाली उसे ज्ञात होना चाहिये जिससे उसे वर्षभर किया गया आय–व्यय का लेखा–जोखा ज्ञात हो सके परिणामस्वरूप भविष्य में अधिक लाभ हेतु सुचारू रूप से कृषि योजना बनाई जा सके। इसके लिये जरूरी है कि विभिन्न लागतों की सहायता से प्रत्येक फसल का प्रति रूपया निवेश पर वापसी अर्थात आय–व्यय का अधिक ब्यौरा मालूम होना चाहिये। फार्म पर उत्पन्न होने वाली उपज को कौन–कौन–सी लागतो का प्रयोग किया जाता है। उन लागतो का विवरण निम्नानुसार है। किसी भी फसल का आय–व्यय को ब्यौरा प्रति इकाई आने की प्रति एकड़ या प्रति हेक्टर ज्ञात किया जाता है। परिणामस्वरूप हमे ज्ञात होता है कि प्रति क्विंटल उत्पादन लागत कितनी है यदि यह लागत समर्थन मूल्य से कम है तो हमे लाभ हो रहा

है। इसके विपरीत यदि लागत समर्थन मूल्य से ज्यादा है तो हमे नुकसान हो रहा है इस परिस्थिति में हमे उत्पादन नही करना चाहिये।

इसलिये, प्रत्येक कृषक को चाहिये कि वह फसल की प्रति हेक्टर लागत प्राप्त करने हेतु विभिन्न प्रकार की व्यय या खर्चे का लेखा–जोखा रखे। प्रत्येक व्यय या खर्चे विस्तृत तरीके से निम्नानुसार परिभाषित करेगे।

(1) लागत A_1

इस लागत के अंतर्गत वे सभी खर्चे या व्यय आते है जो कृषक नगद या वस्तु के रूप में प्रत्यक्ष या अप्रत्यक्ष रूप से खर्चे करता है। ये खर्चे निम्नलिखित है।

1. सभी प्रकार के श्रमिकों की मजदूरी का खर्च।
2. खाद व उर्वरको की लागत खर्च।
3. फसल बोआई के लिये प्रयोग किये गये बीजो की लागत।
4. कीटनाशक व खरपतवार नियंत्रक दवाईयो की लागत।
5. सिंचाई पर किया गया खर्च।
6. बैलो, भैसो, ऊंटो इत्यादि के ऊपर भार वाहन हेतु किया गया खर्च।
7. चल पूॅजी का ब्याज।
8. स्वंय की संचालित पूॅजी पर ब्याज।
9. फार्म भवनो, मशीनों, सिंचाई के साधनों व उपकरण की घिसावट क लागत और टूट–फूट मरम्मत पर किया गया खर्च।
10. लगान या मालगुजारी का खर्च।

(2) लागत A_2

लागत A_2 मे लागत A_1 को जोडने पर जो लागत आती है वह लागत A_2 कहलाती है। मात्र लागत A_2 मे लगान पर हुई भूमि का लगान शामिल होता है अतः लागत A_2 को निम्न प्रकार से व्यक्त करते है।

लागत A_2 = लागत A_1 + लगान पर हुई भूमि की लगान
लागत B_1 = लागत A_1 + स्वंय की पूॅजी पर व्याज राशि
लागत B_2 = लागत B_1 + वटाई पर दी गई भूमि की लगान
लागत C_1 = लागत B_1 + पारिवारिक श्रम की लागत
लागत C_2 = लागत B_2 + पारविारिक श्रम की लागत

उपरोक्त लगात की संरचना डा. एस. आर. सेन की अध्यक्षतता वाली विशेष समिति ने की है।

आय–व्यय ब्यौरे का महत्व

किसानों का उद्देश्य प्रक्षेत्र पर किये जाने वाले किसी एक उद्यम से अधिकतम लाभ प्राप्त करना न होकर, फार्म पर लिए जाने वाले सभी उद्यमो से अधिकतम लाभ प्राप्त करना होता है, उपर्युक्त महत्वपूर्ण उद्देश्य की प्राप्ति के लिए प्रक्षेत्र पर विवेकपूर्ण ढंग से निर्णय लिये जाने चाहिए। किसी भी निर्णय के गलत होने पर प्रक्षेत्र से प्राप्त कुल लाभ की मात्रा कम हो जाती है। फार्म से निरंतर अधिकतम लाभ की प्राप्ती के उद्देश्य के लिये आय–व्यय ब्यौरे के महत्व को समझना जरूरी है।

1. विभिन्न उद्यमों की प्रति इकाई उत्पादन लागत का अध्ययन करना।
2. फसल उत्पादन की उत्तम विधि का चुनाव करना।
3. विभिन्न उद्यमों से प्राप्त लाभ का तुलनात्मक अध्ययन करना।
4. उत्पादन मे उपयोग होने वाले साधनो की कार्य क्षमता बनाये रखना।
5. तकनीकी ज्ञान का प्रक्षेत्र व्यवसाय एवं उत्पादन पर प्रभाव देखा जाता है।
6. उत्पादन साधनो का भूमि उपयोग का मूल्यांकन करने में आय–व्यय ब्यौरे सहायक होता है।
7. प्रक्षेत्र–व्यवसाय की कार्य क्षमता मे वृद्धि के उपाय भी आय–व्यय ब्यौरे के विश्लेषण द्वारा ज्ञात कर सकते है।

अनुलाभ लागत अनुपात (Benefit cost ratio)

किसी विकल्प से भविष्य में होने वाली अनुमानित आय की वर्तमान कीमत और भविष्य की अनुमानित लागतो की वर्तमान कीमत का अनुपात होता है।

अध्याय 5

कृषि प्रणाली
(System of Farming)

"मैं सामूहिक खेती से सहमत नहीं हूॅ परन्तु मेरा सहकारिता में अडिंग विश्वास हैं। मैं दृढ़ता और पूर्णता के साथ संयुक्त के औचित्य में यकीन रखता हूॅ मैं एक किसान से दूसरे किसान के पास एक खेत से दूसरे खेत जाकर लोगो से अनुरोध करूॅगा कि वे सहकारी/सयुंक्त खेती को अपना लें अगर वह सहमत नहीं होते है। तो इस तरीके को लागू नहीं किया जा सकता है, इस हेतु राजी जो उन्हें स्वयं ही होना है।

– प. जवाहरलाल नेहरू

भारत प्राचीन काल से एक कृषि प्रधान देश रहा हैं हमारे देश में तीन ऋतुओं में विभिन्न प्रकार की फसलों का उत्पादन होता गया है। आज भी देश की 70 प्रतिशत जनसंख्या कृषि पर आधारित है। किसान और भूमिहीन किसान आज भी कृषि को ही अपनी जीविका का आधार मानतें है। परंतु उस समय हमारी कृषि पद्धति बहुत पिछड़ी हुई थी। आज भी पश्चमी देशों की तुलना में भारतीय कृषि बहुत पिछड़ी हुई है। अन्य देशों की अपेक्षा प्रति इकाई उपज बहुत कम है। इसका कारण पुरानी कृषि प्रणाली का पूर्ण परित्याग अभी भी नहीं किया गया। परंतु आज वर्तमान में व्यापक रूप से कृषि को एक व्यावसायिक दृष्टिकोण से अपनाया जाने लगा है। कृषि एक बहुत बड़ा उद्योग है। जिसमें उत्पादन से संबंधित सभी

आधुनिक दृष्टिकोण अपनाये जाने लगे हैं। हमार यहाँ कृषि प्रणालियाँ अपनाई जाती है। इन प्रणालियों का अध्ययन करने से पहले उसका अर्थ समझना जरूरी है।

कृषि प्रणाली का अर्थ एवं परिभाषा (Meaning and Definition of system of farming)

यहाँ पर कृषि प्रणाली का अर्थ सामान्यतः कृषि में फसल उत्पादन पद्धति या कृषि में अपनायी जाने वाली विधि तथा भू–स्वामित्व से है। सामान्यतः चार प्रकार की कृषि प्रणालियाँ प्रचलित हैं।

(1) सामूहिक कृषि (Collective farming)
(2) सहकारी कृषि (Co-operative farming)
(3) राज्य कृषि (State farming)
(4) व्यक्तिगत कृषि (Individual farming)
(5) अनुबन्धित कृषि (Contract farming)

कृषि प्रणाली को विभिन्न परिभाषाओं द्वारा समझा जा सकता है जो निम्नानुसार हैं।

डा. सत्येन्द्र शर्मा के शब्दों में, ''किसी प्रक्षेत्र पर उत्पादन की विधियाँ अथवा रीतियाँ/पद्धतियाँ एक महत्वपूर्ण कार्य हैं'' अर्थात उत्पादन के विभिन्न साधनों के संयोजन की कला तथा आधुनिक तकनीकें अपनायी जाती हैं, कृषि प्रणाली कहते हैं

जँनसन के विचार अनुसार ''एक दिए हुए प्रक्षेत्र पर' उत्पादित वस्तुओं के संयोजन तथा उसके उत्पादन की विधियों तथा रीतियों को, जो अपनायी जाती हैं, कृषि प्रणाली कहते हैं।

डा. मिश्रा, बी. एल. के अनुसार, ''कृषि व्यवसाय में भूमि स्वामित्व एवं आय को विभिन्न कार्यकर्ताओं में बाटना एक प्रमुख समस्या है। किसी विशेष प्रक्षेत्र के नामकरण के लिये कृषि प्रणाली का प्रयोग करते हैं''

रोस के अनुसार, ''बेची जाने वाली मुख्य उपज व्यवहारिक आधा है जिसकी सहायता से वैयक्तिक प्रक्षेत्रों को विभिन्न कृषि प्रणालियों में वर्गीकृत किया जा सकता है। उपरोक्त वैज्ञानिक के विचारों के आधार पर हम यह कह सकते हैं कि ''कृषि के व्यवसाय में उत्पादन बढ़ाने हेतु अपनायी गयी विभिन्न पद्धतियों/रीतियों अथवा तकनीकों को कृषि प्रणाली कहते हैं।''

(1) सामूहिक कृषि (Collective Farming)

रूस में इसी प्रकार की कृषि का प्रचलन है। रूस में इसे कोलकोज के नाम से पुकारा जाता है। इस प्रकार की कृषि प्रणाली में कार्य संचालन के लिए सभी किसान एक समिति गठित करतें हैं। उस क्षेत्र के सभी किसान आवश्यक रूप से समिति की सदस्यता स्वीकार करते हैं कोई भी उसे अस्वीकार नहीं कर सकता समिति का संचालन सुचारू रूप से चलाने हेतु समिति के पदाधिकायिों द्वारा ही समस्त कार्य सम्पन्न किये जाते हैं। सामूहिक खेती में खेतों का बढ़ा रूप होता है। जिस पर किसी भी सामूहिक खेती में समस्त किसान का व्यक्तिगत स्वामित्व अधिकार समाप्त हो जाता है। खेतों पर सम्पूर्ण स्वामित्व समिति का होता है। सामूहिक खेती में समस्त किसान अपने–अपने खेतों की सीमाऐं समाप्त करके बड़े–बड़े खेतों का निर्माण कर लेते है। और उन पर संयुक्त रूप से खेती करतें है। इसमें वितरण की व्यवस्था श्रम के आधार पर निर्भर रहती है, न कि भू–सम्पत्ति, पशुधन तथा अन्य आधारों के अनुसार श्रम की इकाईयों के आधार पर ही लोगों को बीज उपज का वितरण किया जाता है। सोवियत रूस में इस प्रणाली नें आश्चर्यजनक प्रगति दिखाई है। भारत में इस प्रणाली का उचित नहीं ठहराया जा सकता, क्योकि भारतीय किसान व्यक्तिगत स्वामित्व को छोड़ना पसंद नहीं करेगें।

सामूहिक कृषि के लाभ (Advantage of Collective farming)

1. इस प्रणाली में बीज, खाद, उर्वरक आदि आवश्यक वस्तुयें खरीदने, यंत्रों का दक्षतापूर्वक उपयोग करने, सिंचाई की सुविधाओं की व्यवस्था करने, पूँजी का आवश्यकतानुसार उपयोग करने एवं उपज के विपणन करने की सही व्यवस्था संचालन समिति देखभाल में की जा सकती है।
2. किसानों में पारस्परिक आत्मविश्वास, सहयोग तथा संगठन की भावना में वृद्धि होती है।
3. सभी कार्य मशीनों कृषि यंत्रों द्वारा होते हैं, जिससे प्रक्षेत्र प्रवन्ध में सुविधा होती है।
4. विभिन्न प्रकार के कृषि उद्यम अपनाये जा सकते है, जिससे आय में वृद्धि होती है।
5. आधुनिक कृषि तकनीकी अपनायी जा सकती है, जिससे उत्पादन में वृद्धि की संभावना बढ़ जाती है।

6. फसलों की बीमारियों तथा कीड़ों के आक्रमण से बचाव आसानी से किया जा सकता है।
7. भंडारण की सुविधा उपलब्ध की जा सकती हें तथा उपज को उचित मूल्य पर बेचा जा सकता है।
8. विपणन एवं क्रियान्वयन की सभी सुविधाएॅ आसानी से प्राप्त हो जाती हैं।
9. साधनों का एवं उद्यमों का उत्तम संयोजन कर लागत में कमी की जा सकती है।
10. सामूहिक खेती माध्यम से कृषि विस्तार एवं सुधार संबंधी कार्य कर सकतें है।

सामूहिक कृषि से हानियाॅ (DisAdvantage of Collective farming)

1. इस प्रकार की कृषि प्रणाली में पूॅजी की अधिक आवश्यकता होती है।
2. मशीनों एवं यंत्रों के उपयोग के कारण बेरोजगार की संख्या में वृद्धि होती है।
3. यंत्रींकरण के कारण कुशल श्रमिकों की आवश्यकता होती है।
4. समिति के सदस्यों की व्यक्तिगत दिलचस्पी रहती है, क्योंकि भूमि पर स्वामित्व नहीं रहता है।
5. सामूहिक खेती में प्रक्षेत्र प्रंबध करने में कठिनाईयों होती है। क्योंकि खेती का आकार अधिक बड़ा रहता है।

इन सब कारणों से भारत में यह कृषि प्रणाली संभव नहीं है क्योंकि किसानों को अपनी भूमि, सम्पत्ति एवं प्रबंधन से विशेष लगाव है तथा सम्मान **(status)** प्रतीक भी मानते हें

(2) सहकारी कृषि (Co-operative Farming)

सामूहिक खेती की तरह सहकारी खेती भी भारतीय किसानों को स्वीकार नहीं है। व्यक्तिगत कृषि प्रणाली को छोड़कर अन्य किसी भी प्रणाली को भारतीय किसानों के लिये उपयुक्त नहीं है परंतु व्यक्तिगत कृषि प्रणाली में अनेक दोष हैं जिसका फसल उत्पादन पर ही नहीं बल्कि देश की आर्थिक विकास दर पर भी प्रतिकूल प्रभाव पड़ता है। सामूहिक खेती भारतीय किसानों के लिये अनुकूल नहीं है परिणामस्वरूप अब हमारा ध्यान सहकारी खेती की ओर जाता है। अब हम सहकारी कृषि का विस्तृत अध्ययन करेंगे।

सहकारी कृषि का अर्थ एवं परिभाषा (Meaning and Defination Co-operative Farming)

साधारण बोलचाल की भाषा में सहकारी का अर्थ यह होता है कि आपस में मिला–जुला, स्व–खुशी से कोई भी कार्य सम्पन्न करना। सहकारी कृषि को विभिन्न अर्थों में प्रयुक्त किया जाता है। जिसका कारण यह है कि विभिन्न देशों में सहकारी कृषि के विभिन्न रूप अपनाये गये है। सामूहिक एवं सहकारी खेती में मुख्य अंतर मात्र भू–स्वामित्व का है। सहकारी खेती में किसानों का मालिकाना हक बना रहता है। किंतु खेती सामूहिक रूप से की जाती है। योजना आयोग के मतानुसार भूमि एकत्रीकरण और संयुक्त प्रबंध तीन प्रकार से किया जा सकता है।

1. कृषि भूमि पर किसानों का मालिकाना हक होता है, पंरतु कुल भूमि का प्रबंध एक इकाई के रूप में किया जाता है। व्यक्तिगत भू–स्वामियों को उनकी भूमि के प्रतिफल में स्वामित्व का लाभांश प्रदान किया जाता है।
2. भूमि का मालिाकाना हक पूर्णरूप से सहकारी समितियों को सौंप दिया जावें और भूमि मालिकों भूमि के मूल्य के बराबर हिस्से प्रदान कर दिये जावें।
3. सहकारी समितियॉ भू–स्वामियों की/किसानों की खेती योग्य भूमि के पट्‌ट को लगान पर प्राप्त कर सकते है।

परिभाषा (Defination)

योजना आयोग (Planning commission) के अनुसार, सहकारी कृषि एक ऐसा प्रबन्ध हैं, जिसमें भूमि का एकत्रीकरण और संयुक्त प्रबंध है।

भारतीय कृषि अनुसंधान परिषद के अनुसार कृषि वह व्यवस्था है, जिसमें प्रत्येक कृषक का अपनी भूमि पर पूर्ण रूप से स्वामित्व होता है,किंतु खेती सामूहिक रूप से की जाती है।

ड़ॉ ओटो शिलर के शब्दों में सामान्यतः सहकारी खेती शब्द का प्रयोग प्रायः ऐसी खेती की प्रबंध व्यवस्था के लिये किया जाता है, जिसके अतंर्गत भूमि पर संयुक्त रूप से खेती की जाती है।

भारतीय कृषि अर्थशास्त्र समिति के मतानुसार, सहकारी खेती यह एक ऐसा तत्व है जहॉ कृषक भू–स्वामित्व बनाये रखता है।

“Co-operative farming necessarily implies pooling of land and joint management"-Planning commission

"Co-operative farming is a committee where farmer having individual ownership they were cultivate join together" - ICAR

"In modern literature, generally co-operative farming is understood as a farm management in which land is used jointly" - Dr. Otto schiler.

"It is an essential element of co-operative farming that its constituent members agree to surrender their individual right and capacity to take major decisions in respect of farming enterprise to a common body constituted by them and accept its decision.' – Indian society of Agriculatural Economics,

सहकारी कृषि के रूप (Forms of co-opeative farming)

सहकारी नियोजन समिति ने सहकारी कृषि को मुख्यतः चार भागों में विभक्त किया है जो निम्नानुसार है–

1. सहकारी सयुंक्त कृषि (Co-opeative Joint farming)

सहकारी सयुंक्त कृषि प्रणाली में कृषक स्वतंत्र रूप से सामूहिक खेती करते हैं, किन्तु प्रत्येक किसान सदस्य का अपनी भूमि पर भू–स्वामित्व बना रहता है,इस प्रकार की कृषि प्रणाली में कृषक अपनी इच्छा से उनकी जोतों (Land holding) को मिलाकर एक बड़ी जोत या खेत तैयार करते है। प्रत्येक कृषक सदस्यता स्वेच्छा से एव मिल–जुलकर सयुंक्त रूप से कृषि कार्य करतें हैं। इनमें प्रायः अधिकांश कृषि कार्यो में आपस के सहयोग से भाग लेते हैं। कृषि कार्य के एवज में कृषक सदस्यों को श्रम के बदले पारितोशिक दिया जाता है और भूमि पर उनमें स्वामित्व के बदले लाभांश का हिस्सा दिया जाता है, परंतु जो कृषक प्रक्षेत्र पर कार्य नहीं करते उन्हें, उनकी भूमि पर भू–स्वामित्व के बदले लाभांश में ही हिस्सा दिया जाता है अर्थात समिति के सदस्य भू–स्वामित्व तथा अपने श्रम के बदले पुरूस्कार प्राप्त करते हैं। सहकारी संयुक्त कृषि की नीति निर्धारण तथा प्रबंधको के चुनाव में सभी कृषक सदस्यों का समान महत्व होता है।

2. सहकारी सामूहिक कृषि (Co-opeative collective farming)

इस प्रणाली के अतंर्गत भूमि जोतो पर सहकारी समिति का स्वामित्व होता है तथा उसकी देखरेख एवं उत्पादन का दायित्व समिति का होता है। समिति पट्टे पर भूमि प्राप्त कर समिति सदस्यों को श्रमिकों की तरह कृषि कार्य करवाती है। एवं कृषि से प्राप्त लाभ को सदस्यों के बीच किए गए श्रम के अनुसार बाटा जाता है। इस में निजी स्वामित्व स्वतः समाप्त हो जाता है। सम्पूर्ण अधिकार एवं भूमि

का उपयोग एवं भूमि का उपयोग एक इकाई के रूप में किया जाता है जिसकी व्यवस्था समिति के चुने गए सदस्यों द्वारा किया जाता है समिति के सुचारू रूप से संचालन हेतु योग्य व्यक्तियों का चुनाव करती है।

समिति फसल बुआई से लेकर कटाई ऋण व्यवस्था, विपणन, सिचाई तथा आवश्यक वस्तुओं की पूर्ति करने के साथ–साथ अन्य सेवायें जैसे शिक्षा, चिकित्सा सुविधा एवं मनोरंजन की व्यवस्था भी करती है। इस प्रणाली में कृषि योग्य भूमि का आकार बड़ा होता है, जिसमें कृषि कार्य हेतु आधूनिक यत्रों, मशीनों का उपयोग किया जाता है, परिणामस्वरूप उत्पादन में वृद्धि होती है। परंतु बिड़वंना यह है कि भारतीय कृषक अपने स्वामित्व को खोना नहीं चाहता वह अपने भूमि से प्रेम करता है, इसी कारणवश यह प्रणाली भारत के लिये उपयुक्त नहीं कही जा सकती है।

3. सहकारी उन्नत कृषि (Co-opeative better farming)

इस प्रकार की कृषि भूमि में किसानों का भूमि पर स्वामित्व एवं उसका प्रबंध दोनों ही अधिकार प्राप्त होते हैं। कृषक सहकारिता के आधार पर स्वंय ही सहकारी समिति का गठन करते हैं एवं उसकी व्यवस्था के लिये कुशल कार्यकर्ताओं का चयन करती है। यहॉ पर सहकारी समिति का गठन मुख्यतः इसलिये किया जाता है कि किसानों को कृषि उन्नति के लिये एवं नई कृषि तकनीकी विधियॉ अपनाने के लिये सुविधा मिल सके समिति सभी कृषक सदस्यों को उन्नत शील बीज, खाद, उर्वरक, सिंचाई के साधन, यंत्र व मशीनों के साथ–साथ फसलों की बीमारी एवं कीटनाशक दवाईयों आदि संसाधनों की व्यवस्था करती है। साथ ही यह कृषि उपज के विपणन और भंड़ारण की संयुक्त व्यवस्था करती है। समिति को अधिक पूँजी की आवश्यकता पड़ने पर कृषि ऋण का भी प्रबंध करती है। इस प्रकार की सभी सुविधायें प्राप्त करने हेतु सभी सदस्य समिति को उनका खर्च प्रदान करते हैं और समिति का जो कुछ लाभ प्राप्त होता है, उसे वर्ष के अंत में समिति सदस्यों के बीच वितरित किया जाता है। समिति केवल उन सुविधाओं को उपलब्ध कराती है जिनसे संसाधन उचित दर पर मिलें और उपज में वृद्धि एवं विपणन व्यवस्था में सुधार हो सके। इन समितियों को सेवा सहकारिता भी कहॉ जाता है। देश के अनेक भागों में इस प्रकार की समितियॉ सफलतापूर्वक कार्य कर रही हैं। उदाहरण के लिये महाराष्ट्र में गन्ना सहकारी समितियॉ। यह किसानों को गन्ने के अधिक उत्पादन हेतु अच्छे बीज, खाद, कृषि ऋण एवं विपणन व्यवस्था करती हैं।

4. सहकारी काश्तकारी कृषि (Co-opeative tenant farming)

इस प्रकार की कृषि में भूमि पर सहकारी समिति का स्वामित्व होता है। समिति भूमि को लंबी अवधि के लिये सरकार या बड़े किसानों से भूमि पर लेकर भूमि को पृथक–पृथक भागों में समिति के सदस्यों को कृषि करने हेतु बॉट देती है। सदस्य किसानों के लिये कृषि संबधी संपूर्ण योजना समिति बनाती है एवं कृषि फसल उत्पादन हेतु खाद,बीज, उर्वरक, कृषि यंत्र, मशीने, वित्तीय सहायता तथा कृषि उपज के विपणन व भंडारण की सुविधायें भी समिति प्रदान करती है।

प्रत्येक सदस्य को उसके हिस्से में आये भूमि के टुकड़े का लगान देना होता है तथा समिति समस्त भूमि का लगान या किराया सरकार या उन बडे किसानों को प्रदान करती है, जिससे पट्टे पर भूमि ली गयी है। कृषि सदस्यों पर निर्भर रहती है पंरतु कृषि योजना भाग समिति का होता है। प्रत्येक सदस्य अपनी कृषि–उत्पादन का मालिक होता है, परंतु लाभ का कुछ अंश समिति के रिजर्व कोष में जमा करता है।

इस प्रकार की कृषि प्रणाली हमारे देश में विशेष प्रभावी नहीं है क्योकि प्रायः बंजर या बेकार पड़ी भूमि पर कृषि की जाती है इस प्रकार की भूमि प्रायः कम ही होती है। हमारे देश में किसानों का स्वंय का स्वामित्व है, जिस पर वह स्वंय खेती करती हैं।

(3) राजकीय कृषि (State farming)

राजस्तर पर कृषि विकास हेतु राज्य सरकारें राज्य में अलग–अलग स्थानों पर प्रक्षेप स्थापित करते हैं। जिसका संचालन एव संपूर्ण अधिकार राज्य के वेतनभोगी कर्मचारी के निर्देशानुसार होता है तथा पूँजी की व्यवस्था राज्य सरकार द्वारा की जाती है। प्रक्षेत्र पर विभिन्न फसलों के बीज उत्पादन के साथ–साथ अनुसंधान के कार्यक्रम के योजनाबद्ध तरीके से नई आधुनिक तकनीकों के द्वारा आयोजित किये जाते है। सरकार एवं कृषि विश्वविद्यालय द्वारा प्रक्षेत्र पर कृषकों के लिये उन्नतशील बीजों का उत्पादन किया जाता है। फसल उत्पादन के साथ–साथ भाजी व फूलों के रोपा तैयार करने के साथ प्रक्षेत्र पर अच्छी नस्ल क दुधारू गाय, भैस एवं मासाहारी पशु व पक्षी रखे जाते है। प्रक्षेत्र की संपूर्ण व्यवस्था सरकार के अधीन होने के कारण प्रक्षेत्रों पर उत्पादन हेतु साधनों की किसी भी प्रकार की कमी नहीं होती। फसल उत्पादन हेतु कृषि के नये वैज्ञानिक तरीके अपनायें जाते हैं। सिंचाई के पर्याप्त मात्रा में साधन उपलब्ध रहते हैं। उसी प्रकार प्रक्षेत्र पर आधुनिक मशीनें जैसे–मोटर पंप, डीजल पंप, सीडड्रिल, ट्रैक्टर, थ्रेसर, डस्टर्स

आदि साधनों का उत्तम प्रंबध करके उपयोग किया जाता है। पंरतु ऐसे प्रक्षेत्र की संपूर्ण व्यवस्था राज्य कर्मचारियों की कार्य कुशलता पर निर्भर करती है।

राजकीय कृषि से निम्न लाभ प्राप्त होते है।

1. किसानों को उन्नतशील बीजों तथा अच्छी पशु नस्ल के बारे में जानकारी प्राप्त होती है।
2. फसल उत्पादन कैसे व कब किया जाये और कौन–सी विधि द्वारा किया जाय, इसकी जानकारी प्राप्त होती है।
3. कृषि में यंत्रों का एवं मशीनों का उपयोग करने से कृषि कार्य जल्द होते है।
4. साधन पर्याप्त मात्रा में उपलब्ध होने से उत्पादन की मात्रा में वृद्धि होती है।
5. बंजर व पडत भूमि को कृषि योग्य बनाया जाता है, जिससे फसल का क्षेत्रफल बढ़ता है साथ में उत्पादन में भी वृद्धि होती है।
6. पूँजी की व्यवस्था त्वरित होने से समय पर सभी कृषि कार्यो का संचालन किया जाता है।
7. उपज भंडारण की व्यवस्था उपलब्ध होने से विपणन समस्या नहीं रहती।
8. आवयकतानुसार किसानों को उन्नत बीज उपलब्ध कराया जाता है और किसानों को कृषि के आधुनिक तरीकों की नवीनम जानकारी मिल जाती है।
9. किसान आवश्यकतानुसार पड़ने पर फसलों में लगनें वाली बीमारियों एवं विभिन्न कीटों को नष्ट करने की दवाईयों की जानकारी प्राप्त कर सकते है।

(4) व्यक्तिगत कृषि (Individual farming)

सामान्यत भारत में सभी प्रक्षेत्रों पर व्यक्तिगत कृषि प्रणाली से खेती की जाती है। इसके अंतर्गत भू–स्वामी या घर का मुखिया ही प्रक्षेत्र प्रबंध एवं संचालन का संपूर्ण कार्य करता है एवं स्वयं ही निर्णय लेता है वह हर निर्णय लेने में स्वतंत्र रहता है। फसल उत्पादन की संपूर्ण योजना वह क्षमतानुसार खुद ही बनाता है एवं उसे कार्यान्वित करता है। कृषक पुंजी तथा साधन प्रबधं की स्वंय व्यवस्था करता है और अपने परिवार के श्रम का श्रम एवं स्वयं श्रम का कृषि कार्या हेतु उपयोग करता है। भू–स्वामी स्वयं ही कृषि का उत्पादन करने हेतु कृषि साधनों का क्रय

एवं विपणन की व्यवस्था करता है। इस प्रकार की व्यक्तिगत कृषि में तभी लाभ हो सकता है जब कृषक के पास पर्याप्त मात्रा में पूँजी उपलब्ध हो साथ–ही–साथ कृषक शिक्षित हो तभी वह अधिक सुचारू रूप से वैज्ञानिक पद्धति द्वारा खेती करके अधिकतम लाभ प्राप्त कर सकता है।

व्यक्तिगत कृषि प्रणाली से लाभ (Advantages of Individual farming)

1. भूमि स्वामित्व एवं आधिपत्य स्वयं का रहता है।
2. परिवार एवं समाज में प्रतिष्ठा बनी रहती है।
3. कृषि से संबधित सभी निर्णय स्वतंत्रातापूर्वक स्वयं ही लिये जाते हैं।
4. परिवार के सदस्यों को आसानी से काम मिल जाता है।
5. किसान अपनी रूचि व आवश्यकतानुसार फसल उत्पादन एवं उद्यमों का चयन करता है।
6. परिवार के सदस्य स्वयं की इच्छा से सावधानीपूर्वक कार्य कुशलता से कार्य करते हैं जिससे श्रम की लागत में कमी के परिणामस्वरूप आय में वृद्धि होती है अर्थात उनकी निष्ठा एंव आत्म विश्वास बना रहता है।
7. व्यक्तिगत कृषि प्रणाली में कृषि उपज का निरीक्षण अच्छे से होता, जिससे जोखिम व अनिश्चतता ग्रहण करने की क्षमता में वृद्धि होती है।
8. स्वंय की भूमि कृषक स्वतंत्रातापूर्वक कृषि सुधार कार्य जैसे–कुऑ खोदना, मेड बनाना बागड़ बनाना, पेड लगाना, नये उद्यमों का समावेश करना आदि कार्य किये जाते है।

व्यक्तिगत कृषि प्रणाली से हानियॉ (Disadvantage of Individual farming)

1. कृषि कार्या हेतु समिति साधनों की कमी के कारण उत्पादन में वृद्धि नहीं होती एवं कृषि सुधार कार्य करने में समस्यायें आती है।
2. खेत के छोटे–छोटे टुकडे होने से लागत बढ़ जाने से आय में वृद्धि नहीं होती है।
3. गर्मी के दिनों में खेत में काम न होने से परिवारिक सदस्य बेरोजगार हो जाते हैं।
4. परिवारिक जिम्मेंदारियॉ अधिक होने से कृषि के लिये सम्पूर्ण समय नहीं दे पाते।
5. हर समय असुरक्षा की भावना बनी रहती है।

भारत में सहकारी कृषि (Co-opeative farming in India)

सहकारी कृषि का हम पहले ही विस्तृत अध्ययन कर चुके है अब हम देखना चाहेगें कि भारत में सहकारी कृषि या खेती उपयुक्त है या नहीं इस बारे में विभिन्न वैज्ञानिकों की अलग–अलग विचारधारायें हैं यहॉ हमने दोनों ही प्रकार के विचारों पर प्रकाश डाला है। भारत में सहकारी कृषि प्रणाली अपनायी जाये,"तर्क–

(1) खेतों का आकार बड़ा हो जायेगा (The size of land holding will increase)

कृषकों के पास छोटे–छोटे टुकड़ों में भूमि होने से आधुनिक नवीन तकनीकी का भरपूर उपयोग नहीं कर पाते और बहुत–सी समस्याओं का सामना करना पड़ता है। इन सभी समस्याओं का निराकरण सहकारी कृषि प्रणाली से संभव है। इसके अतंगर्त भूमि क छोटे टुकड़ों को जोड़कर एक जगह कर लिया फलस्वरूप कृषि जोत के आकार में वृद्धि हो जाती है। बढ़े आकारों के खेत में हम सभी बड़े यंत्रों और मशीनों का भरपूर उपयोग, लागत मे कमी एवं आय में वृद्धि कर सकते हैं। इसी प्रकार साथ ही सहकारी कृषि में जोत का आकार बड़ा होने से उत्पादन के लिये प्रयुक्त किये गये श्रम व पूँजी का सही उपयोग होने लगेगा।

(2) लागत में कमी (Decrease in operational cost)

सहकारी कृषि बड़े पैमाने पर की जा सकी है। जोत का आकार बड़ा होने पर विभिन्न प्रकार की फसलों का उत्पादन किया जा सकता है। बड़े आकार के जोत होने के कारण यह संभव है कि उत्पादन के लिये उपयोग किये गये साधनों का इष्टतम उपयोग हो सकता है। यहॉ पर कृषक निर्णय ले सकता है कि कौन से साधनों विकल्पों का कितनी मात्रा में उपयोग किया जाये जिससे लागत में कमी हो पंरतु उसका परिणाम उत्पादन की मात्रा पर नही पडेगा। जैसे–यूरिया की जगह किसान हरी खाद का भी उपयोग कर नत्रजन की पूर्ति कर सकता है। क्योकि कृषकों का उद्दश्ेय मात्र उत्पादन बढाना नहीं होना चाहिये, बल्कि उत्पादन पर होने वाले व्यय को कम करना चाहिये।

उत्पादन लागत कम हो जाने से प्रति क्विंटल लागत व्यय कम हो जाती है तथा वस्तुओं का कम मूल्य पर सुधार होने से उन की मांग में वृद्धि हो जाती है। फलस्वरूप उपभोक्ता एवं कृषक दोनों को लाभ होता है।

(3) भूमि का सदुपयोग (Proper utilization of land)

प्रायः देखा गया है कि कृषकों की व्यक्तिगत भूमि की जोत छोटी होने के कारण भूमि का बहुत सारा भाग सिंचाई के लिय, नालियॉ, मेड बनवाने, बड़े–बड़े वृक्षों में पशुओं के लिये चारे की भूमि में एवं गाय व भैस की पशु शाला में काफी जमीन चली जाती है। जिसमें कृषक मनचाही फसलों का अधिक क्षेत्र में उत्पादन नहीं कर सकता है। इन सब समस्याओं का समाधान मात्र सहकारी कृषि प्रणाली में ही संभव है। यदि सभी जोतों को जोड़कर एक कर दिया जाय तो फलस्वरूप कुछ अतिरिक्त भूमि प्राप्त हो जाती है। जहॉ पर भूमि का सदुपयोग व प्रबंध कर अतिरिक्त आय मे वृद्धि कर सकता है।

(4) आधुनिक तकनीकियों का उपयोग (Use of modern technology)

छोटे किसान भूमि की जोत सीमा कम होने के कारण श्रम व पूँजी की कमी होने के कारण कृषि की आधुनिक पद्धति का उपयोग नहीं कर पाते। परंतु सहकारी कृषि प्रणाली में यह संभव हैं क्योंकि हम जानते हैं कि फसल उत्पादन के लिये आवश्यक हैं कि कृषक उन्नतशील बीज, खाद–उर्वरक, सिचाई के साधन बड़े यंत्रों व मशीनों का उपयोग करने से ही प्राप्त कर सकता है। किन्तु यह तभी संभव हैं, जबकि जोत का आकार बड़ा हो तथा पर्याप्त मात्रा में श्रम पूँजी उपलब्ध है। अतः स्पष्ट कि सहकारी कृषि में जोत का आकार बड़ा होने से सहकारी कृषि को सहकारी प्रणाली के अंतर्गत आधुनिक ढ़ग से व्यवस्थित किया जा सकता है।

(5) पूँजी का अधिक विनियोग (Higher investment of capital)

फसल उत्पादन के लिये श्रम, पूँजी, भूमि व प्रबंधन आवश्यक हैं परन्तु सहकारी कृषि में श्रम की अपेक्षा पूँजी का होना आवश्यक होता है। क्योंकि अधिकांश कार्य पूँजी पर ही निर्भर होते है, जैसे बड़े यंत्रो व मशीनों का उपयोग व रासायनिक उर्वरक का बड़ी मात्रा में उपयोग हैं, उसी प्रकार पूँजी के आधार पर उन्नतशील बीज व सिंचाई के साधनों की व्यवस्था है। परिणामस्वरूप उत्पादन की मात्रा में वृद्धि होती है। तथा प्रति क्विंटल उत्पादन लागत में कमी हो जाती है। इससे उपभोग के स्तर एवं जीवन स्तर में वृद्धि होती है। अर्थात राष्ट्र का आर्थिक विकास तीव्रगति से होने लगता है एवं राष्ट्र खाद्यान्न में आत्म निर्भर रहता है अतः स्पष्ट है कि, सहकारी कृषि प्रणाली से केवल कृषि ही उन्नतशील नहीं बनती बल्कि किसानों के आर्थिक, सामाजिक और सांस्कृतिक वातावरण में पूर्णरूप से परिवर्तन में भी सहयोग करती है।

(6) प्रति व्यक्ति आय में वृद्धि (Increase in per capita income)

प्रायः भारतीय जोतों का आकार छोटा होने के कारण आधुनिक तकनीकी का सही उपयोग नहीं कर पाते जिससे उत्पादन कम होता है। इसके विपरीत सहकारी कृषि में जोत का आकार बड़ा होता है जिससे आधुनिक यंत्रों का उपयोग किया जाता है। फलस्वरूप श्रमिकों की संख्या कम होती है तथा उत्पादन में वुद्धि के परिणामस्वरूप कृषकों का रहन–सहन या जीवन स्तर ऊँचा उठता है उसी प्रकार शिक्षा का स्तर भी ऊँचा ऊठता है तथा आय में वृद्धि के कारण बचत में वृद्धि होती है। जिससे पूँजी निर्माण की दर में वृद्धि होती है, अतः स्पष्ट है कि सहकारी कृषि देश में आर्थिक विकास में भी योगदान प्रदान करता है।

(7) विक्रेय अधिषेश में वृद्धि (Increase in marketable surplus)

आधुनिक कृषि पद्धति का वास्तविक उपयोग तभी संभव है जब आकार बड़ा हो। परंतु हमारे देश में व्यक्तिगत कृषि की संख्या अधिक है जिसमें जोत का आकार छोटा होता है। फलस्वरूप कृषि में श्रमिकों की संख्या अधिक मात्रा में उपयोग की जाती है एवं इसके विपरीत आधुनिक यंत्रों का प्रयोग नहीं के बराबर रहता है जिससे कृषक लगभग उतना ही उत्पादन कर पाता है जिससे उसके परिवार की आवश्यकता की पूर्ति हो सके। इस परिस्थिति में कृषक विक्रेय अधिशेष नहीं कर पाता। इसलिए जरूरी है हमें सहकारी कृषि प्रणाली अपनानी चाहिये। जहॉ जोतो का आकार बड़ा होता है एवं कार्य करने वाले श्रमिकों की संख्या में कमी आती है एवं उत्पादन आधुनिक ढंग से होता है जिससे उत्पादन में वृद्धि की संभावना ज्यादा रहती है। इस परिस्थिति में विक्रेय अधिशेष में वृद्धि होती है। फलस्वरूप जनता को पर्याप्त मात्रा में भोजन या खाद्यान्न की उपलब्धता होती है एवं पर्याप्त मात्रा में कच्चामाल मिलने की संभावनायें अधिक रहती है।

(8) कृषि विपणन की व्यवस्था में सुधार (Better agricultural marketing)

विक्रेय अधिशेष की मात्रा बहुत थोड़ी होती है, जिससे किसान गॉव में या स्थानीय बाजार में कम मूल्य में अनाज को बेच देता है। अनाज की मात्रा कम होने के कारण उपज का वांछित मूल्य नहीं मिल पाता इसके विपरीत सहकारी कृषि समिति का मोल–भाव करने की शक्ति अधिक होती है। यदि मंडी, बाजारों में उपज मूल्य कम हो तो कृषि समितियां अपनी उपज को संयुत रूप से सुरक्षित स्थानों पर रखने में सक्षम होती हैं तथा इसमे विपणन, सरकार एवं व्यापारियों को उचित मूल्य पर किया जात सकता है। इस प्रकार सहकारी कृषि प्रणाली से विपणन व्यवस्था में

सुधार संभव हो सकता है एवं कृषि एक बड़े पैमाने पर लाभकारी व्यवसाय सिद्ध हो सकती है।

(9) सरकार का लाभ (Advantage to Government)

सहकारी कृषि प्रणाली से सरकार को आर्थिक व्यवस्था मजबूत करने के लिये बहुत सारे लाभ हो सकते हैं जो निम्नानुसार है।

1. ग्रामीण अर्थव्यवस्था को नियोजन करने में सुविधा रहेगी।
2. सरकार को लगान या कृषि के क्षेत्रों में लगे हुये करों को वसूल करने में सुविधा रहेगी।
3. आपातकालीन में सरकार को खाद्यानों का इकठ्ठा करने में आसानी रहेगी।
4. आपातकालीन स्थिति जैसे–बाढ़, अकाल अथवा फसलों को नष्ट होने की स्थिति में सरकार सफलतापूर्वक कृषकों की सहायता कर सकेगी।
5. किसानो की बचत प्रवृत्ति में वृद्धि होने के कारण सरकार उस राशि को राष्ट्रीय विकास में लगायेगी। सारांश में सहकारी कृषि प्रणाली का विकास ही राष्ट्र का विकास कहलायेगा।

प्रक्षेत्र योजना एवं बजट
(Farm planning of Budgeting)

हमारी भारतीय कृषि प्रकृति और जलवायु पर बहुत कुछ निर्भर करती है। जबकि हमारे देश में आज भी कृषि व्यवसाय ही विकास एवं उन्नती का मुख्य आधार स्तंभ है। कृषि हमारा बहुत पुराना व्यवसाय है। आपके हमारे पुरखे भरण–पोषण, जीवन यापन के लिये अपनी आवश्यकता के अनुसार कृषि उत्पादन करते थे। परन्तु अब कृषि एक औधोगिक व्यवसाय हो गया है। कृषि के क्षेत्र में वैज्ञानिक दृष्टिकोण से प्रक्षेत्र प्रबंध के विषय का महत्व बढ़ गया है। अर्थात कृषि में सभी क्रियाओं को सुचारू रूप से संगठित एवं संचालन कर अधिकतम धनोत्पार्जन करना है। कृषि के क्षेत्र में अब खेती वैज्ञानिक पद्धति से कम जोखिम व्यवसाय हो गया और बड़े पैमानें पर भी कृषि को औधोगिक दृष्टिकोण अपनाये जाने लगा है। प्रत्येक व्यवसायी कोई भी कार्य करने के पहले कार्य करने की क्रिया, लागत एवं लाभ के विषय में विचार विमर्श करता है। किसी भी आधुनिक कृषि प्रणाली का उपयोग एवं विशिष्ट विधि का उपयोग करने के पूर्व उसके क्रियान्यवन के लिये तैयार किये गये क्रमबद्ध कार्यक्रम को योजना (Plan) कहा जाता है। ओर ऐसा करने की प्रक्रिया या प्रयोग को नियोजन (Planning) कहॉ जाता है। योजना अंतर्गत कार्यक्रम के साथ–साथ कार्य करने की पद्धति/विधि कार्य का उद्देश्य एवं लक्ष्य तथा कार्य अवधि भी सम्मिलित होती हैं, उसी प्रकार उपलब्ध समित साधनों का दक्षतापूर्वक श्रेष्ठतम उपयोग कैसे किया जाये कब किया जाये। इन प्रश्नों का हल नियोजन के द्वारा ही निकाला जा सकता है। संक्षेप में प्रक्षेत्र योजना किसानों को अपने उद्देश्य प्राप्ति में सहायता पहुचाती है। इस प्रकार किसी भी कृषि प्रक्षेत्र से अधिकतम लाभ प्राप्ती हेतु बनाई गई सु–व्यवस्थित कार्य प्रणाली को प्रक्षेत्र योजना कहते है। या फिर दूसरे शब्दों में हम यह भी कह सकते है। कि फार्म व्यवसाय में उपलब्ध सीमित साधनों के संगठन एवं संचालन के लिये पूर्व से ही बनाई गयी रूपरेखा को प्रक्षेत्र योजना कहते है। अतः कृषि फार्म का संगठन व संचालन के लिए प्रक्षेत्र पर उपलब्ध संसाधनों द्वारा अधिकतम लाभांश हेतु एक निश्चित समयावधि के लिये जो सफल कार्यक्रम बनाया जाता हें, उसे फार्म योजना कहते है।

परिभाषा

प्रो. टण्डन एवं ढौडियाल के शब्दों में प्रक्षेत्र नियोजन वह प्रक्रिया है। जिसके अंतर्गत वर्तमान में भविष्य के लिये फार्म संसाधनों के समुचित प्रयोग द्वारा उगाई जाने वाली फसलों एवं पशुओं के संयोगो के संबंध में निर्णय लिये जाते है।

फार्म नियोजन किसानों का संगठित, व्यवस्थित और प्रभावशाली विधियों को अपनाने से निम्नलिखित कार्यो करने में मदद पहुचाता है।

1. प्रक्षेत्र नियोजन कृषि के क्षेत्र में उपलब्ध वैकल्पिक अवसरों को ध्यान देने और संपूर्ण तथा वास्तविक जानकारी प्राप्त करने में सहायता पहुंचाता है।
2. प्रक्षेत्र नियोजन किसानों को पिछले अनुभव के आधार पर वर्तमान स्थिति की आवश्यकता के अनुसार तुलानात्मक अध्ययन एवं अवलोकन करने में सहायता पहुचाता है।
3. वातावरण एवं परिस्थिति के अनुकूल वर्तमान में ही योग्य निर्णयों और कार्य पद्धति का निर्धारण करने के में सहायता प्रदान करता है।
4. फार्म नियोजन किसानों को यह निश्चित करने में सहायता पहुचाता है कि उसे कितने समयावधि में फसलों का उत्पादन करना है।
5. उसी प्रकार खरीफ एवं रबी मौसम में कितने क्षेत्र में कौन–कौन की फसलें लेना है। एवं उससे प्राप्त उत्पादन का सही अनुमान लगाने मे सहायता प्रदान करता है।
6. कृषि के साथ–साथ अन्य उद्यम जैसे पशुधन, मुर्गीपालन, मछलीपालन आदि महत्वपर्ण है इसलिये कृषि के समान इन उद्यमों की भी अलग योजना तैयार कर उसे अपनी फार्म योजना में सम्मलित कर सकता है।
7. प्रक्षेत्र योजना द्वारा पूँजी निवेश अनुमान लगाया जा सकता है और पूँजी की व्यवस्था कितनी मात्रा में कहॉ से की जावे, इसका निराकरण करने में सहायता पहॅुचाता है।
8. अपने उपज का सही मूल्य प्राप्त करने एवं कृषि विपणन की योजना बनाने के साथ–साथ उसकी समस्याओं का निराकरण में मदद देता है।
9. वर्तमान में कृषि उपज के आधार पर अगले वर्ष की योजना बनाने मे सहायता प्रदान करता हैं।

"Farm planning is a process for diciding the present what to do in future about the combination of crop and livestock to be through rational use of resources" – Prof. Tondan and Dhondyal

प्रक्षेत्र नियोजन के उद्देश्य (Objectives of Farm Planning)

किसी भी कार्य को करने हेतु एक योजनाबद्ध लम्बे समय तक रूपरेखा बनानी पड़ती है। तभी कालान्तार बाद उद्देश्य की प्राप्ती होती है। उसी प्रकार प्रक्षेत्र नियोजन के भी उद्देश्य है जो निम्ननुसार है।

(1) शुद्ध आय में वृद्धि (Increase annual net income)

प्रक्षेत्र योजना अधिकतम शुद्ध आय प्राप्त करने के लिये किसानों को मार्गदर्शन देती है। तथा प्रक्षेत्र योजना का प्रभाव लम्बे अंतराल तक लक्ष्य की प्राप्ति के लिये आवश्यक परिवर्तन करने में मदद करता है। प्रक्षेत्र योजना कृषकों को भूमि की तैयारी से लेकर उपज कटाई, वितरण तथा विपणन में मदद करता है। इसके द्वारा प्रक्षेत्र पर उपलब्ध सीमित साधनों का इष्टतम उपयोग एवं विभिन्न उद्यमों में आवश्यकतानुसार विभाजन एवं उसका उपयोग करने की जानकारी प्राप्त होती है। उसी प्रकार, विभिन्न उद्यमों में उनके उचित संयोजन से अधिक लाभ कैसे प्राप्त किया जा सकता है। इसकी जानकारी हम प्रक्षेत्र योजना की सहायता से ज्ञात कर सकते हैं। प्रक्षेत्र योजना किसानों का प्राप्त उपज का उचित मूल्य कैसे प्राप्त हो बनाने में एवं उत्पादों के विक्रयमें मदद करता है। हम सब जानते हैं कि किसी भी योजना को साकार रूप प्रदान करने में पूँजी की आश्यकता होती है। योजना से हम यह ज्ञात कर सकते हैं कि फसल उत्पादन के लिये कितनी और कब पूँजी की आवश्यकता है इस आधार पर कृषक आवश्यकतानुसार समय पर पूँजी का प्रबंध कर सकता है। सभी बिन्दुओं के आधार पर प्रक्षेत्र पर होने वाले संभावित नुकसान से बचाया जा सकता है।

प्रक्षेत्र नियोजन के प्रकार (Types of farm planning)

किसान कृषि के क्षेत्र में सुधार में विकास के आधार पर अपनी आवश्यकता पर प्रक्षेत्र योजना बनाता है यह दो प्रकार की होती है।

(1) आंशिक प्रक्षेत्र नियोजन (Partial farm planning)

यदि किसान को किसी एक इकाई के सुधार हेतु योजना बनानी हो तब इस योजना का समावेश होता है। जैसे किसी विशेष भूमि का सुधार, किसी एक उद्यमों का अंगीकृत करना, नई विकास शील योजना का सिखलाना या फिर साधनों को प्रतिस्थापित करना यह क्रियायें एक निश्चित तथा कम समय अवधि में की जाती है

और इस प्रकार की योजना समझने करने में भी सरल होती है और इस योजना का प्रभाव एक वर्ष तक रहता है।

(2) संपूर्ण प्रक्षेत्र नियोजन (Complete or full farm planning)

इसके अंतर्गत प्रक्षेत्र के सर्वाधिक विकास की योजना बनाई जाती है। जिसका प्रभाव लंबे अतंराल तक कायम रहता है। इसका मुख्य उद्देश्य कृषि के क्षेत्र में अधिक विकास एवं अधिकतम लाभ प्राप्त करना होता है। जैसे–संपूर्ण कृषि का ढॉचा, सुधार फसल उत्पादन योजना, संपूर्ण आधुनिक तकनीकी को अंगीकृत करना तथा विशिष्ट खेती बनाना जिससे उत्तम विपणन की व्यवस्था कर अधिकतम लाभ प्राप्त करना मुख्य उद्देश्य होता है। इस प्रकार की प्रक्षेत्र योजना निरंतर आय में वृद्धि करती है।

प्रक्षेत्र नियोजन की अवस्था (Stages of full farm planning)

प्रक्षेत्र नियोजन के अतंगर्त मुख्य तीन अवस्थाओं का समावेश होता है।

अवस्था–1 प्रथम अवस्था में कृषि के विकास के लिये नई तकनीकी को अंगीकृत (Adoptionof pakage of practices) किया जाता है और फसल चक्र में किसी भी प्रकार का परिवर्तन नहीं किया जाता।

अवस्था–2 इसके अतंगर्त कृषकों द्वारा सभी फसलों के लिये नई तकनीकी को अपनाया जाता है ओर अनुसंधान द्वारा किये गये नये–नये अविष्कारों को कृषि कार्यमाला के आधार पर अपनाया जाता है।

अवस्था–3 अंतिम अवस्था में प्रक्षेत्र का संपूर्ण विकास का दृष्टिकोण मध्यस्त रखते हुये प्रक्षेत्र योजना बनाई जाती है (Completefarm plan) प्रक्षेत्र को आधुनिक बनाने हेतु कुशल प्रक्षेत्र प्रबंधक की आवश्यकता होती है, परिणाम स्वरूप उपलब्ध साधनों की सहायता से आय में अधिक वृद्धि की जा सके।

प्रक्षेत्र नियोजन का महत्व (Importance of farm planning)

कृषि उद्योग अपने आप में बहुत बढ़ा व्यवसाय है। जिसके अतंर्गत क्रियाओं और विधियों या पद्धतियों का समावेश होता है। यह एक ऐसा व्यवसाय है जिसमें हर समय जोखिम व अनिश्चितता बनी रहती है क्योंकि आज भी हमारी कृषि प्रकृति पर निर्भर करती है। इस परिस्थिति में कृषि विकास हेतु एक ठोस प्रक्षेत्रयोजना बनाना जरूरी है।

कृषि अनुसंधान एवं वैज्ञानिकों द्वारा किसानों की फसलों का उत्पादन बढाने हेतु नये–नये सुझाव दिये जाते है। पंरतु यहाँ पर समस्या यह है कि भारतीय किसानों की हर समय एक जैसी भौतिक व आर्थिक परिस्थिति नहीं रहती है। इसलिये प्रत्येक किसान की प्रक्षेत्र योजना उसी की क्षमता के आधार पर अलग–अलग रहती है जिसके विभिन्न कारण हो सकते हैं। जैसे, भूमि का आकार एवं उर्वरक शक्ति, उपलब्ध सीमित साधन तथा उनकी दक्षतापूर्वक उपयोग, प्रक्षेत्र साधनों का संतुलित उपयोग, उद्यमों का उचित चयन एवं संतुलित संयोग, उचित पूँजी की व्यवस्था, आधुनिक कृषि प्रणाली का ज्ञान, साथ ही कृषि विपणन की व्यवस्था इन सभी समस्याओं का समाधान एवं निराकरण एक ठोस सशक्त प्रक्षेत्र नियोजन द्वारा संभव हो सकता है। जिससे किसानों को अधिकतम लाभ प्राप्त हो सकता है, पंरतु किसान सभी आधुनिक कृषि प्रणाली अथवा सुझावों को मानना किसानों की भौतिकऔर आर्थिक स्थिति पर निर्भर रहता है एवं किसानों में विभिन्नता होने के कारण सभीसुझावों को स्वीकार करना किसानों की सीमाओं से बाहर होता है। अतः किसानों को अपनी क्षमता को ध्यान मे रखते हुये कुछ सुझावों का चयन करना पड़ता है और नये–नये विकल्पों को खोजना पड़ता है। ऐसा करने के लिये प्रक्षेत्र प्रबंधक को एक ठोस प्रक्षेत्र नियोजन की आवश्यकता पड़ती है क्योंकि प्रक्षेत्र नियोजन के द्वारा प्रक्षेत्र पर उपलब्ध समुचित साधनों का वैकल्पिक उपयोग कर एवं उन साधनों की सहायता से यथा संभव अधिकतम शुद्ध आय में प्रति इकाई वृद्धि करने में सहायता करती है। इस प्रकार के नियोजन से प्रक्षेत्र के वार्षिक उत्पादन एवं आय वृद्धि के साथ–साथ भविष्य में किये जाने वाले सुधारों व विकास एवं व्यय का अनुमान भी लगाया जाता हैं। इसके द्वारा किसान अपने दूरगामी उद्देश्यों तक पहुँचने का प्रयास करता है।

एक अच्छी प्रक्षेत्र योजना के गुण (Characteristics of good farm plan)

1. प्रक्षेत्र व्यवसाय भूमि का आकार एवं जलवायु पर निर्भर रहता है अतः प्रक्षेत्र योजना इस प्रकार की हो जिसमें प्रक्षेत्र पर उपलब्ध साधन जैसे, श्रम, पूँजी, यंत्र तथा प्रबंध का समुचित उपयोग किया जा सके।
2. प्रक्षेत्र योजना अपने उद्देश्यों को प्राप्त करने के लिये लंबे समय तक चलने वाली होनी चाहिये।
3. प्रक्षेत्र योजना में व्यावसायिक दृष्टिकोण होना चाहिये जिससे अधिकतम आय प्राप्ति उद्देश्य प्राप्त किया जा सके।

4. भूमि की उर्वरकशक्ति के आधार पर फसल चक्र और फसल योजना अपनाई जानी चाहिये।
5. प्रक्षेत्र योजना, बाजारी मांग, मुल्य तथा भूमि की उत्पादन क्षमता को ध्यान में रखकर तैयार की जानी चाहिये,
6. प्रक्षेत्र योजना में फसल उत्पादन के साथ–साथ अन्य सहायक उद्यम जैसे पशुपालन व्यवसाय भी होना चाहिये, जिससे प्रक्षेत्र पर उत्पादित चारे–भूसे का उचित उपयोग हो सके।
7. प्रक्षेत्र भवनों की उचित देखभाल, निर्माण व आवश्यकता के अनुसार विस्तार की समुचित व्यवस्था में पहले से ही होना चाहिये।
8. प्रक्षेत्र योजना में प्रक्षेत्र व्यवसाय के अध्ययन, परीक्षण, मूल्यांकन तथ विश्लेषण का समावेश होना चाहिये।
9. प्रक्षेत्र योजना में भंडारण तथा उपज का उचित समय पर मंडी में ले जाने तथा बिक्री का प्रबंध होना चाहिये।
10. योजना इस प्रकार की हो जिसमें समय–समय पर उचित सुधार तथा परिवर्तन आसानी से किये जा सके अतः उसमें लचीलापन जरूरी है।

प्रक्षेत्र बजटिंग (Farm Budgeting)

किसी भी उद्देश्य की प्राप्ति एक सकारात्मक योजना के बिना संभव नहीं है और कोई भी योजना भौतिक एवं आर्थिक परिस्थिति पर निर्भर करता है। और जो भी योजना बनाई जाती है उसके पीछे मुख्य उद्देश्य होता है। अधिकतम लाभ प्राप्त करना प्रक्षेत्र बजटिंग में आय–व्यय का आर्थिक अध्ययन तथा विश्लेषण किया जाता है। अर्थात योजना इस बजट पर ही निर्भर करती है। उदाहरण यदि कोई व्यक्ति मकान बनाना चाहता हो तो सर्वप्रथम वह अपनी आय–व्यय क्षमता के आधार पर एक निश्चित अवधि में मकान बनाने की योजना बनायेगा और उसके ऊपर खर्च होने वाला अनुमानित व्यय निकालेगा तथा अपनी क्षमता के अनुसार मकान बनाने का कार्य चालू करेगा। दूसरे शब्दों में हम कह सकते हैं। कि किसी भी उद्देश्य की प्राप्ति के पूर्व बनाई गयी योजना पर होने वाले व्यय का विश्लेषण तथा आय का अनुमान ज्ञात करना ही अनुमानित बजट कहलाता है। प्रक्षेत्र व्यवसाय के अंतर्गत हम बजटिंग को निम्न प्रकार से परिभाषित कर सकते है। प्रक्षेत्र बजट योजना की विश्लेषण विधि में कुशल प्रबंधक प्रक्षेत्र पर उत्पादन हेतु लगने वाले कृषि साधनों की सहायता से अधिकतम लाभ प्राप्ति हेतु वास्तविक उपयोग का निर्णय लेता है। दूसरे शब्दों में एक निश्चित अवधि में प्रक्षेत्र व्यवसाय

में फार्म पर होने वाले अनुमानित आय–व्यय और वास्तविक लाभ के विश्लेषण ब्यौरे को ही प्रक्षेत्र बजटिंग कहते हैं इस प्रकार की प्रक्षेत्र योजना पर प्रबंधक द्वारा एक निश्चित अवधि के लिये कार्य सम्पन्न हेतु क्रमबद्ध क्रियाओं को रूपयों से आका जा सकता है। योजना और बजट दोनों शब्द एक–दूसरे के बिना अधूरे है। क्योंकि पहले योजना बनाई जाती है, फिर बजट बनाया जाता है। प्रक्षेत्र योजना बिना बजट की बनाई जा सकती है। परंतु बजट बिना प्रक्षेत्र योजना के नहीं बनाया जा सकता है। प्रक्षेत्र बजट विभिन्न प्रक्षेत्र योजनाओं का मूल्यांकन करने में मदद करता है। अर्थात किसी भी उद्देश्य की प्राप्ति हेतु योजना तथा बजट दोनों का समावेश होता है। इसलिये हम कह सकते है कि भी योजना की बजटिंग प्रायः नियोजन तथा बजटिंग दोनों को मिलाकर बनाई जाती है। और दोनों शब्दों का नाम उच्चारण एक साथ लिया जाता हैं। सारांश में उद्यम विशेष प्रक्षेत्र अनुमति लागत एवं उससे प्राप्त अनुमानित वापसी (लाभ) के परिणाम स्वरूप प्राप्त शुद्ध लाभ को एक सफल प्रक्षेत्र बजटिंग कहते है।

प्रक्षेत्र बजटिंग के प्रकार (Types of Farm budgeting)

प्रक्षेत्र बजटिंग मुख्यतः दो प्रकार के होते है।

(1) आंशिक प्रक्षेत्र बजटिंग (Partial Budeting)

(2) पूर्ण प्रक्षेत्र बजटिंग (Complete Budeting)

(1) आंशिक प्रक्षेत्र बजटिंग (Partial Budeting)

किसी अल्प अवधि में किसी विधि विशेष अथवा उद्यम विशेष के आय–व्यय का विश्लेषण करना ही आंशिक प्रक्षेत्र बजटिंग कहलाता है। इसे हम दूसरे शब्दों में भी व्यक्त कर सकते है। जैसे प्रक्षेत्र के किसी एक सफल उत्पादन की क्रिया में प्रयोग किये गये किसी एक साधन या लागत की मात्रा में परिवर्तन करने पर जो प्रतिफल प्राप्त होता है। उसकी आय–व्यय का विश्लेषण करना ही आंशिक प्रक्षेत्र बजट कहलाता है।

जबकि प्रक्षेत्र पर पूर्व उद्यम उत्पादन व्यवस्था चालू रहती है। यदि इस बीच में उद्यम के आकार में वृद्धि करने, किसी नवीन पद्धति का उपयोग करने नया उद्यम अपनाने अथवा किसी नवीन यंत्रों व मशीनों या उत्पादन से संबधित से साधनों को खरीदते समय उनकी सार्थकता हेतु बजट की जरूरत पड़ती है। आंशिक बजट बनाते समय विशेष ध्यान देने योग्य बात यह हैं कि स्थिर लागतों (Fixed costs) को शामिल नहीं करते सिर्फ आने वाली अस्थिर लागतों (Variable costs) को सम्मिलित किया जाता है। इसी प्रकार, आंशिक बजट तैयार करते समय केवल

अतिरिक्त लागतों एवं अतिरिक्त प्रतिफलों की ही गणना या आय–व्यय विश्लेषण किया जाता है। आंषिक बजट में नये उद्यम या विधियों अथवा पुराने उद्यम या विधियों की लागतों में समानता होने पर उनहे छोड़ दिया जाता है। उदाहरणार्थ, किसान का मुख्य उद्देश्य होता है। कि कम लागत में अधिकतम लाभ प्राप्त करना इसलिये वह प्रयत्नशील रहता है। कि कौन–सी तकनीकी/पद्धति या विधि का प्रयोग करे या फिर वह सोचता है कि अनाज की फसलों से अधिक लाभ प्राप्त होगा या सब्जी, फलों, फूलों को लगाने से, अनाज, दालें, तिलहन की उन्नत बीज या देशी बीज उगाने से लाभ प्राप्त होगा खरपतवारनाशक दवाईयों का प्रयोग करने पर या मानश्रम का प्रयोग पर कौन–सा कम खर्चीला विकल्प होगा अथवा प्रक्षेत्र पर देशी गाय, भैंस रखना ठीक होगा अथवा उन्नत नस्ल की गाय–भैंस, उसी प्रकार उन्नत कृषि यंत्र या देशी कृषि औजारों का प्रयोग करने पर अधिकतम लाभ किसान विकल्प से प्राप्त होता है। इन सब निर्णयों को लेने एवं सफलता प्राप्त करने में आंशिक बजट की मदद ली जाती है। आंशिक बजट एक प्रकार से तुलनात्मक अध्ययन करने में सहायता प्रदान करता है। एवं निर्णय लेने में सहायता सिद्ध होता है। कि कौन–सा विकल्प अधिक लाभदायक या कम खर्चीला हो सकता है। फलस्वरूप किसानों को निर्णय लेने में सुविधा होती है।

आंशिक बजट के लाभ (Advantage of partial budget)

1. आंशिक बजट बनाने में समय कम लगता है।
2. आंशिक बजट निर्णय करने में सहायता करता है। कि कौन–से विकल्प का चयन किया जावे।
3. तुलनात्मक अध्ययन करने में सहायता करता है।
4. आंशिक बजट की लाभदायकता से कृषक पूर्ण बजट बनाने में उत्साहित रहता है।
5. लाभ एवं लागत का विश्लेषण करने से मानसिक दृष्टि से तैयार रहता है।
6. जोखिम एवं अनिश्चितता की क्षमतावहन करने की शक्ति में वृद्धि होती है।

आंशिक विश्लेषण के आधार पर लाभ एवं हानि का पूर्णानुमान लगाया जा सकता है। जैसे–

1. अनाज, दाले, तिलहन के स्थान पर सब्जी, फलों एवं फूलों को उगाना।

2. देशी बीज के स्थान पर उन्नतशील बीज का प्रयोग करना ।
3. बैलों के स्थान पर मशीनो से मडाई करना ।
4. देशी हल की जगह ट्रैक्टर से भूमि की तैयारी करना।
5. दुध उत्पादन के लिये देशी गाय, भैंस के स्थान पर उन्नत नस्ल के गाय–भैंस पालना।
6. मानवश्रम के स्थान पर नींदनाशक दवाईयो का प्रयोग करना।
7. गाय एवं भैंस का दूध निकालने के लिये मानवश्रम के स्थान पर मशीनो का प्रयोग करना।
8. सिंचाई के पुराने तरीकों के स्थान पर नये तरीके अपनाना।

प्रत्येक कृषक को प्रक्षेत्र का सुव्यवस्थित प्रबंध करने के लिये आंशिक बजट की आवश्यकता होती है। परिणामस्वरूप उत्पादन में अच्छी वृद्धि होती है। वैसे भी कृषक संपूर्ण बजट नहीं बनाता। उसे पहले आंशिक बजट बनाना जरूरी है यदि वह सफल हो तो उसके आत्म विश्वास में वृद्धि होती है। इसी आधार पर वह उत्पादन–योजना में परिवर्तन करना चाहता है।

(2) पूर्ण प्रक्षेत्र बजटिंग (Complete Farm Budgeting)

संपूर्ण प्रक्षेत्र की उत्पादन योजना में आमूल चूल परिवर्तन करना ही संपूर्ण प्रक्षेत्र बजट कहलाता है। अर्थात संपूर्ण प्रक्षेत्र को एक इकाई मानकर उसके उद्यम चयन, साधनों का उत्तम संयोजन, संगठन और संचालन के लिये आय–व्यय का विश्लेषण या गणना तैयार की जाती है। इस प्रकार के फार्म को संपूर्ण प्रक्षेत्र बजट कहते है। इसके अंतर्गत प्रक्षेत्र की सभी क्रियाओं को बारीकी से अध्ययन किया जाता है। दूसरे शब्दो में उत्पादन में वृद्धि करने हेतु फसल पशुधन, यंत्र मशीने, भूमि, मानवश्रम सिंचाई के साधन तथा अन्य साधनों पर सम्मिलित रूप से विचार किया जाता है। इसी के आधार पर संपूर्ण प्रक्षेत्र व्ययसाय पर लम्बी अवधि के लिये योजना बनाई जाती है। संपूर्ण प्रक्षेत्र बजट की सहायता से कृषकों को निर्णय लेने में मदद मिलती है कि दो या दो से अधिक विकल्पो में कौन–सा विकल्प अधिक लाभदायक या कम लागत का है। इस निर्धारण के लिये वैकल्पिक प्रक्षेत्र योजनाओं की आय–व्यय ब्यौरा संबंधी तुलानात्मक अध्ययन किया जाता है। और सर्वाधिक लाभदायक योजना को अपनाना जाता है। प्रक्षेत्र प्रबंध में सभी उद्यमों के संयोग से प्राप्त शुद्ध आय को मापदंड का पैमाना माना जाता है। संपूर्ण प्रक्षेत्र बजट में स्थिर लागत (Fixed cost) व अस्थिर लागत (Variable cost) को जोड़कर कुल लागत निकाली जाती है। तद् पश्चात आय–व्यय की गणना की

जाती है। जबकि, आंशिक बजट में केवल अस्थिर लागत को ही लिया जाता है। एक नए प्रक्षेत्र पर कृषि व्यवसाय चालू करने के पहिले या फिर प्रक्षेत्र पर बड़ी मात्रा में परिवर्तन करने या नवीन पद्धतियों का प्रयोग करने के लिये संपूर्ण प्रक्षेत्र बजट के अध्ययन की आवश्यकता होती है।

सम्पूर्ण प्रक्षेत्र बजटिंग से लाभ (Advantage of complete farm Budgeting)

1. संपूर्ण प्रक्षेत्र बजटिंग के आधार पर पुरानी और नवीन योजना का मूल्यांकन करने से लाभदायक योजना के चयन में सहायता मिलती है।
2. आय–व्यय गणना के आधार पर कृषक व्यय तथा हानि के प्रति सचेत रहते है।
3. बजट के आधार पर कृषि क्रियाओं मे सुधार किया जा सकता है।
4. इसके आधार पर उत्पादन के लिये प्रयुक्त प्रत्येक साधन की उपयोगिता पर समुचित विचार करने का अवसर प्राप्त होता है।
5. इसके द्वारा प्रत्येक उद्यम का तुलनात्मक अध्ययन किया जा सकता है। जिससे राष्ट्रीय कृषि नीतियॉ बनाने में सहायता मिलती है।
6. यह प्रक्षेत्र के विभिन्न उद्यमों के संयोजन एवं चयन का निर्धारण में मदद देता है।
7. इसके द्वारा संपूर्ण प्रक्षेत्र का आर्थिक अवलोकन करके वास्तविक स्थिति को प्रगट करता है।
8. आय–व्यय ब्यौरे के द्वारा लाभ व हानि का पूर्वाभास हो जाता है।
9. संपूर्ण प्रक्षेत्र बजटिंग के द्वारा कृषि व्यवसायी को प्रक्षेत्र व्यवसाय की कमियॉ, अच्छाइयॉ एवं बुराइयों का पता चल जाता है।
10. प्रक्षेत्र बजट के आधार पर मानवश्रम व पूँजी की आवश्यकता का पूर्वानुमान हो जाता है।

आंशिक एवं संपूर्ण प्रक्षेत्र बजटिंग में अंतर
(Difference between Partial and Camplete Farm Budgeting)

आंशिक प्रक्षेत्र बजटिंग		संपूर्ण प्रक्षेत्र बजटिंग	
1	इसमें प्रक्षेत्र की किसी एक इकाई की आय–व्यय गणना की जाती है जैसे, उन्नतशील बीज का प्रयोग, नवीन यंत्रों का प्रयोग अथवा उन्नत नस्ल का प्रयोग आदि।	1	इसके अंतर्गत संपूर्ण प्रक्षेत्र का एक इकाई मानकर आय–व्यय की गणना की जाती है। जैसे भूमी तैयारी से लेकर फसल कटायी तक सभी पहलुओं पर विचार किया जाता है।
2	इसमें केवल अस्थिर लागतो का समावेश होता है।	2	इसमें अस्थिर व स्थिर लागतों को आय–व्यय की गणना में सम्मिलित किया जाता है।
3	इसे अल्प के परिक्षेप में अपनाया जाता है।	3	इसकी लंबे समय में परिवर्तन हेतु अपनाया जाता है।
4	प्रक्षेत्र पर मामूली परिवर्तन के लिये प्रक्षेत्र बजट बनाया जाता है।	4	इसमें बड़े परिवर्तन के उद्देश्य से प्रक्षेत्र बजट बनाया जाता है।
5	इससे किसी पुरानी विधि या तकनीकी में बदलाव हेतु आंशिक बजट बनाया जाता है	5	इसमें किसी नये प्रक्षेत्र व्यवसाय को प्रारंभ करने के पहिले उसका संपूर्ण प्रक्षेत्र बजट बनाया जाता है।
6	इसमें श्रम व पूँजी दोनों की आवश्यकता कम लगती हैं।	6	इसके अंतर्गत मात्र पूँजी की अधिक आवश्यकता होती हैं।

अध्याय 6

श्रम
(Labour)

कृषि उत्पादन में किसी भी फसल का खाद्यान्न पदार्थ का उत्पादन करने हेतु भूमि, श्रम, पूँजी एवं साहस प्रबन्ध का महत्वपूर्ण योगदान हैं। भूमि एवं पूँजी उत्पादन का निष्क्रिय साधन है परन्तु श्रम उत्पादन का सक्रिय साधन है अर्थात श्रम उत्पादन का एक महत्वपूर्ण साधन है। आज वर्तमान में अभियांत्रिक उपकरणों का यंत्रो का कृषि के क्षेत्र में बहुत उपयोग हो रहा है परन्तु अभी भी उत्पादन प्रक्रियाओं में श्रम को अधिक महत्वपूर्ण स्थान है दूसरे शब्दों में हम कह सकते हैं कि उत्पादन प्रक्रियों में श्रम का कोई भी प्रभावशाली विकल्प नहीं है अर्थात् श्रम की अनुपस्थिति में हम किसी भी वस्तु या पदार्थ का उत्पादन करना असम्भव–सा प्रतीत होता है। श्रम एवं कृषि का आपस में बहुत पुराना सम्बन्ध है इसलिये कृषि अर्थशास्त्र में श्रम का महत्वपूर्ण स्थान है अर्थात श्रम–शक्ति का कृषि उत्पादन पर अनुकूल प्रभाव पड़ता है जिससे उत्पादन तीव्र गति से बढ़ता है क्योंकि अन्य उपलब्ध साधनों का प्रयोग श्रम की उपलब्धता पर निर्भर करता है। श्रम शक्ति के अभाव में किसी वस्तु या पदार्थ का उत्पादन तीव्र गति से नहीं किया जा सकता।

कृषि के क्षेत्र में श्रम का विकास दो प्रकार से किया जा सकता है, जैसे–एक तो मनुष्य (श्रमिक) स्वयं उपभोक्ता है। दूसरा वह स्वयं उत्पादक है। इस परिस्थिति में उत्पादक के लिये प्रश्न निर्माण होता है कि, कितनी मात्रा में उत्पादन किया जावे एवं कितनी मात्रा में वस्तुओं का उपभोग किया जावे और यह समस्या

हर समय बने रहती है। मान लीजिये कि, द बिन्दु दर्शाता है कि, कितनी इकाई उत्पादन में प्राप्त हुई एवं बिन्दु ध दर्शाता है कि, कितनी मात्रा में वस्तु का उपभोग किया जावे। इसे हम एक सूत्र द्वारा दर्शा सकते है।

जैसे अ = द–ध = 0

यह सूत्र तीन प्रकार के सम्बन्ध दर्शाता है जैसे–

(1) अ>1, उपभोग की तुलना में उत्पादन अधिक करता है और इसी अधिक उत्पाद (Surplus produce) का कृषि के अलावा दूसरे क्षेत्र में उपयोग किया जाता है (Farm sector)।

(2) अ<1, अ<0, दोनो अवस्थायें संकेत करती है कि, उत्पादन न्यूनतम हो रहा है अर्थात् इन दोनो अवस्थाओं का आर्थिक विकास में कोई योगदान नहीं है।

सामान्यतः कृषि श्रमिक को दो प्रकार से विभक्त कर सकते हैः–

(1) **स्थायी श्रमिकः** वह श्रमिक बड़े–बड़े किसानो के खेत में काम करते है। यह कार्य लगातार एक साल तक या इससे अधिक भी हो सकता है एवं कार्य के ऐवज में सप्ताह में या एक महीने में मेहनताना दिया जाता है, जो नगद या प्रकार (cash of kind) में भी हो सकता हैं।

(2) **अस्थाई श्रमिकः** इस प्रकार के श्रमिक हमारे यहॉ बहुतया पाये जाते है अर्थात् इनका प्रतिशत ज्यादा है। अस्थाई श्रमिक भी किसानों के यहॉ खेतो पर कार्य करते है, परन्तु आवश्यकताओं के आधार पर श्रमिक को बुलाया जाता है। जैसे–बुआई, खेत की तैयारी, निंदाई–गुडाई या फसल काटने इत्यादि। मजदूर या श्रमिक को मेहनताना/वेतन रोज या सप्ताह में देने का रिवाज है।

कृषि श्रमिकों को तात्पर्य यहॉ पर उन श्रमिको से है जो सामान्यतः किसानों के खेतों में उनकी आवश्यकताओं के अनुसार कार्य करते हैं। कुछ ऐसे भी श्रमिक हैं जो कृषि खेत होने के बावजूद दूसरे के खेतों में कार्य करते हैं। इस प्रकार, कृषि श्रमिकों को निम्न श्रेणियों में विभक्त कर सकते हैः–

(1) वे भूमिहीन श्रमिक, जो बड़े किसानों के यहॉ बंधुआ श्रमिक की तरह कार्य करते है और इसके ऐवज में उन्हें जिन्स के रूप में वेतन मिलता है।

(2) वे भूमिहीन श्रमिक, जो व्यक्तिगत रूप से स्वतंत्र हैं, परन्तु वे अपनी आवश्यकतानुसार, किसानों के यहॉ कार्य करते हैं अथवा कृषि से सम्बन्धित अन्य व्यवसाय करते हैं, जैसे–लोहार, बढ़ई इत्यादि।

(3) वे छोटे निर्धन किसान जिनके पास नाम मात्र थोड़ी सी जमीन है, परन्तु वे अधिकांश समय दूसरों के यहॉ कार्य करते हैं।

(4) ऐसे कृषक जिनके पास जोत का आकार बड़ा है, परन्तु परिवार का आकार भी बड़ा हैं, तो इस प्रकार के किसान अपने परिवार के पालन–पोषण के लिये दूसरे समृद्ध किसानों के यहॉ कार्य करते हैं एवं उसके ऐवज में वेतन पाते है।

भारतीय अर्थव्यवस्था श्रमिकों की संख्या एवं उनकी कार्य कुशलता पर आधारित है। श्रमिक कृषि के अलावा अन्य व्यवसाय अथवा औद्योगिक क्षेत्रों में भी कार्य करते हैं जिन्हें हम औद्योगिक श्रमिक भी कह सकते हैं परन्तु कृषि श्रमिकों की स्थिति औद्योगिक श्रमिकों में बिलकुल भिन्न हैं एवं दोनों श्रमिको का अन्तर स्पष्ट कर सकते हैं:–

क्रं	औद्योगिक श्रमिक	कृषि श्रमिक
1	औद्योगिक श्रमिक प्रायः शहरों में अधिक मात्रा में कार्य करते हैं।	कृषि श्रमिक खेतों में कार्य करते हैं।
2	औद्योगिक श्रमिक, शिक्षित, संगठित एवं कुशल होते है।	कृषि श्रमिक, अनपढ़, असंगठित एवं अकुशल होते हैं।
3	औद्योगिक श्रमिक पूरे सालभर कार्य करते हैं।	कृषि श्रमिक मौसम के आधार पर कार्य करते हैं।
4	औद्योगिक श्रमिकों का रोजगार स्थायी होता हैं।	कृषि श्रमिकों का रोजगार अस्थाई होता हैं।
5	इसमें श्रमिकों को वेतनमान प्रत्येक माह प्राप्त होता हैं।	इसमें कृषि श्रमिकों प्रतिदिन या प्रति सप्ताह मानदेय मिलता हैं।
6	औद्योगिक श्रमिकों को मजदूरी कानून नियम के अंतर्गत कार्य करना होता है। जैसे कार्य करने की अवधि, कार्य की दशायें, अवकाश कार्य का ब्रेक (Recess) आदि।	कृषि श्रमिक अपने ईच्छानुसार कार्य करते हैं। इसमें मजदूरी कानून नियमों का अभाव रहता हैं।
7	रहन–सहन का स्तर उॅचा रहता हैं।	रहन–सहन का स्तर दयनीय होता हैं।

कृषि श्रमिक से अभिप्रायः

भारत वर्ष में कृषि बहुत प्राचीन व्यवसाय है। कृषि में फसल उत्पादन के लिये अनेक कार्यो की आवश्यकता होती है। इन कार्यो या क्रियाओं को करने के लिये मनुष्य जाति की आवश्यकता होती है चाहे वह पुरुष हो अथवा महिला अर्थात् कृषि व्यवसाय सम्पूर्णतया आज भी कृषि श्रमिकों पर निर्भर रहता है। कृषि मजदूर कृषि कार्य किराये के रुप में आते है। अखिल भारतीय श्रम जांच समिति रिपोर्ट (All India Labour Enquiry Committee Report, 1950-1951) के आधार पर ''कृषि श्रमिक वे होते हैं जिनकी आमदानी का 50 प्रतिशत या इससे अधिक भाग मात्र कृषि क्षेत्र में किये हुये श्रम का वेतन प्राप्त करके होती है।'' इसके उपरान्त पुनः 1956–67 में द्वितीय कृषि श्रम जाँच समिति ने कृषि श्रमिकों को पारिभाषित किया। समिति रिपोर्ट के अनुसार, ''कृषि श्रमिक का अर्थ उस मनुष्य से है जो न केवल कृषि में फसल उत्पादन का कार्य करता है बल्कि, कृषि व्यवसाय से सम्बन्धित व्यवसाय जैसे कृषि, पशु पालन, मुर्गी पालन, मधुमक्खी पालन आदि पर श्रम करके अपना निर्वाह, भरण–पोषण करता है। कृषि श्रमिकों का अभिप्राय उन श्रमिकों से है, जो कृषि व्यवसाय या उससे सम्बन्धित व्यवसाय कार्य करते है एवं अपनी आजीविका चलाते है। प्रायः देखा गया कि कृषि श्रमिक के पास अपनी भूमि नहीं होती और यदि होती भी है तो नाम मात्र के लिये, जिससे उसके परिवार का उदरनिर्वाह नही हो सकता।

श्रम की परिभाषाएं (Definition of Labour):

सामान्यतः श्रम का अर्थ कृषि कार्य में हाथ से कार्य करने वाले व्यक्ति से हैं अथवा श्रम हाथ से करने वाले को श्रमिक कहते है। अर्थशास्त्र में श्रमिक से तात्पर्य उस व्यक्ति से है जो सभी कार्य शारीरिक एवं मानसिक कार्यो से होता है जो इसके ऐवज में मानदेय या वेतन प्राप्त करता है या फिर वेतन पाने के दृष्टिकोण से कार्य या श्रम करता है क्योंकि यह उसकी मुख्य आजीविका हैं। अर्थशास्त्र श्रम का अर्थ व्यापक रुप से लगाया जाता है। कुछ अर्थशास्त्रीयों ने श्रम को निम्नानुसार परिभाषित किया हैः–

प्रो. मार्शल के अनुसार, ''श्रम से तात्पर्य किसी भी शारीरिक अथवा मानसिक परिश्रम से है, जो पूर्णतया या आंशिक रुप से कार्य से प्राप्त होने वाले प्रत्यक्ष आनन्द या लाभ के लिये किया जाता है।''

जेवन्स के शब्दों में ''श्रम का आशय मनुष्य के आर्थिक कार्य से है, चाहे वह हाथ से या मस्तिष्क से किया गया हो''

"Any exertion of mind or body undergone party or wholly with a view to some good other than the pleasure derived directly from the work of man, is called labour."

-Affred Marshall

"By Labour is meant the economic work of man, whether done with the hand or the head."

-Jevons

कृषि अर्थशास्त्र में कृषि श्रमिक का अर्थ थोड़ा विशेष रुप से लिया जाता है अर्थात जो श्रमिक कृषि कार्य में श्रम या सेवायें करता है उसे हम कृषि श्रमिक कहेंगे, क्योंकि श्रमिक की सेवा को ही उत्पादन एक साधन का एक विशेष भाग माना गया हैं।

कृषि श्रमिकों के प्रकार (Types of Agricultural Labourers):

हम देख चुके हैं कि कृषि व्यवसाय या कृषि से सम्बन्धित अन्य व्यवसाय में मनुष्य शारीरिक या मानसिक रुप से श्रम या सेवायें करता है और उसके परिश्रम के ऐवज में उसे मेहनताना, वेतन या आर्थिक धन प्राप्त होता है। इससे स्पष्ट हैं कि मनुष्य की सेवाये ही उत्पादन कार्य में मदद करती है। परन्तु प्रत्येक कृषि श्रमिक की श्रमशक्ति सेवाएं, कार्यकुशलता एवं श्रम के प्रकार अलग–अलग हो सकते है। इसी कारण कृषि श्रमिकों को उनके श्रम के आधार पर अलग प्रकार में विभक्त किया गया।

(1) स्थायी श्रमिक (Permanent attached Labour):

भारत में स्थायी श्रमिको की संख्या में लगातार कमी आ रही है क्योकि इसमें श्रमिकों का शारीरिक एवं मानसिक दोनों प्रकार से शोषण हो रहा था। इसलिये यह स्थायी श्रमिक प्रथा लगभग समाप्ति की ओर है।

कृषि मजदूर जांच समिति के अनुसार स्थायी श्रमिक वह होते हैं जो मालगुजार, साहूकार या बड़े किसानों के यहां श्रमक या सेवाएं लगातार सालभर या इससे अधिक अंतराल तक कार्य करते हैं।

(2) अस्थायी श्रमिक (Causal Labour):

कृषि व्यवसाय या कृषि से सम्बन्धित अन्य सहायक उद्योगों में विभिन्न कार्य करने के लिये अनेक अस्थायी श्रमिकों की आवश्यकता होती है। जैसे खेत की जुताई,

बुआई, निदाइ–गुड़ाई, काटना इत्यादि अर्थात स्थायी श्रमिको के अलावा आर्थिक कार्य करने के लिये अन्य श्रमिकों को बुलाया जाता है उसे अस्थायी श्रमिको का दर्जा दिया गया हैं।

उसी प्रकार कांग्रेस भूमि सुधार कमेटी ने कृषि श्रमिकों को तीन श्रेणियों में विभक्त किया गया हैंः–

(a) खेतीहर श्रमिक (Field Labourers):

इस श्रेणी के श्रमिक सिर्फ मात्र कृषि मात्र कृषि खेतों मे ही श्रम या सेवायें देते हैं जिससे अप्रत्यक्ष रूप से सही उपयोग एवं प्रबंध होने पर उत्पादन में वृद्धि होती है। जैसे हल श्रमिक (Ordinary Labourers), बीज बोने वाला (Sowar), निदाई–गुडाई करने वाला (Weeders), फलस कटाई करने वाले श्रमिक (Reapers) आदि ।

(b) सामान्य श्रमिक (Ordinary Laboures):-

इसके अंतर्गत साधारण श्रमिकों का समावेश होता है, जो श्रमिक खेतों में छोटे–मोटे काम जैसे, मेड बनाना, बांध काम करना, खुदाई करना, साफ–सफायी करना एवं देखरेख करना इत्यादि श्रमिकों का समावेश सामान्य या साधारण श्रमिक की बतौर किया जाता है।

(c) कार्य कुशल श्रमिक (Skillfull Labourers):-

कृषि में अप्रत्यक्ष रूप से अन्य सेवाओं की भी आवश्यकता होती है जिससे उत्पादन बढ़ाने में सहायता मिलती है। जैसे–लोहार, बढ़ई, मशीन मैकेनिक और ट्रेक्टर ड्रायवर आदि।

कृषि मजदूरी (Ways of Agriculture Labourers)

कृषि उत्पादन में श्रम का एक विशेष स्थान है। इसकी विशेषता यह है कि श्रमिक अपना श्रम बेचता है परन्तु स्वयं अपना स्वामित्व बनाये रखता है। श्रम नाशवन है, क्योंकि श्रम का संचय सम्भव नहीं है। कृषक जो श्रम करता है उसके सेवाओं के बदले में उसे मानदेय/वेतन दिया जाता है।

भारत में कृषि श्रमिकों की आर्थिक स्थिति अति दयनीय है। इसका कारण मुख्यतः कृषि श्रमिकों द्वारा दिये गये श्रम का वास्तविक मानदेह प्राप्त नहीं होता।

फ्रांसीसी अर्थशास्त्रियों ने किसानों व कृषि मजदूरों की अति दयनीय दशा देखकर जीविका सिद्धांत को मान्य किया। उसी प्रकार रिकार्डो ने भी श्रमिकों की

दयनीय स्थिति देखकर मजदूरी सिद्धांत को मान्य किया, माल्थस ने भी जनसंख्या पर आधारित सिद्धांत बनाया।

भारत में अलग–अलग प्रान्तों में मजदूरी की दर में विभिन्नता पायी जाती है इसके विभिन्न कारण हो सकते हैं, जहाँ ज्यादा मजदूरी है वह क्षेत्र संकेत करता है कि ज्यादा समृद्धि है जैसे–पंजाब, हरियाणा इसके विपरीत जहाँ कृषि उत्पादन कम होगा या कृषि विकास के दृष्टिकोण से अविकसित क्षेत्र होगा वहाँ मजदूरी की दर सस्ती होगी जैसे–बिहार, केन्द्र और राज्य सरकार ने कृषि श्रमिकों के लिये और उनका रहन–सहन, पारिवारिक कल्याण हेतु अनेक योजनाऐं बनवाई है और उसे कार्यान्वित भी किया गया है।

कृषि श्रमिकों को साधारणतया अलग–अलग ढंगों में से किसी भी रूप में मजदूरी दी जा सकती है। विभिन्न राज्यों में अलग–अलग मजदूरी देने का प्रचलन है। प्रायः निम्न स्वरूप में श्रमिकों को मजदूरी दी जाती है, जैसे–नगदी में मुद्रा अथवा द्रव्य के रूप में, वस्तुओं के रूप में, कुछ नगदी और कुछ वस्तुओं के रूप में। यह बात सही है कि कुशल या कार्यकुशल श्रमिकों को वेतन अच्छा प्राप्त होता है जैसे ट्रेक्टर या नलकूप चलाने के लिये किसी कुशल कारीगर या श्रमिक की आवश्यकता होती है। कुशल कार्यकर्ता की अपेक्षा अकुशल कार्यकर्ता को मानदेय कम मिलता है, परन्तु कहीं कहीं पर तो इन श्रमिकों का शोषण होता है। इस प्रकार के मजदूर प्रायः आदिवासी क्षेत्र से शहरों की ओर रोजगार पाने के लिये निकलते है और उनके श्रम के ऐवज में उन्हें उतनी अच्छी मजदूरी नहीं मिलती। यद्यपि इसके अनेक कारण हो सकते हैं। जहां पर कृषि श्रमिकों की संख्या अधिकतम है जो मजदूर मात्र मजदूरी पर ही निर्भर रहते हैं एवं उन्हें मजदूरी कम मात्रा में प्राप्त होती है उसे बढ़ाने के लिये केन्द्र व राज्य सरकार ने मजदूरों की उन्नति के लिये कल्याण योजनायें बनायी है।

कृषि मजदूरों की कार्य क्षमता (Efficiency of Agricultural Labourers): भारत वह कृषि प्रधान देश हैं जहां पर कृषि श्रमिक व अन्य श्रमिक प्रत्यक्ष या अप्रत्यक्ष रूप से कृषि पर आधारित हैं। हमारे देश में अधिकांश श्रमिक दयनीय स्थिति या अति दरिद्र अवस्था में है और उन्हें मजदूरी की मात्रा भी कम मिलती है। यद्यपि श्रमिकों का वेतन उनके कार्य के आधार पर अथवा कार्य करने की शैली/कुशलता पर निर्भर करता है, जो श्रमिक कुशल है उसे अच्छा पारिश्रमिक मिलेगा और जो कुशल नहीं है उसे कम पारिश्रमिक दिया जाता है।

कृषि क्षेत्र में श्रम की कार्यक्षमता का अर्थ उसकी कार्य करने की शैली/पद्धति अथवा श्रमिक की उत्पादन कुशलता से है। श्रमिक की कार्यक्षमता को अनेक कारण प्रभावित करते हैं जिसका परोक्ष रूप से उत्पादन स्तर पर प्रभाव पड़ता हैं। इसीलिये श्रमिक उत्पादन का एक प्रमुख घटक समझा गया है। श्रमिक की कार्यक्षमता को जानने के लिये आवश्यक है कि हम पहले श्रमिक की कार्य करने की विधि, उसके परिणाम, प्राप्त मात्राओं का अंश, मजदूर लागत एवं प्राप्त सीमांत उत्पाद इन सभी पहलूओं पर विचार कर तुलनात्मक अध्ययन कर सकते हैं। श्रेष्ठता एवं गुणवत्ता भी इन दो बातों के द्वारा भी श्रमिक की कार्यकुशलता परखि जा सकती है जिसे श्रमिक की कार्यकुशलता से भौतिक उत्पादन में वृद्धि होती है जबकि अन्य साधन स्थिर रहने पर अर्थात् दूसरे श्रमिक की तुलना में यह श्रमिक श्रेशठ या कुशल समझा जायेगा एवं कार्य क्षमता भी अपेक्षाकृत अधिक मानी जायेगी।

कार्य क्षमता को निम्न प्रकार से फार्मूला के आधार पर ज्ञात किया जा सकता है:–

(1) $$\text{क्षमता} = \frac{\text{श्रमिक आगत}}{\text{कार्य उत्पाद}} \qquad \text{Efficiency} = \frac{\text{Labour input}}{\text{Output work}}$$

(2) $$\text{क्षमता} = \frac{\text{कार्य की कुल इकाईयां}}{\text{प्राप्त कुल उत्पाद}} \qquad \text{Efficiency} = \frac{\text{Total work unit}}{\text{Men equivalent}}$$

(1) $$\text{क्षमता} = \frac{\text{एक वर्ष में प्राप्त कुल उत्पादन}}{\text{उत्पादन में लगाये गये कुल श्रमिकों की संख्या}}$$

(1) $$\text{Efficiency} = \frac{\text{Received total output for the year}}{\text{Nos. of labours engaged in production}}$$

कृषि मजदूरी को प्रभावित करने वाले कारक
(Factors affecting the agricultural labourer)

प्रायः देखा गया कि आज के वर्तमान कृषि प्रणाली में कृषि श्रमिकों का उत्पादन में वृद्धि करने में बहुत सारा श्रेय इन्हीं को जाता हैं, परन्तु उत्पादन की तुलना में श्रमिकों को जितना पारिश्रमिक मिलना चाहिये उतना नहीं मिलता अर्थात् कम प्राप्त

होता है। दूसरे शब्दों मे हम यह भी कह सकते हैं कि कृषि श्रमिक की मजदूरी को बहुत से ऐसे कारक हैं जो प्रभावित करते हैं। वे कौन–कौन से कारक हो सकते हैं उसके ऊपर हम प्रकाश डालेंगे–

1. मानदेय कम प्राप्त होनाः– प्रायः देखा गया है कि नौजवान कृषक श्रमिक गाँव से शहरो की और श्रम करने हेतु जाता है इसका मुख्य कारण यह है कि कृषि क्षेत्र में मजदूरी की अपेक्षा औद्योगिक क्षेत्रों में मजदूरी अधिक प्राप्त होती हैं।
2. संगठनो का अभावः– कृषि श्रमिकों में संगठनों का अभाव रहता हैं और उनमें मोलभाव करने की क्षमता कम होती हैं।
3. उपज की कमीः–कृषि खाद्यान्न उपज की कमी होने के कारण श्रमिकों को मजदूरी भी प्रभावित होती है अर्थात् मजदूरी कम हो जाती है।
4. कर्ज में डुबे रहनाः– प्रायः देखा गया कि गाँव में मालगुजार या साहूकार द्वारा कृषकों को अधिक ब्याज पर ऋण उपलब्ध कराया जाता है। समय पर कृषक श्रमिक वापिस नहीं कर पाते इसके कारण यह मालगुजार हमेशा मे लिये इन श्रमिकों को अपने चंगुल में फंसा लेते है। इसी शोषण के कारण कृषि श्रमिकों को मजदूरी की दर में कमी आती है कृषि श्रमिकों की ऋण ग्रसस्ता बढ़ती जाती है।
5. छोटी कृषि जोतः– भारत में छोटे जोत वाले कृषकों की संख्या बहुतया अधिक है जिसमें कृषक पारिवारिक श्रम का ज्यादा प्रयोग होता है। इसी स्थिति में कृषि श्रमिक की मांग कम होती है। यही कारण हैं कि उन्हें मजदूरी सदैव बहुत कम रहती है।
6. अन्य कृषि धन्धों का अभावः– गाँव में कृषि के अलावा अन्य व्यवसाय न होने के कारण कृषि श्रमिकों को कृषि व्यवसाय पर ही निर्भर रहना पडता हैं। इसी कारण से कृषि श्रमिकों को दूसरा परिश्रम नहीं होने के कारण कम मजदूरी में कार्य करना पडता है।
7. अशिक्षित होनाः– शिक्षा का प्रभाव मजदूरों की कार्यक्षमता/कुशलता पर पडता है। कृषि श्रमिक प्रायः अशिक्षित या कम पढ़े लिखे पाये जाते हैं। इसीकारण से उन्हें मजदूरी भी कम प्राप्त होती है।
8. निरन्तर उत्पादन का अभावः–हमारे यहाँ विभिन्न प्रकार के मौसम पाये जाते हैं। कृषि क्षेत्र में निरन्तर उत्पादन नही होता, प्रत्येक मौसम में अलग–अलग फसलों का उत्पादन होता है। मुख्यतया श्रमिकों की किसानों को खेत की जुताई, बुवाई, निदाई, गुडाई, कराई करने के

लिये आवश्यकता होती है एवं अन्य समय की अपेक्षाकृत मांग कम होने के कारण कृषि श्रमिकों को मजदूरी कम प्राप्त होती है।

9. श्रम कानून लागू करने में बाधायें:– कृषि न्यूनतम वेतन अधिनियम लागू करने में बहुत सी बाधायें सामने आती है। जिसके कारण सही समय पर कृषक श्रमिकों को मानदेय प्राप्त नही हुआ।

अगस्त 1981 में श्रम मन्त्रालय बैठक में निम्नप्रकार निर्णय लिया गया:–

1. न्यूनतम मजदूरी गरीबी रेखा से कम नही होना चाहिये।
2. न्यूनतम वेतन संगठनों को उपभोक्ता मूल्य के साथ सूचारू रूप से समझाईश बनाये।
3. सरकार ने न्यूनतम वेतन कानून लागू करने के लिये विशेष कारगर कदम उठायें।

इस कानून का परिणाम बहुत कारगर साबित हुआ जिससे कृषक की मजदूरी में वृद्धि हुई औश्र इस प्रकार कृषि मजदूरी की दरें बढायी गयी। जिसका कृषि श्रमिकों को प्रत्यक्षरूप से लाभ हुआ। श्रमिकों का आर्थिक विकास कार्यो से सकारात्मक सम्बन्ध है अर्थात् जहां पर आर्थिक विकास के कार्य हो रहे है, वहां श्रमिकों की मांग बढ़ जाती हैं क्योंकि पारिश्रमिक वेतन में वृद्धि हो रही हो तो अधिक श्रमिकों को रोजगार मिलता है।

कृषि श्रमिक कल्याण योजना (welfare programme for agricultural labourer)

हमारे यहां पहले बंधुआ श्रमिकों का प्रचलन था जिसमे मालगुजार जमीनदार, साहूकार या महाजन गाँव के बनिया से श्रमिक रूपया कर्जे पर लेते थे परन्तु ब्याज व पूँजी अदा न करने के कारण उन्हें इन लोगों के यहां एक सेवक की तरह घर पर या खेतों पर काम करना पड़ता था। उसके परिवार के पालन–पोषण के लिये मात्र उसे कुछ अनाज एवं कपड़ा दिया जाता था। भारत सरकार ने बंधुआ श्रमिकों को मुक्त कराने के लिये एक अधिनियम पास किया जिसका नाम बंधुआ उन्मुलन अधिनियम रखा और उसे 1976 को पारित किया इसी प्रकार सरकार ने बीस सूत्रीय कार्यक्रम के अंतर्गत बंधुआ श्रमिकों के पुर्नवास की व्यवस्था भी की गयी हैं।

उसी प्रकार कृषि श्रमिकों की दयनीय स्थिति में सुधार करने के लिये सरकार ने सन् 1948 में न्यूनतम मजदूरी अधिनियम पारित किया और इसकी जिम्मेदारी

सभी राज्य सरकार को दी गयी कि वे उचित जांच–पडताल करके ग्रामीण क्षेत्रों में न्यूनतम मजदूरी देने की व्यवस्था की गयी है। इस प्रकार से सरकार ने श्रमिकों के कल्याण के लिये बहुत सारी योजनाऐं बनायी गयी है जो निम्नानुसार हैः–

समग्र ग्रामीण विकास कार्यक्रम अथवा एकीकृत ग्रामीण विकास कार्यक्रम (Integrated Rural Development Programme (IRDP)

यह सबसे नवीनतम कार्यक्रम है जो स्वतंत्रता प्राप्ति से पूर्व तथा पश्चात् में चलाये गये अनेक कार्यक्रमों की सफलता और असफलता को ध्यान में रखकर बनाया गया है। IRDP कार्यक्रम 1978–79 में देश के 2300 विकास खण्डों में प्रारम्भ किया गया और बाद में 2 अक्टूबर, 1980 से देश के सभी विकास खण्डों में प्रारम्भ किया गया। इस योजना में प्रत्येक विकास खण्ड को 5 लाख रूपये उपलब्ध कराने का लक्ष्य रखा गया है। दूसरे शब्दों मे कम से कम 3000 परिवारों को प्रत्येक विकास खण्ड में पांच वर्ष के अंदर तुरन्त सहायता प्रदान की जावेगी। इसी प्रकार प्रत्यके वर्ष विभिन्न विकास खण्डों में 600 परिवारों को सहायता देने हेतु चयन किया जाता है।

उद्देश्य (Objectives):-

1. इस योजना के मुख्य उद्देश्य यह है कि ग्रामीण क्षेत्रों में गरीब परिवारों को गरीबी रेखा से ऊपर उठाने के लिये आवश्यक सहायता प्रदान करना।

लाभान्वित कौनः–

1. कृषि तथा कृषिहीन मजदूर
2. सीमांत एवं छोटे किसान
3. ग्रामीण शिल्पी तथा कारीगार
4. अनुसूचित तथा अनुसूचित जनजाति के परिवार
5. वह सभी परिवार जो गरीबी रेखा के नीचे होगे जिनकी वार्षिक आमदानी 11000 रूपये से कम है।

कार्य प्रणालीः– इस योजना को आर्थिक रूप से मदद करने के लिये अग्रणी बैंक (Lead Bank) को बाध्य किया गया है। इस कार्यक्रम से लाभान्वित करने के लिये जिला स्तर पर एक ग्रामीण संस्था की स्थापना की गयी है। इस योजना का कार्य सूचारू रूप से चलाने के लिये इसकी कार्य प्रणाली सहकारी समिति/विभागों तथा बैंको के समान है।

यह एक बहुउद्देशीय कार्यक्रम योजना है। इसके अंतर्गत वही परिवार सम्मिलित होता है जो जरूरतमंद है अथवा वह परिवार जो आर्थिक रूप से कमजोर हैं और उन्हीं परिवारों का चयन किया जाता है। चयन के पश्चात् प्रत्येक परिवार के सदस्यों से विचार–विमर्श किया जाता है तत्पश्चात् उस परिवार को लाभप्रद कार्य तय किया जाता है। IRDP के अंतर्गत चयनित परिवार को 25 प्रतिशत से 33.3 प्रतिशत (सबसीडी) दी जाती है। तथा शेष सहायता ऋण के रूप में राष्ट्रीयकृत बैंक या अग्रणी बैंक से दिलाई जाती है। इस प्रकार, इस योजना की सहायता से प्रत्येक परिवार की आर्थिक सहायता को आवश्यकता के रूप में पूरा करके आर्थिक सहायता को आवश्यकता के रूप में पूरा करके आर्थिक आय (आमदनी) बढाने का प्रयास होता है।

जवाहर रोजगार योजना (Jawahar Rozgar Yojana, JRY):-

इस योजना को भारत के प्रथम प्रधानमंत्री स्व. पंडित जवाहरलाल नेहरू की जन्म वर्श में 1989–90 में लागू किया गया था।

उद्देश्य (Objectives)

1. ग्रामीण क्षेत्र में गरीबी रेखा से नीचे जीवनयापन कर रहे परिवारों बेरोजगार तथा अर्द्ध बेरोजगार सदस्यों को रोजगार उपलब्ध कराना।
2. ग्रामीण क्षेत्र में ऐसी सामुदायिक परिसम्पत्तियों में सृजन जो उनकी आर्थिक तथा सामाजिक अवस्थाओं के सौंदर्यीकरण में सहायक हों, आर्थिक बढोत्तरी हेतु उत्प्रेरक का कार्य करता हो तथा ग्रामीण गरीबों के आर्थिक स्तर में स्थाई सुधार लाने में उपयोगी हो।
3. ग्रामीण जीवन के रहन–सहन में गुणात्मक सुधार लाना।

लाभान्वित कौनः–

1. गरीबी रेखा से नीचे जीवनयापन करने वाले परिवार।
2. अनुसूचित जाति व जनजाति परिवार का कार्य करता हो तथा ग्रामीण गरीबों के आर्थिक स्तर में स्थाई सुधार लाने में उपयोगी हो।
3. ग्रामीण जीवन के रहन–सहन में गुणात्मक सुधार लाना।

लाभान्वित कौनः–

1. गरीबी रेखा से नीचे जीवनयापन करने वाले परिवार।
2. अनुसूचित जाति व जनजाति परिवार।

3. महिलाओं को 30 प्रतिशत अवसर आरक्षित।
4. खानाबदोश जनजाति के परिवार।

कार्यक्रम की विशेषतायें:–

1. योजना का कार्यान्वयन व संचालन का पूर्ण अधिकार ग्राम पंचायतों को दिया गया है।
2. ग्राम प्रधान को जनसंख्या के आधार पर धन का आवंटन किया जाता है।
3. ग्राम पंचायतें गांव उन्नति के लिये स्वतंत्र योजनायें बनाने के लिये स्वयं सक्षम एवं स्वतंत्र है।
4. अनुसूचित जाति/जनजाति के परिवारों के मकान बनाने के लिये कुल धन राशि का 15 प्रतिशत भाग आवंटित किया जाता है (मकान बनाने हेतु)।
5. इस योजना को आर्थिक सहायता के रूप में 80 प्रतिशत भाग केन्द्र सरकार के द्वारा दिया जाता हैं एवं बाकी 20 प्रतिशत भाग राज्य सरकार द्वारा देने का प्रावधान है।
6. इस योजना में गैर जिम्मेदाराना या ठेकेदारी प्रथा पर पूर्ण नियंत्रण अथवा प्रतिबंध है।
7. इस योजना के अंतर्गत मजदूरी की दर वर्तमान में प्रचलित एवं जिला कार्यालय में निर्धारित दर पर मजदूरी दी जाती है।

ग्रामीण मजदूर शिक्षा कार्यक्रम:–

हमारे में ग्रामीण मजदूरों की शिक्षा का प्रतिशत बहुत कम रहा है। जिस कारण से इनका समय–समय पर काफी शोषण होता रहा है। जिसके परिणाम स्वरूप श्रमिकों की दयनीय स्थिति खराब होती गयी। इसीलिये सरकार ने ग्रामीण मजदूरों को शिक्षित करने की योजना बनायी और इस कार्यक्रम को संचालित करने के लिये केन्द्रीये मजदूर शिक्षा परिषद का संगठन बनाया गया। इसके द्वारा छोटे और सीमांत कृषकों, कृषि श्रमिकों तथा बेरोजगार लाभान्वित हुये है।

मकान बनाने की योजना:–

कृषि श्रमिकों का मकान बनाने का सपना साकार करने के लिये सरकार ने 20 सूत्रीय कार्यक्रय योजना का प्रारम्भ किया। इस योजना के अंतर्गत भूमि विहीन कृषि श्रमिकों को मकान बनाने के लिये जमीन देने की योजना की गयी है। परन्तु मकान का स्वामित्व तभी प्राप्त होगा जब कोई कृषि श्रमिक एक लम्बे अंतराल तक अपने परिवार के साथ उसमें स्वयं रहता हो, इस प्रकार के श्रमिकों को मकान

का स्वामित्व देने की भी व्यवस्था की गयी। 1983 तक 108.95 लाख परिवार को मकान के अधिकार प्राप्त हो चुके और 23.5 लाख परिवारों को मकान सुविधायें प्रदान की जा चुकी है।

निर्धन वर्गो की स्थिति सुधार कार्यक्रमः

सरकार द्वारा निर्धन गरीब वर्गो की दयनीय स्थिति से ऊपर उठान के लिये या फिर सुधार करने के लिये निर्धन श्रमिकों को सहायता योजना को प्रमुख स्थान दिया गया है। इसी योजना के अंतर्गत सीमांत कृषक एवं कृषि श्रमिकों सहायता देने हेतु यह योजना काफी कारगर सिद्ध हुयी है। शुरू में 168 जिलों में यह योजना चालू की गयी है। इस योजना से कम से कम एक जिले से 5000 किसान श्रमिकों को सीमांत कृषकों को सहायता दी जाने की योजना बनायी गयी है।

पुराने ऋणों से मुक्ति योजनाः–

प्रायः देखा गया कि कृषक की ऋण वापसी क्षमता में कमी हो जाती है। यद्यपि इसके बहुत सारे कारण हो सकते हैं जिसके कारण ऋणग्रसता बढ़ती जाती है। इस प्रकार के ऋण से छुटकारा पाने के लिये सरकार ने ऋण मुक्ति योजना बनायी है। इस योजना के अंतर्गत वे भूमिहीन श्रमिक व शिल्पकार जिनकी आयु 2400 रूपये वार्षिक या इससे कम हैं। उन्हें पुराने ऋणों से मुक्ति दिलाने के उद्देश्य से कानून बनाया गया है। परन्तु इस प्रकार ऋण की सबसे बढ़ी कमजोरी यह है कि इस प्रकार के ऋणों की ना तो वापसी की सम्भावना रहती है ना ही वसूली हो सकती है।

कृषि सेवा समितियों की स्थापना (Farmers Service Secieties (FSS):-

लघु कृषक एवं कृषि श्रमिकों की दयनीय स्थिति में सुधार करने में कृषि सेवा समितियों ने अत्यन्त महत्वपूर्ण कार्य किया है। यह सेवा समिति सहकारिता सिद्धान्त पर आधारित है। कमजोर एवं गरीब ग्रामीण कृषकों को सहायता करने हेतु कृषक सेवा समिति को 1971 में गठित किया गया है। यह समिति गांव के लघु कृषक, सीमान्त कृषक, कृषि श्रमिक, ग्रामीण कलाकार आदि को ऋण प्रदान करती है। कृषक सेवा समिति को समय–समय पर वित्तीय सहायता व्यावसायिक बैंक, अग्रणी बैंक, सहकारी बैंकों द्वारा प्रदान की जाती है।

कृषि श्रमिकों की स्थायी समितिः–

केन्द्रीय सरकार ने कृषि श्रमिक सम्बन्धी कानूनों व व्यवसायों की समीक्षा विस्तृत अधिनियमों की रूपरेखा बनाने के लिये एक स्थायी समिति की नियुक्ति की है।

उपरोक्त विवेचना से मालूम होता है कि विभिन्न पंचवर्षीय योजनाओं के अंतर्गत और 20 सूत्रीय कार्यक्रमों में कृषि श्रमिको की स्थिति में सुधार लाने के लिये सरकार द्वारा अनेक योजनायें कार्योन्वित की गयी है परन्तु यहां पर यह निष्कर्ष निकालना उपयुक्त होगा कि यद्यपि इन श्रमिकों की दशा में सुधार के प्रयास प्रारम्भ हुये हैं किन्तु अभी भी इन श्रमिकों की स्थिति दयनीय है और वे निर्धनता तथा शोषण के शिकंजे में जकड़े हुये हैं उन्हें मुक्ति दिलाने के लिये हमें अधिक निष्ठापूर्वक और ईमानदारी से कोशिश करनी पडेगी। कृषि श्रमिकों की स्थिति में सुधार सम्बन्धि कार्यक्रमों को अत्याधिक कारगर ढंग से अमल में लाने की आवश्यकता है। (शिवप्रसाद ढौडियाल)।

अध्याय 7

जोखिम एवं अनिश्चितता
(Risk and uncertinty)

कृषि व्यवसाय का एक ऐसा उद्यम है जहॉ पर प्रत्येक समय जोखिम एवं अनिश्चितता बनी रहती है। क्योंकि आज भी हमारी खेती प्राकृतिक वर्षा तथा भौतिक दिशा पर आधारित है फसल में कीड़ो या बीमारीयॉ लगने अथवा अचानक कारणों से जोखिम एवं अनिश्चितता बनी रहती है। किसानों के लिये यह समस्या हर साल बनी रहती है। इन समस्याओं को कैसे कम किया जाय जिससे सम्भावित आय प्राप्त हो सकें। पहले हम समझेगें की जोखिम व अनिश्चितता क्या होती है।

जोखिम (Risk)

जोखिम शब्द का अभिप्राय ऐसी स्थिति या घटानाओं का भविष्य में करने की समस्याओं का पूर्वानुमान लगाया जायेगा। जोखिम बहुत सारी सकारात्मक व नकारात्मक संभावनाओं से ओतप्रोत होता है। जोखिम की अवस्था में हम केवल इतना ही कह सकते है कि अमुक घटना के घटने की संभावना 90, 60, 10 या 5 प्रतिशत है। जोखिम की संभावनाये हम दो प्रकार से माप सकते है।

(1) सामान्य सिद्धांतों पर आधारित

(2) सांख्यिकीय आंकड़ो पर आधारित

अनिश्चितता (Un-certainty)

जोखिम के अंतर्गत किसी भी घटना अथवा संभावनायों को अनुमान लगाया जा सकता है। परंतु अनश्चितता की आवस्था में भविष्य का अनुमान लगाने का कोई तर्क वितर्क या सांख्यकीय आधार नहीं होता है। परंतु फिर भी भविष्य के लिये योजनाये तो बनाई जा सकती है। चाहे वह संभावनाये सकारात्मक हो या नकारात्मक या फिर कोई भी संभावनाये भविष्य में ज्ञात हो या न हो। किसान निर्णयकर्ता है, वह प्रत्येक नये वर्ष के लिये नई संभावनाओं के साथ योजनाओं का निर्णय करता है। और उसे अमल में लाता है। क्योंकि अंतिम निर्णय किसान का होता है। दूसरे शब्दों में निर्णय लेने के लिए निर्णयकर्ता प्रायः भविष्य का कुछ न कुछ अनुमान अवश्य लगाते है। उसी के आधार पर कोई कार्य करना या नहीं करने का निर्णय लेते है। यद्यपि ये निर्णय यथार्थ से या वास्तविक से दूर होते है। परंतु योजना बनाने तथा निर्णय लेने के लिए उनहे पर्याप्त समझा जाता है। और निर्णयकर्ता उसी में अपनी विश्वसनीयता व्यक्त करता है। कभी–कभी भविष्य के बारे में कोई भी घटना सूचना या अनुमान की संभावनाये उपलब्ध न होने पर कोई भी किसान या निर्णयकर्ता निर्णय लेने के लिये बाध्य हो सकता है।

सारांश में जोखिम एवं अनिश्चितता से हमारा यहॉ अभिप्राय ऐसी स्थिति से है। जिसमें कृषको का या निर्णयकर्ता को भविष्य की घटनाओं के परिणामों के बारे मे कुछ न कुछ जानकारी अवश्य होती है। भले ही उसका कोई वैज्ञानिक आधार हो अथवा न हो। परंतु निर्णयकर्ता का आत्मबल व आत्मविश्वास उसके साथ रहता है। और यह विषय नितांत आत्मनिष्ठ है।

अनिश्चितता के प्रकार (Types of Un-certainty)

फार्म–उत्पादन में प्रायः दो प्रकार की अनिश्चितता का सामना किसानों को करना है। वैसे तो कृषि उत्पादन के क्षेत्र में बहुत सारी सम्भावनायें व अनिश्चितायें होती है। परन्तु इन्हें हम मुख्यतः दो भागों में विभाजित करते है।

(1) फार्म पर अनिश्चिततायें **(On-Farm Un-certainty)**

(2) फार्म के बाहर की अनिश्चिततायें **(Off-Farm Un-certainty)**

किसानो की उत्पादन से सम्बंधित प्रथम अनिश्चिततायें दो होती है एक तो उपलब्ध साधनो का भण्डार दूसरी पारिवारिक मजदूरी आदि परन्तु बाद में स्थिति बदलती जाती उसी प्रकार अनिश्चिततओं में भी परिवर्तन होता है जैसे बाजार मूल्य आधुनिक तकनिकी, सरकार–योजनायें एवं सस्थाये! यद्यपि फार्म पर होने वाली अनिश्चितताओं को निम्ननूसार वर्गीकृत किया जाता है।

(1) साधनों की अनिश्चिततायें (Resousce Un-certainty)

फसल उत्पादन को प्रभावित करने वाले मुख्य चार कारक है जैसे–भूमि, श्रम, पूँजी, एवं प्रबंध। प्रथम भूमि के बारे में किसान तय नहीं करता है। कि उसे भूमि यानि खेती स्वंय करना है। बटाई पर देना हैं (Lease in or Lease out) उसी प्रकार मजदूरों की अनिश्चितताये कभी मिलते है। कभी उपलब्ध नहीं रहते है। या फिर मजदूरी बढ़ा देते है। या ठेके पर (Contract) काम कराते है। पूँजी एक उत्पादन का महत्ववूर्ण कारक है। यदि किसान को ऋण की आवश्यकता हो तो विभिन्न प्रकार की अनिश्चिततायें बनी रहती है। जैस–ऋण समय पर जितना चाहिये उतना प्राप्त होगा या नहीं खाद, बीज, उर्वरक, सिंचाई हेतु समय पर ऋण प्राप्त होगा उसी प्रकार, इन सब साधनों का उचित प्रबंध न होने से आय में वापसी की संभावनायें भी कम हो सकती है। इस प्रकार से साधनों से संबधित बहुत–सी अनिश्चिततयें हो सकती है।

(2) उत्पादन–अनिश्चिततायें (Production Un-certainty)

किसानों को फसल उत्पादन की आधुनिक पद्धतियों का पूर्ण ज्ञान न होने से फसल उत्पादन एवं उसकी उत्पादकता के विषय में विभिन्न प्रकार की अनिश्चिततायें बनी रहती है। जबकि उत्पादन, कृषि के क्षेत्र में एक विशेष पहलू है। यद्यपि उत्पादन की अनिश्चिततायें निर्भर करती हैं कि वर्षा का पानी भरपूर मात्रा में होना चाहिये, समय पर वर्षा समानरूप से सभी जगह वर्षा होना चाहिये उसीप्रकार, यदि फसलों में कीड़े, इल्लीयाँ या बिमारियो के कारण भी उत्पादन सम्बधिंत अनिश्चिततायें बनी रहती है।

(3) तकनिकी अनिश्चिततायें (Technological Un-certainty)

उत्पादन की क्रिया में तकनिकी का प्रभाव लम्बे समय तक देखा जा सकता है। इसके अन्तर्गत नये उन्नतशील, उर्वरक सिंचाई का समान मात्रा में प्रयोग करना इसी तरह कीटनाशक दवाईयो का इस्तेमाल करना इन सब आधुनिक साधनो से भी विभिन्न अनिश्चितताये निर्माण होती है।

(4) मूल्य–अनिश्चिततायें (Price Un-certainty)

किसी भी फसल उत्पादन योजना में आगत एवं उत्पाद कारकों का (Input or output factors) बहुत ही महत्व है यदि इनके मूल्यों में परिवर्तन होने पर किसानों की योजनाओ में भी अन्तर आता है आगत मूल्य अनिश्चिततयो की अपेक्षा उत्पाद मूल्य अनिश्चिततायें अधिक महत्वपूर्ण है। आगत (कारक) के मूल्यों में कम–ज्यादा

सामने किया जा सकता है क्यों की सभी आगतों को खरीदना आवश्यक नही या फिर थोडें कम–ज्यादा मात्रा में खरीदा जा सकता है। दूसरी तरफ उत्पाद मूल्य अनिश्चिततायें अधिक चिंता की विषम वस्तू है क्योंकि उत्पाद मूल्य का प्रभाव लम्बे अन्तराल तक रहता है जिससे किसान कभी–कभी कम मूल्य में उपज को बेच देता है उत्पाद मूल्य अनिश्चित्तायें, किसानो को निर्णय लेने में विचलित कर देती है। यद्यपि उत्पाद मूल्य, पूंजी व माँग के उतार चढ़ाव के कारण होता है।

संस्थाओ की अनिश्चिततायें (Institutional Un-certainty)

विभिन्न संस्थाओ द्वारा समय–समय पर किये गये परिवर्तन से उससे सम्बधित अन्य संस्थाओं में भी परिवर्तन होता है इसी प्रकार की अनिश्चित्तायें कृषि के क्षेत्र में भी अहुती नही रही है जैसे ट्रक्टर व उसके सम्बधिंत यंत्र, उर्वरक खाद संयत्र बीज निगम, परिकरण कारखाने, ऋण प्रदान करने वाली संस्थायों की अनिश्चित्ताओं का सीधा प्रहार कृषि उत्पादन पर पडता है। और स्वयं किसान जो निर्णय लेता है कि अनेक अनिश्चित्ताओं के कारण फसल फार्म उत्पादन पर काफी मात्रा में परिवर्तन देखा जा सकता है। अर्थात् सभी प्रकार की अनिश्चित्ताओ का प्रक्षेत्र या परोक्षरूप से फार्म उत्पादन पर प्रभाव पडता है।

जोखिम एवं अनिश्चित्ताओं के विरोधी कदम (steps aganinst risk Un-certainty)

कृषि उत्पादन के क्षेत्र में जोखिम एवं अनिश्चितताओं के सम्बध में किसान स्वयं ही सावधनी पूर्वक निर्णय लेता है। यदि किसान के स्वयं के सभी–साधन उपलब्ध हो तो जोखिम कम रहती है। इकसे विपरित, यदि साधन ऋणी संस्थाओ द्वारा खरीदे गये हो तो जोखिम बढ जाती है। कृषक की पारिवारिक जिम्मेदारी भी जोखिम को प्रभावित करती है। इस लिये जब भी कोई किसान उत्पादन सम्बंधी जो कदम उठायेगा वह सोच–समझकर उठायेगा। कामों के उठाये गये कदमों के अच्छे और बुरे भी परिमणाम हो सकते है। जोखिम तथा अनिश्चित्ताओं के विरूद्ध उठाये गए कदमो का निम्न बिन्दुवार प्रकाश डाला गया है।

जोखिम एवं अनिश्चित्ताओं के क्षेत्र तीन प्रकार से विचार विमर्श किये जा सकते है।

(1) उद्यमों की आय में वृद्धि या कमी करने के लिये पहला कदम।

(2) दूसरा कदम लाभ को कम न होने दें।

(3) तीसरा कदम जो कृषक की प्रतिकूल आर्थिक परिणामों को सहन करने की क्षमता में वृद्धि करें। विस्तृत वर्णन नीचे किया गया है।

(1) लचीलापन (Flexibility)

यदि प्रति इकाई लागत में कमी और प्रति इकाई कीमतों में वृद्धि पाई जाती है। तो कृषक एक लचीली प्रक्षेत्र योजना के तहत अधिक लाभ प्राप्ति हेतु एक उद्यम से दूसरे उद्यम में स्थांनतरित कर सकता है। जैसे, शहर कें पासवाले खेतों में साग–सब्जी उत्पादन करने से अधिक आय प्राप्त होगी। खाद्यान्न या दालों का उत्पादन करने से उसी प्रकार पशुपालन व्यवसाय भी लचीलेपन को प्रस्तुत करता है। उदाहरणार्थ यदि किसान भेड पालन व्यवसाय अपनाता हो, परंतु कुछ विषम परिस्थितियों में वह ऊन के स्थान पर भेड़ो का मांस भी बेच सकता है।

(2) तरलता (Liquidity)

तरलता एक महत्वपूर्ण कारक है। आपातकालीन परिस्थिति जैसे, फसलों का नष्ट हो जाना पशुओं की हानि (असमय मृत्यु), जलवायु या मौसम का खराब होना, पारिवारिक जिम्मेदारियों/समस्या या फिर ग्रसित बीमारियों इन स्थिति में किसान होता या हिम्मत हार जाता है। तब उसे स्वयं की पूंजी ही उसे सुरक्षा प्रदान करती है।

(3) पूंजी (Capital)

उन्नतशीत कृषि प्रणाली में पूंजी एक मूख्य कारक है। पूंजी की उपलब्धता से किसान की जोखिम एवं अनिश्चितताये वहन करने की क्षमता में वृद्धि होती है। वह अपनी योजनानुसार पूंजी का निवेश कर सकता है।

(4) फसल तथा पशुधन बीमा (Capital and Livestock insurance)

कृषि के क्षेत्र में जोखिम एवं अनिश्चिताये लगातार बनी रहती है। जैसे–ओलावृष्टि, अकाल़, बाढ, सूखा, अग्नि तूफान बीमारियॅा एवं कीड़ो आदि से कृषि हर समय प्रभावित रहती है। इस प्रकार के प्रकृतिक विपदाओ से होने वाले एक निश्चित नुकसान को एक सीमा तक रोका जा सकता है। उसे रोकने की कला को हम कृषि बीमा कहते है। अर्थात कृषि के क्षेत्र में होने वाली संभावित हानि को या जोखिम तथा अनिश्चिताओं को कम करने का एक सशक्त उपाय कृषि बीमा है। जिस प्रकार, जीवन–बीमा मनुष्य के जीवन को अधिक सुरक्षित बनाती है। उसी प्रकार कृषि बीमा, कृषि के क्षेत्र मे होने वाली हानी से रक्षा करती है। भारत में भी आजकल फसल तथा पशुधन उद्यम में क्षति का सामना करने के लिये कृषि बीमा का प्रयोग होने लगा है। हमारे यहॉ, जीवन बीमा, मशीनरी बीमा, मकान बीमा तथा

वाहनों का बीमा का बहुत पहले से प्रचलन में है। परन्तु फसल एवं पशुधन बीमा की एक शुरूआत है अतः फसल बीमा का विस्तृत से अध्ययन करेगें।

फसल बीमा (Crop Insurance)

जीवन–बीमा के अंतर्गत मनुष्य द्वारा एक छोटी–सी किस्त की राशी मनुष्य के जीवन को अधिक सुरक्षित बनाती है। ठीक उसी प्रकार कृषि बीमा, मौसम या जलवायु के अनियमिताओं के कारण नष्ट होने वाली फसलें अथवा पशुओं के मर जाने से उत्पन्न ऋण ग्रस्तता एवं हानी से सुरक्षा प्रदार करती है। इस प्रकार सुरक्षा प्रदार करने वाली इस विधि का कृषि बीमा कहते हैं।

कृषि बीमा का तात्पर्य यह है कि किन्ही कारणवंश यदि फसल नष्ट हो जाती है तो बीमा–कंपनी एक सीमा तक किसानों को राहत के रूप में कुछ मुआवजा या राहत की राशि प्रदान करती है। जिससे अगले वर्ष के लिये बीज, खाद, उर्वरक, कृषि उपकरण यंत्र खरीद करके किसान खेती चालू रख सके। उसी प्रकार यह सुविधा पशुधन के लिये भी लागू होती है।

फसल–बीमा या पशुधन बीमा करने के लिये बीमा–कंपनी किसानों से एक प्रीमियम की राशि प्राप्त करती है। बीमा कराने के उपरांत यदि फसलों या पशुधन को किसी भी प्रकार की क्षति होती है। तो उसकी क्षति पूर्ति किसानों को बीमा कंपनी करती है। बीमा कंपमी बीमा की प्रीमियम राशि का निर्धारण उस क्षेत्र में होने वाली क्षति संभावना एवं फसलों की उत्पादकता के आधार पर किया जाता है। फसल बीमा का महत्व सीमांत व छोटे किसानों के लिये अधिक होता है, क्योंकि खेत का आकार छोटा होता है। बचत की मात्रा कम होती है। वह अपने परिवार के खाने–पीने लायक उत्पादन ही कर पाता है। भारतीय कृषि के क्षेत्र में प्राकृतिक विपदाओं का प्रकोप निरंतर बना रहता है। जिसके करण कृषि उत्पादन व्यवसाय में हर समय जोखिम एवं अनिश्चितता के बादन छाये रहते है। इससे राहत पाने का एकमात्र उपाय फसल बीमा है ।

फसल बीमा का महत्व (Importance of crop insurance)

फसल बीमा जोखिम तथा अनिश्चितता का क्रय उपाय है, इसलिये कृषि उत्पादन के क्षेत्र में फसल बीमा का महत्व बढ़ गया है, जो निम्नानुसार स्पष्ट किया गया है।

1. प्राकृतिक विपदाओं के कारण उत्पादन कम होने से हुई हानि की पूर्ति बीमा कंपनी से प्राप्त क्षति राशि से हो जाती है।

2. उत्पादन की संभावनाओं के कारण किसानों का मनोबल ऊँचा रहेगा। जिससे उनमें ऋण प्राप्त करने की इच्छा जागृत होगी।
3. किसान की जोखिम वहन करने की क्षमता में वृद्धि होती है। जैसे–जहॉ प्रायः खेती नहीं होती हैं, वहॉ खेती कर सकते हैं।
4. उत्पादकता वृद्धि हेतु किसान आसानी से उन्नतशील कृषि तकनीकी अपनाता है।
5. किसान खेती के विकास हेतु ऋणी संस्थाओं से ऋण लेने के लिये तत्पर रहता है। जिससे असंस्थागत वित्तीय संस्थाओं के चंगुल से आसानी से बच सकते है। अतः डेट ट्रेप (कर्ज के जाल) से बच जाते है।
6. फसल बीमा किसानो को उत्पादन न होने की स्थिति में भी एक निश्चित राशि क्षतिपूर्ति के रूप में प्रदान करती है। जिससे आय वापसी में स्थिरता आयेगी।
7. अधिक उत्पादन के कारण किसानों की बचत करने की प्रकृति में वृद्धि होगी। जिससे कृषि क्षेत्र में पूॅजी निवेश की राशि में वृद्धि होगी। परिणामस्वरूप कृषि उत्पादन दर में भी वृद्धि होगी ।
8. सरकार फसल–बीमा राशि का उपयोग आर्थिक विकास कार्यक्रम में व्यय करती है। जिससे हमारी अर्थव्यवस्था मजबूत एवं सशक्त बनती है।
9. फसल–बीमा से ऋणग्रस्तता में कमी आती है।
10. प्राकृतिक आपदाओं वाले वर्श में फसल बीमा की सहायता से किसान ऋणदायी संस्थाओं की ऋण किस्त आसानी से समय पर वापिस कर सकता है।

फसल बीमा ऐच्छिक या अनिवार्य हो सकता है। जापान में यह अनिवार्य है, परंतु यू.एस.ए. में ऐच्छिक है और इसी प्रकार निम्न देशो में भी फसल बीमा योजना लागू कि गयी हैं ब्राजील, मैक्सिको, कनाडा, मारिशिस केन्या, पुतोरिको, स्वीडन, ईरान, तर्की, इजराईल तथा श्रीलंका ऐसे देश है जहाँ फसल बीमा योजना लागू की गयी है।

भारत में फसल बीमा का इतिहास (History of crop Insurance in India)

भारत में सर्वप्रथम फसल एवं पशु बीमा पर 1939 मे विचार किया गया। राष्ट्रीय नियोजन समिति नें फसल तथा पशु बीमा पर सुझाव व्यक्त किये गये। सामान्य

बीमा निगम भारत में 1972 में सरकारी कम्पनी के रूप में अंकित किया गया। जो प्रयोग के आधार पर फसल बीमा योजना कार्यावित करता है। फसल बीमा के लिये गेहूँ, ज्वार तथा कपास का चुनाव किया गया सन् 1943 में सर्वप्रथम देवास ग्राम निगम, मध्यप्रदेश द्वारा फसल बीमा का प्रारम्भ किया गया बाद में किन्ही कारण वश इसे बन्द कर दिया गया। वर्ष 1946 में भी नारायण स्वामी नायडू ने फसल बीमा चालू करने हेतु कुछ सुझाव दियें। बाद में वर्ष 1948 में डॉ. जी.एस. प्रियोल्कर द्वारा फसल बीमा करवाते समय आनेवाली समस्याओं का अध्ययन किया गया। डॉ. प्रियोल्कर ने सुझाव दिया की फसल योजना के अन्तर्गत मध्यप्रदेश में गेहूँ, चावल व गन्ना और तमिलनाडु में धान का चुनाव किया गया। उन्होनें दूसरा प्रमुख सुझाव दिया कि फसल बीमा का 50 प्रतिशत भार केंन्द्रीय सरकार द्वारा वहन करने की सिफारिस की गयी। फिर भी यह योजना किसानों को आकर्षित नही कर पायी। प्राकृतिक विपदाओं के कारण फसल उत्पादन में कमी होने लगी परिणाम स्वरूप फसल बीमा महत्व बढ़ गया केन्द्रीय सरकार ने फसल बीमा सम्बन्धी सभी राज्यों से अलग–अलग सुझाव मांगे गये। अनेक राज्यों ने प्रायोगिक स्तर पर फसल बीमा लागू किया गया परन्तु सभी प्रयोग असफसल रहे। 1979–80 में पश्चिम बंगाल सरकार यूनाइटेट कोमर्शियल बैंक एवं जनरल इन्शोरेन्स कारपोरेशन के सहयोग से स्वेच्छिक फसल बीमा योजना शुरू कि गयी बैंक से किसानों को ऋण प्राप्त होता था। इस योजना प्रगति देखते हुए अन्य राज्यों में भी यह योजना चालू की गयी वर्ष 1985 के खरीफ मौसम से फसल बीमा योजना चालू की गयी। इसमें दो तिहाई (2/3) जोखिम जनरल इन्शोरेन्स तथा एक तिहाई (1/3) राज्य सरकार की है। सन 1987–88 में 530 करोड़ बीमा क्लेम राशि के विरूद्व रू. 42 करोड़ प्रीमियम राशि एकत्रित की गयी। यह योजना मात्र उन कृषकों के लिये है जिनका खाता सहकारी बैंक ग्रामीण बैंक या राष्ट्रीयकृत बैंक से देन लेन रहा हो, ऋण प्राप्त कर सकते है। प्राप्त ऋण का 50 प्रतिशत भाग का बीमा करवाना आवश्यक है। बीच के काल में यह योजना फिर धीमी गति से चलने लगी परन्तु 2–3 वर्ष के अन्तराल बाद लगातार आंधी, तूफान, सुखा, बाढ़, ओलावृष्टि अनियमित वर्षा कीड़ो का प्रकोप आदि के कारण फिर से फसल बीमा का महत्व बढ़ गया और फसल बीमा योजना में गति आई है। भारत सरकार ने सभी राज्य सरकारो से प्राप्त हुए सुझावों के आधार पर और संशोधन करके फसल बीमा योजना अधिक आकर्षक एवं लाभकारी बनाया और यह संशोधन सही दिशायें कारगर सिद्ध हुआ।

फसल बीमा लागू करने में आने वाली कठिनाइयॉं

1. फसल बीमा योजना लागू करने के लिये आवश्यक भू–स्वामित्व के सही आकड़े (अभिलेख प्राप्त नही होते है यह एक प्रमुख समस्या है।
2. छोटे–छोटे खेत व भिन्न–भिन्न फसल चक्र अपनाने के कारण बीमा किस्त की सही राशी का निर्धारण करना कठिन होता है।
3. उसी प्रकार विभिन्न फसलों में होने वाली, उत्पादन एवं उसका रकवा उपलब्ध न होने के कारण प्रीमियम राशि का सही मूल्यांकन करना कठिन होता है।
4. कुशल कार्यकर्ताओं का अभाव होना।
5. फसल–बीमा योजना का कार्यान्वित करने हेतु धन अभाव।
6. बीमा कम्पनी का फसल बीमा लागू करने में विशेष रूचि नही होना।
7. कृषकों को फसल बीमा योजना की जानकारी न होना।
8. कृषक का अज्ञान व अशिक्षित होना इस योजना की सबसे बड़ी बाधा है।
9. कृषकों द्वारा परम्परागत पद्धंति से खेती करना जिससे कर्मचारियों को फसल बीमा का सही प्रीमियम राशी का अनुमान लगाना कठिन होता है।
10. मुख्य रोड़ से खेतों का दूर होना जिससे कर्मचारियों को खेतों तक पहुचने में काफी असुविधा होती है।
11. कृषि के क्षेत्र में अनिश्चितता के कारण कृषक बीमा किस्त का भुगतान समय पर करने में असमर्थ होता है।
12. ऋणी संस्थाओं से समय पर ऋण उपलब्ध न होने कारण कृषक विलम्ब से किस्त का भुगतान करता है।
13. यदि किसी कारणवश फसले नष्ट होने पर सुरक्षा प्रदान करती है। जिससे कृषक कि आय में स्थिरता आती है।
14. फसल बीमा के अन्तर्गत किसान स्वयं ही अपना प्रीमियम (अंश) देते है जिससे सरकार का बोझ कम होता है।
15. ग्रामीण समुदाय व व्यापारियों की आय में स्थिरता, जो किसानो की आय पर निर्भर रहती है। सकारात्यक सम्बन्ध दर्शाती है।

दूसरे देशो में भी फसल बीमा लागू की गयी है फसल बीमा स्वेच्छिक या अनिवार्य हो सकती है। जैसे जापान में यह अनिवार्य है जबकि यू.एस.ए. में यह ऐच्छिक है। भारत में भी फसल बीमा ऐच्छिक है। उसी प्रकार अन्य देशों में भी फसल बीमा लागू की गयी है। जैसे मैक्सिको, ब्राजील, कनाडा, स्वीडन, पुर्तोकिरों, मारीशिस, ईरान, केन्या, प्रर्थी, इजराईल तथा श्रीलंका।

(5) सामान्य कृषि या बहुउद्देशिय कृषि (General Farming or Diversified Farming)

इसके अन्तर्गत किसान जोखिम एवं अनिश्चिताओं को कम करने के उद्देश्य से एक से अधिक फसलों का उत्पादन करता है। साथ ही संपूरक उद्यम अपनाकर कृषि मे विविधता का समायोजन भी करता है। यदि किसान एक ही प्रचार की फसल का उत्पादन करता है या विशिष्ट खेती अपनाया है तो उसे अधिकतम लाभ प्राप्त होने की सम्भावनाये बढ जायेगी परन्तु हमारी कृषि प्रणाली आज भी प्रकृति पर आधारित है यदि प्रतिकूल मौसम होने पर हानि की सम्भावनायें बढ जाती है। इस प्रकार की जोखिम एवं अनिश्चिताओं को कम करने का एक मात्र उपाय आने की बहुउद्येशिय कृषि प्रणाली को अपनाना इससे साधनों के अनुकूलतम उपयोग की सम्भावनायें बढ जाती है एवं जोखिम भी कम होती है।

(6) योजनाओं में परिवर्तन (Changability in planning)

फार्म योजनाओं का मुख्य आधार फार्म पर उपलब्ध साधन एवं फसलो का बाजार मूल्य होता है जोखित को कम करने के लिये फार्म पर उपलब्ध साधनों का समुचित क्षमतापूर्वक उपयोग होना चाहिये। एवं उसी के आधार पर फार्म योजना बनाना चाहियें उसी प्रकार, फसलों का बाजार मूल्य जिस फसल का अधिक मिलता हों उसी प्रकार, फसलों का बाजार मूल्य जिस फसल का अधिक मिलता हों उसी फसल का उत्पादन के दृष्टिकोण को रखते हुये भविष्य में फार्म योजना बनानी चाहिये तात्कि भविष्य में किसान अपनी योजना में मूल्यों में होने वाले सम्भावित परिवर्तन के साथ–साथ उत्पादन में भी परिवर्तन कर सकें।

(7) आधुनिक कृषि तकनीकी का प्रयोग (Use of Modern Agricultural Technology)

किसानों को अधिकतम लाभ प्राप्त करने के लिये जरूरी है कि पुरानी कृषि प्रणाली का त्याग करें एवं नई आधुनिक कृषि तकनीके अपनायें इसके लिये किसान भाईयों को चाहिये की अपने नजदिकी कृषि अधिकारियों से आधुनिक कृषि तकनीकी की जानकारी प्राप्त करे या फिर, कृषि से सम्बन्धित साहित्य का अध्ययन करें, कृषि मेले में भाग ले कृषि अनुसंधान केन्द्रो या कृषि महाविद्यालय के वैज्ञानिकों से सम्पर्क बनाए रखकर आधुनिक कृषि तकनीकी की पूरी जानकारी प्राप्त करें। इस प्रकार से यदि किसान कृषि करना चाहता हैं, तो निश्चित ही जोखिम एवं अनिश्चित्ताओं में कमी आयेगी।

इस प्रकार यदि उपरोक्त विन्दुओं पर किसान विचार–विमर्श करे सही समय पर सही निर्णय ले एवं एक कुशल प्रक्षेत्र प्रबंधक की तरह कुशल योजना बनाये और उसे क्रियान्वित करें तो निश्चित ही कृषि में होने वाली जोखिम एवं अनिश्चित्ताओं को कम किया जा सकता है।

अध्याय 8

फार्म अभिलेख
(Farm Records)

कृषि एक प्रचीन व्यवसाय है। समय के साथ – साथ कृषि उत्पादन के क्षेत्र में प्रयोग की जाने वाली तकनीकी/ विधि पद्वतियों में बहुत परिवर्तन हो गया है। परन्तु आज भी कृषक फसल उत्पादन एवं व्यय सम्बंधि लेखा– जोखा नही रखते है न ही किसी प्रकार का अभिलेख तैयार करते है। परिस्थती में प्रक्षेत्र का आय व्यय का विश्लेषण ज्ञात करना कठिन होता है। परन्तु आज के वैज्ञानिक/ औधोगिक युग में व्यय को अभिलेख में अंकित करना जरूरी हैं ताकि भविष्य में अधिकतम लाभ अर्जित करने हेतु सकारात्मक योजना बना सकें। समय – समय पर योजना में परिवर्तन करने के लिये या फिर प्रक्षेत्र सम्बंधित आवश्यक निर्णयो के लिये कृषि सम्बंधित अनेक प्रकार के ऑकड़ो की जरूरत होती है। जैसे कृषि प्रबंधक के पास कौन – कौन से साधन कितनी मात्रा /इकाई में उपलब्ध है पिछले वर्षों में लागत उत्पादन का अनुपात अर्थात लागत कितनी लगी उससे आमदनी कितनी प्राप्त हुई साधनो का उपयोग, फसल के साथ साथ अन्य व्यवसाय जैसे पशुपालन संबंधित ऑकडे, मजदूरो पर व्यय आवश्यक चल साधनो पर किया गया व्यय, अनुमानित लागत एवं लाभ आद्वि सभी मदों की कुशल कृषि प्रबंधको की आवश्यकता होती है।

इसके पश्चात् कृषि फसल उत्पादन से संबंधित अन्य ऑकड़े जैसे तापमान, वर्षा नमी, मिट्टी की संरचना एवं प्रकार, सिचाई की व्यवस्था तथा सिचाई के

साधन एवं उनकी संख्या, बीज खाद, उर्वरक एवं कीटनाशक दवांइयॉ या फिर पौध संरक्षण के आकडे, आधुनिक पद्वति का फसल उत्पादन पर प्रभाव या फिर फसल प्रदर्शनो का परिणम कृषि संबंधि सरकारी ऑकडे जैसे कानून और नीतियों की भी आवश्यकता पड़ती है। उसी प्रकार कृषि उपज मंडी में अनाज की आवक आंकडो की भी सकारात्मक भविष्य में योजना बनाने के लिए आवश्यकता होती है।

इसी प्रकार सभी उपरोक्त ऑकडे, प्रक्षेत्र अभिलेखों, कृषि उपज मंडी, भू–अभिलेख कार्यालय, सिचाई विभाग, प्रक्षेत्र सर्वेक्षण, बीज निगम, सहकारी समितियां, कृषि अनुसंधान, प्रसार बुलेटनो, सरकारी प्रकाशनों एवं जिला कार्यालय अथवा सरकारी कार्यालय, परिष्करण प्लान्ट कपास जिनिंग, तेल मिलों तथा किसानों के लेन – देन करने वाली वित्त संस्थानो के अभिलेखों से प्राप्त किये जा सकते है।

इस प्रकार के ऑकड़ो को बर्हिखातों में अभिलेखन कर सुव्यवस्थित ढंग से रखना एक कला और विज्ञान दोनो ही हैं क्योकि प्रक्षेत्र उद्योग या व्यवसाय के आय – व्यय के ब्यौरों को किताबो मे सुव्यवस्थित सुन्दरता से ऑकडो मे लिखा जाता है जिससे भविष्य में उनकी प्रकृति परिणाम प्रभाव तथा आर्थिक कारकों का विश्लेषण आसानी से किया जा सकें। एक कुशत प्रक्षेत्र प्रबंधक इसी प्रकार का प्रक्षेत्र अभिलेख हिफाजत से सजाया है अच्छे परिणामो के लिये एवं योजना बनाने के लिये आवश्यक है कि प्रबंधक को चाहिए कि वह प्रतिदिन का लेखा – जोखा अपने अभिलेखो में अकिंत कर रखे इस प्रकार के आकडो को लिखित रूप में सुव्यवस्थित रूप में संभाल कर रखना ही एक सुन्दर कला है। एवं जिसमें इस विवरण को रखा जाता है। उसे प्रक्षेत्र पुस्तक (From book keeping) कहा जाता है।

फार्म प्रक्षेत्र के लिये फार्म पुस्तक का महत्व विभिन्न प्रकार के ऑकडो अभिलेखो के आधार पर वास्तविकता पर विचार कर सकते है। और भविष्य की संरचना या भविष्यवाणी कर सकते है। इस प्रकार प्रक्षेत्र के लिये भी प्रक्षेत्र अभिलेख का बहुत अधिक महत्व जो निम्नानुसार है।

1. व्यवस्थित तरीके से रखे गये आय व्यय ऑकड़ो के आधार पर किसान फसल लागत एवं अनाज उत्पादन का अनुपात ज्ञात कर सकता है उसी के साथ – साथ प्रक्षेत्र का मूल्यांकन कर सकता है।
2. ऑकडो के आधार पर किसान प्रतिवर्ष होने वाले उत्पादन का स्तर ज्ञात कर सकता है यदि कृषक अपने फार्म को बेचना चहता है तो वह खरीददार को

बता सकता है कि उसे फार्म प्रक्षेत्र से शुद्व आय कितनी है। जिससे प्रक्षेत्र का वास्तविक मूल्य प्राप्त हो सकें।

3. फार्म प्रक्षेत्र का लेखा – जोखा के आधार पर ही आयकर व विक्रीकर का सही मूल्यांकन कर सकते है।
4. प्रक्षेत्र पर विभिन्न उद्यमो का समावेश होता हैं। सब अलग अलग आय – व्यय ज्ञात करते है। जिससे हमें ज्ञात होात है कि कौन उद्यम अधिकतम लाभ देता है एवं कौन सा हानि पहुॅचाता है।
5. प्रक्षेत्र पर होने वाली त्रुटियो का ज्ञान प्राप्त होता हैं। और उसमें सुधारने की गुन्जाइस भी होती है।
6. ऑकडो के आधार पर दूसरे व्यवसाय से तुलनात्मक अध्ययन कर सकते है।
7. प्रक्षेत्र का सुव्यवस्थित रिकार्ड रखने से प्रक्षेत्र (फार्म) पर कार्य करने वाले श्रमिको तथा कर्मचारियों पर समय समय पर नियंत्रण रखा जा सकता है।
8. फार्म पर होने वाली चोरी छल कपट जालसाजी आदि की रोकथाम के लिए समुचित अभिलेख रिकार्ड का लेखा लेखा – जोखा रखना आवश्यक है।
9. धोखाधडी से बचने के लिये जरूरी है। कि प्रक्षेत्र संबंधी सभी व्यय या लेन देन का हिसाब किताब वही खाते में लिख लेनाा चाहिये।
10. इन्ही वही खातो के आधार पर किसी व्यक्ति को भुगतान कर सकते है। यदि भुगतान हो गया हो तो उसके वही खातो. पर हस्ताक्षर कराना चाहिये तत्पश्चात पेमेंट या मुआवजा या मानदेय देना चाहिये बिना हस्ताक्षर के पेमेंट नही करना चाहिये।

बही खातो के प्रकार (Types of farm records)

हम कह सकते है कि कृषि एक व्यवसाय है कि कृषि एक व्यवसाय है। जिसके अर्न्तगत फसलो का उत्पादन करने हेतु अनेक साधनो की आवश्यकता होती है। इन साधनो को सुव्यवस्थित प्रकार से बही खातो में संग्रहित किया जाता है एवं उससें संबंधित अन्य महत्वपूर्ण जानकारी तथा ऑकडो को एकत्रित किया जाता है। इस प्रकार की जानकरी एवं ऑकडो को विभिन्न प्रकार के पुस्तको में रखा जात है। यद्यपि फार्म पर रखी जाने बाली वही खातो की संख्या कृषि का प्रकार व्यवसाय, खेती का आकार साधनो का प्रकार और प्रकृति पर निर्भर करती है। फार्म पर व्यवस्थित तरीके से हिसाब के लिये निम्न दो प्रकार की पुस्तकों का उपयोग किया जाता है।

(i) आर्थिक पुस्तकें (Financial books or books account)

(ii) स्मरण या याददाश्त खातें (Sceondary date or statistical data or memorandum book) आर्थिक पुस्तकें दो प्रकार की होती है।

(a) बही खाता (the Ledger)

(b) रोकड़ बही खाता (the case book)

उसी प्रकार सहायक पुस्तकें निम्नप्रकार की होती है।

1. जर्नल (Journal)
2. क्रय बही (Purchase-book)
3. विक्रय बही (Sales-book)
4. प्राप्त बिल बही (Bills receivable-book)
5. देय बिल बही (Bills recivable-book)
6. वापसी बही (Return book)

प्रतिदिन का लेखा – जोखा और आय – व्यय का ब्यौरा लिखने हेतु निम्न प्रकार की याददाश्त पुस्तकों को प्रयोग में लिया जाता हैं।

याददाश्त पुस्तकें

1. डायरी (Dairy or waste book)
2. भंडार बही (Stock book register)
3. हाजिरी बही खाता (Muster rsolls register)
4. मजदूरो के कार्य विवरण बही (Work allotement register)
5. फसल उत्पादन बही (Cultivatior register)
6. पशुधन संबंधी रजिस्टर (Live-stock register)
7. चारे की बही (Fodder feeding staff regidter)
8. अभियांत्रिकीय मशीनें और यंत्रो का बही खाता (Machine and equipment assessories register)
9. दूध उत्पादन संबंधी (Milk production register)
10. पेड़ वानिकी बही (Forety and tree register)
11. फार्म भवनो की बही (Farm building register)
12. ट्रेक्टर्र के तेल का रजिस्टर (Tractor oil maintance register)
13. सिचाई संबंधी रजिस्टर (Irrigation register)
14. विद्युत बिज रजिस्टर (Electric bill register)
15. ऋण संबंधित रजिस्टर (Loan record register)

16. निजी खर्च बही खाता (Personal expenses register)
17. अन्य व्यवसाय का बही खाता (Other enterprises register)
18. दूध के विक्रय का बही खाता (Milk sale register)

खाते की पुस्तकें (Books of account)

खातें की पुस्तकें विभिन्न प्रकार की हो सकती है और उन पुस्तको में विभिन्न प्रकार की व्यवसाय से संबंधित रखी जाती हैं। यद्यपि किसी फार्म पर आदन प्रदान या लेन देन के हिसाब पुस्तकों के अन्दर रखा जाता है और इन पुस्तको की संख्या फार्म के आकार या प्रकृति पर आधारित होता है। इस प्रकार की विभिन्न पुस्तको का निम्नानुसार सांराश में विश्लेषण करेंगे।

डायरी (Dairy or waste book)

डायरी हमारे दैनिक दिन कार्यक्रम में प्रतिदिन बहुत सारी लेन देन होती रहती है। कोई आवाश्यक नही कि हमें सारी बाते याद रहें परन्तु किये गये लेन देन की याददाश्त बनाये रखने हेतु हम इसे किसी ऐसी डायरी में अंकित कर सकतें है, जिसेकी हमें आवश्यकता होने पर बार–बार देख सकते है और अपनी योजना साकार कर सकते है हम जब भी किसी प्रकार की लेन देन आदन प्रदान या व्यवसय से संबंधित ऑकडो के इस प्रकार की पुस्तक में अंकित या लिखा जाना चाहिये क्यो कि इसी प्रकार के आधार पर अन्य पुस्तकें तैयार किये जाते है। डायरी एक ऐसी याददाश्त के रूप में खास पुस्तक हैं। क्यो कि सबसे पहले लेन देन का हिसाब इसी डायरी में लिखा जाता है। इसका उपयोग फार्म प्रबंधन प्रक्षेत्र की प्रमुख जानकारी सूचनायें तथा निरीक्षणें को भी लिखने में प्रयोग किया जाता है। जैसे मौसम की जानकारी, बीज, खाद की मात्रा बुआई का समय और कटाई मढाई आद्गि का भी विवरण डायरी में लिखा जाता है। डायरी में फार्म संबंधी जानकारी लिखने के आधार पर जर्नल तैयार करने में आसानी रहती है। निम्नानुसार लेन देन व्यवहार लिखा जा सकता है जिसे हम सारांश में रोजनामचा पुस्तक कह सकते है।

Date	Particulars	Quantity/Units	Payment (Rs.)
20.07.06	भूमि की तैयारी (कपास)	3 बार जुताई ट्रेक्टर द्वारा	1500 = 00
25.07.06	कपास की बुआई के बीज	1 किलो ग्राम	4000 = 00
28.07.06	कृषि कार्य के लिये मजदूरों का पेमंट	Rs. 80/- Labour	1600 = 00
28.07.06	खाद उर्वरक का पेमेंट	N K P	2500 = 00
28.07.06	पडोसियो से उधार लिया गया ऋण		10,000 = 00
30.07.06	सब्जी भाजी से प्राप्त आय		5000 = 00
01.08.06	अन्य मित्रो को उधार दिया		1200 = 00

जर्नल (Journal)

डायरी के आधार पर सुव्यवस्थित तरीके से जर्नल तैयार किया जाता है और जर्नल की सहायता से बही खाता या लेजर तैयार किया जाता है। जर्नल एक सहायक आथिक पुस्तक है। जिसको डायरी की मदद से तैयार करते है। जर्नल में डायरी में लिखे सभी लेन देन आंकडो को दोहरा लेख पद्वति द्वारा प्रतिदिन तिथि के अनुसार (date wise) क्रेडिट तथा डेबिट अलग – अलग मदों में विभाजित करके लिखते है। प्रतिदिन के प्रत्येक लेन देन को मदों से संबंधित विभिन्न खातों में लिखतें है जैसे औजार खरीदना, खाद, बीज, उर्वरक, दवाईयॉ खरीदना आद्वि।

इस प्रकार के प्रत्येक मदो को दो भागो में विभाजित किया जाता है और लेन देन को दो स्थानो पर लिखा जाता है एक स्थान में पाये जाने वाले का नाम और दूसरे स्थान पर देने वाले का नाम अंग्रजी में क्रमशः डेबिट और क्रेडिट कहते है अर्थात दूसरे सरल शब्दो में हम यह भी कह सकते है कि प्रतिदिन किया गया सम्पूर्ण व्यय खर्चो को डेबिट में और तमाम लाभ को अथवा आय को क्रेडिट में दर्शाया जात है।

जर्नल लिखने के नियमः–

1. प्रत्येक लेन देन व्यवहार को दो खातों को अलग अलग रेखा खीचकर किया जाता है।

2. प्रत्येक लेन देन व्यवहार को तिथि के क्रमानुसार अलग अलग स्पष्ट रूप से लिखा जाता हैं।
3. प्रत्येक मदों को डेबिट और क्रेडिट में अलग अलग दिखाया जात है।
4. जर्नल के विवरण के खातो में जिन्हे पहले देनदार खाते मे लिखते है (Debtor account)
5. उसी प्रकार लेनदार खाते (Credit account) को निचली रेखा में दर्शाया जाता है तथा 'To'शब्द से प्रारम्भ किया जाता है। इसे Cr. शब्द द्वारा व्यक्त किया जाता है।
6. देन दार खाते की राशी को पहले रेखा पर ही रकम के खाते में तथा लेनदार खाते की रकम दूसरी रेखा पर रकम को खाते मे लिखा जाता है। प्रत्येक लेन देन व्यवहार को स्पष्ट करन हो तो उसे सेक्षेप में लिखा जाता है।
7. जर्नल में प्रत्येक मदो का जोड़ पन्ने पर एक रेखा खीचकर किया जाता हैं पहले पन्ने के जोड को दूसरे पन्ने के सिरे पर नीचे लाये (Brought forward or B.F.) लिखा जाता है। इसी प्रकार प्रथम पन्ने के नीचे ''आगे ले गये'' (Carried forward) करके लिख दिया जाता है। इस विवरण को क्रमशः दूसरे पन्ने के जोड़ को तीसरे पन्ने पर तथा तीसरे पन्ने का चौथे पन्ने पर उसी क्रम में लिखा जाता है।

उदाहरणः– रामजीलाल ने 35,000रू. की पूंजी से फसल उत्पादन हेतु कृषि कार्य पर व्यय 20 नवम्बर 2006 से प्रारम्भ किया जाता है। इसे हम निम्नानुसार लेन देन व्यवहार को दर्शा सकते है।

वर्ष – 2006		**रूपया**
1. 20, नबम्बर को मोटर पम्प खरीदा	–	16000/–
2. 23, नबम्बर को बीज खाद उर्वरक खरीदा	–	4500/–
3. 25, नबम्बर को दवाई की मशीन नोझल खरीदा	–	450/–
4. 26, नबम्बर को खुरपी, कुदाली फावडे खरीदा	–	1250/–
5. 28, नबम्बर को मजदूरो का पेमेंट	–	1375/–
6. 30, नबम्बर को पडोसी झवरसिंह को रूपया उधार दिया	–	2500/–

उपरोक्त जर्नल के विवरण निम्नलिखित सारणी (Carried forward) डेबिट और क्रेडिट खोतो में लिख सकते है।

S. No.	Date	Particulars	L.F.	(Dr.) नामे Ammount	(Cr.) जमा Ammount
1.					
2.					
3.					
4.					
5.					
6.					

खाता बही (The Ledger):-

जर्नल के अन्तर्गत लिखी गयी सम्पूर्ण जानकरी को व्यवस्थित तरीके से अलग–अलग भागो में लेन देन में दर्शाया जाता है। जेजर वास्तविकता में एक प्रमुख तथा महत्वपूर्ण बही खाता है। जिसके द्वारा एक प्रक्षेत्र प्रबंधक द्वारा किया गया प्रतिदिन का लेखा जोखा अलग अलग भागो मे व्यक्त करते है इसके अन्तर्गत प्रक्षेत्र प्रबंधक के व्यक्तिगत, वास्तविक तथा अवास्तविक सभी प्रकार के खाते रखे जाते है बही खाते का नमूना निम्नानुसार बनाया जाता है।

Dr. Amount			
Date	Amount	L.F.	Amount (Rs.)

Cr. Amount			
Date	Amount	L.F.	Amount (Rs.)

लेजर दो भागो में विभाजित होता है। एक भाग में Dr. लिखा जाता है और दूसरे भाग मे Cr. Amount को दर्शाया जाता है। अर्थात लेजर का प्रत्येक पन्ना दो भागो में विभक्त किया जात है पन्ने के बायीं भाग को जमा (Debit side) तथा दाई ओर वाले भाग को जमा भाग (Credit side) होता है Debit और Credit side के दोनो भागो के अन्दर एक ही प्रकार के खाने होते है। दोनो तरफ चार कॉलम होते है। प्रथम कॉलम तिथि का होता है। दूसरा विवरण, तीसरा जर्नल की पृष्ठ संख्या और चौथा कॉलम रकम का होता है। लेजन में सारे विवरण स्पष्ट रूप से लिखे होते है जिसे आसानी से पढ़ा एवं समझा जा सकता है। लेजर व्यवस्थित रखने एवं लिखने के कुछ नियम होते है जो निम्नानुसार है।

लेलर लिखने के नियमः–

1. हम पहले ही कुछ कह चुके है कि लेजर प्रत्येक पृष्ठ के दो भाग होते है नाम खाते के सभी विवरण को (लेन – देन) लेजर के डेबिट की ओर लिखा जाता है, उसी प्रकार जमा खाते विवरण (लेन – देन) को लेजर के जमा खाते मे दर्शाया जाता है।
2. लेजर मे चार चार कॉलम होते है प्रत्येक प्रत्येक कॉलम आपनी विशेषता दर्शाती है। तिथि कॉलम मे तिथि को ही दर्शाया जाना चाहिए।
3. लेजर के बायी ओर डेबिट में सभी विवरण को व्यक्त करते समय उनके पहले 'To' लिखा जाता है तथा दाई ओर यानि क्रेडिट कॉलम में विवरण से पहले 'By' शब्द का उपयोग प्रचलन में लाया जाता है।
4. लेजर में किसी भी प्रकार का वर्णन (Narration) नही लिखा जाता है जैसे कि जर्नल में लिखा जाता है।

बही खाता के कार्य:–

बही खाता काफी बनाने के लिए सारी जानकारी जर्नल से प्राप्त की जाती है। प्रत्येक विवरण को अलग अलग स्पष्ट रूप से लिखा जाता है लेजर के निम्न प्रकार के महत्वपूर्ण कार्य है।

1. जर्नल से डेबिट और क्रेडिट के बही खातो मे लिखा जाता है। एसे हम Posting कहते है।
2. जर्नल से प्राप्त जानकारी को प्रत्येक पृष्ठ से उतारा जात है। प्रत्येक पृष्ठ का नम्बर होता है लेजर और पन्ना नम्बर को भी लिखते है उसे Folioling कहते
3. बही खाता खोलते समय स्पष्ट रूप से बडे अक्षरो में लिखा जाता है। बही खाते को क्रमवार खोजना चाहिए जैसे कि नीचे दर्शाया गया है।

(i) मूल खाता और व्यक्तिगत खाता (Capital account & private account)

(ii) वास्तविक खाता (Reail account)

(iii) साधारण खाता (Normal account)

(iv) निजी खाता (Personal account)

(v) लाभ–हानि खाते (Profit and loss account)

रोकड़ बही (Cash Book):-

प्रतिदिन के व्यवहार को लेन देन डायरी रोजनामचा में लिखा जाता है। परन्तु बड़े प्रमाण पर रूपये पैसे के व्यवहार को डायरी में लिखने में अव्यवस्थित होता है। इसलिए एक बडी मात्रा में या बडे प्रक्षेत्र प्रबंधक जहॉ पर लेन देन, व्यापारो (Transactions) की मात्रा या संख्या अधिक होती है इस प्रकार के सभी व्यवहार णन संबंधी होते है। इस प्रकार के हिसाब को अलग पुस्तक में लिखा जाता है इसके अन्दर संबंधित सभसी प्राप्तियों (Receipts) को नाम खाते में (Debit ammount) और बाकी सभी भुगतानो को जमा खाते में (Credit account) में लिखा जाता है। इस प्रकार के बही खातो को रोकड़ बही खाता कहा जाता है रोकड बही में मात्र पूंजी अथवा धन का आर्थिक विश्लेषण रहता है इसे तैयार करने में प्रतिदिन डायरी की मदद ली जाती है। इसके द्वारा रोकड़ से संबंधित सभी उददेश्यो की पूर्ति होती है अर्थात् इसके रोकड़ खाता (Cash account) तथा बैंक खाता दोनो को लिखा जाता है। इसलिए यह बही खाता ल्रजर का कार्य भी करता है राकड बही खते के आधार पर ही आर्थिक व्यवहारी या लेन देन का

व्यवहार किया जाता है। इसी बही खाते से प्राप्त शेष (Balance) को एक चिट्ठी में लिखा जाता है राकड़ बही खते में संबंधी लेन देन के लिए पावती रसीद तथा बाउचर होना आवश्यक है। जिसे तिथियों के अनुसार दर्शाया जाता है।

रोकड़ बही प्रविश्टियॉ (Entries) लिखने के नियम :–

दिन प्रतिदिन सभी देन देन विषय की प्रविष्टियॉ बही खाते में कलखना एक कला है जिसे आसानी से समझाया जा सकता है इसे हम एक नियम के अन्दर व्यक्त करते है।

1. 1. सभी प्रकार के लन देन तथा धन प्राप्तियों का व्यवहार (Cash recipts) जो विभिन्न प्रकार का हो सकता है जैसे नगद रूपयो में मनी आर्डर, पोस्टल आर्डर, बैक ड्राफ्ट, डिमांड ड्राफ्ट अथवा चैक किसी भी रूप में हो सकता है उसे बही खाते के बायी ओर जमा खाते (Debit account) तथा सभी धन भुगतानो को उसके दायीं ओर जमा खाते में (Credit account) लिखा जाता है।
2. सभी प्रकार के लेन देन व्यवहारो को तरीख के अनुसार लिखना चाहिए
3. डेबिट खाते को सारांश में प्रविष्टियां Dr. तथा क्रेडिट खाते को Cr. लिखा जाता है।
4. जिस व्यक्ति से लेन देन व्यवहार हो तो सर्वप्रथम उसका नाम लिखा जाता है। अर्थात नाम तथा जमा खाते के विवरण में लेन देन संबंधित व्यक्ति का नाम एवं उसका सम्पूर्ण विवरण लिखा जाता है जिससे धन प्राप्त होता हो अथवा जिसको धन दिया हो।
5. संबंधित व्यक्ति के नाम वाले विवरण खाने में पहले 'To' तथा जमा खाने में 'By' शब्द का किया जाता है।
6. राकड़ बही खाते में लेन देन का व्यवहार एकदम साफ सुथरा होता है क्योकि इसमें लेन देन व्यवहार की सभी रसीदे व बाउचर का होना अत्यन्त आवश्यक है।
7. जब किसी पार्टी को धन प्राप्त होता है तो उसे धन प्राप्त रसीद दी जाती है इस रसीद को बाउचर (Debit recipt) कहते है उसी प्रकार जब किसी पार्टी को रूपया दिया जाता है उससे रसीद प्राप्त करते है जिसे जमा बाउचर (Credit voucher) कहते है इन दोनो प्रकार के बाउचर का रोकड बही खाते में सपष्ट रूप से उल्लेख किया जाना चाहिए।

8. इस बही खाते में प्राप्त रोकड के शेष को पिछली अवधि से आगे लाते है असे नाम की तरफ लिखा जाता है ओर पहले 'To Balance' शब्द का प्रयोग किया जाता है।
9. लेजर फोलियो के खाने में उन पन्नो का नम्बर लिखना चाहिए जिसकी राशि (रूपये) रोकड बही खाते में लिखी गई है। उसी प्रकार रोकड गही खाता को पृष्ठ क्रमांक का नम्बर खाता बही वाले कालम में लिखा जाना चाहिए।
10. आवश्यकता होने पर कभी – कभी रोकड बही में नाम तथा जमा दोनो तरफ एक –एक अलग से कालम की जगह बढा दी जाती है। यह कॉलम नम्बर का होता है, जिसमें व्यवहारो से प्राप्त वाउचरो के नम्बर लिखे जाते है।

आयः– निम्न सारणी जैसे रोकड बही का नमूना बनाया जाता है।

S.No.	Recipt No.	Particulars	L.F.	Amount	Date	Voucher No.	Particulars	L.F.	Amount

रोकड बही के प्रकार (Kinds of cash Book):–

1. **साधारण रोकड बही (Simple cash Book):–** इसके अन्तर्गत सिर्फ लेन देन व्यवहार के केवल (Recipt) प्राप्त और पेमंट को ही लिखा जाता है।
2. **बट्टे वाली रोकड के नाम बही (Cash book with discount coloumns):-** इसके कमीशन वाली रोकड बही के नाम से भी जाना जाता है। जब व्यवहार मे कमीशन लिया या दिया जाता है तब रोकड बही में दोनो तरफ एक–एक खाना बढ़ा दिया जाता है। जिसमें कमीशन दिया जाता है। उसे discount side में लिखा जाता है।
3. **बैंक बटटे वाली रोकड बही (Cash Book with and discount colums):-** इस प्रकार की बही में बैंक का भी खाता खोला जाता है। इसमें कमीशन के साथ बैंक खाता भी खोला जाता है जिसे व्यक्त करने

हेतु दोनो तरफ एक–एक काफलम बनाया जाता है। credit side में By Bank और नाम तपफ To Bank लिखा जाता है।

याददाश्त पुस्तकें (Memorandum Books):-

इसके अन्तर्गत विभिन्न प्रकार की पुस्तको का समावेश होता है। क्योकि प्रक्षेत्र पर अनेक तरह की क्रियाये होती रहती है। उन सब क्रियाओ को अलग – अलग अही खातो में लिखा जाता है इसके द्वारा प्रबंधक को विचार विर्मश, योजना हेतु मार्गदर्शिका का कार्य करती है जो निम्नानुसार है।

1. **भण्डार बही (Stock Book):-** भण्डारण शब्द से ही समझा जा सकता है कि इसके अन्तर्गत प्रक्षेत्र पर उत्पादन होने वाले अनाजो का भण्डारण का लेखा जोखा रखा जाता है उसी प्रकार प्रत्येक अनाज का एक साथ समूह में या अलग–अलग पुस्तको में अनाजो का खरीद, बिक्री, उपयोग अन्य खर्च तथा शेष आद्वि का विवरण स्पष्ट रूप से लिखा जाता है। प्रक्षेत्र फार्म पर मुख्यतः निम्न वस्तुये तथा खाद्यान्न पदार्थ होते है।

(i) प्रक्षेत्र पर उत्पादन हेतु उपयोग में लाई गई वस्तुयें:– जैसे बीज, खाद उर्वरक, यंत्र उपकरण, सिचाई के साधन, कीटनाशक दवा छिडकने के यंत्र आद्वि।

(ii) प्रक्षेत्र पर उत्पादित खाद्यान्न पदार्थः– जैसेः–

(a) अनाजः– गेहूँ, धान, ज्वार, मक्का, बाजरा एवं भूसा।

(b) दालेः– चना, तुअर,मूंग, उड़द, मसूर, मटर आद्वि।

(c) तिलहनः– मूंगफली, सरसो, सोयाबीन, तिल आद्वि।

भण्डार बुक नमूना निम्न प्रकार से बनाया जाता हैः–

1. Name of the Farmer or Name of the Farm
2. Name of the Farmer
3. Nme of the Village/Town/City
4. Name of the District
5. Name of the Articles

Date	Folio No.	who are recived or whom recived	Units quty.	Rate (Rs.)	Value (Rs.)	Units quty.	Rate (Rs.)	Value (Rs.)	Units quty.	Rate (Rs.)	Value (Rs.)

2. हाजिरी रजिस्टर बुक (Muster rools Book):- प्रक्षेत्र फार्म पर वर्ष भर मजदूरो को कार्य होता रहता है। उनका प्रतिदिन का लेखा जोखा रखना आवश्यक होता है इसी के आधार पर मजदूरो को मानदेय दिया जाता है। अर्थात इस बुक में फार्म पर कार्य करने वाले सभी मजदूरो का ब्योरा होता है श्रमिंको की उपस्थिति सुबह व शाम दोनो समय की जाती है, सुबह की उपस्थिति P/2 में लिखा जाता है यदि श्रमिक पूरा दिन कार्य पर उपस्थिति हो तो बुक मात्र P लिखा जाता है इस बुक का नमूना निम्नानुसार है।

S.No.	Date	Father Name	Address						Rate	Workingday	Amt.	Fine etc.	Net Amt.	Date of Payment	Sign.
				1	2	3	4	31							

3. **प्रक्षेत्र का नक्शा (Map of Farm):-** प्रत्येक प्रक्षेत्र का एक नक्शा होता है जिसके अन्तर्गत फार्म पर उपस्थिति सभी खेतों का आकार एवं संख्या अंकित रहती है। उसी के साथ प्रत्येक खेतों पर उगायी गयी फसलो का विवरण जैसे फसलो का रकबा, एवं उपज का उल्लेख दर्ज किया जाता है नक्शे को बड़े कागज पर स्केल के आधार पर बनाया जाता है। और प्रक्षेत्र फार्म पर प्रतिवर्ष का कुल उत्पादन, ससाधनो की मात्रा तथा फसल चक्र का सम्पूर्ण विवाण लिखा जाता है।

4. **लेबर भीट (Labour Sheet):-** प्रक्षेत्र फार्म पर विभिन्न प्रकार के मजदूरो का लेखा जोखा रखा जाता है। जिसे हम लेबर शीट कहते है खोतो पर सभी प्रकार के मजदूर या लेबर कार्य करते है जैसे मानव श्रम, पारिवारिक श्रम, बुलक लेबर, मशीन लेबर आद्वि। यद्यपि असका विवरण मास्टर रोल में भी जाता है परन्तु मास्टर रोल तैयार न होन पर लेबर शीट पर भी मजदूरो का विवरण लिखा जाता है। इसका नमूना निम्नानुसार तैयार किया जाता है।

Name of Field or Plot No.	Name of crop & Season	Name of work in details	Manual Labour	Bullocks Labour	Machine Labour	Ramark

5. **चारे का रजिस्टर (Fodder Register)**:– प्रक्षेत्र फार्म पर फसल उत्पादन के साथ वारे का भी उत्पादन होता है और उसका भी लेखा – जोखा रखा जाता है चारे का सम्पूर्ण विवरण चारे रजिस्टर में अंकित किया जा सकता है। पशुओ का मुख्य भोजन विभिन्न प्रकार के चारे है। इस रजिस्टर में प्रत्येक दिन, सप्ताह, अथवा कुछ निर्धारित समय के अन्दर उपयोग किये गये चारे, दाना, भूसा, चारे अथवा हरा चाारा एवं उसकी मात्रा को लिखा जाता है। इस प्रकार के चखरे को ब्यौरा लिखा जाना अत्यन्त आवश्यक है इसका नमूना नीचे दिया गया है।

Date	Feed Record															Remark
	Dairy cattle															
															Steers	

6. **निजी खर्च का रजिस्टर (Register of Personal expenses):-** फार्म पर बहुत सारी फसलो का तथा वस्तुओ का उत्पादन होता है। जिसका किसान या प्रबंधक अपने स्वंय की आवश्यकता हेतु उपयोग करता है। किसान द्वारा उपयोग किये गये वस्तुओ का भी अलग से रिकार्ड होना चाहिए जिसका उल्लेख निजी खर्च रजिस्टर में इर्ज किया जाता है। जिसे निजी खर्च का रजिस्टर कहते है। जिसे टेबल फॉर्म में नीचे दर्शाया गया है।

Date	Particular	Value				Remark
		Crop	Dairy	Garden	Misc	

7. **प्रक्षेत्र उत्पादन का लेखा जोखा (Farm Production Record):-** किसी भी फसल का उत्पादन करने के लिए अनेक साधनों की आवश्यकता हामती है। प्रत्येक फसल की साधनो की उपयोग कि गयी मात्रा में अन्तर होता है। इस प्रकार के साधनो की संख्या एवं मात्राओ का उल्लेख रजिस्टर में किया जाता है एसी प्रकार साधनो की सहायता से प्रापत उत्पादन का भी सविस्तार विवरण रजिस्टर में लिखा जाता है। इसका नमूना निम्न प्रकार से बनाया जाता है।

Farm No. ....

Hectare...

Topography..................................

Year	Season	Crop	Yield	Input Use				Remark
				Seed	Fertiligers & anure	Insecticide	Irrigation	

8. **कल्टीवेशन रजिस्टर (Cultivation Register):-** यह एक बहुत ही महत्वपूर्ण रजिस्टर है इसके अन्तर्गत फसल उत्पादन हेतु उपयोग में लाये गये सभी मादे/साधनो का लेखा जोखा लिखा जाता है उवं मदों पर किये गये खर्च का विवरण किया जात है निम्न सारणी नमूना द्वारा और स्पष्ट रूप से समझा जा सकता है।

Farm No. .... Year ....

Input description ....

Plot No. .... Area ....

Crop .... Season ....

Date	Nature of work	Laboures				Otherexpenses			Total Charges per plot	Charges per hec.	Remark
		Men	Women	Boys	Amt (Rs.)	Nature	Qty.	Amt (Rs.)			

Yiel of crop .... Production details

Nature of production	Quantity		Value		Total Value of yield		To expenses		To profit		Balance profit/loss	
	Per plot	Per hec	Per plot	Per hec	Per plot	Per hec	Per plot	Per hec	Per plot	Per hec	Per plot	Per hec

10. क्रय रजिस्टर (Purchase Register):- फसल उत्पादन के लिए विभिन्न प्रकार के साधानो को क्रय किया जाता है। क्रय साधनो की मात्रा एवं उसकी रसीद/बिल प्राप्त किया जाता है बिल का सम्पूर्ण विवरण क्रय रजिस्टर में लिखा जाता है। जिसका प्रारूप नमूना नीचे दिया गया है।

Date	Particulars	Bill No.	Input Item					Page No. of stock book	Remark
			Seed	Fertilise & Manu	Irrigateion	Implements relevant parts	Misc		

11. विक्रय रजिस्टर (Sales Register):- फार्म पर प्रत्येक मौसम विभिन्न प्रकार की फसल उत्पादन का विक्रय किया जाता है। इसका विवरण विक्रय रजिस्टर में लिखा जाता है। जिसका नमूना नीचे दिया गया है।

Date	Particulars	Qty. Unit	Kind	Grade	Rate	Date of payment received	Remarks

11. दुध उत्पादन रजिस्टर (Milk production Register):- किसान फसल के साथ दुध उत्पादन का भी व्यवसाय करते है। इसलिए आवश्यक है कि प्रतिदिन दुध उत्पादन का रिकार्ड का अभिलेख लिखना चाहिये। इसका प्रारूप नीचे दिया गया है।

S.No.	Name of cattle & No.	Date of calving	Date of service	Milk Production Date			To Production	To B.F.	Grnd Total	Reamrk

12. दूध बिक्री रजिस्टर (Milk Disposal Register):- प्रतिदिन का दुध बिक्री रजिस्टर का निम्न प्रारूप दिया गया है।

Name of Dariry /Animal..............................

Month.............

Year ....

Date	Milk Production		Total Yield	Disposal of Milk		Disposal of Cream, Butter, Ghee or Khoa		Balance of Milk product	Remark

13. औजार यन्त्र रजिस्टर (Machine & Implements Register):- इसमें कृषि से संबंधित औजार एवं यंत्रो का विवरण लिखा जात है इसका नमूना नीचे दिया गया है।

S.No.	Name of Article	Date of purchase	Number	Cost (Rs.)	Use Year	Annual Depreciation Year 1 2 3 4 5	Remark

14. मौसम का लेखा जोखा रजिस्टर (Weather Register):- प्रक्षेत्र फार्म का मौसम एक महत्वपूर्ण कारक है। जिसका उत्पादन पर प्रत्यक्ष या परोक्ष प्रभाव पड़ता है मौसम कभी प्रतिकूल या अनुकूल भी रहता है क्योकि यह प्रकृति का स्वतंत्र कारक है इसलिए मौसम जलवायु का प्रतिदिन का ब्यौरा रजिस्टर में दर्ज किया जाना चाहिए। इसका प्रारूप नीचे दिया गया है।

Metrological oberation for the month of

Date & Days	Temp F^0		Rainfall	Wind		Special Phenomenon			Remark
	Max.	Min.		Velocity	Direction	Frost	Frog	Time of concentration	

15. **मौसम चार्ट (Weather inventory):-**

प्रक्षेत्र सूची के आधार पर किसान की माली हालत का अंदाजा लगाया जा सकता है। प्रक्षेत्र इन्वेन्ट्री अथवा फार्म सूची का यहॉ तात्पर्य यह है कि प्रक्षेत्र से संबंधित एवं उपस्थित साधनो की सम्पूर्ण सूची जो एक किसान के पास उपलब्ध होती है। यह एक प्रकार की सूची होती है जिसमें किसान के पास फार्म पर उपलब्ध जो भी चल एवं अचल सम्पति होती है तथा उसे जो देनदारी लेनी होती है उन सबका लेखा जोखा अथवा विस्तार पूर्वक ब्यौरा एक सूची मे उपलब्ध रहता है उसे प्रक्षेत्र सूची (Inventory) कहते है।

यह सूची प्रत्येक वर्ष एक निश्चित समय पर बनायी जाती है। अर्थात प्रक्षेत्र सूची को वर्ष प्रारम्भ होने से पहले और वर्ष के अन्त में बनायी जाती है जिससे स्पष्टतः प्रक्षेत्र का तुलनात्मक अध्ययन व अवलोकन किया जा सकता है। इस सूची में प्रक्षेत्र पर उपलब्ध सभी साधनो/वस्तुओ का उल्लेख रहता है साथ ही फार्म की सम्पूर्ण सॅपति का विवरण व लिया गया त्रृण दिया गया उधार व जिम्मेदारियों का उल्लेख और इन सभी आकडो में कीमत अंकित होती है। इसे निम्न सूत्र द्वारा ज्ञात किया जा सकता है।

Net worth = Assets- Liabilities/Where, Assets = Live stock production farm machi inventory of Residential & Farm Budding Dues Payble – Dues Receivables

Liabilities = Financial postion of farmer

प्रक्षेत्र सूची को हम और विस्तृत तरीके समझ सकते है। प्रक्षेत्र की सभी सम्पति (assets) वर्ष के प्रारम्भ में उदा० प्रक्षेत्र पर उपलब्ध साधन, सिंचाई के साधन, यंत्रो की संख्या, भूमि में किया गया सुधार, बाग बगीचा में सुधार एवं विस्तार उत्पादन प्रक्षेत्र कार्यवाहक पशु और दुधारू पशु, प्रक्षेत्र पर लगायी गयी फसलो का उत्पादन, मशीने, यंत्र तथा उपकरण आद्वि इसी के साथ वह धन राशि जिसका किसान संचय में रखा है। या यह राशि किसी को उधार दे रखी है या किसान ने स्वंय ही किसी संस्था में त्रृण उधार लिया हो उसकी लेनदारी, इसे Liabilities भी कहते है। जो किसान को एक निश्चित समय की अवधि में त्रृणदाता (Lender) को चुकानी है। साथ ही हो सकता है कि किसान ने किसी मण्डल या सहकारी समिति के शेयर या हिस्से खरीदे हो उन सबका समावेश प्रक्षेत्र सूची में होता है और इसी के आधार पर किसान की आर्थिक योग्यता ज्ञात हो सकती है।

उपरोक्त सभी विवरण का फार्म सूची में क्रमबद्व ब्यौरा होता है इसी प्रकार वर्ष के अन्त में भी दोबारा फार्म की सूची गनायी जाती है और दोनो में अन्तर ज्ञात किया जाता है और यह पता लगाया जाता है कि वास्तविकता में चालू वर्ष में प्रक्षेत्र की आर्थिक स्थिति तकं क्या अन्तर आया अर्थात् कितना लाभ हुआ कितनी उन्नति की गयी है यह सब हमें फार्म सूची के द्वारा ज्ञात हो सकता है।

लाभ हानि खाता (Gross income- Total Cost):-

सभी व्यापार उधोगो में लाभ और हानि हो सकती है किसी भी व्यापार, व्यवसाय, उधोग धंधो में लाभ प्राप्ति हतु पहले उसमें व्यय किया जाता है तभी हम आय – व्यय का ब्र्योरा प्रापत कर सकते है। साधारणतया लाभ अथवा हानि को स्पष्ट करने के लिए लगाये गये व्यय को आय में से घटाया जाता है इसे एक सूत्र द्वारा भी स्पष्ट कर सकते है।

अर्थात आय = कुल लाभ – कुल लागत (Net income = Gross income – Total cost) एवं शुद्व हानि को प्राप्त करने के लिए सभी प्रकार के खर्चो को निकाल देने पर व्यवसाय से जो लाभ या हानि होती है उसे ज्ञात किया जाता है।

इस प्रकार की उपरोक्त लाभ को अंकित करने के लिए एक लाभ हानि खाता बनाया जाता है खाता तैयार करते समय सभी प्राप्त लाभो को क्रेडिट किया जाता है जिसके अन्तर्गत निम्न विवरणों का समावेश होता है जेसे प्रापत ब्याज, किराना, प्राप्त छूट, इत्याद्वि। एसी प्रकार सम्पूर्ण खर्चो जैसे व्यापारिक खर्चे, वज्ञापन खर्च, छपाई खर्च, वेतन पर किया गया खर्च एवं अन्य खर्च जो व्यवसाय खाते से नही लिये गये है। उन खर्चो को क्रेडिट किया जाता है एवं डेबिट खाते में लिखा जाता है।

इस प्रकार तैयार किये गये क्रेडिट और डेबिट खाते से हम ज्ञात कर सकते है कि व्यवसाय में लाभ अथवा हानि हुई है यदि क्रेडिट खाते मे वृद्वि हुई हो तो यह संकेत करता है कि व्यवसाय में शुद्व लाभ हुआ यदि इसके विरीत डेबिट बढा हो तो शुद्व हानि होती है। व्यवसाय से प्राप्त शुद्व लाभ अथवा हानि को व्यापारी इसे पूंजी खाते में अंकित कर लाभ–हानि को बन्द कर देते है।

इसी तरह खेती के क्षेत्र में भी लाभ–हानि का खाता ब्यौरा तैयार किया जाता है। प्रक्षेत्र प्रबंधक प्रक्षेत्र से प्राप्त लाभ हानि खाता तैयार करने के लिए पहले फर्मा पर खडी फसल को इकट्ठा किया गया माल तथा अप्राप्त बिल ये तीनो प्रक्रिया साल के आरम्भ में होती है इसे खाते के बायी और यानि डेबिट खाते में लिखा

जाता है और उपरोक्त सभी मदों का विवरण साल के अन्त में ही प्राप्त होता है इसे खाते के दायी यानि क्रेडिट में लिखा जाता है। अब हम फार्म की लाभ हानि ज्ञात कर सकते है यदि बायी ओ रका जोड़ अधिक है तो हानि तथा दायी ओर का जोड़ अधिक होने पर लाभ को दर्शाता है दायी ओर की कमी को पूरा करने के लिए अंग्रजी में 'By Net Loss' लिखा जाता है तथा बायी ओर की राशि अंकित करते है और योग के बराबर कर देते है लाभ हानि का निम्न प्रकार का प्रारूप बनाया जाता है।

Dr. (Debit) (Cr. Credit)

Particulars	Amount (Rs.)	Particulars	Amount	Remark

लाभ–हानि खाता के महत्व (Importance of Profit loss account):-

किसी भी व्यवसाय या उद्योगो में लाभ–हानि खाता तैयार करना अत्यंत आवश्यक है। यह व्यवसाय व्यापार का आइना है यह स्पष्ट करता है कि व्यवसाय में कितना लाभ अथवा हानि हुई है उसी के आधार पर भविष्य में निवेश कि योजना बनायी जाती है। लाभ हानि खाते के महत्व को निम्न बिन्दुवार स्पष्ट किया गया है।

1. लाभ हानि खाता तैयार करने से सालभर होन वाले व्यापार की लाभ–हानि का स्पष्ट रूप से लेखा जोखा प्राप्त हो जाता है।
2. उद्योगो में लगने वाले आय–व्यय के विभिन्न मदों का ज्ञान होता है।
3. व्यवसाय या उद्योग में कौन से मदो पर अधिक व्यय हुआ इसका भी ज्ञान हमें लाभ हानि खाता से प्राप्त हो सकता है।
4. लाभ–हानि खाता के आधार पर अगले वर्ष (भविष्य में) का बजट बनाने में मदद मिलती है।
5. कृषि व्यवसाय उपज का उत्पादन करेन हेतु लगाये गये साधनो का सही समय पर चुनाव करने से सहायता होती है।
6. इसी प्रकार फसल का चुनाव करने में मदद मिलती है।

7. लगत व्यय को कैसे कम किया जाये इसका ज्ञान हमें प्राप्त हो सकता है।
8. उत्पादन पद्वति की कमी को दूर कर नई तकनीकी का समावेश किया जाता है।
9. लाभ हानि खाता तैयार करने से प्रत्येक वषे तुलनात्मक अध्ययन किया जा सकता है।
10. कृषि व्यवसाय के साथ साथ संबंधित व्यवसाय का समावेश करने में निर्णय लेने में मदद मिलती है।
11. व्यवसाय उद्योग धंधो या व्यापार के झुकाव तथा संभवनाओ को आसानी से समझा जा सकता है।
12. लाभ हानि खाता के आधार पर आर्थिक आय–व्यय का ब्यौरे विश्लेषण किया जा सकता हैं दूसरे शब्दो में प्रति रूपया वापसी (Benefit cost Ratio) को सुगमतापूर्वक निकाला जा सकता है।
13. इस प्रकार के आय–व्यय ब्यौरे के आधार पर कृषि को अधिक लाभदायक व्यापार गनाने के लिए योजनाएं बनाई जा सकती है।
14. इस प्रकार के योजनाबध कृषि व्यवसाय में कृषि की नई तकनीकी/पद्वति /विधि का खेती में प्रयोग क अधिकतम लाभ प्राप्त किया जा सकता है।
15. इस प्रकार के अभिलेखो के आधार पर किसान अपने खाद्यान के विपणन की व्यवस्था उचित समय पर कर उपज का सही मूल्य प्राप्त कर सकता है।

अध्याय 9

उद्यमिता का अर्थ
(Meaning of Entrepreneurship)

साहस की भावना ही व्यक्ति को उद्यमी बनाती है (The Spirit of enterprise makes man an entrepreneur)। इसी भावना से व्यक्ति को खानाबदोश से एक पशुपालक, एक कृषक, एक व्यापारी, एक उद्योगपति के रूप में परिवर्तित किया गया। उद्यमी के अर्थ के सम्बन्ध में विद्वान एकमत नहीं है। **पीटर एफ. ड्रकर** के अनुसार "लगभग 200 वर्ष पूर्व **जे.बी.से.** (J.B.Say) द्वारा विकसित किये गये 'उद्यमी' शब्द के सम्बन्ध में पूर्ण भ्रान्ति बनी हुई है।"

अमेरिका में प्रायः उद्यमी उस व्यक्ति को कहा जाता है जो अपना स्वयं का नया और छोटा व्यवसाय प्रारम्भ करता है (One who starts his own, new and small business) ।

जर्मनी में उद्यमी उसी व्यक्ति को कहा जाता है, जो नया उपक्रम प्रारम्भ करता है। आवश्यक संसाधनो को जुटाता है तथा व्यवसाय की क्रियाओं का प्रबन्ध एवं नियंत्रण करता है। यह व्यवसाय की विभिन्न जोखिमो को वहन करता है, व्यावसायिक चुनौतियों का सामना करता है, जोखिम वहन करना उद्यमी का मुख्य कार्य है, किन्तु आधुनिक युग में जोखिम मात्र ही उद्यमी का लक्षण नहीं माना जा सकता है। बीमा कम्पनियों के विकास तथा प्रबन्ध की नवीन प्रोद्योगिकी के फलस्वरूप व्यवसाय में निहित जोखिमों व अनिश्चितताओं में कमी आई है, साथ ही आधुनिक युग में उद्यमी के अन्य कार्य यथा—नेतृत्व एवं नवप्रवर्तन भी महत्वपूर्ण हो

गये है, अतः जोखिम उठाने के साथ–साथ में नई वस्तुयें, यन्त्रों व विधियों को स्थान देने वाले व्यक्ति को उद्यमी के रूप में देखा जाने लगा है।

19 वीं शताब्दी के अन्त तक उद्यमी का अर्थ जोखिम उठाने वाला प्रर्वतक उपक्रम की स्थापना करने वाला स्वामी एवं प्रबन्धक, संगठनकर्ता एवं समन्वयक (organizer and coordinator) से लगाया जाता रहा है, किन्तु 20 वीं शताब्दी के प्रारम्भ में उद्यमी एक नवप्रर्वतनकर्ता के रूप में देखा जाने लगा। इस प्रकार उद्यमी का अर्थ आर्थिक विकास की अवस्था के अनुसार बदलता रहा है।

निष्कर्षतः ''उद्यमिता व्यवसाय में निहित कई प्रकार की जोखिमों को उठाने एवं अनिश्चित्ताओं का सामना करने की योग्यता एवं प्रवृति है।'' आधुनिक अर्थ में नये उपक्रम की स्थापना, नियन्त्रण एवं निर्देशन उद्यमिता है।'' उद्यमिता नेतृत्व एवं नवप्रर्वतन का गुण है, जिसके द्वारा व्यवसाय में उच्च उपलब्धियाँ एवं लाभों को प्राप्त किया जा सकता है। परिर्वतनशील वातावरण के साथ समायोजन करने तथा व्यवसाय में सृजनात्मक एवं नवप्रवर्तकारी विचारों एवं योजनाओं को क्रियान्वित करने की योग्यता भी उद्यमिता ही है। इस प्रकार उद्यमिता 'साहसवादिता', 'साहस', 'साहसिकता', 'उद्यमशीलता,' 'उद्यमवृत्ति' आदि का समानार्थी है।

उद्यमिता के सम्बन्ध में विभिन्न विद्वानों की अवधारणाएं
(Various Expert Views about Entepreneship)

उद्यमिता के अर्थ के सम्बन्ध में विद्वानो ने विभिन्न प्रकार की अवधारणाएं संक्षेप में प्रस्तुत की है, जो निम्नानुसार है।

1. **जोखिम की अवधारणा (Risk Bearing Concept)**: **रिचार्ड केन्टीलॉन** (Richard Contillon) के अनुसार जोखिम उद्यमिता का महत्वपूर्ण तत्व है। उन्होनें ''वस्तुओं को अनिश्चित मूल्य पर क्रय– विक्रय करने वाले व्यक्ति'' के लिए उद्यमी माना है। उनके अनुसार असीमित जोखिम उठाने वाला व्यक्ति उद्यमी माना जाता है। ''व्यवसाय का प्रारम्भ करने तथा उसका संचालन करने में साहसी को अनेक जोखिमों–प्रचलन, ह्रास, परिर्वतनो आदि का सामना करना पडता है। **प्रेंक एच.नाइट** (Frank H. Kninght) ने भी अनिश्चित्ताओं का सामना करने वाले को 'उद्यमी' माना है। अनिश्चितता ऐसी जोखिम है जिसका पूर्वानुमान कर बीमा नहीं करवाया जा सकता है। इस प्रकार उद्यमिता ''जोखिम उठाने की योग्यता'' इच्छा तथा अनिश्चित्ता के

विरूद्ध गारण्टी प्रदान करने की शक्ति है। आधुनिक व्यवसाय में जटिलताओं से जोखिम उठाने का कार्य महत्वपूर्ण होता जा रहा है।

2. **संगठन एवं समन्वय की अवधारणा** (Organisation and Co-ordination Concept): अर्थशास्त्री **जे.बी.से. (J.B.Say)** के अनुसार उद्यमिता उत्पादन के विभिन्न साधनों यथा–भूमि, श्रम, पूँजी आदि को संगठित एवं समन्वित करने से सम्बन्धित है उनके अनुसार साहसी संगठनकर्ता (Organiser) होता है। साहसी एवं पूँजीपति प्रथक है। अल्फ्रेड मार्शल जे.बी.सी. के विचारो से बहुत प्रभावित थे, अतः उन्होनें भी संगठन को साहसी का एक विशिष्ट कार्य माना था।
3. **प्रबन्धकीय कौशल अवधारणा** (Managerial Skill Concept): **बी.एफ. हॉसलिज** (B.F. Hoeslitz) के अनुसार उद्यमिता में वित्तिय योग्यता प्राथमिक नहीं है। उद्यमिता में प्रबन्धकीय कौशल महत्वपूर्ण पहलू है। प्रसिद्ध अर्थ शास्त्री **जे.एस. मिल** ने उद्यमिता को निरीक्षण, नियन्त्रण एवं निर्देशन की योग्यता माना है। प्रो. मार्शल ने भी उद्यमिता को जोखित वहन करने एवं प्रबन्ध करने की योग्यता के रूप में मान्य किया है। प्रो. मार्शल के अनुसार उद्यमिता व्यवसाय में श्रम व पूँजी के माध्यम से सामान्य योजना बनाने तथा उसके प्रत्येक सम्बन्धित तत्व का निरीक्षण करने का प्रबन्धकीय कार्य है।
4. **नवप्रर्वतन योग्यता की अवधारणा** (Innovating Ability Concept): **जोसेफ शुम्पीटर** (J. Schumpter) ने 1934 में उद्यमिता को 'नवप्रर्वतनकारी' योग्यता के रूप में परिभाषित किया था। उनके अनुसार व्यवसाय में नये परिर्वतनों, आदि को जन्म देने वाला उद्यमी होता है। शुम्पीटर ने उद्यमिता को वातावरण के अनुसार सृजनात्मक एवं नवप्रवर्तनशील मान कर परिभाषित किया है।
5. **समूह स्तरीय प्रतिक्रियाशीलता की अवधारणा** (Group Level Reactiveness Concept): **यंग** के अनुसार उद्यमिता समाज में प्रतिक्रियावादी समूहों के कारण उत्पन्न होती है। यंग उद्यमिता को सामाजिक व सांस्कृतिक मूल्यों मे परिर्वतन का कारण मानते है। **एफ.डब्लू यंग** (F.W.Young) के अनुसार उद्यमिता को सामूहिक स्तर पर उत्पन्न प्रतिक्रियाशीलता माना है। महिलाओं, अल्पसंख्यकों उपभोक्ताओं, समाज–सुधारको, पर्यावरणवादियों के द्वारा सामाजिक रूपान्तरण की दृश्टि से प्रकट की गई प्रतिक्रियाशीलता एवं विभेदीकरण ही उद्यमिता को दर्शाता है। इस प्रकार उद्यमिता सामाजिक एकात्मकता के लिए प्रकट की जाने वाली प्रतिक्रिया शक्ति, ही है।

6. **संगठन निर्माण योग्यता अवधारणा** (Organsiation Building Ability Concept): **फ्रेडरिक हारबिसन** (Frederic Harbison) ने संगठन निर्माण योग्यता अवधारणा को औद्योगिक विकास हेतु महत्वपूर्ण माना है। **फ्रेडरिक** के अनुसार उद्यमिता उपक्रम के संसाधनो को विकसित, मानवीय क्षमता का विकास करने व नये विचारकों को समन्वित करने का नेतृत्वकारी गुण है। हारबिसन उद्यमिता में नेतृत्व सृजनात्मक को महत्वपूर्ण मानते है, क्योंकि सृजनात्मक नवीन विचारों को जन्म देती है। संगठन निर्माण योग्यता के अभाव में नवपरिर्वतन आर्थिक विकास को आधार नहीं बन पाता है। कुशल प्रशासक एवं सृजनात्मक गुण के द्वारा ही अच्छा नेतृत्व सम्भव है।

7. **उपलब्धि क्षमता सम्बन्धी अवधारणा** (Capacity of High Achievement Concept): **मेकक्लीलैंड** (Mc-Clelland) ने 1961 में उद्यमिता के दो आवश्यक लक्षण माने है। कार्य को नये एवं कुशल ढंग से करने की योग्यता एवं अनिश्चित्ता में निर्णय लेने की क्षमता। मेकक्लीलैंड की विचारधारा में शुम्पीटर एवं केन्टीलॉन दोनों ही के विचार सम्मिलित है।

उद्यमिता की परिभाषाएं
(Definitions of Entrepreneurship)

उद्यमिता जोखिम वहन क्षमता के साथ–साथ नवप्रर्वतन एवं नेतृत्व प्रदान करने की योग्यता भी है, किन्तु उद्यमिता के अर्थ को आज भी बदलती हुई परिस्थितियाँ में भली–भांति समझने के लिए कुछ प्रमुख विद्वानों द्वारा दी गई परिभाषाओं का अध्ययन आवश्यक है। उद्यमिता की कुछ प्रमुख परिभाषाएं अग्रलिखित है।

1. **पीटर एफ. ड्रकर** (Peter F. Drucker) के अनुसार **"व्यवसाय में अवसरों को अधिकाधिक करना अर्थपूर्ण है।"** वास्तव में, उद्यमिता की यही ,सही परिभाषा है। यह परिभाषा अत्यन्त सारगर्भित है। उनके अनुसार उद्यमिता व्यवसाय में लाभप्रद अवसरों की खोज करने तथा उनसे लाभ उठाने की योग्यता है जिसमें नवप्रर्वतन उद्यमिता एक विशिष्ट उपकरण है। उद्यमिता समाज में धन–सम्पदा का निर्माण करने संसाधनो को उत्पादक बनाने आर्थिक मूल्यों का सृजन करने का महत्वपूर्ण साधन है, किन्तु इनके लिए अवसरों को अधिकाधिक करना आवश्यक है।

2. **रिचमेन तथा कोपेन** (Richman and Copen) के अनुसार **"उद्यमिता किसी सृजनात्मक बाह्य अथवा खुली प्रणाली की ओर संकेत करती है।"** यह नवप्रर्वतन जोखिम वहन तथा गतिशील नेतृत्व का कार्य है। यह

परिभाषा व्यवसाय को वातावरण के साथ जोड़कर उसे एक खुली प्रणाली के रूप में देखती है। यह उद्यमी को समाज का गतिशील प्रतिनिधि एवं अगुआ के रूप में स्वीकार करती है। इसमें साहस को सामाजिक परिर्वतनों का केन्द्रीय तत्व माना गया है।

3. **जोसेफ शुम्पीटर** (Joseph A. Schumpter) के अनुसार **"उद्यमिता एक नवप्रर्वतनकारी कार्य है। यह स्वामित्व की अपेक्षा एक नेतृत्व कार्य है।"** जोसेफ ए. शुम्पीटर की परिभाषा उद्यमिता को पूर्णतः नये परिप्रेक्ष्य में देखती है। उनके अनुसार नवप्रर्वतन ही उद्यमिता का मुख्य तत्व है, क्योंकि विकास की गति व्यवसाय में किये जाने वाले नये–नये परिर्वतनों, सुधारो व घटक है तथा उद्यमी एक आर्थिक नेता है, जो वातावरण के प्रति सृजनात्मक दृष्टिकोण अपनाता है। शुम्पीटर की उद्यमिता विचारधारा जो कि नवप्रर्वतन पर आधरित है। यह परिभाषा केवल **विकसित राष्ट्रों** में ही अधिक उपयुक्त है, क्योंकि नवप्रर्वतन का कार्य अर्थव्यवस्था में सम्पूर्ण परिर्वतन लाने पर जोर देता है तथा यह केवल बड़े उद्योगों में ही सम्भव है। यहां यह भी माना गया है। कि नवप्रर्वतन के लिए राष्ट्र में शैक्षिक, सामाजिक व तकनीकी प्रगति का स्तर ऊँचा होना भी आवश्यक है।

4. **ए.एच. कौल** (A.H. Kole) के अनुसार **"उद्यमिता एक व्यक्ति अथवा व्यक्तियों के समूह की उद्देश्यपूर्ण किया है, जिसमें निर्णयों की एक एकीकृत श्रंखला सम्मिलित होती है। यह आर्थिक वस्तुओं एवं सेवाओं के उत्पादन अथवा वितरण के लिए एक लाभप्रद व्यावसायिक इकाई का निर्माण, संचालन एवं विकास करता है।"** ए.एच. कौल के अनुसार उद्यमिता किसी व्यवसाय की स्थापना, संचालन एवं विकास के सम्बन्ध में विभिन्न निर्णय लेने एवं उन्हें क्रियान्वित करने की योग्यता है। यह परिभाषा उद्यशीलता की **परम्परागत विचारधारा** पर आधारित है।

5. **लॉक्स** (Loucks) के अनुसार **"उद्यमिता जोखिम उठाने की इच्छा, आय एवं प्रतिष्ठा की चाह तथा स्व–अभिव्यक्ति, सृजनात्मकता एवं स्वतन्त्रतां की अभिलाशा का मिश्रण है।"** यह दांव लगाने की भावना का उत्साह तथा सम्भवतः सूक्ष्म मनोवैज्ञानिक तत्व है।

6. **जोसेफ सुगरमेन** (Joseph Sugarman) के अनुसार "उद्यमी वास्तव में आज के समाज का सच्चा नायक है। किसी राष्ट्र की सफलता का निर्धारण करने हेतु उद्यमियों ने परिर्वतन से लेकर कार्य सृजन तक अनेक कार्य किये

है जो शायद ही किसी एक समूह ने किए हो। वे भावी समाज के सच्चे स्वप्नदृश्टा (Visionaries) है''

7. **मिचेल पालमर** के अनुसार ''कोई भी व्यवसाय कभी भी अपने आप आरम्भ नहीं होता।

8. **महान दार्शनिक इमर्सन** के अनुसार **''एक संस्था एक व्यक्ति की लम्बी छाया होती है।''** उद्यमी के प्रयासों से ही संगठन का जन्म एवं विकास सम्भव होता है।'' रिलायन्स फोर्ड, रॉकफेलर, कार्नगी, वॉटसन, मोरगेन, क्रिसलर, ड्यूपॉन्ट, टाटा, बिड़ला, डालमिया आदि उद्यमिंयो के कारण ही उनकी संस्थाओं के नाम उल्लेखनीय है। व्यवसाय में जोखिमों, चुनौतियों एवं अनिश्चितताओं का सामान कर विचारों को मूर्त रूप देना, अवसरों का लाभ उठाना तथा दूरदर्शी विकास की कल्पना करना (Entrepreneurial Leadership) ''साहसिक नेतृत्व'' की क्षमता पर ही निर्भर है।

निष्कर्षतः उपर्युक्त परिभाषाओं के अध्ययन से स्पष्ट है कि विभिन्न अर्थशास्त्रियों ने उद्यमिता को विभिन्न एवं व्यापक अर्थो में परिभाषित किया है। इन परिभाषाओं के निष्कर्षो को अग्रांकित तीन वर्गो में समझाया जा सकता है।

उद्यमिता सम्बन्धी विभिन्न मत की परिभाषाएँ
(Various Views Definirions Regarding Entrepreneurship)

1. **प्राचीन मत** (Classical View): केन्टीलॉन, फ्रैंक नाइट, एडम स्मिथ, जे. बी.से. जे.एस. मिल, डेविड रिकार्डो आदि उद्यमिता के प्राचीन अर्थ को प्रकट करने वाले विचारकों के मुख्य रूप से सम्मिलित है। प्राचीन मत के अनुसार उद्यमिता जोखिम वहन एवं व्यवसाय के प्रर्वतन से सम्बन्धित है। इन विद्वानों के अनुसार उद्यमिता अग्रलिखित घटकों से सम्बन्धित हैः
   (i) जोखिमों अनिश्चितताओं की वहन क्षमता।
   (ii) उत्पादन के साधनों यथाः भूमि, पूँजी, श्रम, साहस, संगठन को एकत्रित करने की योग्यता।
   (iii) उत्पादन साधनों को संयोजित कर उनका नियंत्रण व निरीक्षण करने की योग्यता।

प्राचीन अर्थशास्त्रियों ने **'उद्यमिता'** को आर्थिक प्रणाली का एक महत्वपूर्ण अंग नहीं माना उन्होंने एवं प्रबन्ध में कोई अन्तर स्पष्ट नहीं किया है।

2. **नव–प्राचीन मत** (Neo-Classical View): यह मत विकासशील अर्थव्यस्थाओं से लागू होता है। वाल्टस, अल्फ्रेड मार्शल एवं जोसेफ शुम्पीटर इस मत से

सम्बन्धित है। इस अवधि में पूँजीपति व साहसी में स्पशट भेद किया जाने लगा था। इस मत के अनुसार उद्यमिता से आशय अग्रांकित योग्यताओं से है:

(i) व्यवसाय को योजना बनाने, साधनो को संगठित करने तथा विभिन्न कार्यो का नियन्त्रण एवं निर्देशन करने की योग्यता सम्बन्धी कार्य करना।

(ii) व्यवसाय में नये परिर्वतनों की योग्यता विकसित करना।

2. **आधुनिक मत** (Modern View): यह मत विकासशील एवं विकसित राष्ट्रों पर लागू होता है। जे.ई. स्टेपने, जॉर्ज इवेन्स, पीटर किलबाड़, हिगिन्स, पीटर एफ ड्रंकर, एच. डब्ल्यू जॉनसन, रॉबर्ट लैम्ब आदि आधुनिक मत वाले अर्थशास्त्री है। इस मत के अनुसार उद्यमिता को एक व्यावहारिक दृश्टिकोण माना गया है। इस मत के अन्तर्गत विकासशील राष्ट्रों के उद्यमियों जोखिम वहन एवं नये उपक्रमों का प्रवर्तन जैसे कार्य करने पड़ते है। यहां उद्यमिता से आशय अग्रेषित योग्यताओं से है:

(i) व्यवसाय को समाज एवं वातावरण से जोड़ना।

(ii) व्यवसाय में नये प्रवर्तकों एवं अवसरों की खोज करना।

(iii) सामाजिक मूल्यों के सन्दर्भ में विभिन्न निर्णय लेने, सामाजिक नवप्रर्वतन करने तथा व्यवसाय को गतिशील नेतृत्व प्रदान करना।

निकर्षतः उद्यमिता व्यवसाय में विभिन्न जोखिमों को वहन करने, लाभप्रद साहसिक निर्णय लेने, सामाजिक नवप्रर्वतन करने तथा गतिशील नेतृत्व प्रदान करने की महत्वपूर्ण योग्यता है।

उद्यमिता की प्रकृति अथवा विशेषताएँ
(Nature or Characteristics of Entrepreneurship)

उद्यमिता एवं उद्योग के क्षेत्र में उद्यमिता की प्रकृति को भली–भांति समझने के लिए उसकी विशेषताओं को समझना आवश्यक है। उद्यमिता की प्रमुख विशेषताए अग्रांकित है :–

1. **ज्ञान पर आधारित व्यवहार** (Knowledge-based Practice): उद्यमिता एक ऐसा व्यवहार है जिसका आधार ज्ञान है। उद्यमी ज्ञान एवं अनुभव के आधार पर ही उच्च उपलब्धियां प्राप्त करता है। अनेक वर्षो के लम्बे अनुभव एवं आचरण के पश्चात ही एक व्यक्ति में साहस के समुचित एवं सम्पूर्ण गुण पैदा होते है।

2. **कम जोखिम** (Low Risk): परिवर्तित, प्रोद्योगिक से आर्थिक सामाजिक वातावरण में व्यावसायिक में जोखिम की मात्रा बढ़ गई है, किन्तु उद्यमिता को अत्यन्त जोखिमपूर्ण मानना केवल एक भ्रम है। उचित ढंग से प्रबन्धित एवं व्यवस्थित होने, उपयुक्त अनुसंधान विधि एवं सिद्धान्तों का पालन करने तथा उद्देश्यपूर्ण नवप्रर्वतन पर आधारित होने से उद्यमिता अब कम जोखिमपूर्ण है।
3. **पेशेवर क्रिया** (Professional Activity): विकसित राष्ट्रों में उद्यम भी पेशे के रूप में विकसित हो रहा है। साहसी योग्यताओं में प्रबन्धकीय क्षमता को भी शिक्षण व प्रशिक्षण के द्वारा विकसित किया जाने लगा है। विकासशील राष्ट्रों में साहसीक अभिरूचि एवं प्रवृतियों को प्रोत्साहित करने के लिए सरकार में अनेक योजनाएं प्रारम्भ कर रखी है जिनके लिए अनेक साहस विकास संस्थाओं व केन्द्रों की स्थापना की जा रही है।
4. **एक जीवन शैली** (A Life Style): **मेरीडिथ व नेल्सन** (Meredith and Nelson): के अनुसार "एक उद्यमी होना किसी कार्य या पेशे को अपनाने से अधिक यह जीवन की एक शैली है।" उद्यमिता एक जीवन शैली है। प्रत्येक व्यक्ति जीवन में लक्ष्य प्राप्ति के लिए रचनात्मक एवं कल्पनाशील होता है। उसमें योजना बनाने, ठोस निर्णय लेने व उन्हें क्रियान्वित करने की योग्यता ही उद्यमी की प्रमुख विशेषता मानी जाती है।
5. **वातावरण प्रेरित क्रिया** (Envioronment Activated Entreprenship): किसी भी उपक्रम में प्रबन्ध ही साहसिक निर्णयों व योजनाओं के क्रियान्वन का माध्यम है। प्रबन्ध के द्वारा ही साहसी व्यवसाय में नये–नये परिर्वतन करता है। ड्रकर के अनुसार "साहसीक प्रबन्धक प्रत्येक प्रबन्धक के कार्य का आज एक अनिवार्य अंग बन चुका है। नये–नये उपक्रमों, क्रियाओं, गैर–व्यावसायिक कार्यो में प्रबन्ध का उपयोग बढ़ जाने से उद्यमिता का विकास हुआ है।
6. **आवश्यक गुण** (Essential Characters): शिक्षा, अनुसंधान, चिकित्सा, राजनीति, सेना एवं खेलकुद आदि में जोखिम वहन करने या नेतृत्व की आवश्यकता होती है। ड्रकर के अनुसार "उद्यमिता किसी भी तरह से केवल आर्थिक संस्थाओं तक सीमित नहीं है।" (Entrepreneurship is by no means confined solely to economic institutions)
7. **लक्ष्य–जनित व्यवहार** (Target-Oriented Behaviour): उद्यमी सदैव लक्ष्यों को महत्व देती है। भाग्य को नहीं। उद्यमी व्यक्ति परिश्रम के द्वारा

लक्ष्य प्राप्त करने में भरोसा करते है। वे ठोस योजनाओं व लक्ष्य जनित निर्णयात्मक व्यवहार के द्वारा उपब्धियां प्राप्त करते है।

8. **उद्यमिता स्व–अर्जित** (Entrepreneureship Self Achieved): उद्यमिता स्वाभाविक नहीं बल्कि एक अर्जित गुण है। प्रत्येक व्यक्ति एवं संगठन को उद्यमिता के लिए सतर्क रहकर प्रयास करना होता है।

9. **सभी व्यवसायों में आवश्यक** (Essential in all Businesses): उद्यमिता सभी व्यवसायों में जीवित रहने एवं विकसित रहने के लिए अनिवार्य है। उद्यमिता प्रत्येक व्यक्ति एवं संगठन को उद्यमिता के लिएस सतर्क रहकर प्रयास करना होता है।

10. **संसाधनों का सृजन** (Creation of Resources): उद्यमिता उपयोगिता आर्थिक मूल्य व धन–सृजन क्षमता को विकसित करने की प्रक्रिया है। साधनों को कच्चे माल से संसाधनों में स्थानांतरित करती है।

11. **व्यक्तित्व रूपान्तरण प्रकिया** (Process of Identity Transfromation): वस्तुतः उद्यमिता **व्यक्तित्व निर्माण** एवं **भूमिका रूपान्तरण** की प्रक्रिया है। कोई भी व्यक्ति नवप्रवर्तन को अपनाने मात्र से ही उद्यमी नहीं बन जाता। इस प्रकार उद्यमिता केवल किसी नये कार्य अथवा व्यवहार को अपनाना ही नहीं, यह व्यक्तित्व का रूपान्तरण भी है। एक नयी पहचान स्थापित करना भी उद्यमिता है।

12. **रचनात्मक किया** (Creative Activity): उद्यमी नये अवसरों की खोज कर रचनात्मक एवं नवीन विचारों को क्रियान्वित करने को अभिप्रेरणा प्रदान करता है। उद्यमिता के कारण ही राष्ट्र में पूँजी निर्माण व अन्य रचनात्मक कार्यो को बल मिला है।

13. **जोखिम वहन क्षमता** (Risk Bearing Capacity): उद्यमिता के भावी अनिश्चितताओं व जोखिम वहन करने की भावना अन्तर्निहित होती है।

14. **नव प्रर्वतन की योग्यता** (Ability to Innovate): उद्यमिता एक नवप्रर्वतनकारी कार्य है। सृजनशील उद्यमी अपने व्यवसाय में हमेशा नई तकनीकी व प्रबन्ध को उपयोग में लाता है। वह नई वस्तुओं, नये बाजारो तथा नई सेवाओं से उपभोक्ता की संतुष्टि तथा फर्म के लाभों मे वृद्धि करता है।

15. **व्यवसायोन्मुखी प्रवृत्ति** (Business-Oriented Tendency): उद्यमिता उद्यमशीलता की प्रवृति को दर्शाता है। उद्यमिताः व्यावसायिक कल्पना करने,

योजना बनाने एवं किसी उद्योग को प्रारम्भ करने की प्रेरणा देता है। इससे समाज में नये–नये उद्योग–धन्धों की स्थापना होती है।

16. **सिद्धान्तों पर आधारित** (Based on Principles): उद्यमिता अन्तप्रेरणा के कारण भावना नहीं है। यह निश्चित सिद्धान्तों व विचारधाराओं पर आधारित होती है। अतः सफल उद्यमी के लिए अर्थशास्त्र, सांख्यिकी, कानून, सामाजिक शास्त्र आदि के सिद्धान्तों का ज्ञान आवश्यक है।

17. **उद्यमिता एक आचरण** (Entrepreneurship is a Behaviour): निर्णय लेने की क्षमता विकसित करके प्रत्येक व्यक्ति उद्यमी बन कर साहसिक आचरण कर सकता है। इस प्रकार उद्यमिता एक आचरण है।

18. **परिर्वतनों का परिणाम** (Result of Changes): उद्यमिता एक आर्थिक घटना या किया नहीं है, वरना समाज में होने वाले सामाजिक, राजनैतिक, वैज्ञानिक, व तकनीक परिर्वतनों का परिणाम है। सामाजिक मूल्यों, मान्यताओं, शिक्षा, विज्ञान, जनसंख्या, सरकार नीतियों, आदि के कारण व्यक्तियों के दृष्टिकोण में निरन्तर परिर्वतन हो रहा है जिससे समाज नयी साहसिक प्रवृतियों का विकास हो रहा है।

वर्तमान में औद्योगिक क्षेत्र में अनेक चुनौतियाँ, यथा–प्रतियोगिता सम्बन्धी जटिलताएँ, अनिश्चतताएँ हमारे समक्ष है। अतः आर्थिक सामाजिक मूल्यों में परिर्वतन के कारण योग्यता एवं कौशल के महत्व में भी वृद्धि हो गयी है। समाजवादी, साम्यवादी, अथवा पूँजीवादी, अर्थव्यवस्था आर्थिक क्राँति की अर्थव्यवस्था है। आज प्रत्येक राष्ट्र उद्यमियों के विकास हेतु अनेक नीतियाँ, कार्यक्रम एवं योजनाओं का निर्माण कर रहा है। ''प्रबन्धकीय अर्थव्यवस्था'' अब ''उद्यमी अर्थव्यवस्था'' में परिवर्तित हो रही है। पीटर एफ. ड्रकर के अनुसार **''उद्यमी समाज का उदय इतिहास में एक मुख्य संकातिकाल सिद्ध हो सकता है।''**

उद्यमिता का महत्व
(Importance of Entrepreneurship)

उद्यमिता के महत्व को अग्रांकित बिन्दुओं से स्पष्ट किया गया है।

1. **संसाधनो के संगठन में महत्व** (Importance in Organisig Resources): उद्यमिता में उत्पादनों के साधनों यथा–भूमि पूंजी, श्रम, सामग्री, एवं तकनीकी प्रणालियों को अलग–अलग स्थानों से एकत्रित कर उन्हें उत्पादन योग्य बनाने का कार्य किया जाता है। अनेक अप्रयुक्त साधनों को भी उत्पादन में संलग्न कर श्रमशक्ति को गतिशील बनाया जाता है। इस प्रकार समाज के

उत्पादक एवं अनुत्पादक साधनों को उत्पादन कार्य हेतु संगठित करने में उद्यमिता अपनी महत्वपूर्ण भूमिका का निर्वाह करता है।

2. **नये उपक्रमों की स्थापना के महत्व** (Importance in Establishment of New Entreprises): उद्यमिता उद्‌देश्य के कारण समाज में नये–नये उपक्रमों की स्थापना होती है। सुस्त और अक्रियाश्शील उत्पादन के साधनों को उत्पादन कार्यो में गतिशील और योग्य बनाने में उद्यमिता की योग्यता एवं कार्यक्षमता का लाभ नये–नये उद्योगों की स्थापना को मिलता है। इन नये उपक्रमों की स्थापना से अंततः समाज लाभान्वित होता है। भारत में रिलायन्स समूह, बजाज समूह के नये उपक्रमों की स्थापना में उद्यमिता का महत्वपूर्ण योगदान है।

3. **प्रगति में उत्प्रेरणा का महत्व** (Importance in Growth of Motivation): उद्यमी अपने निजी विभिन्न गुणों का प्रयोग कर साधनों का सर्वोत्तम उपयोग कर समाज को आत्मनिर्भर बनाता है। उद्यमिता में गरीबी का उन्मूलन सम्भव होता है। दूसरे अर्थो में यदि उद्यमिता के महत्व को उत्प्रेरक के रूप में प्रतिपादित किया जाए तो यह वह उत्प्रेरक है जो उत्पादन के समस्त साधनों को गतिशील कर स्वयं उन पर नियन्त्रण एवं प्रबन्ध करता है।

4. **आर्थिक विकास में महत्व** (Importance in Economic Development): उद्यमिता ओद्योगिक सभ्यता का जनक है जो लौकिक अवशोषण शक्ति, सामाजिक परिर्वतनों को तुरन्त अपने में अवशोषित करती है, तदनुरूप ही समाज को उसकी आवश्यकता के अनुसार सुविधाए और साधन उपलब्ध कराती है। उद्यमी के स्वभाव से ही समाज उद्योग प्रधान बन जाता है। अंधविश्वास, रूढिया एवं परम्पराओं से मुक्त होकर वह उपभोक्ताओं को विकास की नई धारा में जोड़ता है।

5. **आर्थिक विकास में महत्व** (Importance in Social Changes): उद्यमिता आर्थिक विकास को नये आयाम प्रदान करती है। आर्थिक विकास का चक्र उद्यमियों की उद्यमी प्रवृति से ही गतिशील होता है, अर्थात अर्थव्यवस्था की गतिशीलता उद्यमिता के बिना सम्भव नहीं है। दूसरे शब्दों में उद्यमिता को आर्थिक प्रगति का सन्तुलन चक्र माना है। यही कारण है कि आर्थिक विकास के सिद्धान्तों में उद्यमिता को केन्द्रीय स्थान पर रखा गया है।

6. **उत्पादन में महत्व** (Importance in Producation): वर्तमान उत्पादन क्रियाएं मांग पर आधारित होती है। उपभोक्ता की इच्छा फैशन एवं बाजार परिस्थितियों के अनुसार मांग मे परिर्वतन से उद्यमिता विकसित होती

है। उद्यमी नई उत्पादन विधियों एवं प्रतिस्पर्द्धीशाओं का अवलोकन कर उत्पादन व्यवस्था में तदनुरूप परिवर्तन लाता है। इससे उत्पादन सम्बन्धी अनिश्चितताएं समाप्त हो जाती है।

7. **नवाचार में महत्व** (Importance in Innovation): उद्यमिता में उद्यमी द्वारा अनुसंधान एवं विकास पर बल देकर बाजार में नई–नई वस्तुओं का प्रर्वतन किया जाता है। इसलिए उसे नवप्रर्वतक माना जाता है, वस्तुओं के उत्पादन में नये यन्त्रों तकनीकों से उपयोगिता का सृजन उद्यमिता का ही परिणाम है। सच्ची उद्यमिता परिर्वतनों में जोखिम वहन कर समाज को नवाचारो से परिचित कराने में सहयोग करती है।

8. **अर्थव्यवस्था की गतिशीलता में महत्व** (Importance in Economic Dynamism): उद्यमिता के विकास से सम्पूर्ण अर्थव्यवस्था को गतिशीलता लाकर विकास की दर को बढ़ाता है। इसी कारण शुम्पीटर ने उद्यमी को गतिशील प्रतिनिधि कहा है। विकासशील अर्थव्यवस्था आर्थिक क्रान्ति के दौर में होती है। उद्यमी इन परिस्थितियों में विकास का ऐसा पर्यावरण निर्मित करता है कि विकास की नई धारा अर्थव्यवस्था को गतिशील बनाये रखें।

9. **सार्वजनिक सेवा में महत्व** (Importance in Public Service): उद्यमिता के विकास से सामाजिक हित पूर्ण होता है, क्योंकि उद्यमी व्यावसायिक जोखिमो का पूर्वानुमान करके समाज के उन्नयन की कल्पना को सार्थक रूप प्रदान करने के लिए कदम उठाता है। जब तक उद्यमी स्वयं की प्रगति लक्ष्य निर्धारित नहीं करेगा तब तक वह समाज में भी प्रगति की धारा नहीं बहा सकता। उद्यमी की कुशाग्र बुद्धि उसे विभिन्न कठिन व्यावसायिक परियोजनाओं को मूर्तरूप देनें मे सहयोगी होती है। जिनके कारण वह वैश्वीकृत बाजार में भी सशक्त पाता है।

10. **नये उपक्रमों की स्थापना के महत्व** (Importance in Social Consciousness): उद्यमी सामाजिक प्राणी है, अतः उसकी सामाजिक चेतना बलवती होती है। उद्यमिता में आर्थिक विकास की नई योजनाओं के माध्यम से रोजगार एवं औद्योगीकरण को बढ़ावा मिलता है। उद्यमी लाभप्रद विनियोजन के माध्यम से उपलब्ध संसाधनो का समुचित उपयोग करता है ताकि पूंजी निर्माण में गतिशीलता बनी रहें। उद्यमी असामाजिक प्रवृतियों एवं समस्याओं का उन्मूलन भी करता है।

उद्यमी की परिभाषाएं
(Definitions of Entrepreneur)

अर्थव्यवस्थाओं की पृष्ठभूमि के आधार पर उद्यमी को अग्रानुसार परिभाषित किया गया है।

(i) **विकासशील अर्थव्यवस्था में** (In Developing Entrepreneur): विकासशील राष्ट्रों अथवा औद्योगिक समाज (Industrial Society) में उद्यमी को एक प्रर्वतक, संगठनकर्ता एवं समन्वयकर्ता के रूप में देखा गया है। इस दृश्टिकोण के अनुसार उद्यमी उस व्यक्ति को माना जाता है जो किसी नये व्यवसाय की स्थापना करता है, उत्पादन के साधनो को एकत्रित करता है, प्रबन्धकीय निर्णय लेता है, तथा समन्वय सम्बन्धी विभिन्न कार्य करता है। विकासोन्मुख राष्ट्रों में ओद्योगिक क्रियाओं का तेजी से विस्तार होता है, नये–नये उद्योग खुलते है। उद्योगो में विशिष्टिकृत होने का स्वचालन का प्रयोग बढ़ने लगता है। व्यावसायिक एवं वाणिज्यिक प्रणाली विशिष्टिकृत होने लगती है। अतः व्यवसाय के प्रर्वतन संसाधनों के एकत्रीकरण जोखिमों के वहन, प्रभावी समन्वय तथा पर्यवेक्षण व प्रबन्ध के कार्य महत्वपूर्ण हो जाते है। इन कार्यो को करने वाले व्यक्ति को ही उद्यमी कहा जाता है। विकासीशील अर्थव्यवस्था के सन्दर्भ मे उद्यमी की कुछ परिभाशाएं अग्रलिखित है:

1. **अल्फ्रेड मार्शल** (Alfred Marshall) के शब्दों में, ''उद्यमी वह व्यक्ति है जो जोखिम उठाने का साहस करता है किसी कार्य के लिए आवश्यक पूँजी एवं श्रम की व्यवस्था करता है, जो इसकी सामान्य योजना बनाता है तथा इसकी छोटी–मोटी बातों का निरिक्षण करता है।''
2. **जेम्स बर्न** (James Burna) के अनुसार ''उद्यमी वह व्यक्तियों का समूह है जो किसी नये उपक्रम की स्थापना के लिए उत्तरदायी होता है।''
3. **गेराल्ड ए. सिल्वर** (Geraid A Silver) के अनुसार ''उद्यमी वह व्यक्ति है जो किसी नई वस्तु या सेवा के विचार की कल्पना करता है और फिर उस वस्तु या सेवा का उत्पादन करने के लिए एक व्यवसाय की स्थापना हेतु पूँजी प्राप्ति के स्त्रोत की खोज करता है।''
4. **ऑक्सफोर्ड ऑगल शब्दकोश** (Oxford English Dictionary) के अनुसार ''उद्यमी वह व्यक्ति अथवा विशेषतः अनुबन्धकर्ता है जो किसी

उपक्रम की स्थापना करता है तथा जो पूँजी प्राप्ति व श्रम के बीच मध्यस्थ का कार्य करता है। ''

5. **आर.टी.इली.** (R.T. Ely) के अनुसार ''उद्यमी वह व्यक्ति है जो उत्पादक घटक को संगठित एवं निर्देशित करता है।''
6. **वार्लस** (Warlas) के अनुसार ''उद्यमी वह व्यक्ति है जो दूसरे व्यवसायियों से कच्चा माल भूमिपतियों से भूमि, श्रमिक से अभिरूचियों पूँजीपति से पूँजीगत माल खरीदता है तथा इनकी सेवाओं से निर्मित वस्तुओं को बेचता है।''
7. **आर्थर डेविंग** (Arthur Dewing) के मतानुसार, ''उद्यमी वह व्यक्ति है जो विचारो को लाभादायक व्यवसाय में रूपान्तरित करता है।''

उपर्युक्त परिभाषाओं के विश्लेषण से स्पष्ट है कि विकासशील राष्ट्रों में उद्यमी उस व्यक्ति अथवा व्यक्तियों के समूह को कहा जाता है जो किसी व्यवसाय की कल्पना करता है, उसकी स्थापना के लिए आवश्यक संसाधनो यथा–पूँजी श्रम, कच्चा माल, यंत्र तकनीक आदि को जुटाता है तथा उस व्यवसाय के संचालन की जोखिमों को उठाते हुए इसका प्रबन्ध समन्वय एवं नियन्त्रण करता हैं।

(ii) विकसित अर्थव्यवस्था में (In Developed Economy) : विकसित अर्थव्यवस्था अथवा उत्तर औद्योगिक समाज (Post-industrial Society) में औद्योगिक क्रियाएं अत्यन्त विशिष्ट एवं पेशेवर हो जाती है, व्यावसायिक जटिलताएं बढ़ जाती है, व्यवसाय व उद्योगो के अनेक प्रारूप व प्रकार हो जाते है, मौद्रीकरण बढ़ जाता है तथा व्यवसाय का स्वरूप सेवा प्रधान (Service- oriented) होने लगता है। इस समाज में व्यवसाय के आकार ढाचे, व्यूहरचना व प्रणाली की दृष्टि से अनेक परिवर्तन होने लगते है। इन सब घटकों के फलस्वरूप सामाजिक मूल्यों सामाजिक संस्थाओं, सामाजिक व्यवस्था, सामाजिक सम्बन्धो व सामाजिक समस्याओं में अनेक रूपान्तरण होने लगते है।

ऐसे विकसित राष्ट्रों में उद्यमी का कार्य अत्यन्त जटिल एवं व्यापक है। इन राश्ट्रों में उद्यमी का सामाजिक व्यक्तित्व (Social innovation) अत्यन्त महत्व का हो जाता है। यहां उसकी भूमिका व्यवसाय में अनेक नवीन परिवर्तन एवं सुधार करके सम्पूर्ण समाज एवं अर्थव्यवस्था को लाभान्वित करने की होती है। ड्रकर ने उद्यमी के इस कार्य को सामाजिक नवप्रर्वतन कहा है। इन राष्ट्रों में उद्यमी नवप्रर्वतनों को जन्म देता है। नवीन वस्तु, नवीन तकनीक, नये यन्त्र, नई प्रणालीयों

व नये बाजारों की खोज करके व व्यावसायिक अवसरों का लाभ उठाता है। इस प्रकार व एक नवप्रर्वतक एवं सामाजिक नायक के रूप में अपनी भूमिका का निर्वाह करता है। इस दृष्टिकोण को प्रकट करने वाली कुछ परिभाषाएं अग्रलिखित है :

1. **जोसेफ ए. शुम्पीटर** (Joseph A. Suhumpeter) के अनुसार ''उद्यमी वह व्यक्ति है, जो किसी अवसर की पूर्व कल्पना करता है। तथा किसी नयी वस्तु, नयी उत्पादन विधि, नये कच्चे माल, नये बाजार एवं उत्पादन के साधनों के नये संयोजन को अपनाते हुए अवसर का लाभ उठाता है।''

शुम्पीटर की यह परिभाषा उद्यमी को एक गतिशील भूमिक प्रदान करती है । उनके अनुसार उद्यमी एक नवप्रर्वतक की भूमिका निभाता है। उसके नयें कार्यो को करने अथवा कार्यो को नये ढंग से करने की योग्यता होती है। वह प्रत्येक स्थिति का सृजनात्मक प्रत्युत्तर (Creative Response) प्रस्तुत करता है तथा वह समाज का आर्थिक नायक (Economic Leader) होता है। शुम्पीटर के अनुसार उद्यमी एक आर्थिक व्यक्ति होता है जो नवप्रर्वतकों के द्वारा अपने लाभों में वृद्धि करता है। शुम्पीटर के नवप्रर्वतकों के पॉच रूप बताये है : (1) नई वस्तु का उत्पादन करना, (2) उत्पादन की नयी प्रणाली को अपनाना, (3) नये बाजार खोजना, (4) कच्चे माल व अर्द्ध–निर्मित सामग्री के नय स्त्रोत ढुॅढना, एवं (5) उद्योग का नया संगठन प्रारूप अपनाना। उद्यमी वैज्ञानिको खोजों का उत्पादन एवं औद्योगिक क्रियाओं में प्रयोग करके आर्थिक उपयोगिता एवं मूल्यों का स्जन करता है।

1. **फ्रेन्ज** (Frantz) के शब्दों में ''उद्यमी प्रबन्धक से बड़ा होता है। यह नवप्रर्वतक एवं प्रर्वतक दोनों है।
2. **हर्बटन इवेन्स** (Herbton Evans) के अनुसार, ''उद्यमी वह व्यक्ति अथवा व्यक्तियों का समूह है जिसे संचालित किये जाने वाले व्यवसाय के निर्धारण का कार्य होता है।''
3. **क्लेरेन्स डॉनहोफ** (Clarence Danhol) के अनुसार, ''उद्यमी का सम्बन्ध प्राथमिक रूप से उत्पादन फार्मूले में किये जाने वाले परिर्वितनो से होता है, जिस पर उसका पूर्ण नियन्त्रण होता है।''

परिभाषाओं से स्पष्ट है कि आधुनिक युग में उद्यमी की भूमिका अत्यन्त गतिशील हो गई है। उसे अपने बाह्म वातावरण में होने वाले परिर्वतनों को सदैव ध्यान रखना होता है। उद्यमी समाज का एक अंग है। समाज के विभिन्न अंगो–उपभोकता, समुदाय, सरकार, पेशेवर संख्याओं, प्रतिद्वन्द्वियों, अन्य वर्गो आदि

की आकांक्षाओं एवं प्रतिक्रियाओं के अनुरूप व्यवसाय को संचालित करना, उद्यमी का महत्ववूर्ण दायित्व है। विकसित राष्ट्रों में औद्योगिक परिर्वतन की दर अत्यन्त तेज हो गई है। अतः उद्यमी को निरन्तर नये—नये परिर्वतनों चुनौतियों एवं सुधारो का पूर्वालोकन करते हुए इनका एक अवसर के रूप में प्रयोग करना होता है। वास्तव में आधुनिक युग में उद्यमी को आर्थिक—सामाजिक मूल्यों का सृजनकर्ता, परिवर्तन का संवाहक, सामाजिक, नवप्रर्वतक तथा औद्योगिक क्रियाओं का उत्प्रेरक के रूप में देखा जाने लगा है। यह उसके व्यक्तित्व का बदलता हुआ आयाम है।

निष्कर्षतः समन्वित दृष्टिकोण (Synthesised Approach) की सभी परिभाषाएं उद्यमी के क्रियात्मक व्यवहार (Functional Bechaviour) से सम्बन्धित है। विभिन्न राष्ट्रों मे आर्थिक विकास के स्तर के अनुसार उद्यमी का अर्थ एवं भूमिका बदलती रहती हैं। विकसित एवं विकासशील राष्ट्रों की अपनी—अपनी विशेषताएं है। पूँजी की मात्रा, प्रतिफल दर, उत्पादन संसाधनो, बाजार, उत्पादन तकनीक, विनियोग दर, प्रतिस्पर्द्धा, आय स्तर, तकनीकी शिक्षा, राजकीय दृष्टिकोण, सामाजिक—सांस्कृतिक मूल्यों आदि की दृष्टि से विभिन्न राष्ट्रों में पर्याप्त अन्तर पाया जाता है। यही कारण है कि "उद्यमी की विचारधारा विभिन्न राष्ट्रों के आर्थिक, सामाजिक व तकनीकी घटकों के अनुसार बदलती रही है। आधुनिक उद्यमी के कार्यो एवं दायित्वों का क्षेत्र अत्यन्त विस्तृत हो गया है। संक्षेप में, उद्यमी की पहचान तीन प्रमुख तत्वों के साथ जुड़ी है :

1. जोखिम वहन करना, (Risk bearing)
2. साधनों का संगठन करना (Organising)
3. नवप्रर्वतन करना (Innovating)

आज उद्यमी की स्थापना, संगठन, संचालन, निरीक्षण एवं नियोजन के अनेक कार्यो में जोखिम की सम्भावना निरन्तर बनी रहती है। उसे इस जोखिम का उचित प्रबन्ध करना होता है। उत्पादन के सभी संसाधनो को एक उचित अनुपात में संयोजित करके एक उत्पादन इकाई का निर्माण करने के लिए साहसी में संगठन योग्यता भी होनी चाहिए। इसके अतिरिक्त, उसे निरन्तर लाभप्रद अवसरो की खोज करनी होती है, नवप्रवर्तन के कार्यो को करना होता है तथा उपक्रम को बाह्म सामाजिक वातावरण के साथ संयुक्त करना होता है।

स्पष्ट है कि उद्यमी वह व्यक्ति है जो व्यवसाय में लाभप्रद अवसरों की खोज करता है, आर्थिक संसाधनो को संयोजित करता है, नवकरणों को जन्म देता है

तथा उपक्रम में निहित विभिन्न जोखिमों एवं अनिश्चितताओं का उचित प्रबन्ध करता है।

(ii) परम्परागत अर्थव्यवस्था में (In Traditional Society) : परम्परागत अथवा औद्यौगिक समाज में उद्यमी का कार्यक्षेत्र अत्यन्त सीमित रहा है। ऐसी विकसित अर्थव्यवस्था में प्राचीन अर्थशास्त्रियों ने उद्यमी को जोखिम वाहनकर्ता के रूप में परिभाषित किया है। इस दृष्टिकोण की प्रमुख परिभाषाएं इस प्रकार है :

1. **एफ.वी.हाने** (F.V. Hane) के अनुसार, ''उत्पत्ति में निहित जोखिम उठाने वाला साधन उद्यमी होता है।''
2. **रिचर्ड केन्टीलॉन** (Richard Cantillon) के अनुसार : ''उद्यमी वह व्यवसायी हैं जो उत्पत्ति के साधनों को निश्चित मूल्यों पर बेचता है।''
3. **फेंक नाईट** (Frank Knight) के अनुसार, ''उद्यमी वह विशिष्ट समूह अथवा व्यक्ति है जो जोखिम सहते है तथा अनिश्चितता की व्यवस्था करते है।
4. **जे.बी.से.** (J.B. Say) के अनुसार ''उद्यमी वह व्यक्ति है जो आर्थिक संसाधनो को उत्पादकता एवं लाभ के निम्न क्षेत्रों से उच्च क्षेत्रों की हस्तांतरित करता है।'' उद्यमी को व्यवसाय की अनिश्चितताओं एवं जोखिमों का सामना करने वाले व्यक्ति के रूप में परिभाषित किया गया है। प्राचीन अर्थशास्त्री केन्टीलॉन, फ्रेंक नाईट, एडम स्मिथ आदि उद्यमी को एक मानव ईकाई के रूप में न देखकर अवैयक्तिक रूप से स्वयं एक फर्म के रूप में सामने रखते है। जोखिम वहनकर्त्ता के रूप में उद्यमी की पहचान आज भी महत्वपूर्ण है। यद्यपि जोखिमों का स्वरूप भिन्न हो गया है, किन्तु फिर भी एक आधुनिक उद्यमी को बाजार प्रवृतियॉ, प्रतिस्पर्द्धा, तकनीकी, ग्राहक रूचियों, नवप्रर्वतक, सरकारी नीतियॉ से उत्पन्न होने वाली जोखिमों को कुछ सीमा तक वहन करना होता है। ये परिभाषाएं साहसी–व्यक्तित्त्व के केवल एक पहलू को छूती है।

उद्यमी की विशेषताएं (Characteristics of Entrepreneur)

एक उद्यमी की विशेषताएं अग्राानुसार है :

1. **अनुसन्धान पर बल** (Emphasis on Research) : आधुनिक समय में उद्यमी परिर्वतन में विश्वास करता है, तदनुसार शोध क्रियाओं एवं विश्लेषण पर बल देता है। उद्यमी की कार्यशैली अब वैज्ञानिक एवं तर्कपूर्ण होती है। वह परम्परागत पद्धतियों एवं शैलियों को त्याग कर आधुनिक कार्यशैली तथा सूचनाओं के आधार पर निर्णय करता है।
2. **नवप्रर्वतक** (Innovator) : **पीटर एफ. ड्रकर** के अनुसार "उद्यमी मूल्यों को परिवर्तित एवं रूपान्तरित करते है वे कुछ न कुछ नये एवं कुछ न कुछ भिन्न का सृजन करते है इस प्रकार उद्यमी नवप्रर्वतक के रूप में नयी उत्पादन विधियों नये यन्त्रो एवं नये बाजारों की खोज करता है।
3. **साधन प्रदाता** (Resource Provider) उद्यमी व्यावसायिक उपक्रम की स्थापना के लिए उत्पादन के समस्त साधनों भूमि, पूँजी श्रम एवं संगठन की व्यवस्था करता है। अनेक परिस्थितियों में उद्यमी साधनयुक्त होता है तथा आवश्यकता पड़ने पर शासन एवं उनकी संस्थाओ से भी साधन की व्यवस्था करता है। वस्तुतः साधनो का एकत्रीकरण उद्यमी द्वारा ही सम्भव होता है।
4. **जोखिम उठाने वाला** (Risk Bearer) उद्यमी द्वारा उठाया गया जोखिम ही लाभ होता है। मेरेडिथ एवं नेलसन के अनुसार **"उद्यमी एक वैचारिक वहन करने वाला होता है।"** कोई भी व्यवसायी अभी इतना सक्षम और अनुभवी नहीं हुआ है कि सभी जोखिमों का पूर्वानुमान कर उनके लिए तैयार रहे बल्कि उसे अभी भी अनेक तरह के जोखिम उठाने पड़ते है, इसलिए उसका प्रत्येक निर्णय सन्तुलित और दूरगामी होता है।
5. **व्यक्ति अथवा समूह** (An Individual of Group) : उद्यमी एकाकी अथवा साझेदारी अथवा कम्पनी के रूप में भूमिका का निर्वाह करता है। इस तरह व्यक्ति अथवा अथवा उसका समूह उद्यमी कहलाता है।
6. **नये उपकम का आरम्भकर्ता** (New Undertaking Initiator) : विकासशील राष्ट्रों में नये उपक्रम की स्थापना करने वाले को ही उद्यमी माना जाता है। वहा उत्पादन सीमित होने के कारण वितरण का कार्य महत्वपूर्ण होता है। विकसित राष्ट्रों में उद्यमी नये उपक्रमों की स्थापना कर औ़द्योगिक क्रियाओं का विस्तार करता है।

7. **स्वतन्त्रता प्रेमी** (Freedom Lover) : उद्यमी स्वतंत्र जीवन पसंद करता है उसका झुकाव स्वयं की पहल एवं स्वयं के नेतृत्व को स्थापित करने का होता है। वह अपने तरह से उद्यम को स्थापित कर साहसिक कार्यो के माध्यम से उन्नति की और बढ़ते देखने का श्रेय लेता है।
8. **एक संस्था** (An Institution) : उद्यमी एक संस्था की तरह भी होता है जो समाज में विभिन्न संस्थाओं का उदभव करता है। विकासशील राष्ट्रों मे अनेक प्रकार की संस्थाए उद्यमी के रूप में कार्य कर रही है। जो राष्ट्र के औद्योगिक विकास में महत्वपूर्ण है।
9. **आशावादी** (Optimistic) : उद्यमी एक चुनौतिपूर्ण कार्य करता है, अतः वह कभी पराजित नहीं होता उसकी यह विशेषता उसके आशावादी दृष्टिकोण के कारण उसे अपने लक्ष्य को पूरा करने में सहयोग करती है। उद्यमी के मार्ग में आने वाली बाधाएं उसके प्रयासों एवं उसके दृष्टिकोण की आशावादिता से स्वतः ही अपना रास्ता बदल देते है।
10. **नेतृत्व क्षमता** (Leadership) उद्यमी को उद्योग और व्यवासयिक जगत का आधार स्तम्भ माना गया है। वह इसके अतिरिक्त समाज को भी नई दिशा प्रदान करता है क्योंकि वह चुनौतियों के साथ जूझकर औद्योगिक सम्भावनाओं की खोज करता है। उसकी इस विशेषता के कारण ही व्यावसायिक अर्थव्यवस्था में उसकी भागीदारी सर्वमान्य है।
11. **लाभांकाक्षी** (Profit Desirous) : उद्यमी के प्रयासों का भविष्य लाभ अथवा प्रतिफल पर निर्भर करता है जो सदैव अनिश्चितता में बना रहता है। लाभ की आशा उसे अपने कार्य में न केवल सक्षम बनाती है बल्कि प्रत्येक प्रेरणा को प्रतिफल की और मोडती है। सामाजिक प्रतिश्ठा, आत्मसंतुष्टि व्यक्तित्व के विकास की लालसा आदि भी आधुनिक युग में उद्यमी के लिए आवश्यक विशेषताएं बन गई है।
12. **उच्च उपलब्धियों की आकांक्षा** (High Ambitions) : उद्यमी कठोर परिश्रम के कारण अपनी आकांक्षओं को भी ऊंचा रखता है। वह विश्वास करता है कि उसे उसके परिश्रम का पूरा प्रतिफल मिलेगा। एस.डब्ल्यू गैलरमेन के अनुसार "**उद्यमी अपने लक्ष्य के प्रति समर्पित होते है तथा उच्च उपलब्ध्यिों को प्राप्त किये बिना जीवन में संतुष्ट नही होते है।**"
13. **अवसरों का समायोजन** (Exploitation of Opportunties) : उद्यमी व्यावसायिक अवसरो की खोज करता है। प्रत्येक अवसर का विदोहन करता

है तथा व्यवसाय के हित में लाभ अर्जित करता है। उद्यमी का स्वभाव चुंकि चुनौतिपूर्ण कार्य स्वीकार करना होता है, अतः वह कभी भी नैतिकता का त्याग नहीं करता। वह विपरीत परिस्थितियों को भी अपने पक्ष में करने की क्षमता रखता है, इसलिए उसे अवसरों का समायोजन करने वाला माना जाता है।

14. **पेशेवर** (Professional) : उद्यमी आधुनिक युग में एक पेशेवर व्यक्ति के रूप में स्वयं को स्थापित कर रहा है, क्योंकि अब यह माना जाने लगा है कि उद्यमी पैदा नहीं होते, बल्कि बनाये जाते है। व्यावसायिक ज्ञान हेतु प्रशिक्षण एवं आन्तरिक प्रेरणाएं उद्यमी को पेशेवर बना रही है।

15. **कियाशील** (Dynamic) : व्यावसायिक परिर्वतनों में उद्यमी को इतना क्रियाशील बना दिया है कि वह अब प्रत्येक चुनौती से नये विचार का सृजन करता है। उत्पादन के साधनों मे विकास की गति को बढाया है और क्रियाशील उद्यमी ने उनसे उपयोगिता का सृजन किया है।

16. **कार्य सन्तुष्टि** (Work Satisfaction) : उद्यमी का कार्य लक्ष्य प्राप्त करना है। इसे उसे आत्म सन्तुष्टि प्राप्त होती है, सामाजिक प्रतिष्ठा के लिए लाभ को गोण मनाते हुए भी व्यावसायिक विकास में संलग्न रहकर उद्यमी कार्य की संतुष्टि महसूस करता है। उद्यमी के लिए सृजनता एक आन्नद होती है और कार्य में लग्नशीलता उसके लिए पूजा होती है, जिससे उसे अदभुत प्रेरणा प्राप्त होती है।

17. **साहसी प्रबन्धक** (Entrepreneur Manager) : उद्यमी व्यवसाय के प्रबन्ध एवं संचालन का कार्य स्वयं स्वामित्व के साथ–साथ करता है। इस प्रकार वह एक प्रबन्धक भी होती है। उपक्रमों में उद्यमी स्वयं प्रवर्तन भी करते है इस तरह वह प्रर्वतक भी होते है। संचालक मण्डल का सदस्य बनकर वे एक योग्य प्रबन्धक का कार्य देखते है। आधुनिक व्यवसाय में संयुक्त उद्यमिता, समूह उद्यमिता एवं बहु उद्यमिता में साहसी प्रबन्धक की भूमिका महत्वपूर्ण हो गयी है।

18. **कार्य ही पूजा** (Work is worship) : उद्यमी कार्य का पूजा मानता है, तभी वह अपने लक्ष्य को प्राप्त कर पाता है। उसकी वचनबद्धता, समर्पण भाव उसे चुपचाप आगे बढ़ते रहने के लिए प्रेरित करते है। उसका व्यावहारिक दृष्टिकोण उसे सफलता की नई सीढ़ियो पर पहुचाता है।

19. **अनुसन्धानकर्ता** (Researcher) : उद्यमी नित्य नई समस्याओं से जूझकर उनके हल ढूंढता है। इस प्रकार वह सदैव प्रयोग और परिर्वतन में विश्वास

करता है। उसकी कार्य प्रणाली तर्कयुक्त एवं वैज्ञानिक दृष्टि वाली होती है। वह परम्परागत तकनीको को छोडकर नयी तकनीक अपनाने पर बल देता है।

20. **विश्वासश्रित सम्बन्ध** (Trustee Relationship) : इस निगम संस्कृति के युग में उद्यमी जहां उपक्रमो का परिर्वतन करते है वही उनका स्वामित्व एवं संचालन भी करते है। ये तीनों ही कार्य उसके द्वारा केवल विश्वासश्रित सम्बन्धों को बनाये रखता है, इसलिए वह समाज का प्रन्यासी माना जाता है।

21. **पूँजीपति एवं विनियोजक से अलग** (Different from Capilalist and Insvestors) : उद्यमी न तो पूँजीपति होता है और न ही विनियोजक वह इन दोनों से परे होता है। फिर भी वह दोनों के लिए उत्तरदायी माना जाता है।

उद्यमी का महत्व
(Importance of Entrepreneur)

उद्यमी के महत्व को अग्रानुसार वर्गो में विभक्त कर समझा जा सकता है :

(i) उपक्रम के लिए महत्व (Importance for Undertaking) :

उद्यमी अपने दायित्वों के निर्वहन में स्वयं के महत्व को स्थापित करता है। वह समाज के विभिन्न संसाधनो का प्रन्यासी होता है, वह एक कुशल उत्पादक प्रबन्धक के साथ–साथ उपक्रम के जोखिम उठाने में उसका महत्व को अग्रानुसार समझा जा सकता है :

1. **जोखिम वहन करने वाला** (Risk Bearer) : उद्यमी अपने उपक्रम के प्रति एक महत्वपूर्ण उत्तरदायित्व का निर्वहन करता है। अतः उपक्रम के जोखिम उठाने में उसका महत्व सर्वोपरि होता है। जिसकी प्रबन्ध व्यवस्था उद्यमी द्वारा ही की जाती है।

2. **कुशलतापूर्वक संचालन** (Efficient Management) : उद्यमी का उत्तरदायित्व है कि वह न्यूनतम लागत पर वस्तुओं का उत्पादन का व्यवसाय का कुशलतापूर्वक संचालन करें, इसलिए उद्यमी का महत्व उपक्रम के प्रति एक अच्छे प्रबन्धक की तरह होता है।

3. **लाभदायकता** (Profitability) : उद्यमी अपने उपक्रम के प्रति लाभदायक कार्यो के लिए उत्तरदायी होता है। इसलिए उसके द्वारा किये गये प्रत्येक कार्य का महत्व उपक्रम के अत्यधिक मान्य होता है।

4. **नये अभिकल्पों का निर्माण** (Creation of New Designs) : उद्यमी द्वारा बाजार की मांग के अनुसार नये–नये अभिकल्पों का निर्माण किया जाता है जिससे उसका उपक्रम के लिए महत्व सदैव स्थाई रूप से बना रहता है।
5. **नये बाजरों का निर्माण** (Creation of New Markets) : उद्यमी द्वारा नई तकनीक, यन्त्रों एवं नये बाजारो का निर्माण एक उत्तरदायित्व पूर्ण कार्य है, जिससे उसके द्वारा पर्याप्त तल्लीनता से पूर्ण किया जाता है।
6. **पूर्वानुमान** (Forecasting) : उद्यमी द्वारा अपने उपक्रम के लिए विभिन्न प्रकार पूर्वानुमान किये जाते है। इन पूर्वानुमानों मे उपक्रम के प्रति उसका समर्पण स्पष्टतः नजर आता है।
7. **विकास एवं विस्तार** (Profitability) : उद्यमी परियोजना का संचालन ही नहीं करता, बल्कि उसके विकास एवं विस्तार के लिए सतत कार्य करता रहता है।

(ii) विनियोक्ताओं के लिए महत्व (Development and Expansion):

उद्यमी न केवल उपक्रम के लिए अपना महत्व रखता है, बल्कि उसके क्रियाकलाप बाजार में इस तरह से सूचनाएँ प्रदान करते है कि विनियोक्ताओं का विश्वास उपक्रम में बना रहता है। विनियोक्ताओं द्वारा विनियोग किये गये धन को लाभप्रद एवं सुरक्षित विनियोग के लिए उद्यमी द्वारा अग्रांकित महत्वपूर्ण कार्य किये जाते है :

1. **जोखिम वहन करने वाला** (Risk Bearer) : उद्यमी अपने उपक्रम के प्रति एक महत्वपूर्ण उत्तरदायित्व का निर्वहन करता है अतः उपक्रम के जोखिम उठाने में उसका महत्व सर्वोपरि होता है। जिसकी प्रबन्ध व्यवस्था उद्यमी द्वारा ही की जाती है।
2. **कुशलतापूर्वक संचालन** (Efficient Management) : उद्यमी का उत्तरदायित्व है कि वह न्यूनतम लागत पर वस्तुओं का उत्पादन का व्यवसाय कुशलतापूर्वक संचालन करे, इसलिए उद्यमी का महत्व उपक्रम के प्रति एक अच्छे प्रबन्धक की तरह होता है।
3. **लाभदायकता** (Profitability) : उद्यमी अपने उपक्रम के प्रति लाभदायक कार्यो के लिए उत्तरदायी होता है, इसलिए उसके द्वारा किये गये प्रत्येक कार्य का महत्व उपक्रम के लिए अत्यधिक मान्य होता है।

4. **नये अभिकल्पों का निर्माण** (Creation of New Designs) : उद्यमी द्वारा बाजार की मांग के अनुसार नये–नये अभिकल्पों का निर्माण किया जाता है जिससे उसका उपक्रम के लिए अत्यधिक मान्य होता है।
5. **नये बाजारो का निर्माण** (Creation o New Markets) : उद्यमी द्वारा नई तकनीक, यन्त्रों एवं नये बाजारो का निर्माण एक उत्तरदायित्व पूर्ण कार्य है। जिससे उसके पर्याप्त तल्लीनता से पूर्ण किया जाता है।
6. **पूर्वानुमान** (Froecasting) : उद्यमी द्वारा अपने उपक्रम के लिए विभिन्न प्रकार पूर्वानुमान किये जाते है। इन पूर्वानुमानों में उपक्रम के प्रति समर्पण स्पष्टः नजर आता है।
7. **विकास एवं विस्तार** (Development and Expension) : उद्यमी परियोजना का संचालन ही नहीं करता है, बल्कि उसके विकास के लिए सतत कार्य करता रहता है।

(iii) विनियोक्ताओ के लिए महत्व (Importance of Investors):

उद्यमी न केवल उपक्रम के लिए अपना महत्व रखता है, बल्कि उसके क्रियाकलाप बाजार में इस तरह से सूचनाएँ प्रदान करते है कि विनियोक्तायो का विश्वास उपक्रम में बना रहता है। विनियोक्ताओं द्वारा विनियोग किये गये धन को लाभप्रद एवं सुरक्षित विनियोग के लिए उद्यमी द्वारा अग्रांकित कार्य किये जाते है:

1. **उचित प्रतिफल** (Proper Return) : उद्यमी का प्रथम दायित्व होता है कि वह विनियोक्ता के विनियोग पर उचित प्रतिफल की व्यवस्था करें। इसी कारण विनियोक्ता के लिए उद्यमी का महत्व बढ़ जाता है।
2. **उचित सुरक्षा** (Proper Safety) : उद्यमी द्वारा विनियोक्ता के धन की उचित सुरक्षा प्रदान की जाती है यह सुरक्षा उसके द्वारा धन के उचित विनियोजन के माध्यम से ही सम्भव होती है। उसके विश्वाश्रित सम्बन्धों के कारण विनियोक्ता हमेशा अपने धन की उचित व्यवस्था के कारण सुरक्षा महसूस करता है।
3. **लाभदायकता परियोजना के विनियोग** (Investment in Profitable Project) : प्रत्येक उद्यमी द्वारा प्राप्त धन का उपक्रम के लाभदायक कार्यो में विनियोजन किया जाता है। जो यह सिद्ध करता है, कि उद्यमी को विनियोक्ता के विनियोजन के सम्बन्ध मे पर्याप्त चिन्ता है।
4. **सूचनाए प्राप्त करना** (Receiving Information) : उद्यमी विनियोक्ता का समुचित लाभ प्रदान कर सके इसके लिए बाजार एवं प्रतिद्वन्द्वी संस्थाओं से

आवश्यक सूचनाए प्राप्त करना होती है। इस सूचनाओं से विनियोक्ताओं का महत्व बढ़ जाता है।

(iv) कर्मचारियों के लिए महत्व (Importance of Empoloyess) :

उद्यमी एवं कर्मचारी में पालक एवं बालक का रिश्ता होता है अतः उद्यमी द्वारा कर्मचारियों के प्रति उत्तरदायित्व का निर्वहन उसके महत्व को प्रतिपादित करता है जो अग्रानुसार है:

1. **समुचित वेतन व्यवस्था** (Proper Salary Management) : उद्यमी का दायित्व है कि वह कर्मचारियों के लिए उनके कार्यो अनुरूप समुचित वेतन व्यवस्था करें।
2. **सेवा सुरक्षा** (Service Safety) : उद्यमी और कर्मचारी में विश्वाश्रित सम्बन्ध होता है, अतः कर्मचारी की सेवाओं के स्थायित्व के सम्ब्न्ध में किसी भी प्रकार का भय उन्हें नहीं होना चाहिए। तभी उनके द्वारा उद्यमी के महत्व को समुचित रूप से समझकर कार्य निष्पादन सम्भव होता है।
3. **स्वास्थ्यप्रद वातावरण** (Healthy Enviorment) : सामान्यतः उद्यमी द्वारा यह प्रयास किया जाता है कि उसके कर्मचारियों को स्वास्थ्यप्रद कार्य सम्बन्ध ी वातावरण मिले। इस प्रयास में सफलता से उद्यमी का कर्मचारियों के लिए महत्व बढ़ जाता है।
4. **लाभप्रद सृजनात्मकता** (Profitable Creation) : उद्यमी कर्मचारियों को अपनी उद्यमशीलता के माध्यम से प्रेरित कर उनमें सृजनात्मकता का विकास करता है, जिससे कर्मचारियों का उद्यमीयों के प्रति झुकाव बढ जाता है।

(v) समाज के लिए महत्व (Importance for society) :

समाज में उपभोक्ता, उद्यमी, विनियोक्ता, का अल्प आयवर्ग, मध्य आयवर्ग एवं उच्च आयवर्ग सभी रहते है। इन सबके प्रति भी उद्यमी के कुछ उत्तरदायित्व होते है, जिनके कारण समाज के सभी वर्ग इनके लिए महत्वपूर्ण होते है। प्रमुख महत्व बिन्दु अग्रानुसार है:

1. **नई वस्तुओं की प्रस्तुति** (Presentation of New Goods) : उद्यमी समाज के लिए हमेशा नयी वस्तुए प्रस्तुत कर अपनी महत्ता को बनाए रखता है।
2. **प्रमापीकरण** (Standardisation) : उद्यमी द्वारा वस्तुओं का एक निश्चित प्रमाप निर्धारित कर बाजार में प्रस्तुत किया जाता है, जिससे उपभोक्ता को

अपार सन्तोष प्राप्त होता है। यह सन्तोष ही समाज के लिए महत्वपूर्ण होता है।

3. **उचित मूल्य** (Proper Price) : उद्यमी का यह महत्वपूर्ण दायित्व होता है कि वह समाज से वस्तु का उचित मूल्य प्राप्त करें, ताकि समाज के किसी भी वर्ग को उद्यमीयों द्वारा शोषण का आभाष न हों। वर्तमान प्रतिद्वन्द्वी उद्यमी युग में प्रत्येक उद्यमी द्वारा उचित मूल्य के माध्यम से अपने महत्व को बाजार में स्थापित किया जा रहा है।
4. **नियामक व्यवस्था** (Regulatory System) : भारतीय कानून किसी भी उद्यमी को मन माफिक कार्य करने हेतु स्वतन्त्र नहीं छोडता, बल्कि अनेक नियामक व्यवस्थाओं के माध्यम से उस पर नियन्त्रण रखता है जिससे उद्यमी के लिए समाज का महत्व बना रहता है।
5. **अनुसंधान को महत्व** (Importance in Investigation) : उद्यमी द्वारा सतत अनुसन्धान कर समाज के समक्ष अविश्कारों को आवश्यकता में परिवर्तित करने की प्रवृति से समाज में सृजनशीलता का महत्व बना रहता है। उद्यमी की इस प्रवृति से सामाजिक जगत उसके महत्व को स्वीकार करता है।
6. **दूषित प्रवृतियों का अन्त** (Endd of Evils) : उद्यमी का यह प्रथम प्रयास होता है कि वह समाज के लिए हमेशा उत्तम कार्य करें, चाहे वे उत्पादन से सम्बन्धित हो, अथवा वितरण से सम्बन्धित हों। इस प्रकार अच्छी प्रवृतियां बाजार में विकसित होती है एवं दूषित प्रवृतियों का अन्ता होता है।

(v) संस्थाओं के लिए महत्व (Importance for Institutions) :

उद्यमीता के विकास में अनेक प्रकार की संस्थाओं की महत्वपूर्ण भूमिका होती है ये संस्थाएं भी उद्यमी की प्रवृति पर ही अपना भविष्य निर्धारित करती है। आपसी सामांजस्य संस्थाओं के लिए उद्यमी का और उद्यमी संस्थाओं के महत्व का अग्रानुसार निर्धारण करते है:

1. **योगदान** (Support) : उद्यमी संस्थाओं को और संस्थाए उद्यमी को आपसी सहयोग प्रदान करती है, इसलिए दोनों के सामांजस्य से उद्यम की प्रगति होती है। यही प्रगति संस्थाओं के लिए उद्यमी के महत्व को प्रतिपादित करती है।
2. **अध्ययन** (Study) : संस्थाओ द्वारा अनेक प्रकार के उद्यमी विकास कार्यक्रम चलाये जाते है। उद्यमी द्वारा भी संस्थाओं के सम्बन्ध में नित्य नवीन

जानकारियां उद्यमी प्राप्त करता है। इस प्रकार उद्यमी एक अध्ययन व्यक्ति होता है।

3. **शोध विकास** (Research Development) : संस्थाए उद्यमिता विकास कार्यक्रमों के संचालन हेतु राष्ट्र में संचालित योजनाओं के अनुरूप शोध विकास हेतु उद्यमी को प्रेरित करती है। उद्यमी भी इन प्रेरणाओं का सहयोग प्राप्त कर शोध और विकास को बढावा देता है।

4. **विज्ञापन** (Advertisment) : उद्यमी द्वारा अपने उपक्रम के सम्बन्ध में दिये जाने वाले विज्ञापनों में संस्थाओं का महत्वपूर्ण योगदान होता है। उद्यमी इन विज्ञापन सम्बन्धी लाभों से जहां एक और उपक्रम को लाभान्वित करता है वही दूसरी ओर इन संस्थाओ को भी प्रेरित करता है।

(vi) शासन के लिए महत्व (Importance for government) :

उद्यमी द्वारा स्थानीय, प्रान्तीय एवं केन्द्रीय शासन के प्रति अनेक प्रकार के उत्तरदायित्वों का निर्वहन किया जाता है। इस प्रकार उद्यमी का महत्व उसके अग्रलिखित कार्यो से निर्धारित होता है।

1. **वित्तीय योगदान** (Financial support) : उद्यमी द्वारा करों का समय पर भुगतान कर शासन को सहयोग प्रदान करता है, फलस्वरूप शासन के लिए उद्यमी का महत्व हमेशा बना रहता है।

2. **संवैधानिक अनुपालन** (Statutory Bindng) : सरकारी कार्यप्रणाली को मानना तथा नीतियों और कानून के अनुसार कार्य करना उद्यमी का प्रथम दायित्व होता है। दूसरे शब्दों में कहा जाये तो उद्यमी ही शासन के नियमों का निर्धारक होता है।

3. **आधारभूत संरचना** (Provide Infrastucture) : उद्यमी उद्यम के विकास की दृष्टि से आवश्यक क्षेत्रों में स्वयं एवं शासकीय प्रयासों से आधारभूत संरचना का विकास करता है।

4. **अनैतिक प्रवृतियों का अन्त** (End of Evil Trends) : संवैधानिक व्यवस्थाओं के अनुपालन से उद्यमी उन बुराईयों का अन्त करता है, जो कानून का न पालन करने वाले पैदा करते है।

5. **विकास कार्यक्रमों को प्रोत्साहन** (Encouragement to EDPS) : सरकार द्वारा उद्यमियों के हितार्थ चलाये जा रहे कार्यक्रमों को समुचित रूप से ग्रहण कर उसमें अपनी सम्पूर्ण क्षमता का लगाकर सरकार के हित में कार्य

करना उद्यमी के लिए एक चुनौतिपूर्ण कार्य होता है, फिर भी उद्यमी विकास कार्यक्रमों को स्वीकार कर आवश्यक कदम उठाये जाते है।

6. **अन्य वर्गों के लिए महत्व** (Importance for other Segments) : उद्यमी अपने राष्ट्र के प्रति अपने स्थानीय समुदाय के प्रति, पेशेवर स्वेच्छिक संस्थाओ के प्रति व्यावसायिक संस्थाओ के प्रति उद्यमियों के प्रति भी उत्तरदायी होता है, जिससे उसके महत्व को समाज के किसी वर्ग में कम नही समझा जा सकता है।

उद्यमी के प्रकार

क्लेरेस डेनहाफ ने उद्यमी के अग्रानुसार प्रकार बताये है।

(i) योग्यता के आधार पर (on the basisof qoalities)

1. **1. अनुकरणीय उद्यमी** (Imitative Entrepreneurs) वे उद्यमी जो स्वयं कोई अनुसन्धान न कर केवल सफल उद्यमी के प्रयोग को अपनाकर लाभ अर्जित करते है इनमें जोखिम वहन करने की भावना कम होती है । उद्यमी विकासशील राष्ट्रों में जहाँ अनुसन्धान के पर्याप्त साधन हों एवं जनता की क्रय शक्ति अधिक कम होती है पाये जाते है इन राष्ट्रों में विकास एवं परिवर्तन का वातावरण बना रहता है। जिससे उत्पन्न प्रतिस्पर्धा के कारण उपभोक्ता नवीन वस्तुयों एवं उच्च गुणवत्ता के कारण की वस्तुए चाहता है ।

2. **2. नव प्रवर्तक उद्यमी** (Innovative Entrepreneurs) यह वे उद्यमी होते है जो निरंतर अनुंसंन्धान है इन अनुसंन्धानों के परिणाम स्वरूप अधिकतम लाभ अर्जित करतें है उद्यमिता में जोखिम वहन करने का गुण विद्यमान होता है । **शुम्पीटर** के अनुसार **नव प्रवर्तक उद्यमी व्यवसाय में नवीन संयोजनों का सर्वप्रथम प्रयोग करतें है** । इस प्रकार के उद्यमी उन राष्टों में पाये जाते है जहॉ अनुसंन्धान के पर्यात साधन हों जनता की क्रय शक्ति अधिक हो इन राष्ट्रों में विकास एवं परिवर्तन का वातावरण सदैव बना रहता है । जिससे प्रतिस्पर्धा जन्म लेती है। और उपभोक्ता नित्य नवीन वस्तुओं व उच्च गुणवत्ता की वस्तुए चाहता है ।

3. **3. जागरूक उद्यमी** (Aware Entrepreneurs) यह उद्यमी भी नकलची उद्यमी की तरह अनुसंधानपर धन व्यय नहीं करतें बल्कि सफल उद्यमियों द्वारा किय गये परिवर्तनों को अपनाकर लाभ अर्जित करतें है इनमें निर्णय लेने व जोखिम वहन करने की क्षमता नहीं होती है ये जाखिम लेना पसंन्द

नही करते है अतः सफल उद्यमियों द्वारा उन्हें इन परिवर्तनों को अपनाना आवश्यक नही लगता है । ऐसे उद्यमी सामन्यतः अविकसित राष्ट्रों में ही पाये जाते है ये उद्यमी सफल उद्यमी की नकल करने में भी सावधान रहतें है कोई जोखिम नही उठाना चाहतें । अनिश्चतता की स्थिमि के कारण तब तक अनुकरण नही करते जब तक कि दूसरी उद्यमी कों ऐसा करने पर लाभ न होने लगे । ऐसे उद्यमी अन्तिम समय तक इन्तजार का निणर्य लेते है ऐसे उद्यमी अविकसित राष्ट्रों में पाये जातें है ।

4. **आलसी उद्यमी** (Drone Entrepreneurs) : इस प्रकार के उद्यमी परंम्परागत विचारधारा वाले होते है । इनका मुख्य उददेश्य अधिकतम लाभ कमाना नही बल्कि व्यवसाय को चलाते रहना है इस लिए यह न तो व्यवसाय में कोई परिवर्तन करना पसंन्द करतें है और न ही लागत में कमी करके व वस्तुओं की श्रेष्ठता में वृद्वि करके लाभ अधिकतम करने का प्रयास करतें है ।

(ii) कार्य के आधार पर (On the basis of Function) :

कार्ल वेस्पर ने उद्यमियों के कार्यो के आधार पर अनेक प्रकार बनाये जाते है जो अग्राकित है :

1. **एकाकी स्वनियुक्त उद्यमी** (On the basis of Function) : ये उद्यमी किसी के द्वारा नियुक्त नही किये जातें. बल्कि वह स्वनियुक्त होते हैं इन्हें अपना कार्य करने की पूर्ण स्वतंत्रता होती है ये अपने विशेष ज्ञान के आधार पर कार्य करते है डाक्टर कलाकार आदि इस कार्य के उद्यमी माने जाते है।
2. **अधिग्रहण उद्यमी** (Takeover Entrepreneurs) : ये उद्यमी कभी किसी वस्तु का निमार्ण नही करते बल्कि छोटी छोटी फर्मों का अधिग्रहण करके उनका का संचालन करते हैं या उन सभी फर्मों को सम्मिलित कर एक बडी फर्म का निमार्ण व उसका संचालन करतें है ।
3. **कार्य 'शक्ति निर्माता उद्यमी** (Workforce Builder Entrepreneurs) : यह उद्यमी जो किसी प्रकार के यन्त्र मशीनों आदि का निर्माण व निर्माण करने वाली फर्मो का संचालन करतें है। कार्य शक्ति निर्माता उन्हें कहतें है यथा कम्प्यूटर अभियान्त्रिकी यन्त्र शाला इनके अन्तर्गत आता है।
4. **प्रारूप प्रर्वधक उद्यमी** (Pattern Multipliers Entrepreneurs) :यह उद्यमी उत्पादन की विभिन्न तकनीकों के आधार पर वस्तुओं के गुण आकार आदि में परिवर्तन करतें है कम्पनियों द्वारा इन्हें तकनीकों का प्रयोग करने

का अधिकार प्राप्त होता है । ये उद्यमी विभिन्न सूत्रों का प्रयोग करतें है । जिनके लिए इन्हें कम्पनियों से अधिकार प्राप्त होता है ।

5. **उत्पादक उद्यमी** (Producer Entrepreneurs) : ये उद्यमी भी नव प्रवर्तक उद्यमी की भाति ही प्रयोगों द्वारा नए नए उत्पादकों का प्रारूपतैयार करके उनका निर्माण करतें है । ये उद्यमी प्रतिस्पर्द्धात्मक कोते है एवं बाजार में नयी वस्तुए लेकर आते है ।
6. **पॅजी संचयी उद्यमी** (Capital Aggregators Entrepreneurs) : ये उद्यमी पूॅजी संचयी करने वाले कार्य यथा बैकिग बीमा आदि कार्यो में संलग्न होते है ।
7. **प्राकृतिक संसाधन विदोहक** (Natural Resources Entrepreneurs): ये उद्यमी अर्पयुक्त प्राकृतिक संसाधन को उपयोगी बनाने वाले कार्यों में संलग्न होते है यथा युद्व सामाग्री के व्यापारी, संम्पत्ति को बेचने वाले उद्यमी आदि इस क्षेत्र के प्रमुख उदाहरण है ।
8. **मितव्ययी उद्यमी** (Economy Entrepreneurs) : ये उद्यमी उपभोक्ताओं में बचत करवातें है ताकि उनकी कार्यशक्ति में वृद्धि।
9. **सटोरिये उद्यमी** (Speculators Entrepreneurs): ये उद्यमी किसी प्रकार का कार्य नही करते है बल्कि अन्य के कार्यो पर स्वामित्व प्रपत्र के द्वारा लाभ अर्जित करते है। इनमें जोखिम वहन करने की क्षमना अधिक होती है।

(iii) विकास की गति के आधार पर (On the basis of motion of development):

कार्ल वेस्पर ने उद्यमियों के कार्यों के आधार पर अनेक प्रकार बनाये जाते है जो अग्रांकित है ।

1. **प्राथमिक प्रवर्तक उद्यमी** (Prime promoter Entrepreneurs) : ऐसा उद्यमी विकास प्रवर्तक होता है। जो व्यवसाय में विविधता लाने पर जोर देता है। ये नई–नई तकनीकों, उत्पादन में गुणवत्ता तथा नवीन उत्पादों के द्वारा विकास की गति को तीव्र करते है।
2. **अल्प नव प्रवर्तक उद्यमी** (Minor Innovator Entrepreneurs) : ये उद्यमी उपलब्ध संसाधनों को उत्पादक एवं लाभप्रद कार्यो में विनियोजित करते है। वैयक्तिक रूप से इन उद्यमीयों का योगदान बहुत कम होता है

किन्तु ये अल्प मात्रा में नव प्रवर्तक का कार्य करके विकास की गति प्रदान करते है।

3. **पहल कर्त्ता उद्यमी** (Initiator Entrepreneurs) : ऐसा उद्यमी नव प्रवर्तनों के उद्देश्य से अर्थव्यवस्था में प्रवेश कर विकास की गति प्रदान करता है, जबकि स्वयं नव प्रर्वतनों की कल्पना भी नहीं करता। यह नव प्रर्वतन को विस्तृत कर अर्थव्यवस्था के विकास की गति में वृद्धि करता है।

4. **अनशंगी उद्यमी** (Allied Entrepreneurs) : यह उद्यमी प्रारम्भ में स्वयं कोई उद्यम नहीं करते है बल्कि एक पूर्तिकर्त्ता की भूमिका निभाते है, किन्तु धीरे–धीरे ये स्वयं स्वतन्त्र रूप से उद्योग चलाने लगते है। ये उद्यमी सहायक उद्योगों एवं व्यवसायों का संचालन करते है।

5. **स्थानीय उद्यमी** (Local Entrepreneurs) : ये उद्यमी किसी निश्चित क्षेत्र विशेष में अपना व्यापार करते है। क्षेत्र के बाहर व्यापार नहीं करते। इनका व्यापार क्षेत्र स्थानीय होता है, अर्थात ये आर्थिक क्रिया के क्षेत्र को सीमित रखते है, इसलिए इनको स्थानीय उद्यमी कहा जाता है।

6. **प्रबन्धक उद्यमी** (Manager Entrepreneurs) : प्रवर्तक योजनाओं का सफलतापूर्वक संचालन करता है। यह बहारी लोगों से उपक्रम का सम्बन्ध स्थापित करता है। यह उपक्रम का सफल संचालन भी करता है। ऐसे उद्यमी से प्रबन्धकीय उद्यमी कहलाते है।

(iv) सामाजिक दृष्टि के आधार पर (On the basis of Social View) :

उद्यमी अर्थव्यवस्था में जो भी क्रियाएं करता है वे सामाजिक लाभ की दृष्टि से या तो उसके स्वयं के हित में होती है, इन दोनों प्रकार की क्रियाएं करने वाले उद्यमी अग्रांकित प्रकार के होते है।

1. **शोषक उद्यमी** (Exploitative Entrepreneurs) : यह उद्यमी केवल अपने हित में कार्य करता है। यह समाज के प्रति पूर्णतः उदासीन रहकर अधिकतम लाभ प्राप्त करता है। यह लाभ वृद्धि के लिए निरन्तर प्रयास करता रहता है। इस प्रकार के उद्यमी में श्रम क्षमता अधिक होती है, किन्तु उनमें आत्म सम्मान की भावना नगण्य होती है। इस प्रकार के उद्यमी आर्थिक विषमता वाले क्षेत्रों में पाये जाते है जो अपने लाभ को सर्वोपरि रहकर कार्य करते है।

2. **आदर्श उद्यमी** (Model Entrepreneurs) : इस प्रकार के उद्यमी स्वयं एवं सामाजिक हित पर ध्यान देते है। इनका उद्देश्य केवल अधिकतम

लाभार्जन नहीं बल्कि सामाजिक दायित्व यथा–रोजगार के साधनों में वृद्धि, वस्तुओं में गुणवत्ता, जीवन स्तर में सुधार करना, आर्थिक विकास करना आदि महत्वपूर्ण होते है। यह अपनी क्रियाओं के द्वारा सामाजिक दायित्व को पूरा करता है। आदर्श उद्यमी का आर्थिक विकास में महत्वपूर्ण योगदान होता है।

(v) प्रेरणात्मक तत्वों के आधार पर (On the basis of Motivational Factor):

प्रेरणात्मक तत्वों के आधार पर उद्यमी को तीन भागों में विभक्त किया जा सकता है।

1. **ऐच्छिक उद्यमी** (Spontaneous Entrepreneurs) : ऐसे उद्यमी को हम शुद्ध उद्यमी भी कह सकते है। ऐसे उद्यमी कार्य निष्पादन की गुणवत्ता को सिद्ध करने एवं अपनी इच्छाओं की पूर्ति के लिए प्रेरित होते है। उद्यमी प्राकृतिक उद्यमी होते है और इन्हें किसी बाह्म प्रेरणा की आवश्यकता नहीं होती है।
2. **प्रेरित उद्यमी** (Motivated Entrepreneurs) : ऐसे उद्यमी प्रोद्योगिकी पेशेवर विशेषता एवं कौशल का उपयोग करने की इच्छा से अभिप्रेरित होते है। इन्हें अपनी योग्यता, उद्यम एवं आत्मोद्योग पर विश्वास होता है। यह एक महत्वांकाक्षी एवं अपने कार्यो में धीमी प्रगति से असन्तोष रखने वाले उद्यमी होते है। यदि ग्राहक ऐसी सेवायें को स्वीकार कर लेता है तो इस प्रकार उद्यमियों को वित्तीय लाभ और प्रेरित करता है।
3. **दबावपूर्ण उद्यमी** (Induced Entrepreneurs) : ये उद्यमी सरकार द्वारा उद्यमिता विकास की नीति से प्रेरित होकर उद्यमिता स्वीकार करते है। सामान्यतः सरकार लोंगो को नये उद्यम प्रारम्भ करने के लिए कुछ सहायता, प्रोत्साहन, छूट, अन्य सुविधाए यथा–संरचनात्मक सुविधा, आदि प्रदान करते है। कभी–कभी कुछ प्रत्याशित उद्यमी कुछ विशेष परिस्थितियों यथा–कार्यहानि अथवा कार्य, आदि से प्रेरित होकर अथवा कभी–कभी इनके दबाव में आकर उद्यमिता स्वीकार करते है। कुछ वर्शो पूर्व लघु उद्योगों के लिए कुछ उत्पादों के आरक्षण मजदूरी से वृहत उद्योंगो को अपनी लघु ईकाई प्रारम्भ करने के लिए प्रेरित होना पड़ा। आई.टी क्षेत्र के पेशेवर लोगों को अपना उद्यम प्रारम्भ करने के लिए न केवल प्रेरित कर रहा है, बल्कि सफल भी हो रहा है

अध्याय 10

अभिप्रेरणा का अर्थ एवं परिभाषा
(Meaning and Definitions of Motivation)

अभिप्रेरणा एक ऐसी आन्तरिक शक्ति है जो उद्यमी को न केवल उद्यमिता सम्बन्धी सन्तुष्टि प्रदान करती है, बल्कि सामाजिक प्रतिष्ठा की प्रेरणा प्रदान करती है।

मानव शक्ति के व्यवहार की निर्देशित करने तथा उसका सहयोग प्राप्त करने की कला को '**अभिप्रेरणा**' कहा जाता है । अंग्रेजी भाषा का शब्द 'Motivation' – Motive से बना है जिसका शब्दिक अर्थ है ''इच्छा जार्गत करना''। इस प्रकार अभिप्रेरणा से आशय व्यक्तियों में कार्य के प्रति इच्छाशक्ति जाग्रत करने से है। आधुनिक 'अर्थ मे प्रेरणा शब्द का सर्वप्रथम प्रयोग 1938 में लैश्ली ने किया था, जिसके मतानुसार ''अभिप्रेरणा का नियंत्रण विभिन्न आंतरिक्त एवं बाह्य उत्तेजको के प्रति केन्द्रीय स्नायु तंत्र के प्रत्युत्तरों द्वारा किया जाता है।''

विलियम जी स्टॉक के मतानुसार, ''अभिप्रेरणा से आशय, वांछित लक्ष्य को पुरा करने के लिए लोगों की क्रिया को प्रोत्साहित करना है।

मेकफरलैण्ड के अनुसार, ''अभिप्रेरणा एक विधि है जिसमें प्रेरणाओं, उद्देश्य इच्छाओं, महात्वाकाक्षाओं, प्रयन्नों या आवश्यकताओं के द्वारा मानवीय व्यवहार का निर्देशन, नियंत्रण एवं स्पष्टीकरण किया जाता है।''

किम्बाल यंग के मतानुसार, ''अभिप्रेरणाएँ अर्जित प्रेरक शक्तिओं हैं जो मनुष्य में समाज का सदस्य होने तथा संस्कृति में भागीदार बनने के कारण उत्पन्न होती है।

केरोल शार्टल के अनुसार, ''अभिप्रेरणा किसी निश्चित लक्ष्य का प्राप्त करने अथवा किसी इच्छित दिशा में जाने के लिए उक प्रकट की गई प्रेरणा अथवा तनाव है।''

जुसियस एवं भलेण्ड के मतानुसार, ''अभिप्रेरणा प्रोत्साहन देने वाला अपेक्षित हो उत्तर प्राप्त करने की विधि है।

मैक्लीलैण्ड ने उद्यमिता का व्यक्ति का आसमिक व्यवहार मानकर इसे मनोवैज्ञानिक प्रेरणा माना है। यह मनौवैज्ञानिक प्रेरणा प्रत्येक व्यक्ति में नैसर्गिक रूप से विद्यमान होती है। व्यक्ति उच्च उपलब्धियों के लिए प्रेरत होता है तथा प्रोत्साहन की पूर्ति हेतू सार्थक प्रयास करता है।

(अ) कार्य को नवीन ढ़ंग एवं कुशलतापूर्वक तरीके से सम्पादित करना।

(आ) अनिश्चितता में त्वरित एवं विवेकपूर्ण निर्णय लेना ।

मैक्लीलैण्ड के अनुसार उच्च उपलब्धि प्राप्त करना ही उद्यमिता है जिसके लिए नवप्रवर्तन एवं जोखिम में निर्णय लेने की क्षमता अपरिहार्य है।

1. **बेरेलान व स्टीनर के अनुसार,** प्रेरणा वह आन्तरिक स्थिति है । जो व्यवहार को एक लक्ष्य की ओर निर्देशित एवं प्रवाहित करने में उर्जा प्रंदान करती है, क्रियाशील करती है एवं चलाती है ।
2. **डी. जे डयूरियन के अनुसार,** अभिप्रेरण वे प्रभाव अथवा विचार है जो कार्य करने अथवा वस्तुओं एवं सेवाओं में पसंन्दगी को निर्धारित करने हेतु प्रेरणा प्रदान करते है ।
3. **किर्कपेट्रिक के अनुसार,** ''बुनियादी प्रेरणाए कितनी है न तो इस पर ही मतैक्य है और न ही उसकी पदावली पर।'' इतने पर भी उनका विचार है कि हर व्यक्ति अपनी संतुष्टियों को अधिकतम करने की एक मात्र बुनियादी इच्छा से अभिप्रेरित होता है । अभिप्रेरणाए तीन रूपों में विभक्त की जा सकती है। (1) अधिकार एवं अनुमोदन की इच्छा (2) हानि का भय एवं लाभ की आशा (3) आनन्द का उपयोग एवं कष्ट का निवारण ।
4. **चार्ल्स बी.रोथ के अनुसार,** ''भूख, स्वभाव, यौन, ईर्श्या, भय, डाय, संघर्ष उत्सुकता, सामाजिक, प्रभुत्व, प्रेम, अभिमान, आराम, लोभ और वयैक्तिक प्रगति सामान्य प्रेरणाए है ।
5. **ई. जी. मैकार्थी के अनुसार,** ''चेतनाओं की संतुष्टि (Satisfaction of sences) जाति संरक्षण (Preservation of species), भय, आराम, और मनोरंजन गर्व मिलनसारिता (Sociability) विलक्षणता (Curiosity) एवं संर्घश (Striving) प्रमुख प्रेरणाएं है ।

1. **विलियन जी. कार्टर के अनुसार**, ''मुद्रा अभियान प्राप्ति इच्छा (Acquisitiveness) प्रतिद्वन्द्विता श्रृगार, स्वच्छता संग्रहण या परिग्रह, मनोविनोद, निर्माण सहचर्य, मानसिक संस्कृति, स्वीकरण प्रवृत्ति (Approtativeness) महत्वकांक्षा सम्मान स्नेह सामाजिक उपलब्धि रोमांन्स, सुख सोन्दर्य रूचियॉ, नकल, विलक्षणता, स्वरक्षण, आभार (Gratitude) देशभक्ति आदि प्रमुख प्रेरणाएं है।''

स्पष्ट है कि अभिप्रेरणा एक शक्ति, प्रभाव, विचार उद्दीपन, बालक अथवा लालसा है जो उद्यमी को उसकी बहुआयामी सन्तुष्टि हेतु विशिष्ट प्रेरणा देती है।

अभिप्रेरणा की विशेषताएॅ (Characteristics of Motivation)

घिसली एवं **ब्राउन** के अनुसार अभिप्रेरणा की निम्न प्रमुख विशेषताएॅ है।

1. अभिप्रेरणा अत्यन्त जटिल होती है।
2. विभिन्न अभिप्रेरक, कभी–कभी समरूवी व्यवहार को जन्म देते है।
3. कभी–कभी समान अभिप्रेरकों से व्यवहार के विभिन्न स्वरूप अभिप्रेरत होते है।
4. कुछ अभिप्रेरकों की जानकारी स्वयं व्यक्ति को नहीं होती है।
5. विभिन्न समयों पर व्यवहार के प्रतिमान में स्थिरता पाये जाने के उपरान्त भी से अभिप्रेरकों एक दूसरे समय पर परिवर्तन होते रहते है।
6. व्यक्ति अपनी अभिप्रेरकों में भिन्न–भिन्न रहते है।
7. अभिप्रेरकों विभिन्न प्रकार के तथा विशिष्ट प्रकार के होते है।

अभिप्रेरकों की विशेषताओं के बारे मे लेखक डॉ. **एम.सी.सक्सेना** ने अलग मत दिया है। उनके अनुसार निम्न विशेषताएॅ होती है।

1. अभिप्रेरकों एक प्रबन्धकीय प्रकार्य है।
2. अभिप्रेरकों सहयोग प्राप्त करने का एक साधन है।
3. अभिप्रेरकों एक कार्य पद्धति है।
4. आवश्यकताओं एवं अभिप्रेरकों में प्रत्यक्ष सम्बन्ध है।
5. अभिप्रेरकों मनोबल एवं उत्पादकता के भिन्न है।
6. अभिप्रेरकों एक मनौवैज्ञानिक प्रक्रिया है।

7. अभिप्रेरकों के अनेक स्त्रोत है।
8. अभिप्रेरकों व्यक्तियों के व्यवहार का स्पष्टीकरण प्रस्तुत करती है।
9. अभिप्रेरकों एक सतत् चलने वाली प्रक्रिया है।
10. अभिप्रेरकों व्यक्ति के अन्दर से आती है।

विद्धानों ने अभिप्रेरणा के अध्ययन के पश्चात् एक आधारभूत मॉडल इस प्रकार दिया है।

अभिप्रेरणा → प्रयास → निशपादन → पुरस्कार → संतुष्टि →

इस माडल से यह स्पष्ट है कि व्यक्तियों के लिए उन्नत अभिप्रेरकों की दिशा में उनके द्वारा कार्य के प्रति बेहतर प्रयास किये जाते है।

उद्यमिता को प्रेरित करने के लिए उद्यमिता विकास कार्यक्रम चलाए जाते है। उद्यमिता विकास कार्यक्रम मूलतः ऐसे लोगों को आगे आने के लिए सहायता प्रदान करता है जो किन्हीं कारण वंश उद्यमी नहीं बन पाये हों उद्यमिता को प्रेरित करने के लिए मौद्रिक प्रोत्साहन के साथ–साथ अमौद्रिक उपाय भी किये जाते है। उद्यमियों को उद्योग व स्थावित करने के लिए मानसिक रूप से तैयार करने हेतु अनेक उपाय किये जाते है – मानसिक व भावनात्मक प्रेरणाएँ देने से अधिक से अधिक युवकों को उद्यमिता अपनाने के लिए आकर्षित किया जाता है।

उपलब्धि प्राप्त करने के लिए उद्यमियों को takes अभिप्रेरकों no torah gas उन्हें ''उपाधि अभिप्रेरकों ''(Achievement Motivation) कहते हैं।

यह मानवीय स्वभाव है कि एक व्यक्ति की दूसरे व्यक्ति से अग्रगण्य होने की इच्छा ही उसकी प्रबल इच्छाशक्ति एव दृढ़ संकल्पना की सूचक होती है। उद्यमी हमेशा उच्च प्राप्तियों एवं उपलब्धियों मे पूर्ण आस्था रखते हैं। अतएव वे जीवन में हमेशा गतिशील, परिश्रमी व महत्वाकांक्षी होते है। वे सदैव संघर्ष में विश्वास रखते हैं एवं दूसरों से अलग दिखना चाहते हें

अभिप्रेरक तत्व एवं उनका वर्गीकरण (Motivational Factors and Their Classification)

विभिन्न आर्थिक, मनोवैज्ञानिक, सामाजिक तथा अन्य बातें उद्यमी को किस प्रकार अभिप्रेरित करती है यह कहना कठिन है। उद्यमी अपनी योग्यता के अनुसार सर्वोतम उद्यम करना चाहता है। अधिकाशं उद्यमियों को स्वयं अपने प्रयोजनों के संबंध में परिपूर्ण जानकारी नहीं होती, अतःएव प्रयोजनों को कई समूहों में

विभाजित करके उनका अध्ययन किया जाता है। प्रथम समूह में वे प्रयोजन आते है जिनके सम्बन्ध में उद्यमी सजग होता है। दूसरे समूह के प्रयोजन वे है जिनके सम्बन्ध में वह सजग तो होता है, लेकिन दूसरे के सामने स्वीकार नहीं करता है। तीसरे समूह के अंतर्गत कठिन प्रयोजन आते है, जहां उद्यमी को स्वयं यह मालूम नहीं होता है कि कौन से कारण उसकी उद्यमी प्रवृति को प्रभावित कर रहे है। अमेरिका में उद्यमी प्रयोजन मुख्य सामाजिक, कलात्मक, बोद्धिक तथा आर्थिक पक्ष प्रबल पाये गये है।

उद्यमी एक व्यक्ति भी है तथा यह समाज का एक सदस्य भी है। इस विषय को भली–भाँति समझा जा सके, इसलिए हम उद्यम से सम्बन्धित मनोवैज्ञानिक तथा सामाजिक तत्वों का अध्ययन अग्रलिखित तीन स्तरों पर करते है :

1. उद्यमी व्यवहार पर व्यक्तिगत अभिप्रेरकों एवं अभिवृत्तियों का प्रभाव।
2. उद्यमी व्यवहार पर अन्य व्यक्तियों तथा समूहों का प्रभाव।
3. उद्यमी व्यवहार पर सामाजिक वर्गीकरण व स्तरीकरण का प्रभाव।

इस विभाजन से उद्यमी को में यह क्षमता प्राप्त होती है, कि वह उद्यम व्यवहार का पूर्वानुमान लगा कर यह जान सकें कि साधनों एवं उद्दीपकों के प्रति क्या प्रतिक्रिया हो सकती है ? इसके अतिरिक्त अभिप्रेरण सम्बन्धी जानकारी प्राप्त होने पर वह अनुकूल दिशा में प्रभावित करने एवं परिवर्तन हेतु समुचित उपाय भी प्रस्तुत कर सकता है।

व्यवसाय के क्षेत्र में, विभिन्न प्रकार की प्रेरणाएं और व्यवहार दिखाई देते है, जो अग्रानुसार है:

मैल्विन एस. हैटविक ने अभिप्रेरणाओं को दो श्रेणीयों में विभक्त किया है:

1. **प्राथमिक प्रेरणाएं** (Primary Motives) : इनमें श्रष्ठ बनने की इच्छा, सामाजिक प्रतिष्ठा, खाना, पीना, सुख, यौनाकर्षण, प्रियजनों का कल्याण भय व खतरे में मुक्ति, दीर्धायु आदि को सम्मिलित किया जाता है।
2. **गौण अथवा सहायक प्रेरणाएं** (Secondry Motives) : इनमें कार्यकुशलता, सुविधा, निर्भरता, गुणवत्ता, शैली, लाभ, विलक्षणता आदि को सम्मिलित किया जाता है।
3. **भौतिक, मनोवैज्ञानिक एवं सामाजिक प्रेरणाएं** (Physical Psychological and Social Motives) : भौतिक प्रेरणाएं जीवन संचालन से सम्बन्ध प्रेरणाओं को स्वयं में सम्मिलित करती है। मनोवैज्ञानिक प्रेरणाएं व्यक्तिपरक होती है और इनमें गर्व, आदि प्रेरणाओं को सम्मिलित किया जाता है। सामाजिक प्रेरणाएं वर्तमान एवं अपेक्षित सामाजिक स्थिति सम्बद्ध प्रेरणाओं

का समूह होती है। किये जाने वाले उद्यम का वास्तविक चयन मुख्यतः दो मनोवैज्ञानिक तत्वों पर निर्भर करता है–

1. उद्यम की विशेषताएँ (Characteristics of on Entrepreneur) : यद्यपि उद्यमी विशेषताओं के अनुसार व्यवहार नहीं करता है, लेकिन फिर भी उसकी मनोवैज्ञानिक विशेषताएं उसको सामान्य उद्यमी बना लेने में पर्याप्त सहायता देती है। उत्पादों के विशेष गुणों का भी भी उद्यमिता व्यवहार पर मनोवैज्ञानिक प्रभाव पड़ता है, जैसे–उस उत्पाद का उत्पादन प्रतिष्ठात्मक होना, उसके प्रयोग से हैसियत का प्रदर्शन आदि।
2. सामाजिक तत्व (Social Factors) : उद्यमी का व्यवहार एक सामाजिक तत्व है अतः वह अपने समाज से पृथक ढंग से न सोच सकता है और न उद्यम संचालित कर सकता है। यद्यपि कुछ व्यक्ति इसमें दृढ अपवाद भी होतें है मगर उनकी संख्या नगण्य होती है, अतः एक उद्यमी का व्यवहार सामाजिक समूह से प्रभावित होता है। उपभोक्ता, शारीरिक या भौतिक, मनोवैज्ञानिक एवं सामाजिक क्रय–प्रेरणाओं की प्रतिवचन (Response) प्रदर्शित करते है। उद्यमी व्यवहार से सम्बद्ध सिद्धान्त भी इन प्रेरणााओं के महत्व को अभिव्यक्त करते है।

4. **स्वाभाविक बनाम सीखे हुए अभिप्रेरक** (Inherent vs. Learned Motives): स्वाभाविक उद्यमी प्रेरणााओं से आशय ऐसे व्यवहार से है जो कि व्यक्ति की अन्तर्निहित आवश्यक जीवनोपयोगी आवश्यकताओं से प्रेरित होता है। इसका सर्वश्रेष्ठ उदाहरण जीविका सम्बन्धी आवश्यकताएं है। इनकी सन्तुष्टि शीघ्र ही न होने पर व्यक्ति में 'तनाव' उत्पन्न होने लगता है। इसके विपरित वातावरण सम्बन्धी प्रयोजन, अर्थात सीखे हुए क्रय से आशय ऐसी अभिप्रेरणाओं से होता है जो व्यक्ति अपनी शिक्षा, अपने वातावरण तथा सामाजिक परिवेश से सीखता है। इनमें सामाजिक प्रतिष्ठा, स्वीकृति, हैसियत आर्थिक, सामाजिक एवं राजनैतिक उपलब्धियां आदि आती है।

ये दोनों ही प्रकार के अभिप्रेरक उद्यमिता विकास हेतु प्रबन्धक को महत्वपूर्ण दिशा निर्देश देते है। यह भी निश्चय है कि स्वाभाविक प्रयोजनों की अपेक्षा इनकी संख्या तथा तीव्रता भी अधिक होती है। इन अभिप्रेरकों से आर्थिक तत्वों पर अधिक विचार नहीं करता, अतः प्रबन्धकों को यह जानने का प्रत्यन करना चाहिए कि वातावरण सम्बन्धी प्रयोजनों से उद्यमी व्यवहार किस प्रकार तथा किस मात्रा में प्रभावित होगा।

5. **संरक्षण प्रेरणाएं** (Patronage Motivations) : वे प्रेरणाएं है जो किसी विशिष्ट उद्यमी को उसके पैतृक व्यवसाय हेतु प्रोत्साहित करती है। ऐसा प्रोत्साहन उस पैतृक कारणों अथवा मनोवैज्ञानिक आकर्षणों से उत्पन्न होता है। पैतृक अनुभव इनमें प्रेरणाओं का आधार होती है। संरक्षण प्रेरणाएं जो क्रेताओं को किसी विशिष्ट उद्यमी से ही प्राप्त होती है, जो थोक व्यापारी, फुटकर व्यापारी सम्मिलित होते है। कोपलैण्ड लिखते है कि ''उद्यमी उन घटकों को अधिक महत्व देते है, जो कि प्रत्यक्ष अनुभवों अथवा सतत् भावी सम्बन्धों से सम्बद्ध होते है। इन घटकों को ही संरक्षण प्रेरणाएं कहा जाता है।'' कोपलैण्ड के विचारानुसार, उद्यमी की विश्वसनीयता उसकी समय पाबन्दी में शीघ्रता, सन्तुष्टि, से प्राप्त होती है।

6. **जागरूक एवं सुप्त प्रेरणाएं** (Conscious and Dormant Motives) : जागरूक क्रय अभिप्रेरणाएं वे अभिप्रेरणाए है, जिन्हें उद्यमी क्रियाओं की सहायता के बिना ही स्पष्टतापूर्वक पहचान लेते है और अभिव्यक्ति करते है। ये प्रेरणाएं स्वतः ही मस्तिष्क में उत्पन्न होती रहती है। बाहरी वातावरण एवं विपणन कार्यक्रम इन प्रेरणाओं में तीव्रता पैदा कर सकते है। सुप्त प्रेरणाए उन कार्यो की ओर ध्यान आकृष्ट करती है, जिनके सम्बन्ध में उद्यमी सुप्त होता है।

7. **विवेकसम्मत एवं भावनात्मक अभिप्रेरक** (Rational and Emotional Motives) : मनुष्य एक विवकेशील प्राणी है। प्रायः वह सोच–विचार कर ही कुछ करता है। उत्पादन करने में ही वह अपनी बुद्धि, विवके एवं तर्कशक्ति का उपयोग करता है। विवेकपूर्ण प्रेरणाओं को आर्थिक प्रेरणाएं भी कहा गया है। इन प्रेरणाओं में यह मान्यता है कि व्यक्ति आर्थिक मनुष्य है और वह अपने उद्देश्यो की पूर्ति के लिए वह विवेकपूर्ण तरीके से कार्य करता है। ओद्योगिक उत्पादों, सरकारी क्षेत्रों, वितरकों एवं गैर–सरकारी संस्थाओं द्वारा ऐसे उद्यम विवेकपूर्ण माने जाते है। लिपसन एवं डार्लिग ने लिखा है कि ''विवेकात्मक'' प्रेरणाएं सावधानी, तर्क–शक्ति एवं कुशलता, उपयोग में निर्भरता, विश्वसनीय सहायक सेवाएँ, सम्पत्ति की उत्पादकता में वृद्धि को सम्मिलित किया जाता है। ''11 50 वर्श पूर्व प्रो. एम. टी. कोपलैण्ड द्वारा इस विचार को प्रस्तुत किया गया था।

विवेकसम्मत प्रेरणाओं में अग्रलिखित बातों को सम्मिलित किया जा सकता है।

1. उद्यम की लागत निर्धारण (Determination of Entrepreneur Cost)

2. उपक्रम का जीवनकाल (Life of Entreprise)
3. उत्पाद का स्वभाव एवं प्रकार (Nature and Types of Product)
4. उद्यम में लाभोत्पादकता (Profitability of Entreprise)
5. भण्डारण की सुविधा (Facilitate in Wqrehousing)
6. परिवहन में सुविधा (Facilitate in Transpartation)
7. भविष्य में आय में वृद्धि या व्यय में कमी (Increase of Decrease of Fulture Income)
8. लाभों का स्थायित्व आदि (Permanancy in Profit)

अभिप्राय यह है कि उपक्रम का चुनाव करते समय उद्यमी जब किसी भी ऐसी बात पर ध्यान देता है जिसका सम्बन्ध वस्तु की दीर्घकालीन लागत पर पड़ता है तो उसे हम विवेकपूर्ण अभिप्रेरक की संज्ञा दे सकते है, परन्तु यह समझना भूल होगी कि विवेकपूर्ण अभिप्रेरकों के प्रभाव से जो कार्य किया जाता है वह अनिवार्यतः बुद्धिमतापूर्ण होती है। उत्पादन सम्बन्धी निर्णय लेते समय, विवेकसम्मत एवं संवेगात्मक, दोनो प्रकार के अभिप्रेरकों से प्रभावित होता है। यदि वह स्थापना सम्बन्धी चुनाव करते समय संवेगात्मक तत्वों को गौण समझता है तथा विवेकपूर्ण कहे जाने वाले तत्वों को अधिक महत्व देता है तो यह कहा जा सकता है कि उद्यम का मुख्य आधार विवेकसम्मत अभिप्रेरक है। उद्यमी हमेशा दीर्घकालीन लागत के विचार सें संचालित होता है।

8. **संवेगात्मक उद्यमी प्रेरणाएं** (Emotional Entrepreneur Motives) : ऐसी प्रेरणाओं से निर्णय के समय मस्तिष्क की अपेक्षा, हृदय प्रधान होता है। अनेक ऐसी भावनात्मक क्रियाएं है, यथा–अहंकार, सुविधा, प्रतिष्ठा, गौरव, आनन्द, ईर्ष्या, घृणा, शत्रुता आदि है उद्यमी को जोखिमपूर्ण कार्य हेतु प्रेरित करती है। ये प्रेरणाएं विवके, बुद्धि या तर्क के दायरों पर होती है और मनुष्य की भावनाओं से, उसके संवेगो से प्रत्यक्ष सम्बन्ध स्थापित करती है। लिपसन एवं डार्लिग के अनुसार "इन प्रेरणाओं में इन्द्रियों की सन्तुष्टि, जाति–रक्षण, भय, आराम, गर्व उद्यम रहस्य के प्रति उत्सुकता आदि प्रेरणाओं को सम्मिलित किया जा सकता है।

1. इस प्रकार मनुष्य एक विवेकशील दूसरी संवेगात्मक प्राणी है। उसका सम्पूर्ण व्यवहार उसके विवके तथा संवेगात्मक, आकांक्षाओं की परस्पर क्रिया से निर्धारित होता है। विवेक समस्त अभिप्रेरक अधिकतर वस्तु कार्यिक गुणों से सम्बन्धित होते है। संवेगात्मक अभिप्रेरकों का सम्बन्ध व्यक्ति के आवेगों एवं भावनाओं से होता है। संवेगात्मक अभिप्रेरकों की

कई सुविधा तैयार की गई है। इनमें से कोई भी ऐसी नहीं है जिसमें सभी संवेगात्मक अभिप्रेरक सम्मिलित होते है। संवेगात्मक अभिप्रेरकों की सुची अग्रानुसार है।

2. जाति संरक्षण (Preservation of Species) : मानव जाति अपने संरक्षण एवं सतत् विकास की प्रबलतम इच्छा रखती है। इस इच्छा की पूर्ति हेतु समाज की परम्परा बनाये रखने के लिए परम्परा उद्यम से अभिप्रेरित होता है।
3. भय (Fear) : भय से मुक्ति तथा सुरक्षा की भावना मनुष्य की आधारभूत अभिप्रेरणायों में से है । प्रायः लोग भविष्य को मानकर आने वाली सम्भावित विपदाओं से भी सुरक्षित होना चाहता है।
4. शारीरिक श्रम की बचत (Eliviation of Labourious Tasts) : काम के पश्चात विश्रांति की इच्छा प्रत्येक व्यक्ति को होती है। विश्रांति का अर्थ निष्क्रियता नहीं है प्रत्युत विश्रांति की इच्छा अनेक प्रकार के मनोरंजन एवं विनोद क्रिडाओं से पूरी की जाती है। व्यक्ति इन क्रीडाओं में स्वंय भाग ले सकता है। जातिगत उद्यमों में अन्य सहयोगियों के कारण उसके शारीरिक श्रम में बचत होती है ।
5. विश्राम में के अवसरों को प्राप्त करना (Obtaining Opportunites for greater pleasure) : ये अवसर इनमें सहयोगी कार्य में सुख प्रदान करता है।
6. गौरव (Pride) : उद्यमी द्वारा स्वामित्व एवं लाभ से व्यक्तिगत गौरव में वृद्वि होती है। आत्म गौरव एवं आत्म सम्मान के कारण यह अभिप्रेरणा महत्वपूर्ण मानी जाती है ।
7. कलात्मक अभिरूचि की अभिव्यक्ति (Expression of Artistic Taste) :इसके अर्न्तगत उद्यमी व्यक्ति पुरानी एवं कलात्मक वस्तुओं से समाज का गौरव बढाता है।
8. सामाजिक प्रतिष्ठा प्रदान करने वाली अभिप्रणाएँ (Social Motives) : मनुष्य, आत्म सम्मान एवं दूसरों से मिलने वाला आदर, दोनों की आकाक्षां रखता है, अतः उसका उद्यम भी उसके निजी स्वभाव से प्रेरित होता है ।
9. समाजशीलता (Sociability) : मनुष्य एक सामाजिक प्राणी है, जो अन्य लोगों से हिलमिल कर कार्य करना चाहता है। समाज तथा व्यवसाय में सफलता के लिए भी मिलनसार होना एक सामाजिक गुण

माना जाता है वैसे भी हर व्यक्ति चाहता है कि उसे दूसरे लोग बुलाएं तथा उनके घर आए। अतः वह सामाजिक दैनन्दिन आवश्यकताओं को पूरा करने के लिए भी उद्यम की ओर वह प्रेरित होता है ।

10. उद्यम (Entrepreneur) : जीवन में सफलता प्राप्त करने की इच्छा सभी को होती है। मनुष्य में कुछ बनने तथा कुछ करने की प्रबल प्रेरणा होती है कुछ लोग स्वभाव से ही महत्वाकॉक्षी होते है अधिकांश लोग सफलता प्राप्त करने के लिए उद्यम करते है। व्यापार तथा उद्योग में सफलता के लिए अनेक अभिप्रेरक कार्य करते है । जिनके उपयोग से लागत में कमी तथा लाभ में वृद्धि का अश्वासन दिया जाता है। समाज में रहते हुए अनेक व्यक्ति अपने को दूसरों की अपेक्षा विशिष्ठ बनाना चाहते है।
11. अन्य घटक (Other factors) : प्रत्येक उद्यमी को एसे अन्य घटक भी प्रभावित करते है, जो उसकी आकाक्षां और उसके साहस से प्रभावित होते है ये घटक अग्रानुसार है ।

(I) उपलब्धि की आकांक्षा (Desire for Achievement) ऐसा व्यक्ति जो सदैव अपने लिए कुछ खास उपलब्धि की आवश्यकता या चाह रखता है और चाह या आवश्यकता को पूरा करने के लिए उचित उद्यमी कदम उठाता है, वही सफल उद्यमी बनने के लिए उद्यमी अग्रसर होता है । यह चाह किसी व्यक्ति में प्रतिस्पर्धा की भावना अपनो स्वयं से और दूसरो से किसी द्वितीय श्रेणी के कार्य करने की इच्छा से या अपने लिए किसी लम्बी अवधि के उदद्श्य की प्राप्ति के लिए यथा उद्योगपति, व्यवसायी, डाक्टर, इंजीनियर, वैज्ञानिक, खिलाडी, कलाकार आदि बनने की भावना रखना से परिलक्षित होती है ऐसे व्यक्ति सदैव अपने स्वयं के लिए विशेष मापदण्ड का निर्धारण करते है और उस मापदण्ड के आधार पर प्रतिस्पर्धा करने की बात सोचते है। वे अपने को दूसरो की तुलना में सदैव विश्लेषित करते रहते है जिससे उनकी दूसरों से भी प्रतिस्पर्द्धा बनी रहे। कोई भी व्यक्ति जो अपने क्षेत्र में सबसे आगे आना चाहता है चाहे व्यापार, उद्योग, खेल, कला आदि कोई भी क्षेत्र हो और इसके लिए समुचित प्रयोग करता है । जिससे वह उत्कृष्ट श्रेणी तक पहुंच सके, उद्यमशील व्यक्ति कहलाता है । इस तरह के व्यक्तियों में इन भावनाओं से आगे बढने की प्रेरणा मिलती रहती है ।

(II) **जोखिम सम्बन्धी घटक** (Risk factor): उद्यमशील कार्यो में अनिश्चतता की मात्रा ही जोखिम की मात्रा को तय करती है। एक उद्यमी को वर्तमान

में अपने उत्पादन के लिए विभिन्न वस्तुओं एवं सेवाओं को एक निश्चित मूल्य पर क्रय करना होता है और भविष्य में इसे किसी अन्य मूल्य पर प्रदान करना या बेचना होता है। इसलिए उसे अनिश्चितता की स्थिति को सहन करने की क्षमता रखता है वही उसका जोखिम उठाने की क्षमता को निर्धारित करता है। जोखिम उठाने की क्षमता उसके स्वयं के विचारों और अपने पास उपलब्ध संसाधनों पर ज्यादा निर्भर करती है। एक सफल उद्यमी विवेक सम्मत अभिप्रेरणा के आधार पर जोखिम तय करता है। वह अपने से परे या बिल्कुल आसान कार्य करने की नही सोचता। उसे वह कार्य जिसमें सफलता शत प्रतिशत निश्चित ही पूरा करने में आनन्द नही मिलता। क्योंकि उसे अपने क्षमता दिखाने का अवसर नहीं मिलता। यदि किसी कार्य के करने में पूर्ण सफलता की आशा हो तो वह ऐसा कार्य भी नही करना चाहता, क्योंकि वहां परिणाम मात्र भाग्य, या अवसर पर निर्भर करेगा। सफल उद्यमी को लाटरी या जुआ मानकर नहीं चलता क्योंकि उद्यम में निर्णय लेने के बाद उसे परिणाम अपने पक्ष में करने के लिए वह किसी तरह की क्षमता का उपयोग नहीं कर सकता है। उद्यमशील व्यक्ति सफलता की आशा एवं असफलता के डर के मध्य अपने निर्णय को रखकर कार्य करता है, इसलिए उद्यमशील व्यक्ति एक सोच विचार का अच्छी तरह अनुमान लगाकर जोखिम उठाने वाला व्यक्ति होता है न कि भाग्य या अवसर पर निर्भर रहने वाला।

अध्याय 11

महिला अद्यमियों के लिए प्रेरणाएँ
(Incentives to Women Entrpreneurs)

डद्यमी, उद्योग और उद्यमिता के लिए किसी भी वर्ग, जाति स्त्री–पुरूष या किसी अन्य विशेष पर पक्ष की आवश्यकता नही होती हें और इसलिए यह कहा जाता हें कि कोई भी व्यक्ति उद्यमी बन सकता हें, जिसमें सफल उद्यमी के गुण विद्यमान हों। इन सफल उद्यमी के गुणों की पहचान कर उसे विकसित करना हर स्त्री–पुरूष का कार्य हे।, जिससे वे अपने अन्दर छुपी हुई प्रतिभा को जानकर उसे अनुरूप कार्य कर सकें। एक तरफ जहॉ इस तरह स्वयं आकलन करने की क्षमता और स्वयं को विकसित करने की आवश्यकता सभी वर्ग समूह के व्यक्तियों के लिए अनिवार्य प्रतीत होती हें, वहीं दूसरी तरफ महिलाओं में इस तरफ की क्षमता का विकास करने की और भी ज्यादा आवश्यकता होती हें, किंतु कार्य का इच्छा व तत्परता के आभाव मे महिलाऍ कभी कभी भी सफलता के लक्षय को प्राप्त नहीं कर सकती हें वे मन मे कार्य की इच्छा व तत्परता सफलता के लक्ष्य को भले ही न प्राप्त कर सकें किन्तु उन्हे लक्ष्यों की ओर अधिकाधिक अभिमुख बना सकती हें महिला उद्यमी के मन में कार्य के प्रति इच्छा व तत्परता जागृत करना अभिप्रेरणा कहलाता है। अभिप्रेरण का कार्य अभिप्रेरणों के माध्यम से किया जा सकता है।

महिला उद्यमियों को अभिप्रेरणा की आवश्यकता (Need Motivation to Women Entrepreneurs)

महिलाएँ हमारे देश के विकास और प्रगति में अपना बहुमूल्य किन्तु मूक योगदार करती रही है। किन्तु आज महिलाएँ विकास के प्रत्येक क्षेत्र में खुलकर योगदान कर रही हैं और पुरुषों के बराबर चुनौती भी स्वीकार कर रही है। किन्तु जहॉ एक तरफ स्वयं आकलन करने की क्षमता और स्वयं को विकसित करने की आवश्यकता सभी वर्ग समूह के व्यक्तियों के लिए अनिवार्य प्रतीत होती है। वहीं दूसरी तरफ महिलाओं में इस तरफ की क्षमता का विकास करने की ओर भी ज्यादा भी आवश्यकता होती हें अतः इस बात की आवश्यकता हैं कि महिलाओं को भी पुरूषों के साथ–साथ विभिन्न कार्य क्षेत्रों में आग बढ़ने के लिए प्रोत्साहित किया जाए। महिलाओं उद्यमियों के साथ–साथ में उद्यम के प्रति कुशलता व तत्परता बढ़ाना अत्यंत जरूरी हैं, क्योंकि वह व्यवसाय के मूल उद्देश्यों को प्राप्त करने में सफल हो सकेगी। इस दृष्टि से महिला उद्यमियों को व्यवसाय के समुचित चयन व प्रशिक्षण से भी अधिक आवश्यकता हैं, उन्हें सहीं समय पर सही दिशा में अभिप्रेरत करना ताकि वह व्यवसाय के निर्धारित लक्ष्य को प्राप्त कर सकें।

एक महिला उद्यमी को प्रोत्साहन व विशेष अभिप्रेरणाएँ आवश्यकता हैं ताकि वे अपने सर्वोतम स्तर पर कार्य कर सकें। इस हेतु निम्न बिंदु पर अध्यन आवश्क है।

1. व्यवसाय शक्ति को संतुष्ट बनाएँ रखना – महिलाओं को कुछ लाभ या प्रारम्भिक लाभ की स्थिति को ही पर्याप्त लक्ष्य की प्राप्ति नहीं समझ लेना चाहिए क्योकिं वे व्यावसाय क्षेत्र में तभी पुरूष के बराबर आ सकेगीं, जब वह स्वयं व्यावसाय के प्रति पूर्ण संतुष्टि का अनुभाव न कर ले इसके लिए उन्हें अनुकूलतम अभिप्रेरणा में व्यावसाय होती है।

2. व्यावसाय कार्य की प्रकृति – व्यावसाय में सम्पन किए जाने वाले संबंध कार्यों की प्रकृति के में विभेद होता है। जिस कारण महिला उद्यमी के लिए कभी–कभी अत्याधिक निराश का कारण बन जाता है। प्रायः महिला उद्यमी को अकेले ही सारे कार्य करने होते है। अतः परिवार से दूर उन्हे काफी व्यस्तता हो जाती हैं तथा कभी–कभी जरा सी भूल के कारण बड़ी समस्या का सामना करना पड़ जाता है। से सभी बातें उनमे निराश भाव उत्पन्न करती है। यही कारण हैं कि उनके मनोबल को उत्पन्न बनाये रखने के लिए उनको सतत् अभिप्रेरणा की आवश्यकता होती है।

3. **मानव स्वभाव**– यह मानव का स्वभाव है कि वर्तमान की तुलना में भविष्य का बेहतर बनाना व देखना चाहता है। महिला उद्यमी का भी स्वभाव होता है कि वह वर्तमान आर्थिक व गैर आर्थिक परिलब्धियों के अलावा भविष्य में और कुछ अधिक चाहती है और सही उनके लिए वास्तविक अभिप्रेरक होती है। अपने कार्य की प्रगति को देखते हुए वे विशेष अभिप्रेरणाएॅं भी चाहती है, क्योंकि यह मानता है कि "अधिकांश लोग विशेष अभिप्रेरणा जैसे – वित्तीय लाभ व सामाजिक मान्यता के अभाव में अपनी क्षमता से कार्य कर पाते है।

4. **व्यक्तिगत समस्याएॅं** – महिला अद्यमी के कार्य की प्रक्रति के अनुरूप उनकी अपनी विशिष्ट व व्यक्तिगत समस्याएॅं हुआ करती है। ये समस्याएॅं प्रायः परिवार में बिमारी, पारिवाकि अनबन या ऋण ग्रस्तता के रूप में होती है। महिला उद्यमी इन समस्याओं से छुटकारा चाहती है। उन्हें सम्बन्ध में समुचित अभिप्रेरणाएॅं प्रदान करके ही इन व्यक्तिगत समस्याओं से मुक्त किया जा सकता है।

अभिप्रेरणा के सहारे उद्यमिता के क्षे्त्र में बढ़ती महिला उद्यमी

अभिप्रेरणा नारी शक्ति के विलुप्त होते आत्मबल को जाग्रत करने की जादुई कला है। अभिप्रेरणा उस स्विच की तरह है, जिसके ऑन होते ही उदासीन और अंधेरे अंतर में जगमग रोशन नई संभावनाओं को लेकर उठती है। वास्त में आत्मबल का अतुलित स्त्रोत नारी के भीतर छुपा होता है। आज के जमाने में जो महिलाएॅं उद्यमिता के क्षेत्र में आगे बढ़ रही हैं और जो बढ़ना हो तो चाहती हैं, लेकिन कुछ कर पाने का साहस नहीं जुटा पा रही हैं।

अभिप्रेरणा (Motivation) का सामान्य अर्थ होता हें कि किसी विशेष अभिप्राय या उद्देश्य को दी जाने वाली प्रेरण, जिससे कमजोर को सफलता मिले साथ ही एक नये उत्साह से प्राप्त उत्तरदायित्व का निर्वहन करने की सतत् प्ररण प्राप्त हो सके। यदि हम Motivation हर एक अक्षर की अलग–अलग मीमांसा करें तो इसमें M O T I V A I O N – 10 अक्षर हैं और हर अक्षर का एक गहरा अर्थ जो काफी महत्वपूर्ण है। आइये जाने क्या महत्व है इनका –

M का अर्थ (मेंटल) – अर्थात यह मानसिक संवेगों को प्रभावित करता है। ऐसा देखा गया हें कि व्यक्ति के कार्यो की सफलता या असफलता उसके मनाबल की स्थिति पर निर्भर रहती है। महिलाओं का आत्मबल अपरिमित होता है। आज की महिलाएॅं जो उद्यमी होना चाहती हैं, उनमें दृढ़ निश्चय होना आश्यक हें, क्योंकि उनके सामने न केवल भौतिक कठिनाईयॉं होंगी, बल्कि मानसिक पीड़ा के लिए भरपूर अवसर रास्ते में अड़ंगे लगाये खड़े दिखाई पड़ेगे। ऐसी स्थिति में चूॅंकि

मनोबल ही उन्हें सफलता की दशा के लिए अभिप्रेरित कर सकेगा। महिला उद्यमी कुछ दिन उत्साह से कार्य के पश्चात या तो प्रारंभिक असफलता को देखकर डर जाती या कार्य के प्रति अपनी निष्ठा को खो देती है। यहॉ जरूरत होती है। कि आप मन को नियंत्रित रखें और उसे विश्वास की विषय ग्रहण कराती रहें।

O **दूसरा अक्षर हैं, जिसका अर्थ (ऑब्जेरवेशन)** – इसे आप मंथन भी कह सकते है। अभिप्रेरणा के माध्यम से आत्म निरीक्षण की प्रक्रिया सहजतापूर्व की जा सकती है अर्थात जिस कार्य को हम कर रहे हैं, उस कार्य को पूरा करने के लिए हममें क्या कमियॉ हैं, इसका न केवल निरीक्षण– निरीक्षण करना बल्कि उसके आधार पर प्राप्त निष्कर्षो को ध्यान में रखकर अपने कार्य में नित नया सुधार लाने की सीख देता है अभिप्रेरणा।

(T) तीसरा अक्षर है, जिसका अर्थ है (Time समय) – यह प्रत्येक व्यक्ति के जीवन की सबसे बड़ी सच्चाई है कि उसका हर पल उसके जीवन में पहला और आखिरी पल होता है अर्थात् समय कभी नहीं लौटता, केवल गुजरने के लिए होता है। समय के सार्वोत्म उपयोग का संदेश देती है आज के समय की यही मॉग है कि उदासीनता और परतंत्रता के दायरे से बाहर आकर उद्यमशील बनने का प्रयास महिलाऍ करें।

(I) **चौथा अक्षर है, जिसका अर्थ (इंटरनल ईफेक्ट)** – अर्थात ये आंतकि प्रभाव को दर्शाता है। अभिप्रेरणा मूलतः दो प्रकार की होती हें एक प्रत्यक्ष और दूसरी अप्रत्यक्ष।

प्रत्यक्ष अभिप्रेरणा जैसे किसी कर्मचारी को उसके वेतन के अतिरिक्त अन्य सुविधाऍ यथा मकान, गाड़ी आदि उपलब्ध कराना । निःसंदेह यह सुविधा उस कर्मचारी को अधिक कार्य करने के कलए प्रेरित करती है, लेकिन ऐसी प्रेरणा बहुत अधिक समय तक प्रभावी नहीं रहती, जबकि अभिप्रेरणा के दूसरे स्वरूप अप्रत्क्ष का प्रभाव लगातार महसूस किया जा सकता है। आज महिलाओं में इसका अभाव है।

(V) पॉचवॉ अक्षर है, जिसका अर्थ है (वेलोसिटी) अर्थात गतिशीलता, जो रूक गया समझो चूक गया। जिन्दगी वास्तव में चलने का नाम है। संसार के सभी प्राणियों में मानव ही श्रेष्ठ और बुद्धि और इसमें नारी सहनशीलता और धैर्य की तो बात ही निराली है, लेकिन धैर्य की सीमा होती है, धैर्य का वैसे विपत्तिकाल में बड़ा महत्व होता है हाथ पर हाथ धरे बैठे रहो। वास्तव में ऐसा भी देखा गया है कि महिलाऍ कल की प्रतीक्षा में इतना लम्बा समय बिता देती हैं कि उनकी

प्रतीक्षा का कल आ भी जाये तो फिर उनके पास कुछ करने के लिए समय ही नहीं रहता। महिलाओं का गतिशील होकर श्रेष्ठ उद्यमी बन जाना और यदि ऐसा कहीं है तो यह मान लें कि इसके पीछे अभिप्रेरणा के सूक्ष्म स्वरूप का अभाव है।

(A) **छठवॉ अक्षर है, जिसका अर्थ है(ऐडीक्वेट)** – अर्थात पर्याप्त संपूर्ण या यह कहें कि सतुंष्ट। बहुत से व्यक्ति के जीवन में बहुत कुछ होता है, लेकिन सब कुछ नहीं होता और कुछ लोग ऐसे भी होते हैं, जिनके जीवन में कुछ होता हें बहुत कुछ नहीं होता। आज रूढ़िवादी परम्पराएँ टूटने लगी हैं ओर भारतीय नारी घर की चार दिवारी से बाहर अपनी प्रतिभा के बल पर कुछ करने के लिए चल पड़ी है। शोषण का कुचक्र नारी जागृत के वातावरण में थमने लगा है। अब जमाना खोने का नहीं पाने का है। जितनी भी औद्योगिक इकाइयॉ हैं, वहॉ की औद्योगिक अशांति, संघर्ष या श्रम प्रबंध के कलुशित सम्बंधो के पीछे केवल एक की बात होती है असंतोष अभिप्रेरणा। उस खालीपन को संतोश के सुखद अहसास से भर देती है, अभिप्ररेणा।

(T) सातवॉ अक्षर है, जिसका अर्थ हें (True सत्य) – सत्य और विश्वासमयी अभिप्रेणा के रास्ते में चलना यानि शत–प्रतिशत सफल जीवन की गारंटी। जिंदगी में अनेक कष्ट हैं, खासकर महिलाओं की रांह कॉटों से भरी होती है। इस पर चलना सरल खेल नहीं, लेकिन अभिप्रेरणा के उपरोक्त विवेचन को ध्यान में रखकर यदि हम अपनी दिनचर्या को सॅवारते हैं तो जिन्दगी में सफलता का आना सुनिश्चित है।

(I) **सातवॉ अक्षर है, जिसका अर्थ है (इंटेलीजेसी)** – यानि बुद्धिमान या चतुर मेधावी। यह अलग बात है कि पुरूष वर्ग ने अपने आप में चतुराई से जमाने को झुका दिया, लेकिन अभिप्रेरणा के सतत् अभ्यास से जागरूकता जीवन में आने लगती है। समझ शक्ति बढ़ने लगती है, सोचने–विचारने के ढंग में क्रांतिकारी परिवर्तन आते हें

(O) **सातवॉ अक्षर है, जिसका अर्थ है (ऑपटीमम)** – यानि आदेश। वैसे संस्कृत में आदर्श का अर्थ दर्पण भी होता है अर्थात आप अपने जीवन की तस्वीर कैसी बनाना चाहते हैं ? Motivation वह शस्त्र है, जिसके उपयोग से आदर्श की प्राप्ति सुनिश्चित है।

(N) **सातवॉ अक्षर है, जिसका अर्थ है (नेचुरल)** – अर्थात प्राकृतिक या स्वाभाविक। अभिप्रेरित का ना या होना मनुष्य का स्वाभाविक गुण है। प्रक्रति ने यह अनुपम उपहार मनुष्य को इसलिए दिया है, ताकि वह अपने जीवन में आने वाली समस्या और संघर्ष के चक्रव्यूह से इसके आधार पर निकल सके। Motivation

समस्याओं के भॅवर में डूबते हुए व्यक्ति के लिए एक तिनका नहीं है, बल्कि उस नाव के समान है जिसमें सवार होकर वह किनारे पर आ पहुॅचता है।

उपरोक्त अक्षरों के महत्व को यदि हम जानें तो यह एहसास होता है कि Motivation में काफी दम है। यदि आज की नव– उद्यमी महिलाएॅ इसके महत्व को समझे ंतो उनहे यह महसूस

होगा कि अभिप्रेरणा शब्द उन परेशानियों का पूर्वाभास कराता है, जिनका महिला उद्यमियों द्वारा व्यावसायिक जीवन में प्रवेश करने पर सामना करना साहसिक प्रवृति है। उद्यमियों के विशेष हित में होगा वह स्थितियों एवं परिस्थितियों के अवलोकन तथा आत्मावलोकन पश्चात उचित रणनीति अपनाएॅ, जिससे लक्ष्यों की प्राप्ति अधिकतम हो सके।

भारत में अभी पुरूषों की तुलना में महिलाओं की व्यवसाय उद्यम के क्षेत्र में उपस्थिति काफी कम है। हालॅाकि यह दूरी धीरे–धीरे कम होती जो रही है। भारत में सरकार महिला उद्यमियों को प्रेरित करने के लिए हर साल कुछ विशेष सुविध ाएॅ या प्रेरणाएॅ मिली हुई हैं, उनका वर्णन नीचे किया जा रहा हें –

1 सरकार ने महिलाओं में साहसिक प्रवृति जाग्रत करने की दिशा में अनेक प्रयास किये है। जिला उद्योग केन्द्रों के माध्यम से महिलाओं को आगे लाने तथा आर्थिक रूप से स्वावलंबी बनाने के लिए विशेष सहायता प्रदान की जा रही है। महिलाओं को तकनीकि एवं प्रबंधीय शिक्षा के लिए भी आकर्षित किया जा रहा है।

2 वित्तीय संस्थाओं ने महिला उद्यमियों को स्वविकास एवं रोजगार के लिए प्रोत्साहित करने के लिए ऋण उपसहायता योजनाएॅ बनाई है। अगर बेरोजगार युवा और महिला उद्यमी अपने उद्यम के लिए बैंक से वित्तीय सहायता प्राप्त करते है। तो वे अपनी परियोजना पूॅजी अपेक्षाओं को पूरा करने के लिए बैक ऋणों पर भारतीय आद्योगिक वित्त निगम द्वारा प्रदत्त उपसहायता प्राप्त कर सकते हैं।

3 बैकों ने महिलाओं में उद्यमिता विकास की दिशा में 19 नव. 1988 को राष्ट्रीय महिला दिवस के अवसर पर महिला उद्यमियों को उद्योग स्थापना करने हेतु **स्त्री शक्ति** नाम से एक योजना का शुभारम्भ किया। इस योजना में महिलाओं को अनेक रियायतें, जैसे – मार्जिन राशि, ब्याज दर से छूट प्रदान करने का प्रावधान है। स्त्री शक्ति पैकेज में प्रशिक्षण कार्यक्रम भी आयेजित किये जाते हैं, जैसे – उद्यमिता विकास कार्यक्रम उद्यमिता शिक्षा कार्यक्रम, स्वरोजगार हेतु जागरूकता कायक्रम। स्त्री पैकेज महिला उद्यमियों को, जो 25000 रू. से अधिक

के उद्यम ऋण होते हैं, सामान्य मार्जिन में 5 प्रतिशत की छूट प्रदान करता है। ब्याज दरों में सामान्यतः 0.5 प्रतिशत की छूट प्रदान की जाती है।

4 मार्जिन उद्यमी निधि योजना के अन्तर्गत म.प्र. वित्त निगम द्वारा सीड कैपीटल प्रदान करने की व्यवस्था हे। सिडबी की इस योजना का संचसलन म.प्र. वित्त निगम कर रहा है। इसके अंतर्गत महिला उद्यमी द्वारा स्थपित की जाने वाली इकाई की लागत 10 लाख रू. तक हो तो उसे अपनी ओर से केवल 10 प्रतिशत मार्जिन मनी लगती होगी तथा निगम द्वारा चाही गई मार्जिन मनी का शेष भाग (अधिकतम 2.5 प्रतिशत) महिला उद्यमी को बीज पूँजी रूप में दिया जा सकता है। इस बीज पूँजी पर 1 प्रतिशत वार्षिक की दर से सेवा शुल्क लिया जाता है। महिला उद्यमी को दस योजना का लाभ प्राप्त करने के लिए एक साक्षात्कार द्वारा सीमिति के सम्मुख उपस्थित होना होता है तथा इसी साक्षात्कार के आधार पर समिति द्वारा सीड कैपीटल की मात्रा निर्धरित की जाती है।

5 मध्यप्रदेश महिलाआर्थिक विकास निगम भी महिला उद्यमियों द्वारा की जानेवाली इकाई के संदर्भ में परियोजना लागत का कुछ भाग मार्जिन मनी के रूप में देता है

6 महिला उद्यमियों के सभी प्रक्ररणों में शासन के सभी विभागों को पहली प्राथमिकता से विचार करने और स्वीकृति करने के स्पष्ट निर्देश हें

7 स्वराजगार स्थापना में महिलाओं को वित्तीय सहायता प्राप्त करने हेतु बैंक ऑफ इंडिया की प्रियदर्शनी योजना एवं सेन्ट्रल बैंक ओफ इड़ियॉ की सेन्ट कल्याण ी योजना महिलाओं को अपना उद्योग/स्वरोजगार स्थपित करने के उद्देश्य से विभिन्न योजनाएँ प्रतिपादित की गई है। इन योजनाओं की प्रमुख विशेषता यह है कि ये केवल महिलाओं के लिए बनाई गई है। तथा प्रत्येक स्तर पर यह प्रयास किया जाता है कि अधिक से अधिक महिलाओं को इसकी जानकारी प्राप्त हो तथा वे इन योजनाओं का लाभ उठाने के लिए आगे आएँ। बैंक ऑफ इंड़िया द्वारा महिलाओं को स्वरोजगार स्थापना हेतु सहायता प्रदान करने के उद्देश्य से संचालित की जाती रही प्रियदर्शनी योजना एवं सेन्ट्रलबैंक की सेन्ट कल्याणी योजना इसी श्रृंखला की महत्वपूर्ण कड़ी है।

म.प्र. में महिला उद्यमियों के लिए संचालित विकास कायक्रम – मप्र. शासन द्वारा कुछ योजनाएँ विशेष रूप से महिलाओं को आर्थिक रूप से संबल बनाने हेतु संचालित की जा रही है, जो इस प्रकार है –

(1) **महिलाओं के लिए फोटो कॉपियर योजना** – महिला उद्यमियों को स्वरोजगार स्थापित करने लिए यह योजना कार्यान्वित की जा रही है।

इसके अन्तर्गत बैंक से स्वीकृत ऋण की दस प्रतिशत मप्रत्र महिला आर्थिक विकास निगम द्वारा अनुदान स्वरूप दी जाती है। यह राशि अधिकतम दस हजार रूपये तक हो सकती है।

(2) **रेशम परियोजना** – इस योजना में महिलाओं को रेशम कृमि पालन, धागाकरण तथा वस्त्र में प्रशिक्षित कर स्वोजगार के क्षेत्र में स्थापित किया जाता है। यह योजना महिला आर्थिक विकास निगम एवं रेशम विभाग द्वारा संचालित की जा रही है।

(3) **टंकण प्रशिक्षण योजना** – इस योजना के अर्न्तगत महलाओं को टंकण प्रशिक्षण देकर आत्मनिर्भर बनाया जाता है।

(4) **सिलाई–कढ़ाई केन्द्र** – यह योजना महिला उद्यमियों के लिए महिला एवं बाल विकास विभाग तथा गैर सरकारी संस्थओं द्वारा केन्द्र संचालित कर किया जाता है।

(5) **समर्थ योजना** – इस योजना के अर्न्तगत विधवा, तलाकशुदा तथा परित्यक्ता महिलाओं को व्यावसायिक प्रशिक्षण देकर समर्थ बनाया जाता हें,

(6) **स्टेप फॉर वूमेन और नाराड** – इसके अर्न्तगत कमजोर वर्ग की महिलाओं को रोजगार मूलक प्रशिक्षण दिया जाता है। स्टेप योजना के तहत केन्द्र सरकार द्वारा 90 प्रतिशत नोराड के अर्न्तगत वित्तीय सहायता दी जाती है।

(7) **इंदिरा महिला योजना** –इस योजनान्तर्गत महिलाओं को समानता के विषय में सम्पत्ति सम्बंधी कानूनी अधिकारों के संदर्भ में संवैधानिक सुरक्षा एवं विविध विकासात्मक कार्यो के विषय में जानकारी देकर जागृत किया जाता है, जिससे महिलाओं को अधिक सबल बनाया जा सके।

(8) **ग्राम्य** – इस योजना में उद्यमी महलाओं को 500 रूपये का ऋण दिया जाता है। ऋण का पूर्ण भुगतान होने पर पुनः 1000 रूपये का ऋण दिया जाता है। राज्य स्तर पर इस योजना को महिला आर्थिक विकास निगम भोपाल तथा जिला स्तर पर महिला बाल विकास विभाग को सौंपा गया है।

उपर्युक्त योजना के आधार पर कहा जा सकता है कि मध्यप्रदेश में महिला उद्यमिता विकास हेतु विभिन्न अभिकरणों के माध्यम से विभिन्न प्रोत्साहन कार्यक्रम चलाये जा रहे है, जिसके परिणामस्वरूप महिला उद्यमियों के विकास का अनुकूल वातावरण निर्मित हो रहा है। महिला प्रशिक्षण कार्यक्रम में प्रशिक्षित महिलाओं द्वारा अपने उद्योगों की स्थापना की जा रही है या फिर वे इस दिशा में प्रयासरत हैं।

अध्याय 12

महिला उद्यमिता संभावनाएँ एवं समस्याएँ
(Women Enterpreneurship- Opportunities and Problems)

महिला उद्यमी का अर्थ
(Meaning of Women Entrerencures)

सृष्टि के प्रारम्भ से ही महिलाएँ मानव पूँजी के निर्माण मे प्रमुख योगदानकर्ता के रूप में रही है। यद्यपि महिलाएँ लम्बे समय तक घरेलु क्रियाओं से ही सम्बद्ध रही हैं, लेकिन परिवर्तन एवं विकास की प्रक्रिया के साथ उसने 'उद्यम' की स्थापना के कार्य में योगदान देना प्रारम्भ किया है। वास्तव में उद्यमिता ने महिलाओं के लिए पेशे के रूप एक ऐसा क्षेत्र विकसित किया है।

सामान्यः जो महिला किसी भी प्रकार की सेवा व वस्तु का उत्पादन करती है तो उसे महिला उद्यमी कहते है। वर्तमान मे जो महिलाएँ किसी उद्योग की स्थापना कर उसमें स्वयं की पूँजी विनियोजित कर या ऋण लेकर उद्योग की स्थापना व संचालन का कार्य करती हैं तो उनहे 'महिला उद्यमी' कहा जाता है। वर्तमान में महिला उद्यमी की राष्ट्रीय स्तर की कार्य समिति में महिला उद्यमी को परिभाषित किया है।

भारत सरकार के डेवलपमेंट कमिश्नर द्वारा महिला उद्यमी की दी गई परिभाषा अग्रलिखित हें–

(1) वह उपक्रम महिला उद्यमी के स्वामित्व का हों, अर्थात न्यूनतम 51 प्रतिशत पूँजी उस महिला की है।

(2) वह उपक्रम महिला द्वारा संचालित हों।

(3) उस उपक्रम में कार्यरत कर्मचारियों में 50 प्रतिशत महिलाएॅं हों।

महिला उद्यमी की प्रकृति (Neture of Women Entrerencures

महिला उद्यमी से आशय महिला जनसंख्या के उस भाग से है जो औधोगिक क्रियाओं में साहसिक कार्य में संलग्न है। मोटे रूप में इसे महिला या महिलाओं के समूह के रूप मे परिभाषित किया जा सकता है, जो किसी व्यावसयिक उपक्रम की स्थापना, उसका संगठन या संचालन करती हें उद्यमी महिला किसी नये आर्थिक कार्य का प्रवर्तन कर सकती हैं या उसकी नकल कर सकती हैं या उस क्रिया को अपना सकती है।

वर्तमान में महिलाओं के उपक्रम को 'लघु औधोगिक इकाई' की संज्ञा दी गई है जिसमें किसी सेवा या व्यावसायिक उपक्रम का स्वामित्य एवं प्रबन्ध एक या अधिक महिलाओं द्वारा किया जाता हैं तथा जिनमें उनका पूँजी में न्यूनमत 51 प्रतिशत का भाग होता है।

महिला उद्यमी के लक्षण (Feature of Women Entrerencures)

महिला उद्यमियों के प्रमुख लक्षण निम्नलिखित है–

(1) **कठोर परिश्रम की प्रवृति** (Attriburte to work hard) – महिला उद्यमी मे कठोर परिश्रम की प्रवृति पाई जाती है। कल्पनाशील विचारों के कारण वह उचित खेल खेल सकती है। तथा कठोर परिश्रम की प्रवृति के कारण उद्यम को सफल बना सकती है।

(2) **जोखिम वहन करने की क्षमता एवं इच्छा** (Ability and detire to take risk) महिला उद्यमी में जोखिमक का वहन करने की दृढ़ इच्छा शक्ति होती है। तथा अपनी योग्यता के द्वारा वह बेहतर पूर्वानुमान निर्णयन, तथा गणना का कार्य कर सकती है।

(3) **दृढ़ता** (Persistence) - महिला उद्यमी में सपनों का पूरा करने या क्रियान्वित करने की दृढ़ इच्छा होती है।

(4) **कल्पना शक्ति** (Imagination) – महिला उद्यमी में मौलिक कल्पना शक्ति होती है।

बेहतर कल्पना शक्ति के कारण वह प्रतिस्पर्धा बाजार में नये विचारों तथा अवसरों की बेहतर तलाश कर सकती हें तथा सही संगठन के चयन एवं निर्माण मे सक्रिय भूमिका निभा सकती है।

उद्यमशील क्षेत्र में महिलाओं की भूमिका (Role of Women in Entrepreneurial Sectors)

उद्यमिता अथवा उद्यम किसी वर्ग, जाति य लिंग भेद की बैसाखियों का मोहताज नहीं होता है। उसके लिए आवश्यक उद्यमियों के गुण ही सर्वथा व कर्तव्य होता है। स्वयं का यह आत्म अवलोकन व विकास की भूख ही उद्यमिता के सर्वोपरि उपकरण होते है। प्राचीन पम्पराओं को समाज मे अपनी बराबरी पर खड़े पाये जाने पर पूरूष असुविधा महसूस करता है। वस्तुतः समस्या प्रवृति की हें और यह प्रवृति हैं, जिसके चलते पुरूष, महिलाओं पर उन्हे आश्रित वर्ग की पहचान देने का प्रयास किया जाता है। जिसके फलस्वरूप उसे आश्रयदाता की गर्वानुभूति होती है। आवश्यकता हैं पुरातन के स्थान पर नूतन के स्वागत करने की, साथ ही एक सकारात्मत प्रोत्साहन की जिससे महिलाएँ भी समाज व परिवार की प्रगति में एक सुदृढ़ सामाजिक आधार की भागीदारी में बराबर का हिस्सा रखती हों।

उद्यमिता मानव की सभी क्रियाओं मे अन्तरव्याप्त हैं। यह वह संसाधन हैं, जो संगठन का उत्पादक, उद्देश्यपूर्ण एवं कार्यशील बनाता है। उद्यमिता के बिना समाप्त संस्थाएँ उद्देश्यविहीन हैं, भौतिक संसाधन एक निर्जीव ढ़ाचा हैं तथा समस्त विकास एक कोरी कल्पना''। लम्बे अर्से तक उद्यमिता क्षेत्र मे पुरूषों का एकाधिकार रहा हैं, किन्तु विगत तीन दशकों में हुए सामाजिक–आर्थिक एवं राजनैतिक परिवर्तन के फलस्वरूप उद्यमिता क्षेत्र मे महिलाओं का आगमन हुआ है तथा उदारीकरण, निजीकरण तथा शिक्षा के बढ़ते प्रसार ने इस आगमन का तेजी से स्वागत किया है। अमेरिका, यूरोप एवं जापान के बाद भारत में भी अद्यमिता के क्षेत्र में महिलाओं की भूमिका क्रमशः बढ़ती जा रही है। तथा पुरूषों के साथ कदम से कदम मिलाकर वे नियोजन, निर्णयन एवं नियंत्रण रूपी उद्यमशील कार्यो का प्रभावी ढग से निष्पादन कर रही है।

पुरुष प्रधान समाज में उद्यमशील क्षेत्र मे महिलाओं के सफल होने के लिए निम्न गुणों का होना आवश्यक है।

(1) **शिक्षित एवं सामर्थ्यवान होना** – उद्यमिता क्षेत्र में सफल होने के लिए महिलाओं शिक्षा एवं सामर्थ्य का होना अति आवश्यक हैं। इसी गुण के द्वारा उद्यमिता कार्यो का निष्पादन करत हुए अपन कर्तव्य

कर्म को प्रभावी ढ़ग से पूरा कर सकती हैं जो महिलाओं निगम नेतृत्व तक पदोन्नति की आकांक्षा रखती है। उसे सुनिश्चित एवं सामर्थ्यमान होना चाहिए। ऐसी महिलओ को उद्यमिता विकास की प्रशिक्षण क्क्षाऍ ज्वाइन करनी चाहिए। प्रति शिक्षित होकर वह यह सिद्ध कर सकती हैं कि वह पुरूष के बराबर कार्य कर सकती है।

(2) **वस्तुस्थिति से परिचिय होना** – उद्यमिता क्षेत्र में सफल होने के लिए महिलाओं का वास्तविकता से अच्छी तरह वाकिया होना चाहिए। महिलाएँ इस बात को मानती **हैं** कि "परिवर्तन समय लेता है। अतः संस्था में क्या चल रहा हैं, क्या सही हैं, इस बात की सत्यता से उसे मरिचित होते रहना आवश्यक हैं, तभी वह संस्थाओं में पुरूषो के बराबर अपना स्थान बनाने में सफल हो सकती है।

(3) **स्वयं की योग्यता को प्रकट करने की क्षमता का होना** – यदि किसी महिला में स्वयं की योग्यता को प्रकट करने का विशेष आत्मविश्वास हैं तो वह उद्यमशील कार्य की ज्यादा बेहतर तरीके से कर सकती है। उपलब्धिवान महिलओं को जॉब करते समय अपनी योग्यता का सभी को ऐहसास कराना चाहिए, जिससे महिला की अहमियत समझी जा सके तभी वह अपनी संस्था में अपना एक 'कद' बना सकती है।

(4) **आत्मविश्वास का होना** – सफलता के लिए सबसे महत्वपूर्ण गुण है। आत्मविश्वास प्रायः महिलाएँ पुरूषों की तुलना में अपनी योग्यता का कम मूल्यांकन करती है। जबकि सफल होने के लिए उसका दृढ़ निश्चय पुरूष की तुलना में ज्यादा होना आवश्यक हैं। जब महिला अपने आत्मविश्वास के द्वारा संस्था में स्थान बना लेती हैं तो सभी लोग उसके नेतृत्व एवं क्षमता को स्वीकार करने को तैयार हो जाते है।

(5) **धैर्य रखना** – महिला उद्यमियों को अपने अंदर धैर्य बनाकर रखना चाहिए, क्योकि धैर्य ही सफलता की सीढ़ी है। अतः किसी नकारात्मक बात होने पर उसे अपना धैर्य नहीं खोना चाहिए अन्यथा लोग उसकी इस स्थिति का भॉपकर उसे कमजोर करने की कोशिश करने लगेंगे।

(6) **आत्मनिर्भर एवं स्वावलम्बी बनना** – महिला उद्यमी का आत्मनिर्भर एवं स्वावलम्बी बनने की कोशिश करनी चाहिए। यह सही हैं कि उसे हर अवस्था में सहारे एवं मार्गदर्शन की आवश्यकता पड़ती है। किन्तु बार–बार किसी बात का जानने और उस पर पूर्ण निर्भर बने रहने तथा

दूसरे के सहारे की सदैव इच्छा नहीं रखनी चाहिए। यदि एक बार कोई जानकारी ले ली हैं तो उसे अपने अन्दर उतारकर स्वयं आगे प्रयास करें।

(7) **चुनौती स्वीकार करने की क्षमता** – उद्यमिता क्षेत्र में विभिन्न किस्म की तथा पग–पग पर चुनौतियों का सामना करना पड़ता है। अतः महिला उद्यमी को इन चुनौतियों को स्वीकार एवं सहन करने की क्षमता होनी चाहिए।

(8) **कैरियर अभिमुखी होना** – उद्यमिता क्षेत्र सफल होने के लिए महिला को ''कैरियर अभिमुखी'' होना आवश्यक है। ऐसी महिला ही पुरूष को यह विश्वास दिला सकती हैं कि कैरियर के प्रति वे भी पुरूष के समान जागरूक है। महिलाएँ 'उद्यमिता पाठ्यक्रमों में सहभागिता करके इस समस्या का समाधान कर सकती है।

(9) **व्यक्तित्व विकसित एवं नियंत्रित करना** – महिला उद्यमी अपने व्यक्तित्व को विकसित एवं नियंत्रित करके उद्यमिता कार्यो का बेहतर निष्पादन कर सकती है।

उपर्युक्त व्यूह रचना अपनाकर भी महिला उद्यमी जॉब मे सफल हो सकती है। पुरूष की तुलना मे महिला में धैर्य एवं संवेदनशील ज्यादा होती है। अतः जॉब के शुरूआत में वह पुरूष की प्रवृति को बदलने का प्रयास कर सकती है। यह मानना गलत न होगा कि यदि महिलाएँ 'पुरूष प्रधान क्षेत्र' में अपनी भूमिता निभाना चाहती है। तो उसे पुरूष की तरह ही कार्य करना होगा, तभी वह उद्यमिता क्षेत्र मे सफल हो सकती है।

सार रूप में उद्यमिता में सफल कैरियर के लिए एक महिला में वे सब बातें या गुण होने चाहिए जो एक पुरूष में आवश्यक होते है। इसके अतिरिक्त पुरूष क्षेत्र में प्रवेश करने के लिए उसे एक पुरूष की भॉति अतिविश्वास दृढ़ता आक्रामकता तथा विशिष्टता से युक्त होना चाहिए।

भारत में महिला उद्यमिता की संभावनाएँ
(Opportunities of Women Intreprenuship in India)

वर्तमान संदर्भ में महिला उद्यमी विभिन्न औधोगिक क्षेत्रों में आसानी से दिख सकती है। चाहे वह परम्परागत क्षेत्र हो या गैर परम्परागत चाहे वह इंजीनियरिंग या इलेक्ट्रॉनिक उद्योग की बात हो या फिर रेडिमेट गारमेंट फेब्रिक हस्त कलाएँ या खिलौना निर्माण से लेकर मुर्गीपालन प्लास्टिक उद्योग साबुन निर्माण सेरेमिक

छपाई टेक्साटाइल डिजायनिंग बुनाई दवाएँ आदि क्षेत्रों की बात हो । अभिप्रेरणा एक ऐसा तत्व है। जो उद्यमिता के लिए परम आवश्यकता होता हैं जो चुनौतियों और विचार नवाचार को अपनाने व सामना करने का साहस प्रदान करता हैं और इन अभिप्रेरक प्रयासों में विभिन्न सहायताओं, अनुदानों, कर राहत व सुरक्षा की गारंटी उत्प्रेरक तत्वों का काम करती है।

उद्यमिता विकास केन्द्र के द्वारा महिला उद्यमिता के क्षेत्र में विभिन्न इकाइयों उनकी क्षमता अनुमानित लागत आवश्यक कच्चा माला आदि से सूची व परियोजना संबंधी आवश्यक जानकारी सहजमा से प्राप्त की जा सकी है, जो कि सार्थक प्रयास व सकारात्मक सोच व साहसिक दृष्टिकोण से उद्यमिता के क्षेत्र में नये आयाम विकसित किये जा सकते है।

एक महिला उद्यमी में निहित संभावनाएँ निम्न प्रकार से देखी जा सकते है।

1. महिलाएँ बहुत ही संवेदनशील ढ़ग से परिस्थितियों को बारीकी से समझते की सुझबूझ वाली होती है।
2. महिलाएँ अपने सहयोगियों के साथ प्रभावी तालमेल रखने मे सक्षम होती है।
3. महिलाएँ अपने रूप से कार्य को निपटाने में विश्वास रखती है।
4. महिलाएँ अपने कार्य के प्रति ज्यादा ईमानदार होती है।
5. महिलाएँ विपरीत परिस्थिति में उत्साहपूर्वक कार्य करने में सक्षम होती है।
6. महिलाएँ जिस कार्य को करने की ठान लेती है उसे पूर्ण करके ही रहती है।
7. महिलाएँ का सर्वागीण गुण हैं– सृजनात्मक कार्य करना।
8. महिलाएँ नपा–तुला जोखिम उठाती है।
9. उपलब्धि की इच्छा या अभिलाषा महिलाओं का विशेष गुण है।
10. महिलाएँ सभी कार्यो में मितव्ययिता बरतती है।
11. महिलाएँ परिणाम के प्रति आश्वान दृष्टिकोण रखती है।

उपरोक्त सभी गुण एक अच्छे उद्यमी मे होते है। महिलाओं को उद्योग लगाने में ज्यादा सफलता मिल सकती है। बशर्ते उनहे पुरूषों के बराबर कार्य करने की स्वछंदता मिले एवं पुरुष जैसा वातावरण भी महिलाओं को प्रदान किया जाये। समय पर समुचित संसाधन नियोजित रूप में उपलब्ध कराये जायें। अगर समाज व स्थानीय नागरिक भी उसकी सहायता करें तो भारत की 50 प्रतिशत जनसंख्या

जो अभी तक देश की प्रगति में ज्यादा योगदान नहीं कर पा रही है। वह कंधे से कंधा–मिलाकर भारत के सकल घरेलु उत्पाद को बढ़ाने में सहायता हो सकती है।

सामान्य रूप से महिलाओं को पुरूषों की अपेक्षा विपरीत परिस्थिति में काम करना पड़ता हैं, जो एक चुनौती भरा कार्य है। दूसरी तरफ महिलाओं महिलाओं स़म्बन्ध में अभी तक यह माना गया है कि उन्हें पुरूष की अपेक्षा हल्के–फुलके काम देकर इतिश्री कर दिया जाये, जबकि स्थिति इसके विपरीत है। आज महिलाओं ने अनेक क्षेत्रों में बहुत ही अच्छे परिणाम हासिल किये है। आज की परिस्थितियों उद्योग–धन्धों एवं व्यवसाय का कार्य, महिलाऍ पुरूषों की अपेक्षा ज्यादा नियोजित ढ़ंग से एवं मितव्ययिता के साथ सम्पन्न कर सकती हें

भारत में अभी भी पुरूषों की तुलना में महिलाओं की व्यवसाय–उद्यम के क्षेत्रों में उपस्थित काफी है, हालॉकि यह दूरी धीरे–धीरे कम होती जा रही है। भारत में महिला उद्यमियो को अपना व्यापार–व्यवसाय स्थापित करने और उसे चलाने में अनेक समस्याओं का सामना करना पड़ता है। पुरूषों की तुलना में परिवार और उसके बाहर भेदभाव के कारण अधिक कठिनाइयों का सामना करना पड़ता है। उदाहरण के लिऐ उन्हें वित्त प्राप्त करने प्रक्रिया सम्बन्धी औपचारिकताओं को पूर्ण करने, जायदाद आदि की जमानत देने में अधिक समय नष्ट करना पड़ता है।

महिला उद्यमियों की समस्याऍ
(Problems Women of Entrprenurs)

'महिला उत्थान तथा 'महिला स्वतंत्रता की बात करो' जैसी दिन–प्रतिदिन नई–नई घोषित योजनायओं के बाजूद महिलाओं की स्थिति बरसों पूर्व जैसी ही है। हम जानते हैं कि बिना महिलाओं को ऊपर उठाये तथा पुरूषों के बराबर लाये देश का विकास नहीं हो सकता। आज भी उत्तरी भारत में 2 से 6 प्रतिशत महिलाऍ ही व्यावसायिक गतिविधियों में संलग्न हैं, जबकि दक्षिणी भारत में 11 से 17 प्रतिशत तक महिलाऍ व्यासायिक गतिविधियों का संचालन कर ही है, यह स्थिति दुर्भाग्यवश भारत में महिलाओं की है।

यह तो हम सभी अच्छी तरह से जानते हैं कि महिलाऍ किसी भी क्षेत्र में पुरूषों से कम नहीं है। विशेषकर महिलाओं मं प्रबन्धन का गुण जो कि उद्यम के संचालन के लिए आधारभूत होता है। तो जन्मजात होता हैं, क्योंकि जितनी खूबी से वे घर का प्रबन्धन करती हैं, उससे सभी परिचित हैं तो एसे कौन से कारण हैं जिनकी वजह से महिला उद्यमी उतनी सफल नहीं हो पा रही हैं जितना पुरुष

उद्यमी? संभावतः इसका प्रमुख कारण हो सकता हें– महिलाओं की वे विशेष जिम्मेदारियॅा/कठिनाइयॅा जो पुरूष उद्यमियों के सामने नहीं होती। पुरूष उद्यमी जो प्रायः कच्चे माल की समस्या/श्रम समस्या/बिजली की समस्या, विपणन आदि की समस्या से त्रस्त रहते हैं, जबकि महिला उद्यमियों को इन समस्या के साथ–साथ अन्य अनेक समस्याओं से जुझना पड़ता हैं, जिससे महिला उद्यमिता के विकास में बाधा होती है।

महिला उद्यमियों को जिन प्रमुख समस्याओं का सामना करना पड़ता हैं, उनका वर्णन यहॉ कि महिला उद्यमियों की प्रमुख समस्याएॅ निम्न है।

(1) गतिशीलता की समस्या – महिला उद्यमियों के एक साक्षात्कार के द्वारा यह पाया गया कि महिला उद्यमियों की प्रमुख समस्याएॅ निम्न है।

(अ) अपने उत्पादों के विपणन के सम्बन्ध मे आर्डर प्राप्त करने हेतु आने–जाने में कठिनाई का होना।

(ब) कच्चा माल खरीदने हेतु किसी दूसरे शहर में आने–जाने की कठिनाई का होना।

व्यवसाय में बिना बाहर जाये उद्यमीय कार्य नहीं किया जा सकता महिलाऍ बाहर जाने में यह सोचती हैं, किसके साथ जाऍ, कहॉ जाऍ, कहॉ ठहरेगें, कैसे करेगें, कोई साधन होगा या नहीं। यही सोचकर महिलाऍ कहीं जाने–आने का विचार देती है। जो महिलाऍ इस स्थिति का सामना करने को तैयार होती है। वह सफल हो जाती है। ओर जो इसके भय के कारण विचार त्याग देती हैं वह उद्योग व्यवसाय छोड़कर घर पर बैठ जाती है।

(2) स्वयं निर्णय लेने की क्षमता का अभाव– उद्यम के क्षेत्र में सफल होने के लिए एक आवश्यक तत्व होता है। उचित समय पर सही निर्णय लेने की क्षमता किन्तु दुर्भाग्यवश महिलाओं में यह क्षमता बहुत कम होती है। यद्यपि हमारे देश में कोई महिलाऍ स्वयं निर्णय लेने में माहिर थी सहयोग लेकर कार्य करती है। महिलाऍ को कई निर्णय लेने होते है। जैसे–व्यापार कौन सा प्रारम्भ करें, कहॉ प्रारम्भ करें, इसी प्रकार उद्यमियों क्रियाओं से सम्बन्धित कई निर्णय दिन–प्रतिदिन लेने होते है। जो उनके द्वारा तत्काल नहीं लिये जाते है। यदि कोई निर्णय ले भी लिया जाता है। तो वह उचित नहीं होता हैं, वे स्वयं समझाती हैं कि निर्णय सही एवं उचित नहीं हैं, अतः बदलना होगा। ऐसी स्थिति में महिलाऍ सदैव अनिर्णय की स्थिति मे रहती है।

(3) वर्तमान व्यवस्थाओं में व्यावसाहिक आचार व्यवहार न कर पाना – आज हर क्षेत्र में चाहे शासकीय संस्था हो या अशासकीय भ्रष्टाचार से

व्याप्त होती है। जिसके कारण महिलाएँ इस स्थिति में संस्थाओं द्वारा किये जाने वाले कार्यो में अवरोध पैदा कर दिया जाता है। जिन्हें महिलाएँ दूसरे ढ़ग से सुलझाने में नाकामयाब रहती है। महिलाएँ व्यवसाय में साधारण एवं ईमानदारी से लेन–देन एवं अन्य प्रक्रिया को करना चाहती हैं, लेकिन भ्रष्टाचार के रहते यह आसान नहीं होता, ऐसी परिस्थति में महिलाएँ अपने को कमजोर महसूस करती है। इसी कारण वे बिजनेस ड्रीलिंग्स में पिछड़ी रहती है। क्योंकि व्यवसाय में पुरूषों का अधिकतर बोलबाला है। अतः महिलाएँ उनकी बराबरी या उन जैसा खेल नही सकतीं।

(4) **पुरूषों की दोहरी मानसिकता से ग्रसित** – परिवार के पुरूषों की गलत धारणा एवं दोहरी मानसिकता के कारण महिला स्वयं के बल कुछ नहीं कर सकती, वह अपने परिवार के पुरूष पर ही आश्रित रहे इस धारणा से पुरूष उसे अकेले कार्य करने को रोकता हैं, जिसके कारण महिला अपने स्तर पर कार्य करने में अपने आपको असहाय महसूस करती है। अनेक बार पुरूष महिला उद्यमी की सफलता को पचा नहीं पाते है। प्रारंभ में घर में जब पैसा आता है। जो अच्छा लगता हैं लेकिन जब पत्नी की प्रसिद्धि बढ़ने लगती हैं तो पति महाशय को बहुत कोफ्त होने लगता है। पति इस दोहरी मानसिकता के कारण अधिकांश महिला उद्यमियों द्वारा संचालित व्यवसाय बन्द हो जाते है।

(5) **उद्योग/व्यवसाय में पूरा समय न दे पाना** – भारतीय महिला चाहे कितने ही बड़े पद पर कार्य कर रही हो, चाहे भी 'एडवांस्ड' अथवा लिबराइज्ड हो चाहे कितनी भी बड़ी उद्यमी हो, उसकी पहली प्राथमिकता ही होता है। उसे बचपन से ही यही सिखाया जाता हैं कि पति और बच्चे पहले, बाकी सब बाद में। यह भी देखने में आता हैं कि महिला उद्यमियों द्वारा जो इकाइयॉ स्थापित की जाती हैं वह अपनी स्थापित क्षमता 40 प्रतिशत से 50 प्रतिशत तक ही काम कर पाती है। अपनी पारिवारिक जिम्मेदारीयों के कारण अधिकांश महिला उद्यमी अपने आपको अनेक परेशानियों में घिरी पाती है।

(6) **घर के सदस्यों द्वारा सहयोग न करना** – सामान्य रूप से यह देखने मे आता हैं कि घर की महिलाओं द्वारा की उद्यमी महिला का शोषण किया जाता है। अधिकांश सासों द्वारा महिला उद्यमी को अपनी प्रतिद्वंद्वी के रूप में देखा जाता है। भारत की पारिवारिक व्यवस्था भी महिला उद्यमी की सफलता के मार्ग में एक प्रमुख बाधा है।

(7) बिक्री एवं विपणन की समस्या – महिला उद्यमियों के सामने अपने द्वारा निर्मित माल के विक्रय एवं विपणन की भी एक प्रमुख समस्या होती है। वह इस दिशा में पर्याप्त कार्य नहीं कर पाती है।

(8) अन्य समस्याएँ – महिला उद्यमियों को उपरोक्त समस्याओं क अलावा निम्न और भी समस्याओं का सामना करना पड़ता हैं –

(i) उधारी आदि वसूलने की समस्या।
(ii) असफलता का डर।
(iii) दौड़–भाग करने की असमर्थता।
(iv) प्रशिक्षण आदि में पर्याप्त देने की समस्या।
(v) तकनीकी जानकारी का अपेक्षाकृत अभाव।
(vi) श्रमिकों तथा कर्मचारियों के साथ मिलकर कार्य न कर पाना।
(vii) शारीरिक रूप से ज्यादा स्ट्रॉग न होना।,

उपरोक्त समस्याओं को बताने का मूल उद्देश्य महिलाओं को उन परेशानियों का पूर्वाभास दिलवाना हैं, जिनके उद्यमिय/व्यावसायिक जीवन अपनाने की दिशा में उनके सामने आने की संभावना हैं, क्योंकि इनमें से अधिकांश स्थितियॉ ऐसी हैं, जिनके संदर्भ में उचित रणनीत अपनाकर उन पर काफी हद तक नियंत्रण पाया जा सकता है, अतः यह महिला उद्यमियों के विशेष हित में होगा इस वस्तु स्थिति से निपटने हेतु वे पहले से ही तैयार रहें।

अन्त में यह कहा जा सकता हैं कि भारत में महिलाओं मे उद्यमशीलता के गुण विकसित करने के लिए बड़ी संख्या मे प्रशिक्षण और प्रोत्साहन कार्यक्रम चलाये जा रहे है। समय–समय पर महिलओं के कोशल तथा व्यक्त्तिव विकास हेतु भी अनेक प्रशिक्षण कार्यक्रम चलाये जा रहे है। इन कार्यक्रम को लाभ लेकर महिलाऍ इस दिशा मे उल्लेखनीय कार्य कर सकती है। व्यवसाय का क्षेत्र हैं तथा उद्यमी एक बडी रूचि के साथ छोटे पैमाने पर ही अपना करोबार शुरू करें तो वह यह कदम उनके लिए नये क्षितिज की राह अवश्य आसान करेगा। एक बार जब प्रारम्भिक बाधाऍ दूर की जायेगीं, तो उनका आत्मविश्वास बढ़ेगा। जिससे व चुनौतियॉ का सामना कर जोखिम उठाते के लिए तैयार ही सकेगीं।

अध्याय 13

नेतृत्व
(Leadership)

नेतृत्व संगठन की आवश्यकता स्थिति हैं। इनका कारण यह है कि व्यापारिक परिस्थितियाँ निरन्तर परिवर्तनों के अधीन रहती हैं, अतः इन परिवर्तनीय स्थितियों के अन्तर्गत प्रभावी नियंत्रण स्थापित करने के लिये उपयुक्त नेतृत्व का होना नितान्त आवश्यक होता हैं। क्योंकि एक कुशल नेतृत्व ही किसी व्यावसायिक अथवा औद्योगिक उपक्रम को अंधेरे से उजाले में ले जाने का प्रयास करता हैं। और समय–2 पर होने वाली कठिनाइयों पर विजय पाते हुये उसे प्रगति के मार्ग पर आगे ले जाता हैं।

नेतृत्व
(Definition of Leadership)

नेतृत्व का वास्तव में क्या आशय हैं, इस बात पर लोग एक मत नहीं हैं। कुछ लोग इसका आशय संगठन क्रम में एक विशिष्ट पद या स्थिति से लगाते हैं कुछ लोग व्यक्तिगत विशेषताओं के आधार पर नेतृत्व को परिभाषित करते हैं कुछ लोग एक विशिष्ट व्यवहार को, जो अन्य लोगों को प्रभावित करता हैं, नेतृत्व गुण मानते हैं। नेतृत्व की विभिन्न विद्वानों द्वारा दी गयी निम्न परिभाषायें इस तथ्य की पुष्टि करती हैं :

(1) मूने तथा रेले के अनुसार,'' प्रक्रिया में प्रवेश करने पर अधिकारी वर्ग जो स्वरूप धारण करता हैं, नेतृत्व कहलाता हैं।''

(2) एल्विन गोल्डनर के अनुसार,''नेता एक समूह का सदस्य होता हैं जिसे एक निश्चित पद प्रदान किया जाता हैं और वह प्राप्त पद के अनुरूप व्यवहार प्रदर्शित करता हैं।

(3) रॉबर्ट सी.एप्लेबी के अनुसार,'' नेतृत्व निर्देशन का साधन हैं, अधीनस्थों को विश्वास एवं इच्छा पूर्वक समूह आदर्शो के कार्य को प्रेरित करने की योग्यता हैं।

(4) आर्डवे टीड के अनुसार,''नेतृत्व गुणों का ऐसा संयोजन हैं जिसके होने से एक व्यक्ति दूसरों से कार्य करा पाने के योग्य हो जाता हैं,क्योंकि उसके उसके वे ऐसा करने के इच्छुक होते हैं।''

(5) एलन के अनुसार,'' वह है जो दूसरे व्यक्तियों का मार्गदर्शन करता हैं और निर्देशित करता हैं। उसे अपने प्रयास,निर्देशन तथा उद्देश्य प्रदान करने चाहिये।''

(6) जार्ज आर. टेरी के अनुसार,''नेतृत्व लोगों को प्रभावित करने की क्रिया हैं जिससे वे पारस्परिक उद्देश्यों को प्राप्त करने के लिये इच्छापूर्वक प्रयास करते हैं।''

(7) कून्टज एवं ओ'डोनैल के अनुसार,'' नेतृत्व लोगों को प्रभावित करने की कला या प्रक्रिया है ताकि वे समूह लक्ष्यों को प्राप्त करने की दिशा में इच्छापूर्वक आगे बढ़ें उत्सुकता और विश्वास के साथ।''

नेतृत्व के लक्षण
(Characteristics of Leadership)

प्रभावी नेतृत्व के लक्षण निम्नलिखित होते हैं–

(1) अनुयायियों का होना– अनुयायियों के अभाव में नेतृत्व की कल्पना तक नहीं की जा सकती है, अतः नेता के साथ–2 उसके अनुयायियों का भी होना नितान्त आवश्यक होता है। जितने अधिक अनुयायी होगें, नेता का महत्व उतना ही अधिक होगा।

(2) गतिशील प्रक्रिया– प्रत्येक संगठन में नेतृत्व की प्रक्रिया निरन्तर चलती रहती हैं। संस्थान की स्थापना से लेकर जब तक संस्थान विद्यमान रहता है तब तक नेतृत्व की प्रक्रिया चलती रहती हैं।

(3) आदर्श आचरण– नेता अपने आचरण द्वारा अपने अनुयायियों के समक्ष एक आदर्श प्रस्तुत करता हैं। उनके अनुयायी यह चाहते हैं कि उनका नेता केवल नेता ही न रहकर एक आदर्श पुरूष भी हो, ताकि वे उसका अनुसरण कर सकें।

(4) क्रियाशील सम्बन्ध–नेता तथा उसके अनुयायियों का पारस्परिक सम्बन्ध निश्क्रिय न होकर क्रियाशील होता हैं । किसी कार्य का निष्पादन करने में नेता सबसे आगे खड़ा होकर अपने अनुयायियों का मार्गदर्शन करता हैं।

(5) हितों की एकता– नेता तथा उसके अनुयायियों के हितों में एकता होती हैं। नेतृत्व उस समय प्रभावहीन हो जाता हैं जबकि नेता तथा उसके अनुयायी पृथक–2 उद्देश्यों के लिये कार्य कर सकता हैं।

(6) परिस्थितियों का ध्यान–नेतृत्व बहुत परिस्थितियों एवं वातावरण पर निर्भर है।हो सकता है कि एक व्यक्ति अमुक परिस्थिति में तों सफलता प्राप्त करें और अमुक में नही।

(7) आत्मबोध–नेतृत्व के इस लक्षण के अनुसार नेता का स्वयं के विषय में भ्रान्ति नही होनी चाहिए।उसे अपनी शक्तियों एवं दुर्बलताओं का सही–सही ज्ञान होना चाहिए।

(8) यथार्थवादी दृष्टिकोण–नेतृत्व में इस अन्तिम लक्षण के अनुसार उसका मानव आचरण के प्रति यथार्थवादी दृष्टिकोण होना चाहिए।

नेतृत्व के प्रकार
(Types of Leadership)

व्यावसायिक एवं औघोगिक उपक्रमो में पाये जाने वाले नेतृत्वों को उसकी प्रकृति के अनुसार निम्नलिखित भागों में विभक्त किया जा सकता है–

(1) जनतन्त्रीय नेता–जनतंत्र नेता वह है जो कि अपने समूह से परामर्श तथा नीतियों एवं विधियों के निर्धारण में उनके योगदान से कार्य करता है। यह वही करता है जो उसका समूह चाहता है।

(2) निरंकुश नेता–ऐसा नेता समस्त अधिकार एवं निर्णय को स्वयं अपने में केद्रित कर लेता है।उसका विश्वास है कि लोग प्रायः आलसी होते है, उत्तरदायित्व लेना नही चाहते और जो कहा जाय वही करने से सन्तोष अनुभव करते है। अतः वह समस्त निर्णय एवं सारी योजनाएँ बनाता है, अपने अधीनस्थों को क्या करना है यह निर्देश देता है।

(3) निर्बाधावादी नेता–यह वह नेता है जो अपने समूह को अधिकतर अपने भरोसे छोड़ देता है।समूह के सदस्य स्वयं अपने लक्ष्य निर्धारित करते और अनी समस्याओं को सुलझाते है।वह स्वयं को प्रशिक्षित करते और स्वयं ही अपने को अभिप्रेरित करते है।

(4) संस्थात्मक नेता–यह वह नेता है जिसे अपने पद के प्रभाव से उच्च स्थिति प्राप्त होती है फलतः वह अपने अनुयायियों को प्रभावित करने की स्थिति में होता है।

(5) व्यक्तिगत नेता–व्यक्तिगत नेतृत्व की स्थापना व्यक्ति सम्बन्धों के आधार पर होती है।ऐसा नेता किसी कार्य के निशपादन के सम्बन्ध में निर्देश एवं अभिप्रेरणा स्वयं अपने मुख द्वारा अथवा व्यक्तिगत रूप में देता है। इस प्रकार का नेता अपेक्षाकृत अधिक प्रभावी होता है,क्योकि अपने अनुयायियों से इसका निजी एवं सीधा सम्बन्ध रहता है।

(6) अव्यक्तिगत नेता–व्यक्तिगत नेतृत्व की स्थापना प्रत्यक्ष रूप से नेताओं अथवा उप–नेताओं के अधीन कर्मचारियों के माध्यम से होती है।इसमें मौखिक बातों के स्थान पर लिखित बातें होती है, अतः समस्त निर्देश, आदेश,नीतियाँ,योजनाएँ तथा कार्यक्रम लिखित होते है। ऐसे उपक्रमों में जहाँ कि कर्मचारियों की संख्या अत्याधिक होने के कारण नेता का व्यक्तिगत सम्बन्ध स्थापित करना कठिन होता है,अव्यक्तिगत नेतृत्व लोकप्रिय होता है।

(7) क्रियात्मक नेता–क्रियात्मक नेता वह होता है जो अपनी योग्यता,कुशलता, अनुभव एवं ज्ञान के आधार पर अपने अनुयायियों का विश्वास प्राप्त करता है,एवं उनका मार्गदर्शन करता है।

नेतृत्व के कार्य
(Function of Leadership)

सामान्य रूप से नेतृत्व के निम्न कार्य माने जाते है–

(1) नियोजन एवं निर्देशन–नेतृत्व का प्रथम कार्य है, कार्य का नियोजन तथा समूह सदस्यों का लक्ष्य प्राप्ति की ओर निर्देशन।समूह का नेता समूह के प्रतिनिधि के रूप में उच्च स्तरीय बैठकों में भाग लेता है तथा उपक्रम के लक्ष्य एवं नीतियाँ निर्धारित करने में सहयोग करता है।इसके उपरान्त वह उन लक्ष्यों की प्राप्ति के लिये सदस्यों का मार्गदर्शन करता है।

(2) अभिप्रेरणा का समन्वय– नेतृत्व का दूसरा कार्य हैं समूह सदस्यों को क्षमतानुसार कार्य करने के लिये प्रेरित करना, तथा उनके कार्य में समन्वय उत्पन्न कर लक्ष्य को प्राप्त करना ।

(3) सूचनायें व तकनीकी सहायता प्रदान करना– नेतृत्व का यह कार्य है कि वह समूह के सदस्यों को उनके कार्य तथा हितों से सम्बन्धित सूचनायें प्रेषित करता हैं तथा उन्हें कार्य करते समय कठिनाई उत्पन्न होने पर तकनीकी तथा अन्य प्रकार की सहायता प्रदान करता हैं।

(4) पुरस्कार व दण्ड की व्यवस्था करना– नेतृत्व अपने समूह सदस्यों के लिये पुरस्कार व दण्ड की व्यवस्था करता हैं । वह अच्छा कार्य करने वालों को पुरस्कार तथा अक्षम या गलत कार्य करने वालों को दण्ड देता हैं अथवा उच्च प्रबन्ध को इस सम्बन्ध में सिफारिश करता हैं। नेता को ही अपने समूह सदस्यों के मनोभावों का ठीक रहता हैं कि किस प्रकार का पुरस्कार उन्हें अच्छा कार्य करने के लिये प्रेरित कर सकता हैं।

(5) स्वास्थ्यप्रद वातावरण का निर्माण– एक उपक्रम में संगठनात्मक वातावरण का कर्मचारियों के कार्य पर भारी प्रभाव पड़ता हैं। नेता का यह कार्य है कि वह अपने विभाग में ऐसे स्वस्थ व मित्रतापूर्ण वातावरण का निर्माण करे जिससे कर्मचारी इच्छापूर्वक तथा प्रसन्नता के साथ कार्य करने के लिये प्रेरित हों। कर्मचारियों के मध्य व्याप्त आपसी मनमुटाव तथा कटुताओं को दूर करने का प्रयास भी नेता को करना चाहिये अन्यथा इनसे कार्य वातावरण दूषित होता हैं।

(6) सदस्यों की प्रोन्नति तथा विकास– नेतृत्व का यह महत्वपूर्ण कार्य हैं कि वह अपने समूह सदस्यों की आकांक्षाओं तथा इच्छाओं को समझे और उन्हें संतुष्ट करने में योगदान दें। सदस्यों को आगे बढ़ने और विकास करने के लिये अवसर प्रदान करें।

(7) अधीनस्थों का सहयोग प्राप्त करना– नेता को चाहिये कि वह नेतृत्व की ऐसी शैली अपनाये जो उसे अधीनस्थों का पूर्ण सहयोग प्रदान कर सकें। इस दृष्टि से वह जनतांत्रिक दृष्टिकोण अपना सकता हैं जिससे समय–2 पर समस्याओं के समाधान हेतु कर्मचारियों का परामर्श प्राप्त किया जा सकता हैं और प्रबन्धकीय निर्णयों में उन्हें सहभागीदार बनाया जा सकता हैं।

(8) आदर्श प्रस्तुत करना– नेतृत्व निशपक्ष, निस्वार्थी, योग्य व साहसी होना चाहिये। नेतृत्व को समूह के सदस्यों के सामने अपने व्यवहार व आचरण से

ऐसे आदर्श प्रस्तुत करने चाहिये जैसे वह अपने अनुयायियों से अपेक्षा रखता हैं। आचरण द्वारा आदर्शो का प्रस्तुतीकरण नेतृत्व को प्रभावशाली बनाने का एकमात्र अचूकशस्त्र हैं।

नेतृत्व के स्वरूप
(Styles of Leadership or Leadership Styles)

किसी भी उपक्रम की सफलता या असफलता उसके नेतृत्व के स्वरूप पर निर्भर हैं। अतः अब प्रश्न यह उठता हैं कि किसी भी उपक्रम का सफलतापूर्वक संचालन करने के लिये विभिन्न परिस्थितिों में नेतृत्व के विभिन्न स्वरूपों की आवश्यकता पड़ती हैं। विभिन्न प्रबन्ध विशेषज्ञों ने नेतृत्व के विभिन्न स्वरूप बताये हैं, जिनमें से निम्नलिखित प्रमुख हैं–

(1) अभिप्रेरणात्मक स्वरूप–

अभिप्रेरणात्मक स्वरूप नेतृत्व का सबसे अधिक प्रचलित एवं महत्वपूर्ण स्वरूप है। नेतृत्व का अभिप्रेरणात्मक स्वरूप कर्मचारियों अथवा अनुयायियों की विभिन्न प्रकार की प्रेरणाएँ देने एवं प्रेरणाओं द्वारा ही उनसे काम लेने की विधि पर आधारित हैं। इसके अन्तर्गत नेता अपने अधीनस्थों से मिलता हैं तथा उन्हें धनात्मक और ऋणात्मक प्रेरणायें देकर उनसे अधिक काम लेने का प्रयास करता हैं–

(अ) धनात्मक अभिप्रेरणायें– धनात्मक अभिप्रेरणायें से आशय मौद्रिक अथवा अमौद्रिक या आर्थिक अभिप्रेरणायें से हैं।

(ब) ऋणात्मक अभिप्रेरणायें– अभिप्रेरण स्वरूप का दूसरा तरीका ऋणात्मक अभिप्रेरण का होता हैं। इस प्रकार के नेतृत्व में 'भय बिन होय न प्रीति' वाला सिद्धान्त लागू होता हैं। इस विधि में नेता– कर्मचारियों को डरा–धमका कर, दण्ड का भय दिखाकर, कार्य से हटाने, वेतन में कमी करने और अधिक समय तक कार्य लेने की धमकी देकर कार्य हेतु अभिप्रेरित करता हैं। अभिप्रेरणा की इस विधि द्वारा नेता अपने अनुयायियों को कुछ समय तक के लिये ही अभिप्रेरित कर सकता हैं, सदैव के लिये नहीं।

अभिप्रेरण विधि के उपरोक्त दोनों ही स्वरूपों में कौन सा स्वरूप काम में लाया जाये इसके लिये कोई स्पष्ठ रेखा नहीं खीची जा सकती। अनेक अवसरों पर प्रबन्धक बड़ी दुविधा में पड़ जाता हैं कि कौन सी विधि अधिक उपयुक्त होगी सामान्यतया एक नेता दोनों ही विधियों का मिश्रित रूप ही काम में लेता हैं।

(2) शक्ति स्वरूप–

नेतृत्व का दूसरा प्रचलित स्वरूप शक्ति स्वरूप हैं जिसमें कि नेता शक्ति के आधार पर नेतृत्व प्रदान करता हैं। शक्ति के आधार पर नेतृत्व के 3 स्वरूप प्रचलित हैं–

(अ) निरंकुश स्वरूप– यह एक ऐसा स्वरूप हैं जिसमें सभी अधिकार नेता के पास केन्द्रित रहतें हैं। उसे अपने अधिकारों के प्रति असीम मोह रहता हैं और इसी कारण वह अपने अधिकारों का विकेन्द्रीकरण करना नहीं चाहता। वह सभी निर्णय स्वयं लेता हैं। अधीनस्थेां का कार्य तो केवल इतना ही हैं कि वे अपने नेता का पूर्णतः अनुकरण करें और उसी के अनुसार कार्य करें।

नेतृत्व का निरंकुश स्वरूप धनात्मक भी हो सकता हैं अथवा ऋणात्मक भी। व्यवहार में अधिकतर ऋणात्मक स्वरूप ही पाया जाता हैं, क्योंकि कर्मचारी प्रबन्धक से डरे–2 रहते हैं और अपने आपको हर समय असुरक्षित अनुभव करते हैं और निर्णय के प्रति किसी प्रकार की जानकारी भी नहीं रखते। प्रबन्धक का व्यवहार जब धनात्मक होता हैं तो ऐसा नेता उदार नेता कहलाता हैं। इस प्रकार के नेता अच्छा औद्योगिक वातावरण बनाने, उत्पादन वृद्धि करने तथा कार्यकर्ताओं को प्रेरणा प्रदान करने में सफल होता हैं।

(ब) जनतंत्रीय स्वरूप– नेतृत्व का जनतंत्रीय स्वरूप निरंकुश स्वरूप से बिल्कुल विपरीत है। इसके अन्तर्गत नेता अपने अधिकार का विकेन्द्रीकरण करता हैं। नीतियों का निर्धारण भी स्वयं अकेला न करके अपने अधीनस्थों अथवा अनुयायियों से विचार विमर्श करके करता हैं।

(स) स्वतंत्र अथवा निर्बाध स्वरूप– यह नेतृत्व के शक्ति स्वरूप का तीसरा स्वरूप है। इसके अन्तर्गत नेता अपने अधीनस्थों अथवा अनुयायियों को स्वयं के भरोसे छोड़ देता हैं। अनुयायी स्वयं ही लक्ष्य निर्धारित करते हैं और स्वयं ही लक्ष्यों की प्राप्ति के लिये आवश्यक निर्णय लेते हैं।

(3) पर्यवेक्षकीय स्वरूप–

नेतृत्व का तीसरा प्रचलित स्वरूप पर्यवेक्षकीय स्वरूप हैं। नेतृत्व के पर्यवेक्षकीय स्वरूप में नेता किसी उद्देश्य विशेष को आमने सामने रखता है और उस उद्देश्य बिशेष को रखते हुये नेतृत्व करता हैं। इस प्रकार के नेतृत्व में नेता या तो कर्मचारी को अधिक महत्व देते हुये नेतृत्व करता हैं। अथवा उत्पादन को अधिक महत्व देते हुये नेतृत्व करता है। इस आधार पर पर्यवेक्षकीय स्वरूप को निम्न दो भागों में बाँटा जा सकता हैं–

(अ) कर्मचारी अभिमुखी स्वरूप– कर्मचारी अभिमुखी स्वरूप का दूसरा रूप उत्पादन अभिमुखी होता हैं। इसके अन्तर्गत नेता यह विश्वास और धारणा लेकर नीति निर्धारित करता है कि उत्पादन की उन्नत विधियाँ अपनाने से, व्यक्तियों को निरन्तर कार्यरत रखने से और उन्हें कार्य करते रहने के निमित प्रेरित करने से उत्पादन उद्देश्य की पूर्ति हो सकती हैं। इस प्रकार नेतृत्व का यह स्वरूप केवल उत्पादन अभिमुखी ही हैं। कर्मचारियों के मानवीय दृष्टिकोण को यह ध्यान में नहीं रखता।

परिस्थितियों के अनुसार नेता को एक ऐसा नेतृत्व प्रदान करना चाहिये जो कर्मचारी अभिमुखी होने के साथ–2 उत्पादन अभिमुखी भी हो।

नेतृत्व के गुण
(Leadership Qualities)

नेतृत्व के बारे में विभिन्न विद्वानों ने अपने मत दिये हैं जो इस प्रकार हैं। श्री ऑइवे टीड के अनुसार नेता में निम्न दस गुणों का होना आवश्यक हैं–

(1) शारीरिक एवं स्नायुविक शक्ति
(2) उद्देश्य एवं निर्देशन की भावना
(3) उत्साह
(4) मैत्रीभाव एवं स्नेह
(5) तकनीकी कुशलता
(6) बौद्धिक ज्ञान
(7) चारित्रिक बल
(8) शिक्षण चातुर्थ
(9) निर्णायकता,
(10) विश्वास

श्री चेस्टर बर्नार्ड्ड ने एक सफल नेता के निम्न गुणों के होने पर बल दिया हैं–

(1) निर्णायकता
(2) उत्तरदायित्व
(3) अनुभूति
(4) बौद्धिक क्षमता
(5) स्फूर्ति एवं सहनशीलता
(6) सामाजिक चेतना,तथा
(7) अच्छा व्यक्तित्व

श्री इरविन एच.सचेल के अनुसार सफल नेतृत्व के लक्षण हैं,''लोगों के प्रति दिलचस्पी एवं प्रेम, शक्तिशाली व्यक्तित्व तथा मनोवैज्ञानिक दृष्टिकोण।''

श्री हेनरी फेयोल के अनुसार, नेतृत्व में निम्न गुण होने चाहिये– (1) स्वास्थ्य एवं शारीरिक क्षमता, (2) योग्यता एवं मानसिक सन्तुलन, (3) ज्ञान एवं कुशल, (4) नैतिक गुण, तथा (5) प्रबन्धकीय योग्यता।

पीटरसन तथा प्लोमैन ने कुशल नेतृत्व के गुणों को बड़े ही सुन्दर ढ़ंग से निम्न तीन भागों में विभाजित किया हैं, जिसमें कि उपर्युक्त विद्वानों द्वारा बताये लगभग सभी गुणों का समावेश हो जाता हैं–

(अ) शारीरिक गुण–

एक सफल नेता बनने के लिये उसमें शारीरिक गुणों का होना आवश्यक हैं,तभी वह अपने अनुयायियों एवं अन्य व्यक्तियों को प्रभावित कर सकेगा। शारीरिक गुणों में निम्नलिखित को सम्मिलित किया जा सकता हैं–

(1) उत्तम स्वास्थ्य– नेता का अनेक महत्वपूर्ण कार्यो एवं उत्तरदायित्वों को निभाना पड़ता हैं तथा सम्पर्क में आने वाले व्यक्तियों को प्रभावित करना पड़ता हैं। इसके लिये आवश्यक हैं कि यह उत्तम स्वास्थ्य वाला व्यक्तियों हो ।

(2) स्फूर्ति तथा सहनशीलता– स्फूर्ति का अर्थ हैं चैतन्यता अथवा सजगता। सहनशीलता का अर्थ हैं कठिनाइयों के समय धैर्य से काम लेना। नेता में दोनों गुणों का होना परम आवश्यक होता हैं।

(ब)) बौद्धिक गुण–

शारीरिक गुणों के अतिरिक्त एक नेता में निम्नलिखित गुणों का भी समावेश होना चाहिये–

(1) स्वस्थ निर्णय लेने की क्षमता– एक निश्चित परिस्थितियों में अन्तर्निहित तथा परिवर्तनशील दोनों ही तथ्यों पर विचार करने तथा अपनी सम्मति निश्चित करने अथवा ऐसे तथ्यों की श्रेष्ठताओं के आधार पर उपयुक्त निर्णय को स्वस्थ निर्णय लेने की क्षमता कहते हैं। किस परिस्थितियों में क्या किया जाना चाहिये, इस सम्बन्ध में शीघ्र एवं उपयुक्त निर्णय करने की योग्यता का होना परम आवश्यक होता हैं। इस गुण के होने पर ही वह अपना नेतृत्व कायम रख सकेगा।

(2) मानसिक क्षमता– एक सफल नेता में विकसित मानसिक क्षमता का होना भी होना आवश्यक होता हैं, तभी वह द्वेष–रहित, नवीन विचाराधारा से परिपूर्ण एवं स्वीकार योग्य निर्णय लेने में समर्थ हो जाता हैं।

(3) गुण ग्राह्यता– गुण ग्राह्यता सफल प्रबन्धकीय संवाहन की कसौटी हैं। इस गुण के निम्न पहलू हैं– (अ) नये ज्ञान तथा विचारों को प्राप्त करने तथा प्रयोग में लाने के लिये इच्छित होना। (ब) किसी समस्या एवं उसके हल पर शीघ्र पहुचँना। एक सफल नेता में उपयुक्त गुणों का होना आवश्यक होता हैं।

(4) समस्याओं की ओर वैज्ञानिक दृष्टिकोण– एक सफल नेता के लिये महत्वपूर्ण बौद्धिक गुण विद्यमान समस्याओं के प्रति वैज्ञानिक दृष्टिकोण का अपनाया जाना भी हैं। इसके लिये सन्तुलित मस्तिष्क की आवश्यकता होती हैं, जो कि तथ्यों को क्रमबद्ध कर सके तथा सही प्रत्याशी से उन्हें उचित प्रभाव तथा स्थान दे सके।

(स) मनोवैज्ञानिक गुण –

उपयुक्त दोनों गुणों के अतिरिक्त एक कुशल नेता में मनोवैज्ञानिक गुणों का होना भी आवश्यक होता हैं, तभी वह अपने अनुयायियों की भावनाओं के अनुरूप कार्य करते हुये अपने नेतृत्व को कायम रख सकता हैं। विभिन्न मनोवैज्ञानिकों तथा कुशल एवं अनुभवी प्रबन्धकों के अनुसार एक कुशल नेता में निम्न मनोवैज्ञानिक गुणों का होना आवश्यकता होता हैं–

(1) व्यक्तिगत आकर्षण शक्ति– व्यक्तिगत आकर्षण शक्ति वह शक्ति है जो स्वतः ही अन्य व्यक्तियों के विश्वास एवं आदर को आकर्षित करती हैं।

(2) सहकारिता– नेता का एक महत्वपूर्ण गुण यह भी है कि उसमें अधिक से अधिक लोगों के साथ मिलकर कार्य करने की क्षमता होनी चाहिये, तभी वह अपने अनुयायियों को सन्तुलन में रख सकेगा एवं उनकी संख्या में वृद्धि कर सकेगा।

(3) उत्साह, साहस और लगन– व्यवसाय में तरह–2 के उतार–चढ़ाव आते रहते हैं, जिनका सामना करने के लिये नेता में उत्साह, साहस और लगन का होना परम आवश्यक होता हैं।

(4) चातुर्य– चातुर्य एक ऐसी चैतन्यशील मानसिक सतर्कता है जो इस विषय में सतर्क रहती है कि दूसरों से व्यवहार करते समय आक्षेपों से बचने के लिये क्या करना अथवा कहना अधिक उपयुक्त होगा।

उपयुक्त प्रमुख तीन गुणों के अतिरिक्त एक सफल नेता में आदर्श चरित्र होना भी आवश्यक होता हैं। प्रो. हाकिंग के शब्दों में, ''एक चत्रिवान व्यक्ति अपनी आँखों द्वारा, अपनी वाणी द्वारा, अपने हाव–भाव द्वारा, अपने कथन के तत्व द्वारा अपने आदमियों में अपना हृदय डाल देता हैं।''

नेतृत्व के गुण
(Importance of Leadership)

प्रबन्ध के क्षेत्र में नेतृत्व की बडी महत्वपूर्ण भूमिका है।कोई भी संगठन चाहे वह कितना भी सुसज्जित क्यों न हो,नेतृत्व को आज तक प्रतिस्थापित नही कर सका। आज की परिवर्तित परिस्थितियों में चाहे संगठन आर्थिक हो,राजनैतिक हो, सामाजिक हो अथवा आध्यात्मिक हो,सभी में नेतृत्व का सर्वाधिक महत्व है। निम्न बिन्दुओं से इसके महत्व को आँका जा सकता है–

(1) अभिप्रेरणा का स्त्रोत–नेतृत्व एक ऐसा गुण है जो व्यक्तियों के समूह के उद्देश्यों एवं प्रयत्नों को एकता प्रदान करता है,सदस्यों को प्रेरणा देता है तथा उनका मार्गदर्शन करता है।इसके द्वारा अधीनों के व्यक्तिगत गुण उभरते है तथा उन्हें अपनी योग्यता दिखाने का सुअवसर मिलता है।

(2) सहयोग प्राप्त करने की आधारशिला–नेतृत्व विभिन्न व्यक्तियों के मध्य सहयोग की आधारशिला है। इसके अभाव में कर्मचारियों में द्वेष की भावना जाग्रत होती है तथा छोटे–छोटे कार्यो को लेकर आपस में विवाद उठ खडे होते है।

(3) सामूहिक क्रियाओं का संचालन करने हेतु– सामूहिक क्रियाओं का संचालन करने हेतु कुशल नेतृत्व की आवश्यकता पडती है,जिसके अभाव में समूह व्यवस्थित नही रह सकता। अव्यवस्थित समूह के सदस्य पृथक्–पृथक् व्यक्तिगत रूप से कितना भी अच्छा कार्य न करें,सामूहिक उद्देश्यों की पूर्ति कुशलता के साथ नही की जा सकती।

(4) समूह को उपक्रम के प्रति निष्ठावान बनाये रखने हेतु–कुशल नेतृत्व किसी व्यावसायिक उपक्रम में कार्य करने वाले कर्मचारियों को उसके उद्देश्यों के प्रति निष्ठावान बनाये रखने में महत्वपूर्ण भूमिका निभाता है।

(5) प्रबन्ध को सामाजिक प्रक्रिया के रूप में परिवर्तित करने हेतु– कुशल नेतृत्व के माध्यम से प्रबन्ध एक सामाजिक प्रक्रिया के रूप में परिवर्तन हो जाता है। परिणामस्वरूप जहाँ एक ओर कर्मचारी उपक्रम की प्रगति के लिए अपना सर्वस्व न्यौछावर करने को तत्पर होते है,वहाँ दूसरी ओर प्रबन्ध भी उनके

लिए हर सम्भव सुविधाएँ (जैसे–आवास, शिक्षा, विद्युत, यातायात, पानी, चिकित्सा भविष्यनिधि आदि) प्रदान करने को सहर्ष तैयार हो जाता है।

(6) व्यावसायिक सफलता के लिए–किसी व्यावसायिक संस्था की सफलता अथवा असफलता बहुत हद तक नेतृत्व की प्रकृति पर निर्भर करती है।जहाँ एक ओर कुशल नेतृत्व व्यवसाय को प्रगति पर ले जाता है,वहाँ दूसरी अकुशल नेतृत्व व्यवसाय को पतन अथवा असफलता की ओर ले जाता है।

(7) अन्य क्षेत्रों में महत्व–(i) समन्वय स्थापित करने के लिए, (ii) अधिकारी वर्ग को सुविधा प्रदान करने के लिए, अधीनस्थों के व्यक्तित्व करने के लिए, तथा संगठन को क्रियाशील बनाने के लिए। नेतृत्व रूपी घोड़ा बनने पर ही संगठन की क्रिया रूपी बन्दूक चल सकती है,अन्यथा नही।

नेतृत्व के मार्ग में बाधायें
(Hindrances to Leadership)

श्री अल्फर्ड एवं बीटी के अनुसार नेतृत्व के मार्ग में आने वाली प्रमुख बाधाएँ हैं– (1) कुछ नेता अपने अनुयायियों के निकट संपर्क में नहीं होते, जिसके कारण उनकी प्रक्रियाओं का यथासम्भव पता नहीं लग पाता। (2) कुछ नेता पूर्ण रूप में परिपक्व नहीं होते, जिसके परिणामस्वरूप वे कष्टदायक स्थिति में अपना सन्तुलन खो देते हैं। (3) कुछ में मानवीय अवरोध की कमी होती हैं, जिसके परिणामस्वरूप वे अपने सहयोगियों के साथ मित्रता के स्थान पर शत्रुता उत्पन्न कर लेते हैं। (4) कुछ में दूरदर्शिता का अभाव होने के कारण अपने समूह का भावी कार्यक्रम ठीक प्रकार से बनाने में कठिनाई का आभास होता हैं। (5) कुछ नेता अपने कृत्यों के लिये योग्य नहीं, जिससे उनमें दीनता की भावना जाग्रत हो जाती हैं । वे इसकी क्षतिपूर्ति अपने अधीनस्थों के प्रति वरिष्ठ दृष्टिकोण से करते हैं। (6) कुछ अपने अधीनस्थों के समक्ष अपने दृष्टिकोण को सही रूप में प्रस्तुत करने में असमर्थ रहते हैं। अथवा अपने साथियों से उनके विचार आमंत्रित करने में असमर्थ रहते हैं। (7) कुछ नेता अभिप्रेरणा के रूप में दण्ड अथवा पुरस्कार को प्रेरणा की आवश्यकता से अधिक महत्व देते हैं। इसके विपरीत प्रशंसा तथा सम्मान जैसी महत्वपूर्ण अभिप्रेरणाओं की उपेक्षा करते हैं। (8) कुछ अन्य व्यक्तियों के प्रति अपने व्यवहार में दृढ़ रहने में असफल रहते हैं। परिणामस्वरूप उनके साथी उनके साथी उनके भावी व्यवहार के बारे में सही अनुमान नहीं लगा पाते और इस लाभ के लिये कार्य करने में अन्यों के साथ सहयोग करने में असफल रहते हैं। उपयुक्त बाधाओं को

दूर करने के लिये अच्छे नेता को समय–2 पर अपने आचरण की परीक्षा करते रहना चाहिये तथा उपयुक्त कमियों के प्रति सदैव सर्तक रहना चाहिये, ताकि उनके उत्पन्न होते ही तुरन्त उन्मूलन किया जा सकें

अध्याय 14

परियोजना प्रतिपादन व प्रतिवेदन
(Project Formulation and Report)

उधमी द्वारा परियोजना का प्रतिपादन का प्रतिपादन विशेशज्ञों की सहायता से किया जाता है। उधमी की यह इच्छा होती है कि वह ऐसे उत्पाद/सेवा का उत्पादन करें, जिसकी बाजार में पर्याप्त मांग हो और बिना किसी कठिनाई के बेचा जा सके। किन्तु ऐसा उत्पाद व बाजार मिलना कठिन होता है। यही कारण है कि विभिन्न संसाधनों के संबंध में व्यापक जांच पड़ताल करके परियोजना विचार विकसित किया जाता है।

परियोजना प्रतिपादन से आशय
(Meaning of Project Formulation)

परियोजना प्रतिपादन से आशय परियोजना के विभिन्न संधटको की उनके महत्व के अनुसार सावधानी पूर्वक विवेचना से है, ताकि परियोजना विचार को लाभकारी स्वरूप प्रदान किया जा सकता सके। परियोजना प्रतिपादन का प्रमुख लक्ष्य न्यूनतम व्यय व उपयुक्त संसाधनों की सहायता से परियोजना के उद्देश्यों को प्राप्त करना होता है। परियोजना प्रतिपादन का कार्य एक समिति या दल के द्वारा किया जाता है। विभिन्न क्षेत्रों के विशेशज्ञ इस समिति/दल के सदस्य होते है। सामान्यतः बड़ी परियोजना के प्रतिपादन हेतु समिति/दल में निम्नलिखित सदस्य हसे सकते हैः

1. अर्थशास्त्री, जो औद्योगिक क्षेत्र का विशेषज्ञ हो,
2. बाजार मामलों का विशेशज्ञ व विश्लेषक,
3. संबंधित उधोग के तकनीकी मामलों का विशेषज्ञ,
4. औद्योगिक अभियंता (Industrial Engineer),
5. सिविल इंजीनियर (Civil Engineer),
6. प्रबंध लेखा शास्त्री (Management Accountant),
7. सरकारी विभाग का प्रतिनिधि।

विशेशज्ञों की समिति/दल द्वारा उचित मार्गदर्शन से किया जाता है। इससे परियोजना के सम्बन्ध में निम्नलिखित उद्देश्य की पूर्ति होती है :

1. परियोजना के सम्बन्ध में उपयुक्त तकनीकी का चयन संभव होता है।
2. बाह्य बचतों की जानकारी होती है, और उद्यमी उनसे लाभान्वित होता है।
3. विभिन्न उत्तरदायित्वों के निर्वहन हेतु कार्मिको के कौशल का निर्धारण और परियोजना विचार की व्यहार्यता का आंकलन संभव होता है।
4. पूंजी को जुटाना व उसका प्रभावी उपयोग सुनिश्चित संभव बनाना।
5. सरकारी नियमों, विनियमों का परिपालन सुनिश्चित होता है।

परियोजना प्रतिपादन के चरण (Steps in Project Formulatation)

परियोजना प्रतिपादन की प्रक्रिया को 7 क्रमिक चरणों में विभक्त किया जाता है:

1. व्यवहार्यता विश्लेषण (Feasibility Analyis),
2. तकनीकी– आर्थिक विश्लेषण (Techno- Economic Analysis),
3. परियोजना अभिकल्प व नेटवर्क विश्लेषण (Project Design and Network Analysis),
4. आदान विश्लेषण (Input Analysis),
5. वित्तीय विश्लेषण (Financial Analysis),
6. सामाजिक लागत लाभ विश्लेषण (Social cost, Benefit Analysis),
7. निवेश पूर्व विश्लेषण (Preinvestment Analysis), ।

(1) व्यवहार्यता विश्लेषण :

परियोजना प्रतिपादन की प्रथम अवस्था व्यवहार्यता विश्लेषण है। इस अवस्था में परियोजना विचार के प्रारंभिक परीक्षण के आधार पर यह सुनिश्चित किया जाता

है कि विनियोग संबंधी प्रस्ताव स्वीकार योग्य है अथवा नहीं? परियोजना विचार का परीक्षण आंतरिक व बाह्य प्रतिबंधों के सन्दर्भ में किया जाता है। इस संबंध में तीन परिस्थितियां हो सकती है :

(1) परियोजना विचार व्यवहार्य नहीं है,
(ii) परियोजना विचार व्यवहार्यता नहीं है,
(iii) पर्याप्त सूचनाओं व समंको के अभाव में किसी निर्णय नहीं पहुंचा जा सके।

परियोजना विचार व्यवहार्य नहीं होने की दशा में उस विचार को त्याग दिया जाता है। यदि पर्याप्त सूचनाओं व समंको का संकलन करके पुनः व्यवहार्यता परीक्षण किया जाता है। परियोजना विचार व्यवहार्यता होने की दशा में, परियोजना प्रतिपादन से संबंधित अगली कार्यवाही संपन्न की जाती है।

व्यवहार्यता परीक्षण तीन अवस्थाओं में पूर्ण किया जाता है:

(i) व्यवहार्यता पूर्व अध्ययन (Pre-feasibility Study),
(ii) व्यवहार्यता अध्ययन (Feasibility Study),
(iii) परियोजना प्रतिवेदन तैयार करना (Preparing Project report)।

(i) **व्यवहार्यता पूर्व अध्ययन** : व्यवहार्यता पूर्व अध्ययन, परियोजना विचार के प्रारंभिक मूल्यांकन से संबंधित होता है, इससे परियोजना विचार को स्वीकृत या अस्वीकृत करने संबंधी निर्णय लेने में सहायता मिलती है। इसके अंतर्गत संभावित मांग, बाजार का आकार व उसकी प्रकृति, प्रतिस्पद्वियों की संख्या और उनका बाजार अंश, प्लाण्ट की क्षमता, कच्चे माल की आपूर्ति, स्थान निर्धारण, मानव संसाधन की आवश्यकता व पूर्ति, उपकरण, परियोजना हेतु वित्त प्राप्ति के स्त्रोत, निवेश की लागत, उत्पादन व अन्य लागतें, प्रत्याय की दर आदि का परीक्षण किया जाता है।

(ii) **व्यहार्यता अध्ययन** : व्यवहार्यता अध्ययन के आधार पर परियोजना से संबंधित विभिन्न पक्षों जैसे : आर्थिक, तकनीकी, प्रबंधकीय, वाणिज्य, वित्त, विपणन, उत्पाद, संगठन व अन्य के संबंध में विस्तृत जानकारी प्राप्त होती है। व्यवहार्यता पूर्व अध्ययन की तुलना व्यावहार्यता अध्ययन में अधिक होता है। इस हेतु विशेषज्ञों की सहायता ली जाती है, और समंकों का गहन व व्यापक विश्लेषण किया जाता है। समंकों का संकलन विश्वनीय स्त्रोतों, शोध अध्ययनों व सर्वेक्षणों के माध्यम से किया जाता है।

(iii) **परियोजना प्रतिवेदन तैयार करना** : व्यवहार्यता अध्ययन के आधार पर परियोजना प्रतिवेदन तैयार किया जाता है इसे व्यवहार्यता प्रतिवेदन भी कहा जाता है। परियोजना/व्यवहार्यता प्रतिवेदन, व्यवहार्यता अध्ययन से ज्ञात परिणामों के आधार पर तैयार किया जाता है। परियोजना प्रतिवेदन तैयार किये गये जाने का मूल उद्देश्य, परियोजना मूल्यांकन हेतु विस्तृत सूचनाएं उपलब्ध कराना और परियोजना हेतु वित्तीय सहायता प्राप्त करने की प्रक्रिया को सरल बनाना होता है।

(2) **तकनीकी– आर्थिक विश्लेषण** : तकनीकी आर्थिक विश्लेषण, मूलतः परियोजना के संबंध में/सेवा की संभावित मांग और परियोजना के उद्देश्यों की प्राप्ति हेतु उपयुक्त व अनुकूलतम तकनीक के चयन से संबंधित होता है। तकनीकी व आर्थिक विश्लेषण के आधार पर परियोजना के अभिकल्पन का मार्ग प्रशस्त होता है। उपयुक्त व अनुकूलतम तकनीक तथा बड़े पैमाने पर उत्पाद की मात्रा से, इकाई को आंतरिक व बाह्य बचतें प्राप्त होती हैं।

(3) **परियोजना अभिकल्प व नेटवर्क विश्लेषण** : परियोजना अभिकल्प, एक परियोजना में समाविष्ठ व्यक्तिगत क्रियाओं व उनके मध्य परस्पर संबंध की व्याख्या करती है। विभिन्न क्रियाओं के मध्य संबंध को नेटवर्क विश्लेषण के माध्यम से प्रकट किया जाता है। यह परियोजना के विस्तृत कार्य योजना को विकसित करने से संबंधित होता है। इसका प्रमुख उद्देश्य परियोजना को न्यूनतम समय पर क्रियान्वित करना और उपलब्ध संसाधनों को प्रभावी उपयोग सुनिश्चित करना होता है। परियोजना अभिकल्पन व नेटवर्क विश्लेषण, परियोजना के आदानों की पहचान व उनेक परिमाण (Quantification) की दृष्टि से अत्यंत उपयोगी व महत्वपूर्ण है। इसकी सहायता से एक परियोजना के संबंध में वित्तीय और लागत–लाभ विश्लेषण किया जाता है।

(4) आदान विश्लेषण :

परियोजना प्रतिपादन के सम्बन्ध में व्यवहार्यता विश्लेषण, तकनीकी– आर्थिक विश्लेषण और परियोजना अभिकल्प व नेटवर्क विश्लेषण अवस्थाएं पूर्ण हो जाने के पश्चात्, परियोजना के लिये आवश्यक आदान साधनों का अनुमान लगाया जाता है। आदान विश्लेषण के अंतर्गत आदानों की पहचान (Identification of inputs), आदानों का परिमाण (Quantification of Inputs) और आदानों का मूल्याकंन (Evalation of Inputs) निहित होता है।

आदानों का विश्लेषण के प्रमुख तीन उद्देश्य होते है।

(i) आदानों की प्रकृति की पहचान करना,
(ii) आदानों की मात्रा का अनुमान लगााना,
(iii) आदानों की निर्बाध आपूर्ति की संभावनाओं का मूल्याकंन करना।

परियोजना के लिये आवश्यक आदानों को दो भागों मे। वर्गीकृत किया जाता है:

(i) मानव संसाधन (Human Resources)।
(ii) भौतिक संसाघन (Physical Resources)।

मावन संसाधन से आशय मानव और मानव प्रबंध व्यवस्था से है जबकि भौतिक संसाधनों के अंतर्गत माल वित्त आदि आते है।

आदान विश्लेषण से परियोजना के संबंध में विभिन्न प्रकार की लागतों को अनुमान लगाना सरल हो जाता है। इससे वितीय आवश्यकताओं का अनुमान और लागत लाभ विश्लेषण का कार्य सरल हो जाता है।

(5) वित्तीय विश्लेषण:

वित्तीय विश्लेषण का मूल उद्देश्य निवेश प्रस्ताव की वित्तीय विशेषताओं की पहचान करना है, ताकि इस आधार पर परियोजना की वित्तीय व्यवहार्यता का आंकलन किया जा सके।

वित्तीय विश्लेषण के अतर्गत परियोजना की लागत, आगम और परियोजना हेतु आवश्यक कोशों की आवश्यकता का अनुमान लगाया जाता है।

(6) सामाजिक लागत–लाभ विश्लेषण :

सामाजिक लागत–लाभ विश्लेषण का उद्देश्य, परियोजना की सामाजिक लाभप्रदता का आंकलन करना होता है । इस संबंध में परियोजना की सामाजिक लागत और लाभ के आधार पर, परियोजना का समाज पर प्रभाव ज्ञात किया जाता है। सामाजिक लागत–लाभ विश्लेषण लोक उपक्रमों के संन्दर्भ में अधिक महत्वपूर्ण होता है।

(7) निवेश पूर्ण विश्लेशण :

यह परियोजना प्रतिपादन का अंतिम चरण होता है इस अवस्था पर, परियोजना के बारे में स्पश्ट चित्र उभरकर सामने आता है। निवेश पूर्व विश्लेषण के पूर्व की अवस्थाओं के परिणामों के आधार पर परियोजना के प्रायोजक, क्रियान्वयनकर्ता और परामर्शदाता स्पष्ट रूप से यह निश्चित कर पाने में सफल होते है, कि परियोजना

अंतिम रूप से स्वीकार किये जाने योग्य है अथवा नहीं। यदि परियोजना समिति के सदस्य एकमतेन (बहुमत से) परियोजना को स्वीकार किये जाने के पक्ष में होते है, तो उस परियोजना पर निवेश किया जाता है।

परियोजना प्रतिवेदन (Project Report)

परियोजना की पहिचान और कार्यान्वयन तथा इससे संबंधित विभिन्न पहलुओं का परीक्षण करने के पश्चात् परियोजना प्रतिवेदन (Project Repot) तैयार किया जाता है। परियोजना आर्थिक, तकनीकी और वित्तीय दृश्टि से व्यवहार्य (Feasible) होनी चाहिए। परियोजना प्रतिपादन समिति में विभिन्न विशेषज्ञों की नियुक्ति की जाती है। विशेशज्ञों द्वारा परियोजना के विविध पक्षों का गहन व व्यापक परीक्षण करने और इनके व्यवहार्यता/साध्यता प्रतिवेदन (Feasibility Report) कहा जाता है। परियोजना का व्यवहार्यता प्रतिवेदन, उसकी जीव्यता (Viablity) और लाभप्रदता (Profitability) का चित्र प्रस्तुत करता है।

परियोजना प्रतिवेदन का अर्थ (Meaning of Report Reprot)

किसी परियोजना विचार के संबंध में निवेश के अवसर की पहिचान व उसका मूल्यांकन करने के पश्चात् तैयार किये जाने वाले विस्तृत विवरण को परियोजना प्रतिवेदन कहा जाता है। परियोजना प्रतिवेदन में प्रस्तावित परियोजना के उद्देश्यों तथा तकनीकी, आर्थिक, वाणिज्यिक, वित्तीय, व सामाजिक व्यवहार्यता का उल्लेख किया जाता है। परियोजना प्रतिवेदन कहा जाता है। परियोजना प्रतिवेदन को उच्च प्रबंध के समक्ष किया जाता है, ताकि निवेश प्रस्ताव पर आवश्यक विचार करके इसके सम्बन्ध में अंतिम निर्णय लिया जा सके।

परियोजना प्रतिवेदन, एक परियोजना के संबंध में विस्तृित विवरण होता है। इसे परियोजना का 'ब्लूप्रिट' या 'एक्सरे चित्र' कहा जाता है। लधु उधोग इकाइयों के संबंध में परियोजना प्रतिवेदन किसी वित्तीय संस्था के समक्ष प्रस्तुत किये जाने वाले ऋण प्रस्ताव (Loan Proposal) की स्वीकृत का आधार होता है।

परियोजना प्रतिवेदन बैंक/वित्तीय संस्था में वित्तीय सहायता प्राप्त करने हेतु प्रस्तुत की जाती है। अन्य संगठनों व आपूर्तिकर्ताओं द्वारा, परियोजना प्रतिवेदन की सहायता से, परियोजना की दक्षता का निर्धारण किया जाता है। परियोजना प्रतिवेदन, उधमी की मार्गदर्शिका होता है और यह परियोजना के संबंध में पूर्वनिर्धारित उद्देश्यों की प्राप्ति में सहायक होता है।

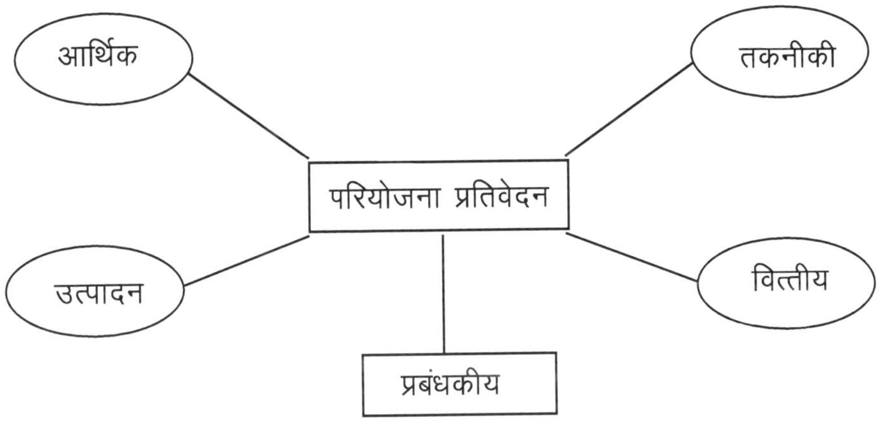

चित्र : परियोजना प्रतिवेदन : प्रबंध का मार्गदर्शन

विशेषज्ञों द्वारा परियोजना के विभिन्न पक्षों का विस्तृत अध्ययन और विश्लेषण करने के उपरांत परियोजना प्रतिवेदन तैयार किया जाता है। यह प्रबंध को परियोजना के प्रारंभिक चरण में यह समझने में सहायक होता है, कि परियोजना से सम्बन्धित वाणिज्यिक, वित्तीय, तकनीकी और दशायें अनुकूल है अथवा नहीं?

उद्यमिता विकास केन्द्र, भोपाल द्वारा परियोजना प्रतिवेदन संबंधी कार्य को दो भागों में विभक्त किया गया है :

1. प्रारंभिक परियोजना प्रपत्र,
2. विस्तृत परियोजना प्रपत्र,

प्रारंभिक परियोजना प्रपत्र किसी उपक्रम के भविष्य का सीमांकन करती है। प्रारंभिक परियोजना प्रपत्र, उपक्रम से संबंधित विभिन्न पक्षों की जानकारी और लाभ की संभावनाओं को प्रकट करता है।'' जब उधमी द्वारा प्रारंभिक परियोजना प्रपत्र तैयार किया जाता है, तब उसे इकाई के संबंध में जानकारियां एकदम सही रूप में उपलब्ध नहीं रहती है। जैसे मशीनों की दरें भी अनियमित होती है, साथ ही समस्त प्रत्यक्ष व अप्रत्यक्ष लागतों व व्ययों की जानकारी भी अनुमान पर आधारित होती है। वस्तुतः प्रारंभिक परियोजना प्रपत्र में उपरोक्त समस्त जानकारियां पूर्णतः सही तथा अंतिम होने की जानकारियां सही तथा अंतिम होने की अपेक्षा नहीं की जा सकती है। किन्तु विस्तृत परियोजना प्रपत्र में तैयार करते समय उद्यमी कें पास उपरोक्त समस्त जानकारियां (जैसे इकाई के स्थल की जानकारी, मशीनों तथा अन्य उपकरणों की सही कीमतें तथा अन्य व्ययों की पूर्णतः सही जानकारी) पूर्ण तथा सही होनी चाहिये।''

परियोजना प्रतिवेदन की विशेशताएं (Characteristics of Project Report)

परियोजना प्रपत्र की विशेशताएं निम्नलिखत होंती है :

(1) **परियोजना विचार को यथार्थ में परिवर्तन का आधार** (Basis for Translasating a Project Idea into Reality) : परियोजना प्रतिवेदन, एक परियोजना विचार को यथार्थ में परिवर्तित करने का आधार होता है। एक परियोजना विचार, परियोजना चयन (Project Formulation), परियोजना मूल्याकंन(Project Appraisal), परियोजना चयन (Project Selection), परियोजना क्रियान्वयन (Project Implementation) और परियोजना समारंभ (Project Commissionoing) की अवस्थाओं से गुजरने के पश्चात् अंतिम स्वरूप ग्रहण करता है। परियोजना के संबंध में इन सभी अवस्थाओं की पूर्णता के पश्चात् ज्ञात निश्कर्शों के आधार पर परियोजना प्रतिवेदन तैयार किया जाता है। परियोजना प्रतिवेदन, परियोजना के संबंध में प्रारंभिक प्रतिबंधों को पार कर लेने के पश्चात् तैयार किया जाता है।

(2) **विस्तृत प्रलेख** (Detailed Document) : परियोजना प्रतिवेदन किसी भावी परियोजना के संबंध में विस्तृत प्रलेख होता है, जिसमें परियोजना का विस्तृत विवरण होता है। परियोजना प्रतिवेदन में परियोजना के निम्नलिखित पक्षों का विस्तृत विवरण होता है :

(i) **आर्थिक पक्ष** (Economic Aspects) :बाजार, विस्तार की संभावनाएं, परियोजना का संभावित बाजार अंश।

(ii) **तकनीकी पक्ष** (Technical Aspects) : परियोजना प्रतिवेदन में प्रस्वावित परियोजना हेतु आवश्यक तकनीकी, मशीनरी व उपकरणों तथा उनकी उपलब्धता का विवरण दर्शाया जाता है।

(iii) **वित्तीय पक्ष** (Financical Aspects) : परियोजना प्रतिवेदन में प्रस्तावित परियोजना हेतु आवश्यक निवेश वित्त के स्त्रोत व उद्यमी का पूंजी में अंशदान दशार्या जाता है। इसके साथ में पूंजी की लागत और पूंजी पर प्रत्याय की दर का तुलनात्मक विवरण भी प्रस्तुत किया जाता है।

(iii) **उत्पादन पक्ष** (Production Aspects) : परियोजना प्रतिवेदन में प्रस्वावित परियोजना के उत्पाद/सेवा का विवरण दिया जाता है। उत्पाद/सेवा के बारे में यह स्पष्ट किया जाता है कि इस उत्पाद/सेवा का चयन क्यों किया गया है? यह उत्पाद/सेवा बाजार में उपलब्ध अन्य इकाईयों के उत्पाद/सेवा से किस प्रकार भिन्न है? क्या

इसके निर्यात की संभावनायें है? यदि हाँ तो किन देशों को और कितनी मात्रा में?

(v) **प्रबंधकीय पक्ष** (Managerial Aspects) : प्रस्तावित परियोजना के प्रबंध हेतु जिन प्रबंधकों की सेवाए ली जानी है, उनकी योग्यता व अनुभव के बारे में परियोजना प्रतिवेदन में वर्णन किया जाता है। यदि उद्यमी स्वंय प्रबंध कार्य करेगा तो उसकी स्वंय की योग्यता व अनुभव का उल्लेख परियोजना प्रतिवेदन में किया जाता है।

(3) **परियोजना क्रियाओं का मार्गदर्शन** (Direction of Project Activities): परियोजना प्रतिवेदन, परियोजना संबंधी समस्त क्रियाओं का मार्गदर्शन करता है। इस हेतु परियोजना अभिकल्प व नेटवर्क विश्लेषण की सहायता ली जाती है।

(4) **परियोजना का आशु चित्र (Snap Shot of the Project) : परियोजना प्रतिवेदन, परियोजना का आशुचित्र होता है। यह परियोजना के संबंघ में सभी विकल्पों पर विचार करने के पश्चात् सबसे अंत में तैयार किया जाता है।**

(5) **परियोजना क्रियाओं का अनुक्रम** (Sequence of Project Activities) : परियोजना प्रतिवेदन में परियोजना से संबंधित समस्त क्रियाओं को अनुभव में सिल– सिलेवार दर्शाया जाता है। इससे प्रत्येक क्रिया एक निश्चित क्रम व समय पर संपन्न होती है।

(6) **विनियोग अवसर के चयन का आधार** (Basis for the selection of Invesment Opportunity) : वित्तीय संस्थाओं से वित्त प्राप्त करने के लिए परियोजना प्रतिवेदन इन संस्थाओं के समक्ष आवेदन के साथ प्रस्तुत किया जाता है। वित्तीय संस्थाएं परियोजना प्रतिवेदन में प्रस्तुत व्यवहार्यता व लाभ प्रदता संभावनाओं का विश्लेशण करने और संतुष्ट होने के पश्चात वित्तीय सहायता का निर्णय लेती है।

(7) **वित्त प्राप्ति में सहायक** (Helpful in Financing) : वित्तीय संस्थाओं से वित्त प्राप्त करने के लिए परियोजना प्रतिवेदन इन संस्थाओं के समक्ष आवेदन के साथ प्रस्तुत किया जाता है। वित्तीय संस्थाएं परियोजना प्रतिवेदन में प्रस्तुत व्यवहार्यता व लाभ प्रदता संभावनाओं का विश्लेशण करने और संतुष्ट हाने के पश्चात् वित्तीय सहायता का निर्णय लेती है।

(8) **विभिन्न पक्षकारों के लिये उपयोगी** (Useful for Various Parties) : परियोजना प्रतिवेदन के अध्ययन में विभिन्न पक्षकार रूचि रखते है। वित्तीय

संस्थाओं व बैकों के अलावा कच्चे माल व मशीनरी के आपूर्तिकर्ता और परियोजना के पंजीयन व अनुमोदन हेतु सरकारी विभाग, जिला उद्योग केन्द्र आदि पक्षकार परियोजना प्रतिवेदन के प्रति इच्छुक होते है।

परियोजना प्रतिवेदन के उदेश्य (Objecttive of Project Report)

परियोजना प्रतिवेदन तैयार किये जाने के प्रमुख उद्देश्य निम्नलिखित है–

1. विनियोग संबंधी अवसरों का मूल्याकंन करना और श्रेष्ठ विनियोग प्रस्ताव का चयन करना।
2. वित्तीय संस्थाओं से ऋण प्राप्त करना।
3. परियोजना के संबंध में प्रस्तावित इकाई का पंजीयन व लाइसेंस प्राप्त करना।
4. विभिन्न सरकारी विभागों से अभिप्रेरणाओं, कर संबंधी छूट, आर्थिक सहायता आदि प्राप्त करना।
5. कच्चे माल, भूमि के आवंटन प्राप्ति में सहायक।
6. प्रस्वावित परियोजना के उद्देश्यों की प्राप्ति हेतु।
7. उपलब्ध संसाधनों व अवसरों का अनुकूलतम उपयोग संभव बनाना।
8. परियोजना के क्रियान्वयन में सहायता हेतु।
9. उद्यमी को मार्गदर्शन और उसके समय व शक्ति में बचत करना।

परियोजना प्रतिवेदन की विशय सामग्री (Objecttive of Project Report)

एक परियोजना प्रतिवेदन उस क्षेत्र में विशेषज्ञ, परामर्श दाता व्यक्ति या किसी एजेंसी के द्वारा तैयार किया जाता है। एक परियोजना प्रतिवेदन में निम्नलिखित विशयों का समावेश होना चाहिये :

(1) **परिचय (Introduction)** : सर्वप्रथम परियोजना प्रतिवेदन में प्रस्वावित परियोजना का संक्षिप्त और परियोजना की सभी संभावनाओं का संक्षिप्त विवरण प्रस्तुत किया जाता है।

(2) **इकाई की स्थापना का उद्देश्य (Objectives of Establishment of Unit)** : परियोजना प्रतिवेदन में परियोजना की इकाई की स्थापना के उद्देश्यों को स्पश्ट किया जाता है।

(3) **इकाई के बारे में विवरण** (Details about the Units) : परियोजना प्रतिवेदन में प्रस्तावित परियोजना के संगठनात्मक स्वरूप (एकल स्वामित्व,

साझेदारी, कंपनी), उसके गठन, विधान (Constution) और इकाई के स्वरूप (मुख्य उद्योग/सहायक उद्योग) आदि का विवरण प्रस्तुत किया जाता है।

(4) **प्रवर्तको का विवरण** (Details of Promoters) : परियोजना प्रतिवेदन में परियोजना के प्रवर्तकों व प्रमुख प्रबंधकों के बारे में पूर्ण विवरण दिया जाना चाहिए। प्रवर्तकों व प्रबंधकों के जीवनवृत्त (Bio-data) में उनकी शैक्षणिक योग्यता, अनुभव, विशेषज्ञता का क्षेत्र व उपलब्धियों का वर्णन प्रस्तुत किया जाना चाहिये।

(5) **उत्पाद** (Product) : उत्पाद के बारे में पूर्ण विवरण जैसे : उत्पाद की विशिष्टताएं (विशेश गुण), उपयोग, उत्पाद का प्रकार, क्षमता, गुणवता, लाभ आदि का वर्णन परियोजना प्रतिवेदन में किया जाना चाहिये। उदाहरण के लिए किसी वाहन के बारे में वर्णन करते समय इंजन की क्षमता, तकनीक, ईधन की खपत, पावर ब्रेक, पावर विंडों, गति (Speed), प्रतिलीटर माइलेज ,पर्यावरण को न्यूनतम नुकसान पहुंचाने वाला, कम से कम शोर करने वाला आदि के बारे में वर्णन किया जाना चाहिये।

(6) **बाजार संभाव्यता** (Market Potential) : परियोजना प्रतिवेदन में, प्रस्तावित उत्पाद के बाजार की संभाव्यता को प्रकट करने के संबंध में निम्नलिखित का समावेश होना चाहिऐ–

(i) संभावित मांग आगामी 3–5 वर्शों के लिए,
(ii) सामान्य बाजार प्रवृतियां,
(iii) बाजार खण्ड, जो कि इकाई के अंतर्गत होगें,
(iv) बाजार में विद्यमान प्रतिस्पर्द्धा का अंश व भविश्य में इसकी संभाव्यता,
(v) शोरूम, विक्रय दल (Sales term),यदि आदेश प्राप्त किये जा सके है, तो उनका मूल्य, प्रतिशिठत संगठनों के नाम जिन्हें माल/सेवा उपलब्ध करावी जायेगी आदि।

(7) **तकनीकी व उत्पादन प्रक्रिया** (Technology and Manufacturing Process) : परियोजना प्रतिवेदन में प्रस्तावित इकाई की तकनीकी व उत्पादन प्रक्रिया का वर्णन किया जाना आवश्यक होता है। इससे परियोजना प्रतिवेदन में रूचि रखने वाले पक्षकारों को प्रक्रिया प्रवाह चार्ट (Process Flow Chart), परिचालन क्रम व प्रत्येक परिपालन में लगने वाले समय, कच्चे माल व निर्मित माल के मध्य (आदान व उत्पाद) अनुपात (Input-Output Ratio), परियोजना के लिए ,चयनित तकनीक का परिचय व

उसकी विशेषताएं, संभावित सहयोग (विदेशी व देशी कंपनियों के साथ) और समझौते के विशय व शर्तों आदि के बारे में विस्तृत जानकारी प्राप्ति होती है। यह जानकारी उन्हें निर्णय लेने में सहायक होती है।

(8) **प्लाण्ट व मशीनरी** (Plant and Machinery) : परियोजना प्रतिवेदन में प्लाण्ट व मशीनरी के संबंध में निम्नलिखित विवरण दर्शाया जाना चाहियेः

(i) प्लाण्ट के लिये आवश्यक मशीनरी व उपकरण,

(ii) प्रत्येक प्रकार की मशीनरी की क्षमता, ऊर्जा की खपत,

(iii) मशीनरी की तकनीकी विशिष्टयों (Specification) का विवरण,

(iv) आपूर्तिकताओं के बारे में विवरण, मशीनों की कीमतें, बाजार में उपलब्धता व प्राप्ति हेतु आवश्यक समय,

(v) मशीनी की मरम्मतव सुधार तथा कल पुर्जों की उपलब्धता के संबंध में जानकारी,

(vi) मशीनों के आपूर्तिकर्त्ता के चयन का कारण, मूल्य सूची के बारे में विवरण सहित पूर्ण जानकारी।

(9) **स्थान निर्धारण (Location)** : परियोजना प्रतिवेदन में, प्रस्तावित के स्थान निर्धारण संबंधी निम्नलिखित जानकारी प्रस्तुत की जानी चाहिये :

(i) परियोजना के लिए चयनित स्थान की स्थिति व पता,

(ii) भू–क्षेत्र का मूल्य अन्य विवरण भवन का नक्शा,

(iii) खुला क्षेत्र, निर्मित क्षेत्र का विवरण,

(iv) प्रस्तावित भवन की अनुमानित निर्माण लागत,

(v) विभिन्न सुविधाओं व अधोंसंरचना सुविधाओं जैसे– विद्युत, जल की आपूर्ति, बैंक वित्तीय व बीमा संस्थाओं, पोस्ट ऑफिस, रेल्वे स्टेशन, पुलिस थाना, हवाई अड्डा आदि के बारे में जानकारी।

(10) **कच्चा माल** (Raw Material) : प्रस्तावित परियोजना में वस्तुओं का उत्पादन करने के लिये जिन विभिन्न प्रकार के कच्चे माल की आवश्यकता होगी, उनके बारे मे प्रत्येक की वार्शिक खपत, उपलब्धता, आपूर्तिकताओं के नाम व पत्ते, सरकारी कोटा, सुपुर्दगी प्राप्ति में लगाने वाला समय, न्यूनतम आदेश मा़त्रा, कच्चे माल के संग्रहण की सुविधा, आपूर्तिकताओं द्वारा तय की गई शर्ते आदि का विवरण परियोजना प्रतिवेदन में दर्शाया जाना चाहिये।

(11) **परियोजना की लागत** (Cost of the Project) : इसके अंतर्गत परियोजना की कुल लागत का विवरण, (भूमि, भवन, प्लाण्ट, व मशीनरी की लागत व आवश्यक कार्यशील पूंजी का क विवरण सम्मिलित होता है।)

(12) **वित्त के स्त्रोत** (Sources of Finance) : परियोजना प्रतिवेदन में, परियोजना हेतु आवश्यक पूंजी तथा वित्त प्राप्ति के स्त्रोतों का वर्णन किया जाता है। इसके अंतर्गत बैकों से ऋण का विवरण, सरकारी सहायिकी (Subsidy), अंश व .ऋण पत्रों के निर्गमन से पूंजी की प्राप्ति, अन्य स्त्रोतों से कोशों की प्राप्ति का पूर्ण विवरण प्रस्तुत किया जाता है।

(13) **कार्यशील पूंजी** (Working Capital), परियोजना प्रतिवेदन में कार्यशील पूंजी, व इससे संबंधित निम्नलिखित महत्वपूर्ण तथ्यों का विवरण प्रस्तुत किया जाना चाहिये :

(i) आवश्यक कार्यशील पूंजी, मासिक आधार पर, कार्यशील पूंजी चक्र काल (Time), कार्यशील पूंजी के विभिन्न घटकों का विवरण, व राशियां,,

(ii) अनुमानित मासिक बिक्री , नगद व उधार बिक्री संबंधी शर्तें, उधार समय (Credit Period), बिलों की वसूली की अवधि,

(iii) कच्चे माल व आपूर्तियों (Supplies) के संबंध में आपूर्तिकताओं की शर्तें, उधार समय ,छूटें, नगद छूट आदि।

(14) उत्पादन लागत व लाभ का विवरण (Cost of Production and Details of Profit) : इस शीर्शक के अंतर्गत प्रत्येक मद के लिए उत्पादन की लागत का विवरण व कुल उत्पादन लाभ, बिक्री मूल्य (प्रति इकाई), कुल ब्रिकी व अनुमानित लाभ का विवरण दर्शाया जाता है।

(15) वित्तीय विश्लेशण (Financial Analyis) : प्रस्तावति परियोजना के वित्तीय विश्लेशण को प्रस्तुत करने वाली निम्नलिखित मदों का प्रक्षेपित 10 वर्शीय विवरण प्रस्तुत कियास जाता है।–

(i) प्रवतकों द्वारा वांछित पुनर्भुगतान अनुसूची,

(ii) प्रवतकों द्वारा दी गई प्रतिभूति,

(iii) समविच्छेद विश्लेषण, समचिच्छेद बिन्दु पर ब्रिकी पर बिकी व लागतें,

(iv) आंतरिक प्रत्याय दर,

(v) प्रक्षेपित लाभ हानि खाता व चिठ्ठा, 10 वर्शों के लिए।

(16) कार्यान्वयन अनुसूची (Implementation Schedule) : इस शीर्षक के अंतर्गत् परियोजना के कार्यान्वयन की पूर्ण जानकारी प्रस्तुत की जाती है।

(17) सामान्य प्रबंधन (General management) : प्रस्तावित परियोजना के सामान्य प्रबंधन व तकनीकी स्टॉफ के बारे में पूर्ण जानकारी प्रदान की जाती है। इसके प्रवतकों के कर्तव्य व दायित्व, कुशल, अर्द्धकुशल, व अकुशल

कर्मचारियों की संख्या, उनके वेतन व मजदूरी की दरें, वेतनतान, वित्तीय गैर वित्तीय अभिप्रेरणाएं, बोनस व अन्य सुविधा, संगठन संरचना आदि के बारे में जानकारी प्रस्तुत की जानी चाहिये।

(18) अपगामी (Effluents) : अपगामी के प्रकार व उनकी प्रकृति, प्रभाव व अपगामी के बारे में पूर्ण जानकारी दी जानी चाहिये।

इस प्रकार परियोजना में दर्शायी जाने वाली विभिन्न जानकारियां उद्यमी को परियोजना के कार्यान्वयन में सहायक होती है, और उद्यमी परियोजना के संबंध में समुचित निर्णय लेने में सफल होते है।

परियोजना प्रतिवेदन कें मूल तत्व (Main Elements of Project Report)

परियोजना प्रतिवेदन किसी व्यवसायिक इकाई का अभिन्यास (Layout) होता है। यह इकाई के भावी स्वरूप, प्रगति व विकास के सुनिश्चित करता है । एक अनुपयुक्त व प्रतिकूल परियोजना प्रतिवेदन, प्रस्तावित इकाई के संबंध में संसाधनों का आंकलन करने में विफल होता है, और उधमी का समुचित मार्गदर्शन नहीं हो पाता है। अनुपयुक्त व प्रतिकूल परियोजना प्रतिवेदन पर आधारित इकाई अपनी स्थापना के समय से ही, किसी न किसी समस्या से ग्रसित हो जाती है। "समस्या के चक्रीय प्रभाव, नई– नई समस्याओं को जन्म देते है। ऐसी इकाई की जीव्यता (Viability), व्यवहार्यता व लाभप्रदता (Feasiblity) संदिग्घ हो जाती है। कालांतर में इकाई की रूग्णता का प्रभाव उद्यमी, समाज, अर्थव्यवस्था और समाज पर पड़ता है। इससे औधोगीकरण की अभिप्रेरणाएं भी कमजोर होती है, जिससे देश के औधोगिक पर्यावरण पर प्रतिकूल असर पड़ता है।"

परियोजना प्रतिवेदन तैयार करते समय परियोजना के मूल तत्वों को दृश्टिगत रखा जाना चाहिये। इससे इकाई की जीव्यता, व्यवहार्यता व लाभप्रदता के स्तर को उन्नत किया जा सकता है। **श्री एच.पी. एस.पहवा**. ने परियोजना प्रतिवेदन के निम्नलिखत तत्वों का वर्णन किया है :

(i) सामान्य, जानकारी, (ii) प्रर्वतक के बारे मे विवरण, (iii) औधोगिक इकाई का विवरण, (iv) परियोजना का विवरण, (iv) परियोजना का विवरण, (क्षमताएं, प्रक्रिया तकनीकी व्यवस्थाएं, प्रबंध, स्थान भवन, प्लाण्ट व मशीनरी, कच्चा माल, उपयोगीयताएं कोश प्रवाह, श्रमिको के लिए निवास की सुविधा, क्रियान्वयन सूची की अन्य परियोजनाएं), (v) परियोजना की लागत, (vi) वित्त व्यवस्था , (vii)

लाभप्रदता व रोकड़, (ix) विचारणीय आर्थिक तत्व, (x) सरकारी अनुमति (xi) द्योशणा।''

श्री बसंत देसाई के अनुसार एक परियोजना प्रतिवेदन मे निम्नलिखित जानकारियों का समावेश होना चाहिये :

(1) **परिचय** : (i) क्षेत्र, (ii) उत्पाद, (iii) प्रक्रिया, (iv) विपण्यता, (v) स्थान, (vi) वित्त के साधन व (vii) पुर्नभुगतान अनुसूची।

(2) **योजना** : (i) भूमि एवं भवन, (ii) उत्पाद, (iii) प्रक्रिया, (iv) विपण्यता, (v) स्थान, (vi) अन्य स्थायी विनियाग (पैंकिग, अग्रेशण व्यय, विद्युतीकरण व स्थापना व्यय, टूल्स, फिटिंग्स व फिक्चर्स की लागत, कार्यलय उपकरणों की लागत), (v) कुल अनावर्ती व्यय (i+ii+iii+iv), (vi) स्टॉफ व श्रम, (vii) कच्चा माल व उपभोग्य, (vii) अन्य व्यय, (ix) कुल आवर्ती व्यय– (vi+vii+viii), (x) कार्यशील पूंजी–तीन माह के लिये आवर्ती व्यय (xi) कुल आवश्यक विनियोग (xii) कुल उत्पादन लागत (कुल आवर्ती व्यय, मशीन व उपकरणों पर हास, रखरखाव के व्यय कुल निवेश पर ब्याज, स्टेशनरी) (xiii) लाभ हानि खाता (विक्रय व उत्पादन लागत)।

(3) लाभप्रदता और अनुमान,

(4) **मूलभूत सुविधाएं** : (i) क्षेत्रीय लाभ, (ii) कच्चा माल, जल, शक्ति, श्रम की उपलब्धता, (iii) सरकारी नीति।

(5) **पूर्ति कताओं के नाम व पत्ते**,

(6) **टिप्पणी।''**

श्री प्रसन्न चंद्र के अनुसार एक परियोजना प्रतिवेदन में निम्नलिखित तत्वों का समावेश होन चाहिये :

(1) विपणि विश्लेषण : (i) बाजार संभावना, (ii) बाजार अंश।

(2) तकनीकी विश्लेषण : (ii) तकनीकी जीव्यता, (ii) अर्थपूर्णरूचियां।

(3) वित्तीय विश्लेषण : (i) जोखिम, (ii) प्रत्याय।

(4) आर्थिक विश्लेषण : (i) छाया कीमतों के अंतर्गत लागते व लाभ, (ii) अन्य प्रभाव ।

(5) परिस्थितिकी जन्य विश्लेषण : (i) पर्यावरण क्षतियां, (ii) पुनः स्थापना मापें।''

डॉ. आशीश मिश्र ने जबलपुर जिले की लधु इकाइयों के परियोजना प्रतिवेदन के संबंध में किये गये शोध अध्ययन के आधार पर, इसके निम्नलिखित तत्वों का वर्णन किया है :

(i) प्रस्तावित उत्पाद, (ii) स्थायी लागत का अनुमान, (iii) उपलब्ध सुविधाएं, (iv) कार्यशील पूंजी का अनुमान,

(v) कोशों के स्त्रोत, (vi) इकाई का स्थान निर्धारण, (vii) कर एवं ब्याज की गणना, (iv) कच्चे माल के स्त्रोत व उपलब्धता, (ix) प्रक्षेपित चिट्ठाद सेवा परिव्यास अनुपात, (xi) सम विच्छेद बिन्दु, (xii) हास की गणना, (xiii) कार्यान्वयन अनुसूची, (xiv) बाजार संभावनाएं, (xv) रोकड़ प्रवाह विवरण ।''

परियोजना प्रतिवेदन को प्रस्तावित व्यवसाय/ उपक्रम की सफलता का आधार माना जाता है। व्यवसायिक इकाई की स्थापना, अथवा उसके विस्तार के समय वित्तीय संस्थाओं के समक्ष ऋण आवेदन प्रस्तुत करते समय, परियोजना प्रतिवेदन सरलतापूर्वक एवं अविलंब ऋण प्राप्ति में सहायक होता है। यह एक प्रस्तावित परियोजना की कुंजी की तरह है। बैंक व वित्तीय संस्थाओं द्वारा नवीन परियोजनाओं के लिए, वित्तीय पोषण निर्णयन हेतु परियोजना प्रतिवेदन का विस्तृत व गहन परीक्षण किया जाता है। इस संबंध में यह अत्यंत आवश्यक व महत्वपूर्ण होता है कि विनियोग पूर्व परियोजना प्रतिवेदन के महत्वपूर्ण भागों का सूक्ष्म अध्ययन किया जाना चाहिये, और वित्तीय विश्लेशण व मूल्यांकन हेतु परियोजना समुचित प्रारूप व निर्देशों के अनुरूप तैयार की जानी चाहियें।'' परियोजना प्रतिवेदन कार्य में परियोजना प्रतिवेदन के मूल्याकंन, परियोजना की लगात के निर्धारण, वित्तीय विवरणों का नियोजन, परियोजना की लाभप्रदता, रोकड़ प्रवाहों, समविच्छेद बिन्दु, आंतरिक प्रत्याय दर आदि की गणना महत्वपूर्ण होती है।''

उद्यमी व वित्तीय संस्थाओं की दृश्टि से, परियोजना प्रतिवेदन एक महत्वपूर्ण प्रलेख होता है। परियोजना प्रतिवेदन उद्यम के वित्तीय, उत्पादन, कार्मिक विवणन नियोजन व प्रबंध का आधार होता है। एक उत्तम परियोजना प्रतिवेदन, परियोजना के कुशल प्रबंध में सहायक होता है। यह परियोजना के लिए विभिन्न संसाधनों के काल्पनिक भावी स्वरूप को यथार्थ में परिवर्तित करने का महत्वपूर्ण उपकरण है। परियोजना प्रतिवेदन के सूक्ष्म परीक्षण के आधार पर वित्तीय संस्थाएं न केवल प्रबंध कार्य को यथेष्ट रूप से उत्तम बना सकती है, बल्कि उत्तम परियोजना प्रस्तावों को यथा शीघ्र स्वीकृत कर स्वंय की हानियों को कम कर सकती है, साथ ही सार्वजनिक धन व बचतों के अनुकूल व सर्वोतम उपयोग के अवसरों में वृद्वि करके, अर्थव्यवस्था की प्रगति व विकास को सुनिश्चित करने में महत्वपूर्ण योगदान कर सकती है।

परियोजना प्रतिवेदन तैयार करना
(Preparation of a Project Report)

परियोजना प्रतिवेदन तैयार करना एक कला है। इसमें परियोजना के आर्थिक, तकनीकी ,वित्तीय, प्रबंधकीय और उत्पादन से संबंधित पक्षों का पूर्ण समावेश किया जाना आवश्यक होता है। परियोजना प्रतिवेदन तैयार करने का कार्य निम्नलिखत चरणों में सम्पन्न होता है :

(1) **विचार का चयन** (Selection of an idea) : परियोजना प्रतिवेदन तैयार करने से पूर्व उद्यमी परियोजना के संबंध में विचार का चयन किया जाता है। यह विचार बाजार व उद्यमी द्वारा दोनों के दृष्टिकोण से उचित होना चाहिये अर्थात विचार ऐसा होना चाहिये जिसमें पर्याप्त बाजार संभावनाएं व लाभ्रप्रदता के अवसर विद्यमान हों। परियोजना संबंधी विचार व्यवहार्य, लाभप्रद और सामाजिक दृष्टि से उचित व नैतिक उद्देश्य युक्त होना चाहिये। परियोजना संबंधी विचार विभिन्न स्त्रोतों जैसे ग्राहकों, प्रतिस्पर्द्धी संगठनों, वितरकों, कर्मचारियों, जर्नल, पत्रिकाओं, शोध व विकास संबंधी प्रतिवेदन आदि के माध्यम से प्राप्त किया जा सकता है

(2) **अवलोकन** (Observation) परियोजना संबंधी विचार कच्चे माल, श्रम तकनीकी की उपलब्धता व बाजार मांग आदि में संदर्भ में होना चाहिये। अतः यह आवश्यक है कि परियोजना प्रतिवेदन तैयार करने से पूर्व इन सभी पक्षों के बारे में पूर्ण अवलोकन किया जाना चाहिये।

(3) **पर्यावरण विश्लेशण** (Analysis of Environment) : परियोजना प्रतिवेदन तैयार करने से पूर्व, पर्यावरणीय घटकों का विश्लेषण किया जाता है। इस संबंध में आर्थिक, सामाजिक राजनैतिक, धार्मिक व भौतिक पर्यावरण से संबंधित प्रमुख धटकों का विश्लेषण आवश्यक होता है। इस संबंध में निवेश की राशि, स्थान निर्धारण, उद्यमी की पृष्ठभूमि व विपणन से संबंधित पक्ष महत्वपूर्ण होते है।

(4) **परियोजना प्रतिवेदन** (Project Report) : परियोजना के संबंध में इसकी व्यवहार्यता, लाभप्रदता व जीव्यता संबंधी विश्लेषण पूर्ण कर लेने के उपरांत इसका अंतिम प्रतिवेदन तैयार किया जाता है।

परियोजना प्रतिवेदन के संबंध में योजना आयोग के दिशा निर्देश (Planning Commission's Guide Line Regarding Project Reprot Preparation)

परियोजना प्रतिवेदन, परियोजना प्रतिपादन और मूल्याकंन व अनुमोदन। स्वीकृत के बीच की अवस्था होती है।

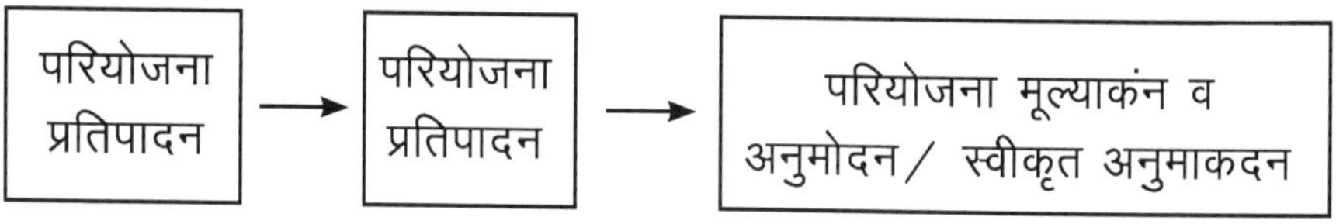

चित्र : परियोजना प्रतिवेदन

परियोजना प्रतिवेदन, परियोजना के मूल्यांकन व स्वीकृत के संबंध में निर्णयन हेतु विस्तृत सूचनाएं प्रदान करता है, और यह वित्तीय संस्थाओं से ऋण प्राप्ति में सहायक होता है। अतः परियोजना प्रतिवेदन की रचना अत्यंत सावधानीपूर्वक उधोग मंत्रालय, योजना आयोग व अन्य संस्थाओं द्वारा नित्नलिखित दिशा निर्देश जारी किये गये है:

(1) **सामान्य सूचनाएं** (General Informations) : परियोजना प्रतिवेदन में उस उद्योग से संबंधित सामान्य सूचनाएं व विवरण प्रस्तुत किये जाने चाहिए, जिससे परियोजना/इकाई संबंधित होती है। प्रतिवेदन में उद्योग की प्राथमिकताएं, उत्पादन में वृद्वि, लोक क्षेत्र की भूमिका , निवेश कोशों का आवंटन, तकनीक का चयन आदि के बारे में विवरण प्रस्तुत किया जाना चाहिए।

(2) **विकल्पों का विश्लेशण** (Anaiysis of Alternative) : परियोजना प्रतिवेदन में विभिन्न पक्षों का प्रारंभिक विश्लेषण किया जाना चाहिए। इससे निम्नलिखित के बारे में महत्वपूर्ण सूचनाएं प्राप्त होती है–

i उत्पाद की मांग, पूर्ति का विवरण,

ii. विद्यमान परियोजनाओं की उत्पादन क्षमता,

iii उद्योग के विद्यामान संयंत्रों की सूची, उनकी क्षमता और उत्पादन का स्तर,

iv उन परियोजनाओं की सूची, जिनके लिए लाइसेंस जारी किये जा चुके है,

v. प्रस्तावित परियोजनाओं की सूची।

प्रारंभिक अवस्था में उन सभी विकल्पों पर विचार किया जाना चाहिये, जो कि तकनीकि रूप से व्यवहार्य प्रतीत होते है। जैसेः परियोजना का स्थान निर्धारण, विदेशी विनिमय संबंधी औपचारिकताएं, विभिन्न विकल्पों के अंतर्गत् लाभप्रदता, निवेश पर प्रत्याय की दर, वैकल्पिक लागत गणनाएं आदि।

(3) **परियोजना का विवरण** (Project Desciption) : परियोजना प्रतिवेदन में परियोजना से संबंधित तकनीकी/प्रक्रिया के बारे में संक्षिप्त वर्णन किया जाना चाहिये। इसके अलावा परियोजना के स्थान निर्धारण चयन की अनुकूलता को प्रकट करने वाले धटकों जैसेः परिवहन की सुविधाएं, संगठन संरचना, जल, भूमि, हवा की उपलब्धता और पर्यावरण पर अपगामी के प्रभावों आदि के बारे में भी जानकारी दर जानी चाहिये।

(4) **विपणन योजना** (Markrting Plan) : विपणन योजना को प्रकट करने वाले प्रमुख तत्व जैसे : मांग के अनुमान हेतु प्रयुक्त विधियां, संभावित आपूर्ति, बाजार खण्डों (Market Segments) का चयन, मूल्य संवेदन (Senstivity) का अंश, प्रतिस्पर्धीयों की संख्या और उनका बाजार अंश आदि का वर्णन परियोजना प्रतिवेदन में किया जाना चाहिये।

(5) **पूंजी आवश्यकता** (Capital Requrement) : प्रस्तावित परियोजना की पूंजी संबंधी आवश्यकता का अनुमान लगाने के लिए आवश्यकता समस्त मदों की लागत की जानकारी प्रस्तुत की जानी चाहिये।

(6) **परिचालन लागतें** (Operating Costs) : परियोजना प्रतिवेदन में उन समस्त परिचालन लागतों का विवरण दिया जाना चाहिये, जो कि परियोजना के प्रारंभ होने के उपरांत उत्पन्न होती है। ये लागतें कच्चे माल, श्रम, ईधन, शक्ति, मरम्मत व अनुरक्षण, प्रशासनिक, ब्रिकी और वितरण व्ययों के संबंध में हो सकती हैं।

(7) **वित्तीय विश्लेषण** (Financial Analysis) : परियोजना प्रतिवेदन में प्रस्तुत किये जाने वाले वित्तीय विश्लेषण से परियोजना की वित्तीय व्यवहार्यता की ताप करना संभव होता है प्राथतिकता क्षेत्र के उधोगों के लिए आयकर की छूठ, पिगड़े क्षेत्रों के लिए अभिप्रेरणाओं विदेशी विनिमय आवश्यकताओं आदि को दृष्टिगत रखते हुए एक प्रारूप चिट्ठा तैयार किया जाना चाहिये। प्रतिवेदन में निवेश पर प्रत्याय की दर और परियोजना के प्रस्तावित उत्पादों के मूल्यों के प्रारूपों का विश्लेषण प्रस्तुत किया जाना चाहिये।

(8) आर्थिक विश्लेशण (Economic Analysis) : परियोजना प्रतिवेदन में प्रस्तावित परियोजना का आर्थिक विश्लेशण प्रस्तुत किया जाना चाहिये। आर्थिक विश्लेशण अर्थव्यवस्था व समाज के दृश्टिकोण से प्रस्तुत किया जाना चाहिये।

(9) अन्य (Other) : उपक्रम मे संन्दर्भ में अन्य तथ्य रोकड़ प्रवाह विवरण, लेखांकन की विधियां, कम्पयूटर या या नवीन तकनीकी आदि के बारे में भी वर्णन किया जाना चाहिये।